La joie retrouvée

AUTRES OUVRAGES DU MEME AUTEUR :

La Bioénergie (Sand, collection "Le Corps à vivre" ; 1978).
Lecture et langage du corps (Editions Saint-Yves Inc.).
La Peur de vivre (Epi-Hommes et Groupes ; 1983).
Gagner à en mourir : une civilisation narcissique (Epi-Hommes et Groupes ; 1987).
La Dépression nerveuse et le corps (Sand, collection "Le Corps à vivre").
Le Plaisir (Sand, collection "Le Corps à vivre").
Le Cœur passionnément : symbolique et physiologie de l'amour (Sand, collection "Le Corps à vivre" ; 1990).
La Spiritualité du corps. Pratique de la bioénergie (Dangles, collection "Psycho-soma" ; 1993).
The Betrayal of the Body.

Docteur Alexander Lowen

La joie retrouvée

Traduit de l'américain par Marianne Coulin.
Edition française sous la direction de Marie-Béatrice Jehl

12e mille

LE GRAND LIVRE DU MOIS

TITRE ORIGINAL AMERICAIN :

JOY : The Surrender to the Body and to Life

ISBN : 2-7028-3106-0

L'AUTEUR :

Alexander Lowen est docteur en médecine et psychanalyste américain. Elève de Wilhelm Reich, il invente la « bioénergie » dans les années 1950, qui adjoint à l'analyse verbale une analyse corporelle avec exercices à l'appui. Il a d'ailleurs fondé à New York *The International Institute for Bioenergetics Analysis.*

Le docteur Lowen a acquis une réputation mondiale grâce à cette invention qui fut suivie de multiples séminaires et conférences, à la fois aux Etats-Unis et en Europe. Son œuvre littéraire est constituée de treize livres, dont les best-sellers ont tous été traduits en plusieurs langues.

Préface

Il y a quarante-huit ans, je venais de terminer mon analyse avec Reich et recevais mon premier client en thérapie. Le travail de Reich commençait à être connu et de plus en plus de gens s'intéressaient à ce genre de thérapie, mais nous étions encore peu de thérapeutes formés dans son approche. Aussi, bien que n'étant pas encore médecin, j'avais déjà quelques clients. Comme j'étais débutant, je me contentais de demander deux dollars de l'heure, ce qui n'était pas grand-chose, même à l'époque. Or, quand j'y repense aujourd'hui, je me dis que c'était peut-être trop encore. Je n'avais alors aucune idée de la profondeur et de la gravité des troubles – dépression, anxiété, insécurité ou manque d'amour et de joie dans la vie – qui affectent tant de nos contemporains. Après avoir travaillé avec des patients pendant près d'un demi-siècle et écrit onze livres, je crois avoir acquis une certaine compréhension du problème humain qui m'a permis de formuler les principes d'une approche thérapeutique efficace : *l'analyse bioénergétique.*

Ce livre décrit le processus de cette thérapie et illustre son application à travers des études de cas. D'emblée, je tiens à préciser que cette cure est efficace mais qu'elle n'est en aucun cas rapide ou facile. Son efficacité dépend dans une large mesure de l'expérience du thérapeute et de la compréhension qu'il a de lui-même. En outre, du fait que les problèmes du patient sont structurés dans sa personnalité depuis des années, il serait illusoire de croire que la guérison peut être facile ou rapide. Les vrais miracles sont rares. Ils adviennent pourtant régulièrement, chaque fois qu'une nouvelle vie est créée. C'est à ce miracle-là que je dédie ce livre.

Le principe sous-tendant l'analyse bioénergétique est l'identité fonctionnelle et antithétique de l'esprit et du corps, ou des processus psychologiques et physiques. Il part du postulat qu'une personne est un être unitaire et que ce qui se produit au niveau de l'esprit se produit également dans le corps. Par conséquent, si une personne se sent déprimée, impuissante et incompétente, son corps manifestera une attitude dépressive similaire, se traduisant notamment par une diminution des impulsions, de la mobilité et de la respiration. L'esprit pouvant influencer le corps, il est possible dans certains cas d'améliorer le fonctionnement corporel en modifiant l'attitude mentale. Or, un tel changement ne peut être durable que si les processus corporels sous-jacents sont également modifiés de manière significative. D'autre part, le fait d'améliorer directement les fonctions physiques – telles la respiration, le mouvement, les sensations et l'expression des sentiments – a un effet immédiat et durable sur l'attitude mentale. En définitive, le changement fondamental induit par le processus thérapeutique consiste à augmenter l'énergie du patient en le libérant des conditionnements du passé et des inhibitions du présent.

Le diagramme ci-contre présente la hiérarchie des fonctions de la personnalité sous forme d'une pyramide, l'ego se trouvant au sommet. Ces fonctions sont interdépendantes les unes des autres et reposent toutes sur une même base, représentant la production et l'utilisation de l'énergie.

Le but de la thérapie est d'aider les patients à retrouver le plein potentiel de leur être. Tous ceux qui entreprennent une thérapie souffrent d'une forte diminution de leur capacité à vivre et à ressentir la plénitude de la vie du fait des traumatismes qu'ils ont subis dans leur enfance. Cette perturbation fondamentale de leur personnalité sous-tend les symptômes qu'ils manifestent. Le symptôme dénote la manière dont l'indi-

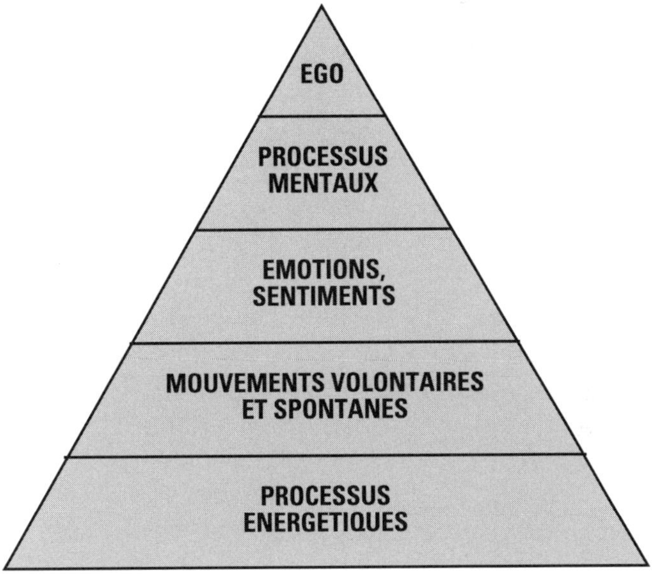

Hiérarchie des fonctions de la personnalité.

vidu est marqué par son enfance, tandis que la ligne du bas correspond à la perte du moi. Tous les patients souffrent d'une limitation de leur moi : qu'il s'agisse d'un manque de conscience de soi, d'une impossibilité à s'exprimer ou d'un sentiment d'identité défaillant. Ces fonctions de base sont les piliers du temple du moi. Leur faiblesse crée une insécurité au niveau de la personnalité, ce qui mine tous les efforts de l'individu pour trouver la paix et la joie, c'est-à-dire donner un sens à sa vie.

Tel est l'objectif ambitieux de toute tentative thérapeutique et, comme je l'ai déjà dit plus haut, c'est un objectif difficile à atteindre. En conséquence, lorsqu'il n'est pas parfaitement compris, on court le risque de se perdre dans le dédale des conflits et de l'ambivalence à l'origine de la confusion et des frustrations qui minent la plupart des tentatives thérapeutiques. Pour de très nombreuses personnes dans notre culture, la vie est un véritable combat et la joie une expérience rare. Dès lors, ces individus ne sont plus que des *survivants.*

CHAPITRE I

La joie

1. Le cadeau de la vie

Après une séance de bioénergie, la plupart de mes patients se sentent bien et certains sont même joyeux. Cet état résulte de l'expérience vécue pendant la séance, où le patient se libère de ses tensions, se sent plus vivant et accède à une compréhension plus approfondie de lui-même. Or, cet état ne dure pas car cette expérience a eu lieu avec mon aide et, une fois seul, le patient ne parvient pas à rester dans l'ouverture et la liberté. Pourtant, même s'il est difficile de conserver les acquis d'une séance, chaque tension libérée est un pas vers la guérison. D'autre part, plus le patient se découvre physiquement et psychologiquement, plus il est confronté aux souvenirs et aux émotions pénibles de la petite enfance qu'il avait profondément enfouis afin de survivre. Mais le chemin parcouru à la découverte de lui-même lui donne aussi le courage d'affronter les peurs et les traumatismes de la petite enfance avec maturité, sans les nier ni les réprimer. Quelque part au fond de chacun d'entre nous demeure l'enfant qui est innocent et libre, et qui sait que le cadeau de la vie c'est la joie.

Les petits enfants sont généralement ouverts aux sentiments de joie. Ils sautent littéralement de joie. Les jeunes animaux font de même, bondissant et gambadant dans un abandon joyeux à la vie. Il est très rare de voir un adulte ou une personne âgée ressentir une telle joie et l'exprimer de la sorte. La danse est peut-être ce qui les en rapproche le plus, aussi est-elle l'activité la plus naturelle lors d'événements heureux. Les enfants n'ont pas besoin d'occasions spéciales pour être emplis de joie. Il suffit de les laisser jouer librement avec d'autres enfants pour qu'apparaisse aussitôt une activité joyeuse. Je me souviens particulièrement de l'un de ces moments : je devais avoir quatre ou cinq ans et j'étais en train de jouer dans la rue avec d'autres enfants, quand il se mit soudain à neiger très fort. Nous étions tous très excités et dansions autour du réverbère, en chantant : « Il neige, il neige, un petit garçon grandit. » Je me souviendrai toujours de la joie que j'éprouvai ce jour-là. Quand un enfant reçoit le cadeau dont il rêve le plus, il exulte et déborde de joie. Les adultes sont plus réservés que les enfants dans l'expression de leurs sentiments, ce qui limite aussi l'intensité de leurs émotions positives. Et comme ils sont accablés par le poids des responsabilités et se sentent coupables en permanence, ils font rarement l'expérience de la joie.

J'ai connu la joie dans des occasions très ordinaires. Il y a quelque temps de cela, je marchais sur une route de campagne quand je sentis soudain mon esprit s'élever. C'était une route que je connaissais bien et qui n'avait rien de spécial, mais à l'un de mes pas, alors que je sentais mon pied se poser sur le sol, j'ai soudain eu la sensation qu'un courant me traversait le corps, comme si je venais de grandir de cinq centimètres. Quelque chose s'était libéré en moi et j'éprouvai une grande joie. Depuis, et malgré quelques épisodes douloureux et perturbateurs dans ma vie, ce sentiment ne m'a plus jamais quitté et je me sens bien dans mon corps la plupart du temps. J'attribue cet état à ma thérapie commencée en 1942, et au travail que je n'ai cessé de poursuivre depuis lors. La thérapie m'a permis d'entrer en contact avec l'enfant en moi – malgré une enfance plutôt malheureuse, j'avais connu des moments de joie – et d'intégrer dans ma vie d'adulte les qualités de l'enfance qui rendent la joie possible.

2. Liberté et innocence

L'enfance, dans des conditions normales, se caractérise par les deux qualités qui mènent à la joie : la liberté et l'innocence. L'importance de la liberté se passe facilement d'explications. Comment, en effet, imaginer que la joie soit possible si nos mouvements sont limités par une force extérieure ? Quand j'étais petit, la punition la plus horrible que ma mère pouvait m'infliger consistait à me retenir à la maison un jour où tous mes petits camarades jouaient dehors. Si je voulais tellement grandir, comme tant d'autres enfants, c'était pour être enfin libre. Une fois adulte, j'étais libéré du contrôle parental, ce qui signifie dans notre culture que j'avais le droit de rechercher mon propre bonheur comme je l'entendais. Malheureusement, la liberté extérieure n'est pas suffisante. Nous avons aussi besoin d'une liberté intérieure, c'est-à-dire de la possibilité d'exprimer ouvertement nos émotions. Et comme tant de nos contemporains, je n'avais pas cette liberté.

Notre comportement est en fait contrôlé par un surmoi fait de listes d'injonctions et d'interdictions, qui dispose du pouvoir de nous punir si nous transgressons ses ordres. Le surmoi est le produit de l'intériorisation du parent « dictatorial ». Mais comme il agit à un niveau subconscient, nous ne nous rendons pas compte des limitations qu'il exerce sur nos émotions, ni du fait que nos actions ne sont pas le résultat de notre libre arbitre. Détrôner le surmoi et restaurer la liberté individuelle d'expression ne fait pas de nous des êtres non civilisés ; cela est nécessaire si nous voulons devenir des membres de la société, responsables, dotés de vraies valeurs morales. Seule une personne libre peut respecter les droits et les libertés des autres.

L'histoire biblique d'Adam et Eve raconte comment le premier couple a perdu la joie le jour où il perdit l'innocence. Avant de manger du fruit défendu de l'arbre de la connaissance, ils vivaient dans un état de félicité dans le jardin d'Eden, le paradis originel, comme des animaux parmi les autres animaux, suivant les instincts naturels de leur corps. Après avoir mangé de la pomme défendue, ils connurent le vrai et le faux et discernèrent le bien du mal. Leurs yeux s'ouvrirent et ils virent qu'ils étaient nus. Ils se couvrirent parce qu'ils avaient honte, et se cachèrent de Dieu parce qu'ils se sentaient coupables.

Aucun autre animal sauvage ne distingue le vrai du faux ou n'éprouve de la honte ou de la culpabilité. Aucun autre animal ne juge ses émotions, ses pensées et ses actes. Aucun autre animal ne se juge. Aucun animal ne peut concevoir le « bien » ou le « mal ». Aucun autre animal ne possède un surmoi ou une conscience de lui-même, sauf peut-être un chien vivant une relation de dépendance dans la maison de ses maîtres, un peu comme le font les enfants. Nous dressons nos chiens pour qu'ils adoptent certains comportements, et nous les punissons ou les humilions lorsqu'ils désobéissent. Un chien qui n'obéit pas se voit traiter de « méchant » ou de « vilain », et la plupart des chiens apprennent à se comporter de façon à satisfaire leurs maîtres. Il est bien sûr nécessaire d'apprendre au chien ou à l'enfant comment se comporter de manière civilisée en société, et si leur intégrité physique n'est pas atteinte, le chien comme l'enfant essaieront naturellement de se conformer à ce que l'on attend d'eux.

Cette intégrité est, hélas ! trop souvent violée, ce qui oblige l'animal ou l'enfant à résister dans un combat qu'il ne peut pas gagner. Dès lors, son esprit est brisé. C'est le cas du chien qui tremble devant son maître, la queue entre les jambes, mais aussi de l'enfant aux yeux ternes, au corps raide et aux manières soumises. Ces enfants grandissent auprès d'adultes névrosés, qui savent peut-être comment réussir mais ne savent pas vivre dans la joie.

3. L'abandon au corps

Les personnes qui arrivent en thérapie, quelles que soient leurs réussites sur le plan professionnel, ont l'esprit tellement brisé que la joie leur est devenue un sentiment étranger. Les symptômes qu'elles présentent sont simplement la manifestation embarrassée de leur souffrance. Certaines en sont devenues dysfonctionnelles, tandis que d'autres vivent de manière marginale dans la société. Leurs histoires – que je raconte dans ce livre – sont parfois tragiques. Ce serait toutefois faire preuve d'aveuglement que de croire que l'on va bien simplement parce que l'on ne suit pas une thérapie ou que l'on pense ne pas en avoir besoin. J'ai moi-même commencé ma thérapie avec Reich dans l'illusion que j'allais parfaitement bien, mais il m'a fallu très peu de temps pour m'apercevoir que j'avais peur, que j'éprouvais un sentiment d'insécurité et que j'étais physiquement tendu. J'ai décrit dans l'un de mes livres les expériences que j'ai été amené à vivre au cours de cette thérapie (1). Si la prise de conscience de l'étendue de ma névrose fut pour moi un véritable choc, je découvrais aussi une façon de restaurer mon intégrité, trouvant ainsi le courage de suivre ce chemin.

Ce chemin est l'abandon au corps. Je devais cesser de m'identifier à mon ego et chercher plutôt à m'identifier à mon corps, à mes sensations et à mes sentiments. Pourtant, au niveau du « moi », je me voyais brillant, intelligent et supérieur. Je pensais être capable de faire beaucoup de choses dans la vie, sans savoir exactement quoi. Je voulais être célèbre. Cette ambition démesurée avait été instillée en moi par ma mère afin de compenser le manque d'ambition de mon père. Heureusement pour moi, mon père avait empêché ma mère de me dominer. S'abandonner au corps signifiait que je devais renoncer à cette image d'un moi hypertrophié pour compenser mes sentiments sous-jacents d'infériorité, de honte et de culpabilité. Je croyais qu'en acceptant cet abandon j'allais me sentir terriblement humilié, et c'est ce que j'essayais inconsciemment d'éviter. Etant donné que l'abandon au corps entraîne l'abandon à la sexualité, je me rendais bien compte qu'en suivant une thérapie j'allais être confronté à la racine de mes peurs les

---

1. Lowen, A. : *La Bioénergie* (Sand, « Le Corps à vivre » ; 1978).

plus profondes, à savoir la peur d'être rejeté et humilié. Ce fut pourtant l'attrait de la joie et de l'extase sexuelles qui m'a fait rencontrer Reich et entreprendre une thérapie avec lui.

Au niveau conscient, ma sexualité ne m'inspirait aucun sentiment de culpabilité. En tant qu'adulte moderne et évolué, je pouvais accepter la sexualité comme quelque chose de naturel et de positif, mais dans mon corps j'étais sous l'emprise d'un désir qui ne trouvait aucune satisfaction profonde. En fait, j'étais quelqu'un de typiquement narcissique : je donnais l'impression d'être libre dans mon comportement sexuel, mais cette liberté était extérieure et non pas intérieure. J'étais libre dans mes actes, mais pas dans mes émotions. Je continuais à nier tout sentiment de culpabilité au sujet de la sexualité, tout en restant incapable de m'abandonner complètement dans les bras d'une femme. De même, pendant l'acte sexuel, je ne me laissais jamais submerger par l'excitation sexuelle. Comme la plupart des gens dans notre culture, mon pelvis était bloqué par des tensions musculaires chroniques, aussi ne pouvait-il pas se mouvoir librement et spontanément au point culminant de l'acte sexuel. Quand ces tensions ont disparu au cours de ma thérapie avec Reich et que mon pelvis a réussi à se mouvoir librement et spontanément, en harmonie avec ma respiration, j'ai ressenti une joie immense, comme si je venais d'être libéré de prison.

4. La conscience de la peur

La tension musculaire chronique venue se loger dans différentes parties du corps est une prison qui empêche la libre expression de l'esprit. Ces tensions peuvent s'installer dans la mâchoire, le cou, les épaules, la poitrine, le bas ou le haut du dos et les jambes. Elles correspondent à une inhibition des impulsions, la personne n'osant pas les exprimer de peur d'être punie, verbalement ou physiquement. La menace du rejet ou du retrait de l'amour parental est pour l'enfant une menace pour sa vie même, ce qui lui fait souvent plus peur encore que l'éventuelle punition corporelle. Il en va alors de sa survie. L'enfant qui vit dans la peur est tendu, anxieux et contracté. Il souffre et, pour éviter de souffrir, il va mettre son corps en sommeil, ce qui supprime effectivement en lui la douleur et la peur car il a ainsi emprisonné ses impulsions « dangereuses ». La survie est apparemment assurée mais, hélas ! ce processus devient aussi un mode de vie. La personne subordonne le plaisir à la survie, et l'ego, qui à l'origine servait le corps dans son désir de plaisir, le contrôle désormais afin de le protéger. Il y a dès lors dissociation entre l'ego et le corps, laquelle se structure alors par une bande de tension à la base du crâne, empêchant ainsi le contact énergétique entre la tête et le corps, entre la pensée et les émotions.

L'ego – ou le moi – a notamment pour fonction d'assurer la survie, en ce qu'il est le représentant de l'instinct de conservation. Pour cela, il coordonne les réponses du corps à la réalité extérieure en contrôlant la musculature volontaire. Il commande ainsi toutes les fonctions corporelles liées à la survie. Mais à l'instar du général devenu dictateur après avoir goûté au pouvoir du commandement, l'ego n'est pas prêt à renoncer à son hégémonie. Bien que le danger soit passé et que l'enfant traumatisé soit devenu un adulte indépendant, son ego ne peut pas se permettre d'accepter la nouvelle réalité, ni de renoncer à son pouvoir : il est un surmoi devant garder le contrôle à tout prix pour éviter l'anarchie.

J'ai connu de nombreux patients, adultes et indépendants, qui continuaient à avoir peur de leurs parents et n'osaient pas leur parler ouvertement. Ils tremblaient devant eux comme un chien apeuré. Lorsqu'ils trouvent dans la thérapie le courage de parler librement à leurs parents, ils sont très étonnés de constater que la personne qui leur semblait si menaçante n'est pas le monstre dont ils avaient si peur.

Si le moi est capable de renoncer à son contrôle quand la situation le permet, ce n'est pas le cas du surmoi. Très peu de gens sont capables de détendre consciemment des mâchoires serrées, des muscles tendus dans la nuque ou dans le dos, ou des jambes raides. En fait, la plupart ne sont même pas conscients des tensions qu'ils ont en eux, ni du contrôle inconscient qu'elles représentent. Nombre de personnes perçoivent les tensions présentes dans leurs corps en raison de la douleur créée par ces tensions, mais elles sont rarement conscientes du fait que ces tensions et cette douleur résultent de leur façon de fonctionner ou de se tenir debout. Certains considèrent même leur rigidité comme un signe de force, une preuve de leur capacité à affronter l'adversité et à supporter l'inconfort et la douleur. Je pense que nous sommes devenus une nation de survivants, et que notre peur de la maladie et de la mort nous rend incapables de vivre comme des êtres libres.

Cette peur est la principale cause de notre malheur et de notre insatisfaction. Mais la plupart des gens ne sont pas conscients de la peur qu'ils éprouvent. Pourtant, chaque muscle de notre corps tendu chroniquement est un muscle qui a peur, sans quoi il ne s'opposerait pas avec une telle ténacité au flux des sentiments et de la vie. C'est aussi un muscle en colère car la colère est la réaction naturelle à la contrainte et au déni de liberté. Il y a également de la tristesse dans l'incapacité de créer un état d'excitation agréable, où le sang peut circuler librement, le corps vibrer et les ondes se propager. Cet état de vitalité est la base physique de l'expérience de la joie, comme le rappellent d'ailleurs certaines traditions religieuses. C'est parce qu'ils sont à la recherche de cet état d'excitation que les derviches tourneurs dansent, jusqu'à l'extase.

5. La joie est une expérience religieuse

La joie est associée, dans les religions, au fait de s'abandonner à Dieu et d'accepter sa grâce. L'injonction : « Tu te réjouiras devant ton Dieu le Seigneur » (Deutéronome, II, 13) est au cœur de la tradition hébraïque. C'est le conseil donné par Moïse aux enfants d'Israël après leur départ d'Egypte, où ils étaient en captivité. En hébreu, joie se dit *gool,* ce qui signifie « tournoyer sous l'influence d'une émotion violente ». Ce mot est utilisé par le psalmiste pour décrire Dieu, tournant sur lui-même dans une joie sublime.

Dans le Nouveau Testament (Jean, XV, 11), Jésus dit à ses disciples qu'ils doivent vivre dans la joie : « Je vous ai dit cela, pour que la joie, la mienne, soit en vous et que votre joie trouve sa plénitude. » D'après le christianisme, être un avec Dieu le Père, c'est faire l'expérience de la joie.

Le poème de Schiller, *l'Ode à la joie,* nous présente la joie comme issue de la flamme céleste, capable de faire éclore la fleur, d'ensoleiller le ciel et de « créer des sphères tournoyantes dans l'éther illimité ».

Ces images suggèrent que le Dieu céleste peut être identifié aux forces cosmiques qui créent les étoiles et les font tourner sur elles-mêmes. De toutes ces étoiles, la plus importante pour la vie sur terre est le soleil. Ses rayons fécondent la terre, et la vie peut alors croître et se multiplier. C'est la flamme céleste, la sphère tournoyante. Quand le soleil brille, il éclaire et réchauffe la terre, ce qui met en action la danse de la vie. Pour de nombreuses personnes, le simple fait de voir le soleil briller quand elles se lèvent les rend joyeuses. La créature humaine est particulièrement sensible à cette flamme céleste, aussi n'est-il pas surprenant que les anciens Egyptiens aient vénéré le soleil comme un dieu.

Rabindranath Tagore, le sage et érudit indien, parle également de la joie comme de quelque chose de naturel : « En définitive, ce n'est pas la compulsion qui attire l'homme, mais la joie, et la joie est partout. Elle est dans la couverture d'herbe verte de la terre, dans la sérénité bleue du ciel, dans l'exubérance agitée du printemps, dans l'abstinence silencieuse de l'hiver, dans la chair vivante qui anime notre corps, dans le calme parfait de la forme humaine noble et droite, en vie, dans l'exercice de tous nos pouvoirs. » Et, « seul celui qui a accédé à la vérité ultime sait que le monde entier est une création de joie ».

6. Comment nous perdons la joie

Mais peut-on parler de la joie sans évoquer la tristesse ? Nous savons tous qu'il y a dans la vie des moments particulièrement éprouvants, qu'ils soient provoqués par la perte d'un être cher, la perte de certaines facultés après un accident ou une maladie, ou la perte de nos illusions le jour où tous nos espoirs semblent soudain s'effondrer. De même que le jour n'existe pas sans la nuit et que la vie n'existe pas sans la mort, la joie ne peut exister sans la tristesse. Il y a, dans la vie, de la douleur comme du plaisir. Nous pouvons accepter la douleur et la perte si nous savons que nous ne sommes pas condamnés à souffrir perpétuellement. De même que nous acceptons la nuit parce que nous savons que le jour va se lever ensuite, nous pouvons accepter la tristesse sachant que la joie reviendra. Mais la joie ne pouvant éclore que dans un esprit libre, tous ceux dont l'esprit a été brisé devront commencer par guérir s'ils veulent retrouver la joie dans leur vie.

Comment l'homme en est-il arrivé à perdre la joie ? La Bible nous éclaire quelque peu. Elle nous raconte qu'au début des temps, l'homme et la femme vivaient dans le jardin d'Eden, le paradis originel. Comme tous les autres animaux de ce jardin, ils vivaient dans un état d'ignorance béate. Or, dans ce jardin Dieu avait planté deux arbres dont les fruits étaient défendus : l'arbre de la connaissance et l'arbre de vie. Arriva alors le serpent qui incita Eve à manger du fruit de l'arbre de la connaissance, lui disant que c'était bon. Eve protesta, répliquant que si elle mangeait du fruit défendu elle en mourrait. Mais le serpent lui rétorqua qu'elle ne mourrait pas parce qu'elle deviendrait Dieu et serait capable de discerner le bien du mal. Eve mangea le fruit et convainquit Adam de faire de même. Dès cet instant leurs yeux s'ouvrirent et ils acquirent la connaissance.

La Bible dit qu'ils connurent qu'ils étaient nus. Ils eurent honte, se couvrirent et se cachèrent de Dieu. Quand Dieu les appela, ils reconnurent devant lui avoir péché. Furieux, Dieu les chassa du jardin en les maudissant. A l'homme, il dit : « Tu gagneras ton pain à la sueur de ton front », et à la femme : « Tu enfanteras dans la douleur. » Puis il posta les chérubins et la flamme du glaive tournoyant à l'entrée du jardin pour garder le chemin de l'arbre de vie.

L'histoire révèle également comment l'homme devint une créature consciente. Tous les animaux sont nus, mais aucun n'éprouve de la honte. La connaissance interdite était donc la conscience de la sexualité : si tous les autres animaux ont une sexualité, aucun n'en est conscient. Cette conscience qu'a l'être humain de sa sexualité lui enlève son côté naturel et spontané, lui volant ainsi son innocence. Or, la perte de l'innocence mène à la culpabilité et détruit la joie.

L'histoire est allégorique, mais elle décrit bien l'expérience de l'être humain pris dans le processus d'acculturation. Tous les enfants naissent dans un état d'innocence et de liberté, d'où leur joie. On pourrait dire que la joie est l'état naturel des enfants, comme de tous les jeunes animaux. J'ai fait un voyage en Ecosse, au printemps, à l'époque où naissent les agneaux. On pouvait voir les jeunes agneaux nouveau-nés gambader partout sur les collines. Ils sautaient de joie, comme j'ai vu tant d'autres jeunes créatures le faire. J'ai vu mon propre fils sauter de joie quand il était très excité. Et je me souviens de l'enfant que j'étais, chantant avec mes camarades autour d'un réverbère : « Il neige, il neige, un petit garçon grandit. » En ce temps-là, il ne me fallait pas grand-chose pour me sentir joyeux ; j'avais simplement besoin de me sentir libre, c'est-à-dire de pouvoir jouer dans la rue avec d'autres enfants. L'endroit où nous vivions n'était pas particulièrement gai. Je n'ai aucun souvenir de ma mère en train de chanter ou de rire. Mes souvenirs d'enfance les plus agréables sont avec mon père. Il jouait souvent aux cartes ou au ballon avec moi, m'emmenait faire de la luge et nous lisait des bandes dessinées à moi et à ma sœur. La punition que je redoutais le plus était de ne pas avoir le droit d'aller jouer dehors. Puis à six ans, avec l'école, j'ai perdu quasiment toute ma liberté et ma joie. La vie était devenue sérieuse et pesante. Quand je jouais au ballon avec mes camarades, il m'arrivait parfois de ressentir encore de l'excitation dans mon corps et d'éprouver de la joie. Mais la belle insouciance de l'enfance avait disparu à jamais et, avec elle, mon innocence.

Adulte, j'ai connu la joie à plusieurs occasions. Je me souviens particulièrement de ce que j'ai ressenti quand je suis tombé amoureux la première fois. L'excitation qui envahit mon corps me transporta au-delà du monde quotidien de l'effort et du combat, dans un état de félicité que j'avais dû connaître quand ma mère m'allaitait. Mais la joie que j'avais éprouvée avec elle s'était transformée en chagrin lorsqu'elle décida de me sevrer. J'avais neuf mois et la peine que m'infligea cette perte ne m'a plus jamais quitté. Devenu adulte, la douleur de cette expérience ajoutée à d'autres déceptions et d'autres peurs m'ont empêché de m'abandonner pleinement à l'amour. Aussi n'étais-je jamais parvenu à ressentir totalement la joie promise par l'abandon à l'amour, je n'en eus qu'un avant-goût.

7. Sentir la vie du corps

La joie fait partie des sentiments corporels positifs. Elle n'est pas issue d'une attitude mentale car on ne peut pas se forcer à être joyeux. Les sentiments corporels positifs partent d'une base qu'on peut qualifier de bonne. A l'opposé se trouvent les sentiments corporels négatifs qui font qu'on va « mal ». Dans ce cas, il y a des excitations non pas positives, mais négatives, comme la peur, le désespoir ou la culpabilité. Quand la peur ou le désespoir sont trop forts, les émotions et les sensations sont réprimées et le corps est alors comme endormi, vidé de son énergie. Mais si la répression des émotions diminue leur intensité, elle favorise aussi la dépression qui peut malheureusement devenir un mode de vie. Inversement, quand l'excitation agréable provient de sentiments positifs, elle produit de la joie, et quand la joie devient débordante, c'est l'extase.

Quand le corps vit et vibre pleinement, l'humeur, tel le temps, est changeante. Nous pouvons être en colère un moment et pleurer l'instant suivant. La tristesse peut succéder au plaisir tout comme le soleil à la pluie. Mais ces changements d'humeur, à l'instar d'un changement de temps, ne menacent pas notre équilibre fondamental. Ayant lieu en surface, ils ne perturbent pas les pulsations profondes qui sont à l'origine de notre sentiment de bien-être. La répression des émotions diminue la pulsation interne du corps, sa vitalité et son état d'excitation. Mais quand nous réprimons une émotion, nous réprimons toutes les autres, de sorte qu'en réprimant notre peur nous réprimons aussi notre colère. Et en réprimant la colère, nous réprimons l'amour. Très tôt dans la vie, on nous enseigne que certaines émotions et sensations sont « mauvaises » et que d'autres sont « bonnes ». C'est également ce que nous disent les dix commandements. Aimer et honorer son père et sa mère c'est bien, les haïr c'est mal. Désirer la femme de son voisin est un péché, or, si cette femme est attirante et que nous sommes un homme en pleine vitalité, ce désir est parfaitement naturel. Ce n'est donc pas le fait d'éprouver du désir qui est un péché, mais ce que nous en faisons. Condamner un sentiment ou une émotion revient à condamner la vie.

Certes, dans l'intérêt de l'harmonie sociale certaines règles de comportement s'imposent. « Tu ne tueras pas » ou « Tu ne voleras pas » sont ainsi des restrictions nécessaires pour des gens vivant en groupe. Les êtres humains étant des créatures sociales dont la survie dépend de la coopération du groupe, on peut dire que les restrictions du comportement qui favorisent le bien-être du groupe ne sont pas une atteinte à l'individu. Mais il n'en va pas de même des limitations sur le plan affectif. Les émotions sont la vie du corps, de sorte que le fait de les juger « bonnes » ou « mauvaises » revient à juger l'individu et non ses actes.

Les parents disent souvent à leurs enfants que ce n'est pas bien d'éprouver certains sentiments. C'est particulièrement vrai des sentiments sexuels, mais également de bien d'autres émotions. Les parents leur disent aussi qu'ils devraient avoir honte d'avoir peur, ce qui oblige l'enfant à nier sa peur et à se montrer courageux. Or, le fait de ne pas avoir peur ne signifie pas que l'on se sent courageux, mais seulement que l'on ne ressent rien. Aucun animal sauvage ne discerne le vrai du faux, ou n'éprouve de la honte ou de la culpabilité. Aucun animal ne juge ses sensations, ses sentiments et ses actes ; aucun animal ne se juge lui-même. Aucun animal vivant dans la nature n'est doué d'un surmoi ou d'une conscience de lui-même. Aussi les animaux ne connaissent-ils pas les limitations internes découlant de la peur.

La sensation est perception d'un mouvement intérieur. Sans mouvement, il ne peut y avoir de sensation. Si vous laissez votre bras en l'air pendant plusieurs minutes sans bouger, vous perdez la sensation de votre bras. On dit alors qu'il est « engourdi » ou « endormi ». Ce principe vaut pour toute sensation et émotion. La colère, par exemple, est la sensation d'une montée d'énergie dans le corps qui active les muscles pour exprimer l'action de la colère. Cette montée d'énergie est une impulsion qui, une fois perçue par l'esprit conscient, crée une émotion. La perception n'est pourtant qu'un phénomène de surface, ce qui signifie qu'une impulsion ne produit une émotion qu'à partir du moment où elle atteint la surface du corps, à savoir le système musculaire volontaire (2). De nombreuses pulsions corporelles ne génèrent aucune émotion parce qu'elles restent confinées à l'intérieur du corps. En temps normal, nous ne ressentons pas les battements du cœur, car la pulsation n'atteint pas la surface de notre corps. Mais si le cœur bat plus fort, la pulsation est ressentie à la surface du corps et nous devenons conscients de notre cœur.

---

2. Lowen, A. : *Lecture et langage du corps* (Saint-Yves ; 1973).

8. L'état de tension

Quand une impulsion atteint un muscle, celui-ci est prêt à agir. Dans le cas d'un muscle volontaire, l'action est sous le contrôle de l'ego et peut être limitée ou modifiée par l'esprit conscient. Le fait de bloquer l'action crée un état de tension dans le muscle : il est énergétiquement chargé et prêt à agir, mais l'esprit l'en empêche. La tension est alors consciente et peut être libérée de différentes façons, par exemple en donnant un coup de poing sur la table plutôt que sur la figure de la personne qui a provoqué la colère. Mais si l'insulte ou la blessure ayant provoqué la colère continue d'agir, l'impulsion de la colère continuera d'agir elle aussi. C'est le cas notamment des enfants dans leurs conflits avec les parents, les enfants ne pouvant échapper à leur hostilité. Et bien souvent, l'enfant n'ayant aucun moyen de se décharger de son impulsion sans provoquer davantage de colère et d'hostilité de la part de ses parents, l'état de tension deviendra chez lui chronique et douloureux. Pour ne pas ressentir l'hostilité et la colère, il insensibilisera sa musculature volontaire, en évacuera le mouvement, de manière à ne plus rien sentir.

Les adultes qui ont réprimé leur colère contre leurs parents en raison de la peur qu'ils leur inspiraient montrent des tensions marquées dans les muscles du haut du dos. Souvent, ils ont le haut du dos arrondi, comme celui d'un chien ou d'un chat prêt à attaquer. Ce dos rond, hérissé, indique leur attitude de colère. Mais ils ne sont pas en contact avec leur attitude corporelle, ni avec la colère latente qui la sous-tend. Leur attitude est figée, et eux-mêmes sont engourdis. De telles personnes sont capables d'avoir des accès de colère terribles suite à des provocations mineures, sans se rendre compte qu'elles tentent de se décharger d'une colère réprimée depuis fort longtemps. Malheureusement, une telle réaction de rage ne libère pas les tensions ; ce n'est qu'une réaction, non pas une véritable expression de la colère sous-jacente.

De telles tensions musculaires se retrouvent partout dans le corps et signalent des impulsions bloquées et des sensations perdues. La mâchoire est ainsi une zone de tension musculaire chronique chez de nombreuses personnes. L'état de tension est parfois même si intense qu'il constitue une véritable maladie, connue sous le nom de maladie des articulations temporo-mandibulaires. Dans ce cas, les impulsions bloquées sont l'envie de pleurer et de mordre. On serre la mâchoire pour rester maître de soi, malgré une envie de fondre en larmes ou de s'enfuir à toutes jambes. Quand cette maîtrise est consciente et qu'elle peut être abandonnée à volonté, elle est bénéfique. Mais quand il y a tension chronique, cet abandon est impossible, sauf momentanément, car elle correspond à une attitude caractérielle de détermination. Toute tension limite la capacité d'expression. Dans notre culture, la plupart des gens souffrent de très fortes tensions musculaires chroniques, notamment dans la nuque, la poitrine, le bas du dos et les jambes. Ces tensions les limitent, enlevant leur grâce à leurs mouvements et empêchant ces personnes de s'exprimer librement et pleinement.

Les tensions musculaires chroniques sont le pendant physique de la culpabilité, le résultat des injonctions de l'ego contre certaines émotions ou actions. Les personnes qui en souffrent sont rarement conscientes de leur culpabilité et sauraient encore moins dire pourquoi elles se sentent coupables. La culpabilité, en un sens, c'est sentir qu'on n'a pas le droit d'être libre ou de faire ce que l'on a envie de faire. En un sens plus général, c'est ne pas être à l'aise dans son corps, ne pas se sentir bien. Dans ce cas, la pensée sous-jacente est : « J'ai dû faire quelque chose de mal. » Une personne qui dit un mensonge se sent mal ou coupable parce qu'elle a trahi son propre moi, sa vérité profonde. Un tel sentiment de culpabilité est normal. Certaines personnes ne se sentent cependant pas coupables quand elles mentent, parce qu'elles sont insensibles, qu'elles ont réprimé ce sentiment. Mais personne ne peut se sentir coupable d'aller bien ou d'être joyeux. Ces deux états – aller bien et être joyeux, aller mal et se sentir coupable – s'excluent mutuellement.

9. Le fruit défendu

Pour beaucoup d'entre nous, un fruit défendu suscite des sentiments mêlés. L'une des raisons pour lesquelles il est défendu tient à ce qu'il est bon à manger. En revanche, aucune injonction n'est nécessaire contre une activité ou un objet jugé indésirable ou déplaisant. Mais comme les fruits défendus sont interdits par le surmoi – cette partie de l'esprit conscient ayant intégré les diktats parentaux – nous ne pouvons pas nous abandonner au plaisir d'en manger. Dans notre civilisation, le fruit défendu est évidemment la sexualité, de sorte que nous souffrons presque tous d'un certain degré de culpabilité ou de honte dans ce domaine. Les individus narcissiques chez qui il y a déni et dissociation des émotions n'éprouvent quant à eux ni honte ni culpabilité, mais ils ne ressentent pas d'amour non plus (3). Ils semblent désinhibés et libres dans leur comportement sexuel, mais leur liberté est extérieure et non pas intérieure. Elle s'exprime en actes, non pas par des sentiments ou des émotions. Leurs actes sexuels relèvent de la performance, non pas d'un abandon à l'amour. Pour eux, la sexualité est un acte, pas une expérience joyeuse. Quiconque n'est pas libre de ressentir et d'exprimer pleinement ses émotions ne peut éprouver de la joie.

La liberté intérieure se manifeste dans la grâce du corps, dans la douceur et la vitalité. Comme je l'ai déjà dit plus haut, elle n'est possible que si l'on s'est libéré de la culpabilité et de la honte, et si l'on a conscience de soi-même. Tous les animaux possèdent cette liberté, mais elle est absente chez la plupart des êtres civilisés. Elle permet d'exprimer l'innocence avec son corps. Elle est une manière d'agir, spontanée, droite et authentique.

---

3. Lowen, A. : *Gagner à en mourir : une civilisation narcissique* (Epi-Hommes et Groupes ; 1987).

Devons-nous en conclure qu'une fois perdue, l'innocence ne peut être retrouvée ? Sommes-nous condamnés à rester des pécheurs du fait de notre connaissance du bien et du mal et de la sexualité ? Sommes-nous obligés, pour vivre, de recourir à la ruse, à la manipulation et à la trahison de nous-mêmes ? Toutes les religions prêchent le salut, nous ne sommes pas condamnés à vivre l'enfer ou le purgatoire, même si de nombreuses personnes en font l'expérience dans cette vie-ci. Mais le salut implique toujours un abandon à Dieu, un abandon de l'égotisme et un engagement pour une vie morale. Ce qui est évidemment plus facile à dire qu'à faire. Si nous avons perdu le contact avec Dieu, c'est que nous avons perdu le contact avec le Dieu en nous, l'esprit tournoyant qui anime notre être, le centre-énergie de notre moi intérieur qui nous éclaire et donne un sens à notre vie.

Le but de la thérapie est de nous relier à notre Dieu intérieur. Ce Dieu réside dans le moi naturel, le corps créé à l'image de Dieu. Le moi naturel est profondément enfoui dans le corps, sous les couches de tensions représentant les injonctions du surmoi et les émotions refoulées. Pour accéder à ce moi, le patient devra accomplir un voyage qui le ramènera aux toutes premières années de son existence. C'est un voyage difficile, parce qu'il réactive des souvenirs et des sentiments douloureux. Mais à mesure que les émotions refoulées remonteront à la surface, son corps créé par Dieu redeviendra vivant.

Le voyage d'autodécouverte que constitue le processus thérapeutique ne peut être entrepris seul. Comme Dante dans *la Divine Comédie,* le voyageur est perdu. Dans sa détresse, Dante invoque Béatrice, sa protectrice dans le Ciel. Elle lui envoie alors Virgile, le poète, afin qu'il le guide à travers l'Enfer et tous ses dangers. Virgile était capable d'aider Dante car il avait lui-même traversé cette zone de peur. Grâce à lui, Dante sort sain et sauf de l'Enfer et du Purgatoire et peut entrer au Paradis. Dans le processus thérapeutique, le guide est une personne qui a accompli un voyage d'autodécouverte similaire à travers son propre enfer. Le guide d'une thérapie analytique sera ainsi lui-même passé par une analyse, qui l'aura conduit sur la voie de sa réalisation.

10. Les émotions refoulées

Pour le patient en thérapie, l'enfer est l'inconscient refoulé, le monde souterrain où sont enterrées ses terreurs du passé – désespoir, tourment et folie. Quand il descend dans ce monde de l'ombre, il ressent la douleur de son passé enterré, revit les conflits auxquels il n'avait pas pu faire face et découvre une force dont il avait toujours rêvé sans jamais vraiment y croire. Au début, cette force provient de la *guidance,* du soutien et de l'encouragement du thérapeute, puis le patient commence à s'apercevoir que ses terreurs ne sont que des peurs d'enfant qu'il peut affronter, étant maintenant adulte, de sorte qu'il devient capable de trouver cette force en lui-même. L'enfer n'existe que dans l'ombre de la nuit et de la mort. A la lumière du jour, c'est-à-dire en pleine conscience, plus aucun monstre n'est réel. Les méchantes marâtres étaient en fait des mères en colère qui terrifiaient leurs enfants. Les sentiments considérés comme honteux, dangereux et inacceptables sont en réalité des réactions naturelles dans des situations anormales. Le patient reprend peu à peu possession de son corps, puis de son âme et de son moi.

Comme je l'ai déjà indiqué (4), l'inconscient est la partie du corps que l'on ne perçoit pas. La conscience est la partie émergée de l'iceberg, mais elle comprend également la partie de l'iceberg située au-dessous de la surface de la mer. Puis il y a de larges pans de notre corps dont nous n'avons pas conscience : nous ne percevons pas le fonctionnement de nos vaisseaux sanguins, de nos nerfs, de nos glandes endocrines, de nos reins, etc. Certains fakirs indiens sont peut-être capables de développer leur conscience de façon à sentir leurs organes,

4. Lowen, A. : *Lecture et langage du corps* (Saint-Yves ; 1973).

mais cela n'est pas naturel pour la conscience moyenne. A l'inverse, les personnes souffrant de problèmes émotionnels ou de conflits intérieurs ne sont pas conscientes de certaines zones de leur corps – dont elles devraient pourtant être conscientes – du fait de tensions chroniques. Ces blocages, en empêchant les impulsions dangereuses de se manifester, endorment également une partie du corps, entraînant ainsi la perte d'une partie du moi. Ces zones représentent les conflits émotionnels refoulés dans le subconscient. Par exemple, la plupart des gens ne se rendent pas compte de la tension dans leurs mâchoires, pas plus qu'ils ne sont conscients du fait qu'elle est consécutive à une répression de la pulsion de mordre ou de pleurer. Ces conflits sont une manifestation de l'inconscient refoulé. Ils constituent le monde souterrain où sont enfouies les émotions jugées dangereuses, honteuses et inacceptables par l'ego, ou esprit conscient.

Tout comme les âmes en enfer, ces émotions qui n'arrivent pas à l'esprit conscient vivent dans un monde souterrain de tourment et d'angoisse. Ce tourment devient conscient de temps à autre, mais comme il menace la survie, il est systématiquement refoulé. Nous pouvons survivre en vivant à la surface. Là, nous pouvons maîtriser nos émotions et notre comportement, mais cela se fait au détriment de nos émotions les plus profondes. Vivre à la surface, selon les valeurs de l'ego, est un mode de vie narcissique qui se révèle généralement vide de sens et générateur de dépression. A l'inverse, vivre dans la profondeur de son être peut être douloureux et effrayant à première vue, mais si nous avons le courage de traverser notre enfer intérieur, nous y trouverons une véritable source de joie et de satisfaction, le paradis.

Les émotions profondes que nous avons refoulées sont celles de l'enfant que nous étions, un enfant innocent, libre, qui vécut dans la joie jusqu'au jour où son esprit fut brisé, parce que rendu coupable et honteux face à ses impulsions naturelles. Cet enfant continue de vivre au plus profond de notre être, mais nous avons perdu le contact avec lui, c'est-à-dire avec ce qu'il y a de plus profond en nous. Pour nous trouver, pour retrouver l'enfant enfoui, nous devons descendre dans les zones les plus profondes de notre être, dans l'obscurité de l'inconscient. Nous devons avoir le courage d'affronter les peurs et les dangers de cette descente intérieure, et faire appel pour cela à un guide-thérapeute qui aura lui-même accompli ce voyage d'autodécouverte.

Ces idées sont à rapprocher de la pensée mythologique selon laquelle le diaphragme est assimilé à la surface incurvée de la terre. La partie du corps située au-dessus du diaphragme est à la lumière du jour, tandis que la partie située en dessous – l'abdomen – demeure dans l'obscurité de la nuit et de l'inconscient. Notre esprit conscient exerce un certain contrôle sur les processus de la partie supérieure du corps, mais nous avons peu – voire pas – d'influence sur sa moitié inférieure, qu'il s'agisse des fonctions de la sexualité, de l'excrétion ou de la reproduction. Cette partie du corps est étroitement liée à la nature animale de l'homme, tandis que les fonctions de la partie supérieure dépendent davantage des influences culturelles. La façon la plus simple de décrire cette différence serait de dire que nous mangeons comme des êtres humains, mais déféquons comme des animaux. Le fait que la partie inférieure du corps soit davantage associée à notre nature animale explique peut-être pourquoi ses fonctions – particulièrement la sexualité et le mouvement – sont capables de produire des expériences extrêmement agréables, voire extatiques.

CHAPITRE II

L'abandon au corps

1. Sans abandon, la joie est impossible

L'idée d'abandon n'est pas populaire auprès de l'individu moderne pour qui la vie est un combat, une lutte ou, tout au moins, une incessante compétition. Nombreuses sont les personnes pour qui la vie est une activité dont le seul but est la réussite ou le succès. L'identité d'une personne est souvent liée à son activité et non à son être. Ce phénomène est typique d'une culture narcissique où l'image est plus importante que la réalité et bien souvent, la remplace (1). Dans une culture narcissique le succès semble conférer l'estime de soi, mais cela n'est qu'hypertrophie de l'ego. Quant à l'échec, il produit un effet opposé, il « désenfle » l'ego. L'abandon y est assimilé à une défaite, alors qu'il n'y a que défaite de l'ego narcissique.

L'abandon à l'amour passe nécessairement par un abandon de l'ego narcissique. Sans cet abandon, la joie est impossible. Mais s'abandonner ne signifie pas sacrifier l'ego. C'est simplement une façon pour l'ego de reconnaître son assujettissement au moi, qu'il est l'organe de la conscience et non le maître du corps. Nous devons reconnaître que le corps détient une sagesse provenant de plusieurs milliards d'années d'évolution,

1. Pour une analyse approfondie de la personnalité narcissique, voir mon livre : *Gagner à en mourir : une civilisation narcissique* (Epi-Hommes et Groupes ; 1987).

sagesse que l'esprit conscient peut certes imaginer mais qu'il ne pourra jamais vraiment comprendre. Le mystère de l'amour, par exemple, va bien au-delà de la connaissance scientifique. La science ne peut établir aucun lien entre sa vision du cœur en tant que pompe envoyant du sang dans le corps et sa conception du cœur en tant qu'organe de l'amour, qui est un sentiment. Les hommes sages ont compris cet apparent paradoxe. La maxime de Pascal selon laquelle « le cœur a ses raisons que la raison ignore » est bien vraie.

Contrairement à ce que certains prétendent, le corps et l'esprit ne sont pas égaux, leur égalité apparente n'étant que le résultat d'une vision limitée de l'esprit conscient qui ne perçoit que la surface des choses. Tout comme pour l'iceberg, nous ne voyons que la partie émergée, soit un peu plus de dix pour cent de sa masse. La partie obscure, inconsciente de notre corps, est le moteur de notre vie. La volonté, elle, est impuissante à réguler et à coordonner les processus biochimiques et biophysiques complexes du corps, de même qu'elle ne peut affecter son métabolisme dont dépend notre vie. Ce qui est finalement très rassurant, car si l'inverse était vrai, la vie s'effondrerait au premier échec de la volonté.

Le développement de l'embryon humain a de tous temps intrigué l'esprit humain. Ce petit organisme, l'œuf fertilisé, « sait » ce qu'il doit faire pour développer ses capacités à devenir un être humain. C'est un processus très impressionnant, ce qui ne nous empêche pas de penser, nous autres humains, que nous en savons plus que la nature. J'ai foi en la puissance du corps à se guérir lui-même. Ce qui ne veut pas dire que nous ne pouvons pas aider le processus de guérison, mais simplement que nous ne pouvons pas nous y substituer. La thérapie est un processus de guérison naturelle, le thérapeute ne faisant qu'aider le corps à guérir. Ce n'est pas le docteur qui dit au corps comment réparer un os cassé ou à la peau de se régénérer après une blessure ou une coupure. Dans bien des cas la guérison a lieu sans aucune intervention médicale.

2. Les illusions, défenses de l'ego

Je me suis souvent demandé pourquoi il n'en allait pas de même dans le cas d'une maladie mentale ou psychique. Pourquoi ne serions-nous pas capables de guérir spontanément d'une dépression ? Il est vrai que certaines personnes neutralisent spontanément la réaction dépressive, mais elle réapparaîtra presque toujours en raison de la persistance des causes sous-jacentes, due à l'inhibition des sentiments de peur, de tristesse et de colère (2). Leur refoulement et la tension concomitante réduisent la mobilité du corps, ce qui diminue sa vitalité. A cela vient s'ajouter l'illusion que l'amour sera au rendez-vous si l'on est soumis, ou si l'on connaît le succès. Cette illusion sert peut-être de moteur dans le combat mené pour gagner l'amour, mais comme le véritable amour ne peut être gagné ou obtenu par le biais d'une quelconque performance, l'illusion finit tôt ou tard par s'effondrer et la personne sombre progressivement dans la dépression. Aussi devra-t-elle, si elle veut s'en sortir, commencer par ressentir et exprimer ses émotions. Aider le patient à pleurer et à exprimer sa colère l'aidera à sortir de la dépression, au moins provisoirement. L'expression des émotions libère la tension et permet au corps de retrouver sa mobilité et d'accroître sa vitalité. C'est l'aspect physique du processus thérapeutique. Sur le plan psychologique, le patient devra dévoiler ses illusions. Il lui faudra pour cela comprendre que leur origine remonte à son enfance et qu'elles lui servent de mécanismes de survie.

Tous les patients souffrent de leurs illusions, à des degrés divers. Certains croient que la santé conduit forcément au bonheur, que la célébrité garantit l'amour, ou encore qu'un comportement soumis protège de la violence. Ces illusions se mettent en place très tôt dans l'enfance en tant que mécanismes de survie face à des situations douloureuses. Une fois adultes, nous craignons de nous en séparer. La plus grande illusion

---

2. Pour une analyse des causes de la dépression, voir Lowen, A. : *La Dépression nerveuse et le corps* (Sand, « Le corps à vivre » ; 1988).

consiste peut-être à croire que l'esprit conscient contrôle le corps et qu'il nous suffit de modifier nos pensées pour changer nos émotions. D'après ce que j'ai pu moi-même constater, cela ne marche pas, même si l'illusion de la toute-puissance de l'esprit peut effectivement apporter un soutien passager. Mais lorsqu'une personne n'a plus assez d'énergie, cette illusion s'effondre à son tour et c'est alors la voie ouverte à la dépression.

Les illusions sont des défenses de l'ego en réponse à la réalité. Mais en nous évitant la douleur d'une réalité terrifiante, elles font aussi de nous des prisonniers de la non-réalité. La santé émotionnelle, c'est la capacité d'accepter la réalité sans la fuir. Notre réalité fondamentale est notre corps. Notre moi n'est pas une image dans notre cerveau, mais un organisme réel, vivant et vibrant. Pour nous connaître, nous devons sentir notre corps. La perte des sensations dans une partie du corps correspond à la perte de cette partie du moi. La conscience de soi, première étape du processus thérapeutique d'autodécouverte, est la sensation du corps – de tout le corps, de la tête aux orteils. Quand elles subissent un stress, de nombreuses personnes perdent la sensation de leur corps. Elles s'en dissocient pour échapper à la réalité. Cette réaction de type schizophrénique constitue un grave trouble psychique. Mais dans notre culture, la quasi totalité des gens sont dissociés de certaines parties de leur corps. Certains ne sentent pas leur dos, comme s'ils n'avaient pas de colonne vertébrale, tandis que d'autres ne sentent pas leur ventre, ce qui dénote un manque de courage. Chaque partie du corps contribue à notre identité si nous y sommes reliés. Et nous ne pouvons y être reliés que si cette partie est vivante et mobile. Quand chaque partie du corps est chargée et vibrante, nous sentons la vie vibrer en nous et nous sommes joyeux. Mais pour cela, nous devons nous abandonner au corps et à ses sensations.

S'abandonner signifie qu'on laisse le corps devenir pleinement vivant et libre, sans chercher à le forcer ou à le contrôler.

Le corps n'est pas une machine qu'il nous faut démarrer et arrêter. Il possède sa propre intelligence et sait ce qu'il doit faire. Ce que nous abandonnons, c'est l'illusion du pouvoir de l'esprit.

3. La respiration profonde

La première chose est de commencer à respirer. Reich utilisait déjà cette technique lors de ma thérapie avec lui. La respiration est la fonction corporelle la plus importante car la vie en dépend. C'est une activité naturelle et involontaire qui peut également être soumise au contrôle conscient. Dans des circonstances ordinaires, nous ne sommes pas conscients du fait que nous respirons, mais lorsque nous manquons d'air – par exemple en altitude – nous prenons conscience du travail de la respiration. Pour les patients qui souffrent d'emphysème, la respiration est un combat douloureux pour obtenir suffisamment d'air. Les états émotionnels affectent directement la respiration.

Quand une personne est très en colère, sa respiration s'accélère pour l'aider à mobiliser davantage d'énergie en vue d'une action agressive. La peur produit l'effet contraire : elle l'oblige à retenir sa respiration, l'action étant bloquée par la peur. Si la peur se transforme en panique, lorsqu'on essaye désespérément de fuir une situation menaçante la respiration devient rapide et superficielle. Une personne terrifiée ne respire pratiquement plus, car la terreur a un effet paralysant sur le corps. A l'inverse, dans un état de plaisir la respiration est lente et profonde. Et si l'excitation agréable se transforme en joie et en extase, comme dans l'orgasme sexuel, la respiration s'accélère et devient plus profonde en réponse à la montée de l'excitation agréable de la décharge sexuelle. L'examen de la respiration d'un patient permet ainsi au thérapeute de comprendre son état émotionnel.

J'ai décrit dans un livre précédent ma thérapie avec Reich et j'en reprendrai ici certaines expériences pour illustrer le concept d'abandon (3). J'étais étendu sur le matelas en caleçon, et Reich observait ma respiration, assis en face de moi. Sa seule instruction était de respirer, ce que j'essayais de faire le plus normalement possible pendant qu'il examinait mon corps. Au bout de dix minutes environ, il m'a dit : « Lowen, vous ne respirez pas ! » Je lui ai répondu que si. « Mais votre poitrine ne bouge pas. » C'était vrai. Il m'a demandé de poser ma main sur sa poitrine afin que je puisse sentir comment elle s'élevait et s'abaissait à chaque respiration et j'ai repris l'exercice, essayant à mon tour de faire participer ma poitrine à chaque respiration. Après avoir respiré profondément par la bouche pendant quelques instants, j'étais assez détendu et Reich m'a demandé d'ouvrir les yeux très grand. A ce moment-là, un cri aigu est sorti de ma gorge. Je m'étais entendu crier mais aucun sentiment n'était relié à ce cri. Il était sorti de moi mais je n'y étais pas relié. Reich m'a demandé d'arrêter de crier car les fenêtres qui donnaient sur la rue étaient ouvertes, et j'ai repris ma respiration antérieure comme si rien ne s'était passé. J'avais été surpris par ce cri, mais non affecté émotionnellement. Puis Reich m'a demandé d'ouvrir à nouveau les yeux très grand et j'ai poussé un deuxième cri, auquel je n'étais pas plus relié.

Nous nous retrouvions trois fois par semaine, mais il ne s'est rien passé d'extraordinaire au cours des deux ou trois mois suivants. Reich m'encourageait à me laisser aller et à respirer plus librement, et je m'y employais du mieux que je pouvais. Mais malgré mes efforts, Reich considérait que ma respiration n'était pas libre et que je continuais à « faire » un exercice au lieu de « laisser faire » les choses. En fait, je contrôlais inconsciemment ma respiration pour que rien ne puisse arriver mais, à l'époque, je l'ignorais. J'essayais pourtant de relâcher mon contrôle, de m'abandonner à mon corps et à ses processus involontaires, mais cela m'était très difficile. Le fait de respirer pleinement, même consciemment, entraîne des symptômes d'hyperventilation. J'avais ainsi de fortes sensa-

---

3. Lowen, A. : *La Bioénergie* (Sand, « Le corps à vivre » ; 1978).

tions de fourmillement et de picotement dans les mains et dans les bras, appelés paresthésies. A un moment donné, mes mains se sont contractées en syndrome parkinsonien. Elles étaient glacées, recroquevillées en forme de pince et complètement tétanisées. Mais je n'avais pas peur. J'ai respiré plus doucement et, peu à peu, la contraction s'est relâchée, la paresthésie a cessé et mes mains ont également retrouvé leur chaleur. Après plusieurs séances où le fait de respirer en profondeur avait provoqué ce syndrome d'hyperventilation, la réaction disparut complètement. Mon corps s'était adapté à une respiration profonde et pouvait commencer à se détendre.

Peu de temps après la thérapie a été interrompue, car c'était l'été et Reich partait en vacances. Puis j'ai repris à l'automne ce travail sur l'abandon et la respiration spontanée. Au cours de l'année de thérapie qui suivit, plusieurs événements importants se sont produits. J'ai notamment revécu une expérience de la prime enfance qui permit d'expliquer les cris de ma première séance. Alors que je respirais sur le lit, j'ai eu soudain l'impression de voir une image se dessiner au plafond. Cette impression n'a fait que se renforcer au cours des séances suivantes et, quand l'image m'est apparue clairement, j'ai vu le visage de ma mère plein de colère. J'avais le sentiment d'être un bébé d'environ neuf mois, couché dans un landau à l'extérieur de la maison et pleurant sa mère. Quand elle est enfin arrivée, elle semblait furieuse d'avoir été dérangée et m'a lancé un regard noir de colère qui m'a laissé muet de terreur. Les cris que je n'avais pas poussés à ce moment-là surgirent trente-deux ans plus tard, lors de ma première séance de thérapie.

J'ai également vécu une expérience assez inhabituelle pendant laquelle j'ai eu le sentiment d'être mû par une force intérieure. J'étais étendu sur le divan quand, tout à coup, mon corps a été pris de tremblements intérieurs. Je me suis assis et me suis ensuite mis debout pour tambouriner le matelas de mes poings. A ce moment-là, le visage de mon père m'est apparu et j'ai su que c'était lui que je frappais, à cause d'une fessée qu'il m'avait donnée quand j'avais sept ou huit ans. Lorsque je reparlai de cet incident à mon père, il m'expliqua que ce jour-là j'étais rentré tard, que ma mère s'était inquiétée et que c'était elle qui lui avait demandé de me punir. Cette expérience était intéressante dans le sens où mes mouvements n'avaient pas été conscients : je n'avais pas décidé de me lever et de taper sur le lit. Mon corps avait agi de son propre chef, tout comme le jour où j'avais crié.

Au cours de ma deuxième année de thérapie avec Reich, ma respiration était devenue beaucoup plus libre. Certes, je ne pouvais toujours pas m'abandonner complètement à mon corps, mais sa motilité s'était considérablement améliorée. Lorsque je respirais sur le lit en faisant des battements de jambes, des vibrations s'y développaient. Ces vibrations indiquaient qu'un courant énergétique circulait dans mes jambes et cette sensation m'était très agréable. Par la suite, j'ai pu également ressentir ces vibrations dans mes hanches. Ces vibrations se produisent lorsque les muscles tendus se relâchent, mais elles sont aussi un phénomène naturel de la vie. Les corps vivants sont des systèmes vibratoires tandis que les corps morts ne bougent pas. Mais, malgré ces deux expériences fortes et la vitalité accrue de mon corps, je n'arrivais toujours pas à m'abandonner suffisamment pour déclencher le réflexe orgastique. J'avais le sentiment d'être dans une impasse et Reich m'a suggéré alors de mettre un terme à la thérapie.

4. Le lâcher-prise de l'ego

Cette suggestion a eu un effet puissant sur moi : j'ai immédiatement éclaté en sanglots. Arrêter la thérapie représentait un échec et la fin d'un rêve : je devais renoncer à la santé sexuelle. Je me suis confié à Reich et lui ai dit combien j'avais besoin de son aide. Demander de l'aide me coûtait. Je croyais que je devais tout faire seul. Mais je ne parvenais pas à m'abandonner à mon corps, ni à ses sensations. «Faire» est le contraire de s'abandonner, c'est une fonction de l'ego ; l'abandon exige à l'inverse un lâcher-prise de l'ego. Je ne me considérais pas comme un individu égoïste ou narcissique, mais c'était pourtant une partie importante de ma personnalité, que je n'ai découverte que bien plus tard. Je n'arrivais pas à fondre en larmes, sauf si j'étais poussé à l'extrême, c'est-à-dire menacé par la perte de mon désir du cœur car, inconsciemment, j'étais déterminé à ne pas céder. Voyant que j'étais sérieusement ébranlé, Reich a accepté de poursuivre la thérapie. Suite à cet épisode, j'ai pu m'abandonner plus pleinement et ma respiration a gagné en liberté et en profondeur.

Puis, quand arrivèrent les vacances d'été, Reich m'a suggéré d'interrompre la thérapie pendant un an pour reprendre à l'automne de l'année suivante. J'ai accepté sa suggestion avec plaisir, car j'avais envie de faire une pause dans tous mes efforts pour aller bien. Les larmes que j'avais versées m'avaient permis de m'abandonner à mon sentiment d'amour comme jamais je n'en avais été capable auparavant. J'étais tombé amoureux d'une jeune femme l'année précédente, mais la relation n'était pas solide. Un jour, alors que tout semblait sur le point de se terminer, j'ai à nouveau éclaté en sanglots, pleurant du fond du cœur en lui disant combien je l'aimais. Suite à cet épisode, j'ai vécu l'expérience sexuelle la plus intense et la plus agréable que j'avais jamais connue jusqu'alors, sachant en moi-même qu'elle provenait de mon abandon à mes sentiments profonds. Au cours de l'année suivante, je me suis marié avec cette femme qui, je l'avoue volontiers, est toujours mon épouse aujourd'hui.

Quand j'ai repris la thérapie au bout d'un an d'interruption, ma capacité de m'abandonner aux actions involontaires de mon corps s'était grandement améliorée et, peu de temps après, le réflexe orgastique s'est développé. Je me sentais excité et joyeux, transformé même, mais cela ne dura pas. Les expériences de transformation révèlent la possibilité de la joie, d'où leur importance, mais elles vont rarement assez loin pour être d'un effet durable. Aussi est-il nécessaire de travailler sur les conflits du passé qui sont profondément structurés dans la personnalité, tant au niveau psychologique que physique. Du fait que je n'avais pas résolu tous mes problèmes au cours de ma thérapie avec Reich, je ne m'autorisais pas à être libre et pleinement ouvert à mes sentiments. Mais les expériences vécues au cours de cette thérapie m'avaient convaincu que le chemin qui mène à la joie passe forcément par l'abandon au corps.

5. Le tabouret énergétique

Après avoir obtenu mon diplôme de médecin, je me suis installé comme praticien en utilisant la technique apprise avec Reich. Le patient était étendu sur un lit où il se détendait et respirait, puis je l'encourageais à se laisser aller à sa respiration en s'abandonnant à son corps. Nous parlions aussi de sa vie et de ses problèmes mais, en dehors de cela, il ne se passait pas grand-chose. Assis dans un fauteuil à le regarder, je ressentais le besoin de m'appuyer contre le dossier pour respirer plus profondément. L'idée m'est ensuite venue à l'esprit que c'était peut-être aussi le cas de mes patients. Il y avait un tabouret dans la cuisine et je me suis dit que je pourrais l'utiliser. En fixant dessus une couverture enroulée, j'ai constitué une sorte de « dossier » pour le patient, sur lequel il pouvait étendre son dos, les bras tendus en arrière, comme indiqué dans la figure ci-contre.

L'effet a été très positif : l'étirement rendait la respiration du patient beaucoup plus profonde, ce qui me permettait également d'observer l'onde respiratoire et de voir où elle était bloquée.

Le tabouret bioénergétique a fait dès lors partie intégrante de mon approche thérapeutique. Depuis cette première utilisation en analyse bioénergétique, j'ai appris à le rendre plus efficace en demandant au patient d'utiliser sa voix lorsqu'il est étendu dessus. Nous verrons dans le prochain chapitre comment coordonner la voix avec la respiration.

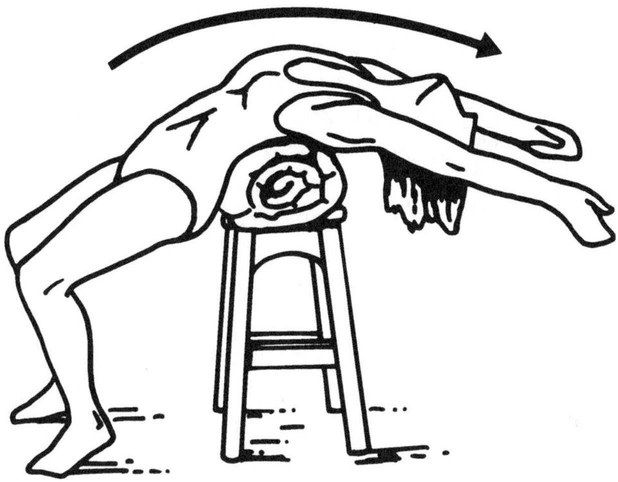

6. L'exercice de l'arc

Par rapport à la technique reichienne, j'apportais un autre changement important, à savoir toute une série d'exercices corporels spécifiques destinés à aider le patient à développer la conscience de son corps, à s'exprimer plus pleinement et à affirmer son identité. Avant de rencontrer Reich, j'avais été entraîneur sportif et je savais que les exercices physiques ont un effet puissant sur les émotions et sur l'humeur. Ces exercices seront décrits au cours des prochains chapitres. Je m'en étais servi à l'origine pour augmenter la motilité de mon propre corps.

Le premier exercice que j'ai pratiqué en vue d'accroître la sensation de mes jambes et, partant, mon sentiment de sécurité, s'appelle « l'arc ». C'est une position bien connue que l'on retrouve dans un programme d'exercices chinois, le tai-chi-chuan, dont j'ignorais tout à l'époque. J'étais debout, les pieds écartés, les genoux fléchis et le corps légèrement arqué. Pour maintenir l'arc, je plaçais mes deux poings dans le creux des reins. Cette position m'aidait à me sentir plus en sécurité et plus en contact avec le bas de mon corps. Elle favorisait en outre une

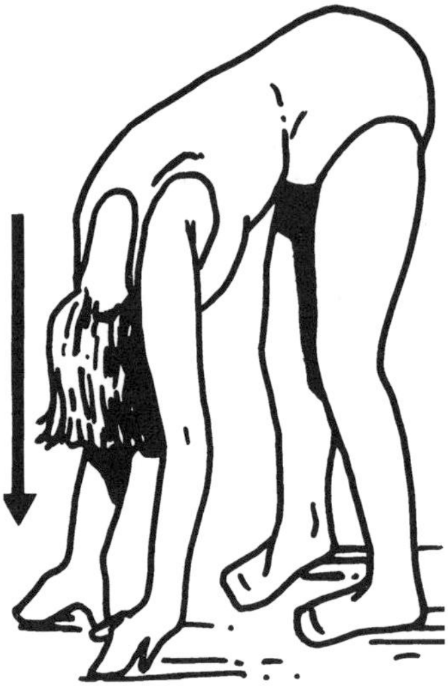

respiration plus profonde, et c'est peut-être d'ailleurs la raison pour laquelle les Chinois l'utilisent. Puis j'inversais la position, me penchant en avant jusqu'à toucher le sol de mes doigts, les pieds écartés d'environ 25 cm et légèrement tournés vers l'intérieur. Dans cette position, je me sentais proche du sol, de mes jambes et de mes pieds. Puis je faisais basculer le poids de mon corps sur les pieds et au moment où je tendais légèrement les genoux, sans les raidir, mes jambes se mettaient généralement à vibrer.

Ces exercices, ainsi que d'autres, sont décrits dans mon livre : *Pratique de la bioénergie,* où j'analyse le concept de vibration en tant qu'élément essentiel du processus de vie (4).

Au cours de ma thérapie avec Reich, j'avais senti des vibrations dans mon corps, surtout dans les jambes et les mollets, en respirant allongé sur le lit. Les personnes incapables de lâcher prise tant leur corps est raide ont énormément de mal à laisser venir les vibrations, mais ces exercices les aident néanmoins à sentir leur corps devenir plus vivant. Ces vibrations, qui peuvent être induites par de légers mouvements des jambes, produisent toujours des sensations agréables dans ces zones. Or, dans la thérapie de Reich, ces mouvements n'étaient pas considérés comme des exercices faisant partie intégrante du traitement. Aujourd'hui, tous ces exercices sont des composantes à part entière du programme bioénergétique, et je les utilise d'une façon systématique pour aider mes patients à se sentir plus ancrés et davantage reliés à leur corps et à la réalité. C'est le résultat qu'ils ont eu sur moi, et je n'ai cessé depuis lors de les pratiquer régulièrement et de les utiliser avec mes patients.

4. Sand, 1978.

7. Enracinement et réalité

L'abandon au corps est associé à l'abandon des illusions, au retour à la réalité et à la terre. On dit d'une personne bien en phase avec la réalité qu'elle « a les pieds sur terre », c'est-à-dire qu'elle est consciente du lien entre ses pieds et le sol où elle se trouve. Les individus inhibés ou extrêmement tendus n'ont pas conscience de toucher le sol de leurs pieds, car ils ont les pieds « engourdis » : ils savent que leurs pieds touchent le sol, mais ils n'ont pas la sensation de ce contact. Cette énergie, en tant qu'excitation de la partie inférieure du corps, est réprimée en réponse à leur peur. Parfois, la peur est si forte que la personne en vient à réprimer toutes les sensations de son corps, limitant ainsi sa conscience à sa tête. Elle vivra alors dans un monde de fantasmes, celui des enfants et des adultes autistes et schizoïdes. Beaucoup de gens vivent davantage dans leur tête que dans leur corps afin d'éviter les sensations douloureuses et effrayantes du corps. Dans des situations de peur extrême, certains se dissocient même complètement de leur corps. Leur conscience sort du corps et ils ont le sentiment de se regarder d'en haut. Cette réaction de type schizophrénique représente une rupture avec la réalité. L'un de mes patients m'a ainsi dit avoir eu un jour l'impression de flotter au plafond et de se regarder allongé sur le lit. Il était, bien sûr, très perturbé.

Le contact avec la réalité ne relève pas d'une logique de « tout ou rien ». Certaines personnes sont plus en contact avec la réalité que d'autres qui, plus divisées, le sont moins. Si le contact avec la réalité est la condition de la santé morale, c'est aussi la condition de la santé physique et émotionnelle. De nombreuses personnes ne savent toutefois plus très bien ce qu'est la réalité, car elles assimilent la réalité à la norme culturelle et non à ce qu'elles ressentent dans leur corps. Et quand leurs sensations sont absentes ou réduites, elles recherchent en dehors d'elles le sens de la vie. Les individus ayant un corps vivant et vibrant peuvent sentir la réalité de leur être – leur sensibilité. La vitalité de chacun dépend ainsi de son contact avec la réalité. Les personnes sensibles sont réalistes et ont les pieds sur terre ; on dit qu'elles sont bien ancrées dans leur vie.

Etre ancré, ou enraciné, signifie qu'on sent ses pieds toucher le sol. Pratiquement tous les adultes ont les pieds « posés à terre » dans le sens où leurs pieds les soutiennent et les font avancer. Mais quand ce contact est uniquement mécanique, la relation avec le sol ou avec la terre n'est pas ressentie comme quelque chose de vivant et d'important. De même, la personne n'est pas consciente du fait que ses relations à autrui sont le produit de sensations et d'émotions, et non d'actions. Une telle personne ne perçoit pas son corps comme quelque chose de vivant et d'important. Elle en parle comme elle parlerait de sa voiture, c'est-à-dire comme d'un objet essentiel pour son activité et sa mobilité. De même, elle en prend soin mais ne s'y identifie pas. Elle collectionne les succès, mais sa vie est irréelle et, malgré certaines satisfactions liées au pouvoir et à l'argent, elle ne connaît jamais la joie. En fait, elle n'est pas plus ancrée dans la réalité de la vie que sa voiture. La capacité d'éprouver de la joie dépend ainsi de notre degré d'enracinement, c'est-à-dire, littéralement, de notre capacité de sentir nos pieds toucher le sol.

Pour sentir le sol, il faut que les jambes et les pieds soient énergétiquement chargés. Ils doivent être vivants et mobiles, c'est-à-dire avoir des mouvements spontanés et volontaires, telles des vibrations. La vibration n'a pas besoin d'être intense. Elle peut être aussi légère qu'un ronronnement, comme celui d'une grosse cylindrée ; mais quand le ronronnement cesse, nous savons que le moteur est mort. Quand une personne a des pieds sans vie et que ses jambes sont immobiles, elle n'est pas en contact avec le sol. A l'inverse, si ses jambes et ses pieds sont pleins de vie, elle sent le courant qui les excite, les réchauffe et les fait vibrer. J'ai ainsi reçu en consultation une jeune femme schizophrène qui avait marché très longtemps dans les rues enneigées pour venir me voir, ne portant aux pieds que de petites baskets. Ses pieds étaient glacés et bleus de froid, mais elle n'en souffrait pas et ne se rendait pas compte de leur état. Ils étaient engourdis et presque sans vie. Cette femme n'était bien sûr pas ancrée et elle avait perdu tout contact avec son corps.

L'enracinement – ou ancrage – est un processus énergétique au cours duquel le flux d'excitation se répand dans le corps, de la tête jusqu'aux pieds. Quand ce courant est fort et vaste, la personne sent son corps, sa sexualité et le sol sur lequel elle se tient ; elle est en contact avec sa réalité. Ce flux d'excitation étant associé aux ondes respiratoires, le degré d'excitation dépendra de l'ampleur de la respiration. Si la respiration ou le flux sont bloqués, la personne ne sentira pas son corps en dessous de la zone de tension. Si le flux est réduit, la sensation le sera également. Comme le flux d'excitation est pulsatoire, c'est-à-dire qu'il descend vers les pieds et remonte vers la tête, comme les balancements d'un pendule, il excite successivement les différents segments du corps : la tête, le cœur, les organes génitaux et les jambes. Etant donné que l'onde d'excitation traverse la zone pelvienne dans son mouvement descendant, tout trouble sexuel grave l'empêche de descendre dans les jambes et les pieds. Une personne qui n'est pas ancrée ne peut avoir un comportement sexuel ancré.

L'enracinement, c'est-à-dire la capacité de se tenir sur ses pieds, dénote un état d'indépendance et de maturité. De même, la position debout est caractéristique de l'adulte. La position couchée étant, elle, plus caractéristique de l'enfant, un patient régressera plus facilement dans cette position-là. C'est pourquoi des expériences comme le réflexe orgastique, que le patient peut vivre au cours d'une séance lorsqu'il est allongé, ne se traduisent pas forcément par une modification de son comportement adulte. Le réflexe orgastique est un critère de santé valable mais non nécessairement absolu. Pour être absolu, il faut que l'individu soit pleinement ancré. Nous devons reconnaître que les sensations et les sentiments d'un enfant, bien que similaires à ceux d'un adulte, ne sont pas identiques. La colère d'un enfant n'est pas la même que celle d'un adulte, et sa tristesse non plus. L'amour d'un adulte diffère de celui d'un enfant, non pas dans sa qualité essentielle, car il est une fonction du cœur, mais dans son ampleur et sa portée, déterminées par l'ensemble du corps. Cela ne veut pas dire que les bébés et les petits enfants ne sont pas ancrés : ils sont ancrés par le lien qui les unit à leur mère – Terre mère – mais ils ne sont pas indépendants.

8. La soumission à un leader

Cette analyse nous aide à comprendre l'attrait que peut représenter un culte où les membres doivent renoncer à leur ego et s'en remettre au leader du culte. S'abandonner à un leader dénote une régression vers l'enfance, associée à une abdication du pouvoir et de la responsabilité propres à chacun. Protégé par le leader et n'ayant plus à choisir entre le bien et le mal, l'adepte d'un culte éprouve un sentiment de liberté et d'innocence. En outre, le sentiment de joie qui en découle renforce son degré d'implication dans le culte. Une question se pose alors : ce sentiment de joie est-il une illusion ou la réalité ? Les illusions peuvent produire des sentiments réels, mais ils disparaissent dès lors que l'illusion s'effondre, ce qui ne peut manquer d'arriver. Dans le cas d'un culte, l'illusion consiste à croire que le leader est le père aimant et tout-puissant qui prendra soin des membres du culte, comme un bon père de ses enfants. Or, la réalité est tout autre : les leaders d'un culte sont des individus narcissiques qui ont besoin d'admirateurs pour entretenir leurs visions personnelles de grandeur, et besoin d'exercer un pouvoir sur les autres pour compenser leur impuissance. Les leaders d'un culte n'attirent évidemment que des individus qui recherchent inconsciemment un père/leader puissant.

Bien que je ne sois jamais vraiment devenu son disciple, il y avait dans ma relation avec Reich des aspects de la relation entre le leader d'un culte et ses disciples. J'avais éclaté en sanglots à l'idée que ma thérapie avec lui puisse se terminer par un échec. J'avais conscience de rechercher sa protection et de voir en lui le père bon et puissant. La menace d'échec représentait la perte de cet espoir. Mes pleurs avaient été provoqués par la perte de cet espoir, mais ils exprimaient également ma tristesse de ne pas avoir eu un père qui m'ait apporté tout ce dont j'avais besoin pour me sentir libre et joyeux. Face à cette douleur et à la tristesse de ce manque, j'avais adopté une attitude de défense qui consistait à prétendre que je n'avais pas besoin d'aide et que je pouvais me débrouiller seul. J'avais fonctionné ainsi pendant des années et, d'une certaine façon, si l'on s'en tient aux apparences, cela semblait vrai. Or, à un niveau profond cela ne l'était pas.

Un culte s'était développé autour de Reich dans les années qui suivirent la fin de ma thérapie avec lui. Je n'ai toutefois jamais fait partie du groupe qui l'entoura entre 1947 et 1956, voyant en lui un être tout-puissant et omniscient. Si mon départ pour l'Europe, en 1947, où j'allais étudier la médecine à l'université de Genève, a contribué en partie à me faire sortir du cercle, l'influence de ma femme a été, il est vrai, déterminante. Elle se méfiait énormément des relations de proximité fondées sur la soumission ou l'acceptation non critique d'un autre être humain jugé supérieur, omniscient et adulé comme un dieu. Elle voyait en outre trop de gens proches de Reich renoncer à leur indépendance et à leur jugement adulte pour être un peu plus intime du grand homme, ce dont je me rendais compte, moi aussi. J'aimerais toutefois ajouter qu'à l'époque comme aujourd'hui, Reich est pour moi un grand homme à bien des égards. Sa compréhension des problèmes émotionnels des êtres humains, sa perception de l'unité sous-jacente dans toute la nature et la clarté de sa pensée le placent au-dessus de tous les autres dans ce domaine. Mais il n'était pas omniscient et de nombreux problèmes personnels handicapaient son travail et sa vie (5).

---

5. Voir *Fury on Earth,* de Myron Scharaf, une excellente autobiographie de Reich portant autant sur ses succès que sur ses conflits et ses problèmes personnels.

9. L'attachement au thérapeute

La situation thérapeutique favorise nécessairement l'attachement au thérapeute, celui-ci pouvant légitimement être considéré comme un substitut de la figure paternelle ou maternelle. On va voir un thérapeute parce qu'on a besoin d'une aide sous forme d'acceptation, de compréhension et de soutien. Dans ce contexte, si le thérapeute montre un intérêt particulier pour le patient, celui-ci risque de s'attacher facilement et de devenir dépendant et amoureux du thérapeute. Mais du fait de cet attachement au thérapeute, positif à bien d'autres égards, le patient n'est plus aussi conscient de son besoin d'indépendance et peut rapidement devenir « accro » de son thérapeute. Nous savons également que le patient va transférer sur le thérapeute tous les sentiments qu'il a éprouvés à l'égard d'un parent, aussi bien les positifs que les négatifs. Les sentiments positifs encouragent la soumission et permettent au patient de régresser dans l'enfance ou la prime enfance, facilitant ainsi l'expression d'émotions niées ou réprimées, tels les sentiments d'amour. L'expression de ces émotions fait parfois naître un sentiment de liberté et de joie, mais tant que les sentiments négatifs comme la méfiance et la colère n'auront pas été exprimés, les sentiments positifs ne dureront pas. La négativité et le désespoir sous-jacents reprennent très vite le dessus, et si rien n'est fait pour transformer ces sentiments négatifs, l'abandon initial ne pourra avoir lieu et le patient se sentira amer et frustré.

On retrouve ce même phénomène dans les relations amoureuses, lorsque les conflits de l'enfance non résolus viennent miner la joie de l'abandon initial au partenaire aimé. Comme nous le verrons dans les prochains chapitres, ces sentiments négatifs prennent parfois la forme d'un profond désespoir et d'une fureur meurtrière que le patient devra revivre à travers la thérapie, s'il veut s'en libérer. La peur du patient à l'égard de ces sentiments constitue le noyau dur de la résistance à l'abandon au corps, à soi-même et à la vie.

Tous les thérapeutes analytiques sont conscients de la nécessité d'amener ces sentiments négatifs à la conscience. Lorsque j'étais en thérapie avec Reich, il me demandait à chaque séance si j'avais eu des pensées ou des sentiments négatifs à son sujet. Je lui répondais que ce n'était pas le cas, ce qui était la vérité de mon esprit conscient. J'étais alors son « disciple », aussi avais-je abandonné mon attitude critique afin de m'abandonner à lui, et à mon corps à travers lui. Plus tard, j'ai décidé de me séparer du mouvement reichien parce qu'il n'avait pas réussi à me donner ce dont j'avais besoin, et j'ai retrouvé alors une attitude critique à son égard. Ce qu'il n'avait pas réussi à me donner, c'était une compréhension profonde de ma personnalité. Je développerai ce point dans le chapitre consacré au transfert et au contre-transfert. L'échec de Reich pouvait être attribué au fait que le travail thérapeutique sur le corps n'était pas aussi approfondi qu'il aurait dû l'être. N'oublions pas toutefois que ma thérapie avec Reich a eu lieu il y a cinquante ans, à une époque où la compréhension de la dynamique énergétique du corps n'était pas aussi développée qu'elle l'est aujourd'hui avec l'analyse bioénergétique.

10. L'examen de la statique corporelle

A l'origine de ce développement : un changement de la position du patient pendant la thérapie, passant d'une position couchée ou allongée à la position debout. Les pensées constituent le principal matériel du processus analytique. Or, l'immobilité et la passivité de la situation analytique suppriment ou diminuent toutes les autres formes d'expression de soi. La position couchée que j'avais eue dans ma thérapie avec Reich m'avait en effet permis de régresser dans des états de l'enfance ou de la prime enfance et de faire ressurgir des souvenirs du passé. Mais les mots n'étant pas le seul mode d'expression, Reich se concentrait sur ma respiration et sur ce qui se passait au niveau de mon corps. J'étais vu et également entendu, ce qui agrandissait l'écran thérapeutique. Allongé sur le divan, je pliais les genoux pour sentir mes pieds toucher le matelas, mais c'était une position d'impuissance.

Quand un patient est debout, il prend une position adulte et se recentre sur le présent et ses problèmes actuels. Le thérapeute peut voir, à la façon dont le patient se tient debout, son attitude dans la vie. La position que j'ai le plus rencontrée est une expression de passivité. La personne est debout, les genoux tendus, et tout le poids de son corps repose sur ses chevilles, comme si elle attendait qu'on lui dise ce qu'elle doit faire. Dans cette position, elle est si déséquilibrée qu'il suffit de la pousser légèrement pour qu'elle tombe à la renverse. Cette position fait apparaître que la personne a été entraînée dans l'enfance à être soumise et obéissante. Quand le patient fléchit légèrement les genoux et déplace le poids de son corps sur la plante des pieds, sa position change et semble plus agressive : il est prêt à avancer ou à agir. La position debout permet au thérapeute d'évaluer si un patient est bien ou mal ancré, et de voir s'il est relié physiquement au sol et psychologiquement à son corps.

En thérapie bioénergétique, le patient n'est pas toujours debout. Au début de la séance, patient et thérapeute sont assis face à face dans un fauteuil et le patient parle de ce qui se passe dans sa vie. Il peut ensuite utiliser la position debout ou couchée pour travailler sur ses émotions. Par exemple, la tristesse s'exprime plus facilement en étant couché tandis que la colère est plus difficile à exprimer dans cette position. De nombreux thérapeutes invitent leurs patients à taper sur un lit pour ressentir et exprimer leur colère, mais leur compréhension du langage corporel n'est pas toujours parfaite. Je me réfère ici à la pratique qui consiste à frapper le matelas en étant à genoux. Cette position dénote une attitude positive qui contredit l'intention de frapper. On peut se mettre en colère en étant assis, mais l'expression de la colère se limite alors à des mots et à des gestes. En observant une personne taper sur un lit quand elle est debout, vous pourrez voir si ses mouvements sont ancrés dans un réel sentiment de colère. Le patient qui tape de toutes ses forces sur le matelas sans être centré ni concentré n'a pas de sensations dans les jambes ni dans les pieds ; aussi ne peut-il être relié à son corps et au sol. Dans ce cas, l'expression de la fureur n'aide pas le patient à relâcher la tension et l'empêche même d'être en contact avec sa réalité.

Tout au début de mon activité, j'ai travaillé avec un psychologue qui était gravement déprimé. Il s'était extrêmement bien remis et, suite à cela, sa femme est venue me consulter pour me parler de ses problèmes. Elle me dit d'emblée : « Vous avez été le seul thérapeute capable de remettre mon mari sur pieds. » Je lui ai répondu que c'était vrai, que je l'avais effectivement remis sur pieds, mais que cela ne voulait pas dire que ce travail d'enracinement avait suffi à surmonter la dépression dont il souffrait. Ce n'était qu'un pas dans cette direction. Rester assis dans un fauteuil à simplement parler ou s'allonger sur un divan sont à mon sens des entraves au processus thérapeutique.

11. Entrer en contact avec son corps

Le sentiment de joie étant un attribut de la vie, il ne saurait dépendre d'une expérience spéciale. Je suis persuadé que nous avons tous connu des moments de joie suite à la décharge d'une émotion forte, et que nous en avons tous gardé un sentiment de libération et de liberté. C'est un peu comme voir le soleil percer les nuages pendant un court instant avant qu'il ne disparaisse à nouveau sous d'autres nuages. Nous savons bien qu'il ne peut pas faire beau tout le temps, mais nous voudrions malgré tout que le soleil soit toujours au rendez-vous. Trop de gens vivent dans l'ombre de leur passé, rempli d'images effrayantes non reconnues. Ces images, qui hantent l'esprit inconscient, produisent des rêves perturbateurs la nuit et une angoisse diffuse la journée. La psychanalyse s'est développée en tant que technique pour amener ces souvenirs refoulés à la conscience, où ils pourront alors être ressentis et déchargés.

C'est à mes yeux le processus fondamental de toute thérapie. Avant que le soleil vienne nous réconforter et nous réchauffer, il est précédé de la lumière de l'aube. C'est ce qu'on appelle en analyse une *abréaction,* à savoir l'émergence d'un affect dans le champ de la conscience qui se produit lorsque la lumière de la conscience dissipe l'ombre dans l'âme de l'individu.

En tant que thérapie analytique, l'analyse bioénergétique reconnaît l'importance de la doctrine « Connais-toi toi-même ». Dans ce travail, le moi n'est pas seulement considéré comme un reflet de l'esprit, mais également comme moi corporel. Etant donné que le moi corporel est plus manifeste et plus objectif que le reflet de l'esprit, qui est subjectif, il faut d'abord être en contact avec son corps pour se connaître soi-même. Nombreuses sont les personnes qui ne sont pas en contact avec leur corps, ou alors qui ne sont reliées qu'à certaines parties de leur corps. Elles ne sont pas ancrées dans la réalité de leur corps. Les parties qui ne sont pas reliées contiennent les sentiments terrifiants ; elles sont la contrepartie des images terrifiantes de l'esprit. Ainsi, par exemple, la plupart des gens ne sentent-ils pas leur dos. Le dos joue pourtant un rôle important, car c'est lui qui soutient littéralement l'individu lorsqu'il est sous pression. Cette fonction est liée au fait que nous avons une colonne vertébrale, c'est-à-dire que nous ne sommes ni des vers de terre, ni des mollusques. La colonne vertébrale ne peut accomplir cette fonction de soutien si elle n'est pas ressentie comme une structure énergétique vivante. Si elle est trop faible, trop flexible, le sujet ne sera pas capable de « soutenir » sa position et il sera perçu comme faible. A l'inverse, si sa colonne vertébrale est trop rigide, il risque d'être prisonnier d'une posture de résistance et sa capacité de répondre à la vie ou à l'amour en sera entravée.

Il y a quelques années, j'ai rencontré un homme qui souffrait d'un état connu sous le nom de spondylarthrite ankylosante, une maladie rhumatismale qui se caractérise par une paralysie progressive de la colonne vertébrale en raison d'une désagrégation du tissu conjonctif. Il ne pouvait tourner la tête ni d'un côté ni de l'autre. Cela faisait peine à voir, mais je ne suis pas sûr qu'il en souffrait. En tout cas, jamais il n'en pleura. Il avait eu un père très puissant et dominateur qui le terrorisait. Mais comment sa colonne vertébrale s'était-elle retrouvée impliquée dans ce combat ? S'il avait plié devant l'agression de son père, il serait devenu une mauviette, un être sans colonne vertébrale. Petit garçon, il ne pouvait pas résister ouvertement à son père ; il pouvait seulement lui résister de l'intérieur, en raidissant sa colonne vertébrale. Cette action inconsciente lui avait permis de préserver son intégrité interne, mais ce fut au prix de sa mobilité et de sa joie. Aussi était-il triste mais, en même temps, sans l'être vraiment.

Lorsqu'une personne respire sur le tabouret énergétique, elle peut sentir la qualité de son dos et son état de tension ou de faiblesse. La tension chronique est l'équivalent physique de la peur. Etant donné que la peur paralyse, la paralysie équivaut à la peur. Sentir la rigidité ou la tension peut aider le patient à prendre conscience de sa peur et à libérer les souvenirs refoulés de l'enfance. Lors de cet exercice, de nombreux patients expriment leur crainte d'avoir le dos brisé et se souviennent ensuite que dans leur enfance ils avaient peur que leur père leur brise le dos s'ils le défiaient. Cette extériorisation les aide à sentir leur colère bloquée par la tension des muscles du dos. Exprimer sa colère en donnant des coups de poing sur le lit, par exemple, relâche la tension et redonne au dos sa souplesse et sa force.

Une personne qui n'est pas reliée à une partie de son corps n'est pas reliée au sentiment associé à la mobilité de cette partie. Lorsque la mâchoire est contractée ou la gorge serrée, les sentiments de tristesse sont inhibés du fait de l'impossibilité de pleurer. Si l'ensemble du corps est rigide, l'individu ne ressent aucune tendresse. A un niveau plus profond, de nombreuses personnes n'éprouvent pas de sentiments d'amour car leur cœur est enfermé dans une cage thoracique rigide qui bloque la conscience du cœur et l'expression des sentiments d'amour.

12. La découverte de soi

Le but de la thérapie étant la découverte de soi, la guérison de l'âme et la libération de l'esprit sont toutes deux nécessaires pour y parvenir. Trois étapes mènent à ce but :

– La première est **la conscience de soi,** c'est-à-dire la sensation de toutes les parties de son corps et des sentiments qui peuvent s'y développer. J'ai toujours été surpris de constater à quel point les gens ne connaissent pas l'expression de leur visage et de leurs yeux. Pourtant, ils se regardent tous les jours. S'ils ne voient pas leur expression, c'est parce qu'ils ne veulent pas la voir, de peur de ne pas la supporter ou de peur que les autres ne la supportent pas. Alors ils portent un masque, un sourire figé qui proclame au monde que tout va bien, même si la réalité est tout autre. Quand ils enlèvent leur masque, on voit généralement apparaître une expression de tristesse, de souffrance, de dépression ou de peur. Mais tant qu'ils portent un masque, ils ne peuvent pas sentir leur visage au sourire artificiel. Sentir la tristesse, la souffrance ou la peine ne rend peut-être pas joyeux, mais c'est la seule façon de s'en libérer. Si nous sommes emprisonnés derrière un mur, le soleil ne peut pas atteindre notre cœur. Le prisonnier qui sort de sa cellule est aveuglé par le soleil mais, une fois habitué, jamais plus il ne voudra retourner à l'obscurité.

– La deuxième étape est **l'expression de soi.** Les émotions qui ne sont pas exprimées sont refoulées et l'on perd tout contact avec soi-même. Si les enfants n'ont pas le droit d'exprimer leurs sentiments de colère ou s'ils sont punis lorsqu'ils les expriment, ces sentiments sont refoulés et viennent s'intégrer au monde souterrain de la personnalité. Beaucoup de gens ont une peur terrible de leurs émotions, qu'ils considèrent comme étant dangereuses, effrayantes et folles. De nombreuses personnes ont en elles une fureur meurtrière qu'elles pensent devoir garder cachée tant elles en redoutent le potentiel destructeur. Une telle fureur est comme une bombe que personne n'ose toucher de peur qu'elle n'explose. Mais de la même façon que l'on peut faire exploser la bombe dans un lieu sûr, on peut aussi libérer des sentiments meurtriers en toute sécurité, dans le cadre protégé de la thérapie. C'est ce que j'aide mes patients à faire à chaque séance. Une fois déchargée, la colère sous-jacente peut être abordée de manière rationnelle.

– La troisième étape est **la possession de soi,** c'est-à-dire que l'individu sait ce qu'il ressent. Il est relié à lui-même et peut également s'exprimer dans le sens de ses intérêts. Il est maître à bord et n'est plus à la merci des limitations inconscientes découlant de sa peur d'être lui-même. Il n'éprouve plus de honte ou de culpabilité à propos de ce qu'il est ou de ce qu'il ressent et, de la même façon, ne souffre plus des tensions musculaires dans son corps qui l'empêchaient de s'exprimer et limitaient sa perception de lui-même. Au lieu de cela, il s'accepte tel qu'il est et se sent libre.

J'expliquerai tout au long de ce livre comment le processus thérapeutique permet d'arriver à ce stade. Une investigation analytique du passé de la personne permettra de comprendre pourquoi et comment le moi a été perdu ou perturbé. En outre, les expériences de l'enfance à l'origine des problèmes et des difficultés étant enregistrées et structurées dans le corps, la lecture du corps pourra renseigner sur ce passé. Le travail du patient consistera alors à faire le lien entre d'un côté tout ce qu'il aura appris de son passé, de l'interprétation des rêves, de l'analyse du comportement et des discussions avec le thérapeute et, de l'autre, ses émotions et ses sensations. C'est la condition pour que l'esprit et le corps soient intégrés et que la personne retrouve son unité.

La thérapie est un voyage d'autodécouverte. Ce voyage n'est ni rapide, ni facile et il comporte bien des peurs. Dans certains cas, toute une vie sera même nécessaire, mais il y aura toujours une récompense à la clé : le sentiment que la vie a un sens que l'on peut tous trouver dans l'expérience profonde de la joie.

CHAPITRE III

Sortir du carcan de l'ego

1. La peur ou le manque de foi

Si l'abandon au corps mène à un état de joie, pourquoi tous les parents y opposent-ils une telle résistance ? A cette question, il ne peut y avoir qu'une réponse logique : par peur de la joie ou manque de foi en elle. Ces facteurs – la peur et le manque de foi – sont loin d'être des problèmes mineurs. Dans la plupart des cas la peur se transforme en panique ou en terreur, auquel cas le manque de foi est profond. La peur tout comme le manque de foi résultent d'expériences de l'enfance qui ont miné la confiance de l'enfant en ses parents. La joie d'un petit enfant est directement liée à l'amour qu'il éprouve pour ses parents et qu'il reçoit d'eux. Pour aider le patient à se libérer de cette peur, il faudra l'aider à comprendre ce qui s'est passé dans sa petite enfance et dans quelle mesure sa capacité à s'abandonner à son corps en a été affectée.

Les enfants sont nés innocents, sans inhibition ou culpabilité à propos de leurs sentiments, et beaucoup connaissent la joie dans cet état originel de félicité. Quand je regarde des petits enfants âgés d'un ou deux ans et que j'ai un contact visuel avec eux, je vois leurs yeux se mettre à briller et un air de plaisir apparaître sur leur visage. Invariablement, ils détournent leur regard par timidité ou embarras mais, très vite, ils cherchent à nouveau mes yeux afin de retrouver l'excitation et le plaisir du contact. Ils se détournent, mais pas pour longtemps. C'est un jeu que je pourrais jouer longtemps avec eux si les obligations de la vie adulte ne m'obligeaient pas à les quitter. Et jamais je ne sais si leur vie est joyeuse ou non. Certains enfants ont un visage si radieux et des yeux si pétillants que je suis sûr qu'ils connaissent la joie dans leur jeune vie. D'autres, en revanche, ont le regard triste ou abattu, et pourtant leur visage s'illumine également quand on établit un contact visuel agréable avec eux.

J'ai aussi vu des visages d'adultes rayonner à la suite d'un contact visuel, mais le fait qu'ils détournent très vite leur regard montre leur embarras et leur culpabilité. Nombreuses sont les personnes dont les yeux ne brillent plus. Dans ce cas, les feux internes de leur esprit – que nous appelons passion – ont été fortement éteints. Cela se voit à la noirceur de leur regard, à la tristesse de leur expression, à la rigidité de leurs mâchoires et à la raideur de leur corps. Elles ont perdu la capacité de la joie dans leur prime enfance, ainsi que l'innocence et la liberté.

2. La situation de «survivant»

Martha était un cas typique d'une telle perte. Lorsqu'elle est venue me voir pour la première fois, à cinquante et un ans, elle avait trois enfants déjà grands et venait tout juste de divorcer. D'emblée, elle m'a dit que sa vie n'avait pas de sens, voulant dire par là qu'elle était dépourvue de joie et de plaisir. Mais comme Martha avait toujours été angoissée, elle était persuadée que son état n'avait rien d'anormal.

Lors de sa première consultation, j'ai été très frappé par la noirceur de son regard. Il n'y avait aucune lumière dans ses yeux et je ne les ai vus briller à aucun moment. Bien que de petite taille, son corps était bien proportionné. Et malgré une expression sévère de la bouche et des mâchoires, elle était vive et ne semblait pas déprimée. Son mari, qu'elle avait servi fidèlement pendant des années, venait de la quitter pour une autre femme. Martha avait accepté le divorce avec stoïcisme tout en continuant de mener une vie vide de sens, jusqu'au jour où elle comprit qu'elle avait besoin d'aide.

Martha savait qu'elle avait peur. Elle n'avait jamais été capable d'affronter son mari. Le divorce ne l'avait pas laissée dans une position très confortable et, jusqu'alors, elle n'avait jamais été dans l'obligation de gagner sa vie. A un âge où elle approchait la ménopause, elle se sentait désespérée. Mais elle n'admettait pas son sentiment de désespoir et ne pleurait pas non plus. Martha était une « survivante », comme tant d'autres personnes de nos jours qui ne font que survivre sans jamais connaître la joie.

Nombreuses sont les personnes qui m'ont affirmé avec fierté : « Je suis un survivant. » Je peux comprendre ce sentiment si elles ont vécu des situations où leur vie était effectivement en danger, comme les camps de concentration nazis. Mais une telle affirmation a aussi des effets sur le présent et l'avenir. Cela revient à dire : « Je peux prendre sur moi. Je peux survivre à des conditions intenables pour les autres. Je peux supporter les attaques hostiles et destructrices. »

Mais celui qui ne fait que survivre dans la vie ne peut plus anticiper la joie ou y répondre. Comment un chevalier revêtu d'une armure pourrait-il danser la valse ? Une attitude qui prépare à la catastrophe ne prédispose pas à éprouver le plaisir de la vie, ce qui ne veut pas dire que les individus qui s'identifient à des survivants refusent le plaisir, mais simplement qu'il y a une différence entre souhaiter le plaisir et y être ouvert. Si la survie est le principal enjeu, on ne peut être ouvert au plaisir et, à l'inverse, en se blindant contre toute attaque possible on se ferme au plaisir. Dès lors que ces personnes s'ouvrent à la vie, leur sentiment de vulnérabilité et leur peur sont tels qu'elles se replient sur elles-mêmes.

Martha était la plus jeune de trois enfants, toutes des filles. Il régnait chez elle une atmosphère de violence latente. Ses parents se querellaient continuellement, la plupart du temps à propos d'argent. Elle s'est souvenue d'un incident particulier, alors qu'elle avait six ans. Ses parents avaient une violente dispute, quand son père a soudain renversé la table basse du salon. Il était furieux et ses sœurs l'ont empêché juste à temps de détruire l'étagère de bibelots en porcelaine. Elle relata cet incident sans jamais mentionner qu'elle avait eu peur. Or, si elle n'avait pas senti sa peur, c'est parce qu'elle venait de subir un choc.

Dans cette atmosphère, Martha s'était renfermée en elle-même. Elle raconte qu'il lui arrivait souvent de se cacher et de jouer seule sous la table de la salle à manger, où elle se sentait protégée par la nappe. C'était sa maison, mais en aucun cas un sanctuaire, car jamais elle ne se sentait libérée de la peur. « Je vivais dans un état d'angoisse permanent, j'étais sans cesse sur le qui-vive. A la maison, il n'y avait aucune joie. Tout était au contraire extrêmement pesant, comme une corvée. Il y régnait une tristesse accablante. » Martha vivait dans un état de détresse permanent et jamais elle ne recevait de compréhension, de compassion ou de soutien de l'un ou l'autre de ses parents. Son premier jour de classe, à six ans, fut une expérience terrifiante. Quand sa mère, qui l'avait conduite à l'école, voulut partir, Martha s'est mise à pleurer et à la supplier de ne pas la laisser. Mais sa mère l'avait ignorée. Martha raconte avoir passé toute la journée à pleurer dans un coin de la classe.

L'enfance de Martha s'était visiblement déroulée sous un nuage noir et menaçant, mais son instinct de survie l'avait obligée à rassembler ses forces et à affronter le monde. Elle ne pouvait pas passer toute sa vie sous une table. A peine sortie de l'université, elle avait épousé un homme qu'elle n'aimait pas, trouvant néanmoins une façon de s'adapter : en faisant ce que l'on attendait d'elle elle ne serait pas blessée. Elle serait une gentille petite fille. Son mari s'était révélé semblable à son père, mais elle savait qu'ainsi elle pouvait survivre.

En prenant la décision de suivre une thérapie, Martha montrait qu'elle voulait plus que survivre dans la vie. Il lui fallait toutefois aller encore plus loin et abandonner l'attitude qui lui avait permis de survivre. Le fait de renoncer à sa posture défensive et de s'ouvrir à la vie réveillait en elle les sentiments de vulnérabilité et de danger qu'elle avait connus enfant. Au-delà de ses cinquante et un ans et de son aisance apparente, la petite fille effrayée qu'elle était n'avait pas disparu : elle continuait à éprouver de l'anxiété et à ne pas se sentir en sécurité.

L'abandon étant le chemin qui mène à la joie, la première étape du processus thérapeutique consiste à ressentir et à exprimer sa tristesse. Avoir passé cinquante et un ans de sa vie à survivre est une chose triste ; et pour exprimer cette tristesse, il faut pouvoir pleurer. Mais si Martha était capable de voir la tristesse de son visage, il lui était très difficile de pleurer. L'expérience du tabouret bioénergétique décrite au chapitre précédent permit à Martha de sentir la détresse de son corps. Quand je lui ai demandé d'émettre avec sa voix un son soutenu, elle a versé quelques larmes et a prononcé ces mots : « Oh ! mon Dieu !… Oh ! mon Dieu ! »

« Oh ! mon Dieu ! » est un appel à l'aide extrêmement profond qui nous vient spontanément quand la pression ou la souffrance devient trop forte. Ce n'est pas l'appel d'un survivant, car un survivant ne s'autorise pas le droit de « craquer » ; c'est un appel que nous lançons lorsque nous n'en pouvons plus, et que nous avons le sentiment que « c'est trop ». Quand il est dit avec des sentiments, cet appel est souvent suivi de pleurs.

Après cet épisode, j'ai suggéré à Martha de dire à Dieu ce qu'elle éprouvait. Quelle que soit notre vision de Dieu – une déité religieuse ou une force supranaturelle – nous pouvons normalement épancher notre cœur en Dieu sans crainte d'être humilié ou rejeté. De même, celui qui craint d'être rejeté parce qu'il en a déjà fait l'expérience peut normalement confier plus facilement sa souffrance à Dieu.

Or, Martha réagit à ma suggestion de la manière suivante : « Vous êtes méchant, vous ne m'aimez pas. » Puis elle ajouta : « Mais je ne sais pas ce que je ressens. » Le fait de ne pas savoir ce que l'on ressent dénote une grande confusion et un manque de conscience de soi. Dans cet état, on ne peut que se sentir mal. Alors je lui ai demandé : « N'avez-vous pas le sentiment d'aller mal ? »

« Si, dit-elle, je me sens très mal. » C'étaient mes propres mots, car les siens furent : « Je ne me sens pas bien. Je suis triste. Je suis terriblement triste. » Mais elle ne pleura pas et dit simplement : « Je n'arrive pas à respirer. »

Après cela elle ajouta : « Je suis aussi en colère. » Elle avait pris une toute petite voix pour s'exprimer, comme celle d'une enfant. Quand je le lui eus fait remarquer, elle dit : « J'ai de toute façon énormément de mal à m'exprimer. C'est pareil avec les autres. Je n'arrive pas à parler. Je continue à penser que l'on devrait regarder les enfants au lieu de les écouter. » Si les larmes sont ravalées, on ne peut plus respirer du fait que le flux d'air est bloqué par la contraction de la gorge. La gorge de Martha était complètement serrée, ce qui expliquait sa petite voix, ressemblant à celle d'une enfant, et son incapacité à respirer profondément avec aisance.

Cette difficulté à respirer est devenue de plus en plus manifeste au cours d'un autre exercice qui consiste à frapper le matelas de ses jambes. Nous avons tous une révolte à exprimer. Nous avons tous été blessés d'une façon qui nous a semblé injuste. Nous avons le droit de protester, de demander pourquoi.

Pour cet exercice, Martha était allongée sur le lit et devait frapper le matelas avec les jambes tendues, vite et fort, tout en demandant « pourquoi ? ». Avec mes encouragements, elle s'est mise à frapper le lit avec vigueur et un cri est sorti de sa gorge. Elle s'est extériorisée ainsi pendant quelques minutes, après quoi elle a ri et dit : « Je me sens bien. » Puis, l'anxiété revenue, elle ajouta : « J'ai l'impression que si je me laissais complètement aller, j'en mourrais. » C'était la première fois qu'elle mentionnait sa peur de mourir. Je n'en ai pas reparlé au cours de cette séance, mais il m'apparaissait déjà clairement que toute sa vie elle avait eu peur de mourir. Si elle criait de façon hystérique, elle en mourrait, étouffée. La contraction de sa gorge était directement liée à sa peur d'être étranglée, comme si une main l'avait serrée à la gorge dans un geste menaçant.

3. La vertu des larmes

Il est essentiel de pouvoir pleurer et crier si l'on veut mener sa propre barque dans sa vie. Les prisonniers et les esclaves ne peuvent pas décider de leur sort puisqu'ils ne sont pas libres. Les enfants font eux aussi partie de cette catégorie quand la peur les rend incapables d'élever la voix. Ce ne sont pas vraiment des esclaves, mais ces enfants apprennent à être soumis et calmes pour survivre. Une fois adultes, ils continuent d'utiliser cette technique et ne peuvent y renoncer qu'à partir du moment où ils réalisent qu'ils ne seront pas punis s'ils poussent des cris et des hurlements. A l'inverse, le fait de crier (comportement hystérique) est pratiquement un mode de vie pour certaines personnes. Je pense que ces deux schémas se développent dans des familles où les parents ont eux-mêmes un comportement violent ou potentiellement violent. Si l'enfant ne vit pas dans la terreur, il peut s'identifier à ses parents et adopter leurs schémas de comportement. Par contre, si l'enfant se sent menacé par leur comportement, il se renfermera en lui-même et deviendra calme et soumis.

Tous les nourrissons réagissent à la détresse par des pleurs. Ces pleurs sont un appel lancé à leur mère pour qu'elle en supprime la cause. Tous les jeunes mammifères appellent leur mère quand ils sont en détresse. Mais les pleurs du petit de l'homme sont bien plus qu'un simple appel à l'aide. Et même quand la mère répond, les pleurs de l'enfant ne cessent pas toujours immédiatement. En outre, il ne s'agit pas d'une simple note ou d'un appel répété, mais d'un son continu accordé au rythme de la respiration. Les adultes sont eux aussi secoués de sanglots quand ils sont en détresse. On peut y voir une forme d'appel à l'aide, mais cet appel revêt une signification beaucoup plus profonde pour les adultes que pour les enfants. Les sanglots expriment le sentiment de tristesse et de chagrin. La tristesse est aussi associée au flux des larmes, mais lorsqu'une personne sanglote profondément, elle ne verse bien souvent aucune larme.

La nature bioénergétique de ces processus apparaît clairement quand on observe le corps d'un bébé qui se met à pleurer. Juste avant qu'il n'éclate en sanglots, son corps se raidit et se contracte jusqu'à se tétaniser. La contraction et la raideur sont la réaction première du corps à la douleur et à la détresse. Le corps d'un bébé réagit plus intensément parce qu'il est plus vivant, plus sensible, plus doux, et c'est aussi pour cela qu'il ne peut maintenir la tension. Sa mâchoire commence à se plisser et à trembler et, l'instant suivant, elle se convulse en un profond sanglot. Les sanglots sont des convulsions qui parcourent le corps afin de relâcher la tension causée par la détresse émotionnelle. Fondre en larmes est aussi un mécanisme qui permet de libérer les tensions. Les yeux, contractés par la douleur et la peur, s'assombrissent de chagrin. Viennent ensuite les larmes, représentant un processus de fusion et d'adoucissement, un peu comme la fonte des neiges aux premiers jours du printemps. Des yeux qui ne pleurent jamais deviennent durs, fragiles et secs, ce qui peut entraîner à terme des troubles de la fonction visuelle.

Verser des larmes est une action propre à l'homme. Aucun autre animal ne pleure réellement. Chez l'homme, les pleurs sont le reflet de sa capacité de voir la tristesse, la douleur ou la détresse en l'autre ou dans une autre créature. C'est la raison pour laquelle les gens pleurent lorsqu'ils voient un film triste. Mais ils éclatent rarement en sanglots. Les sanglots sont notre façon d'exprimer une souffrance et un chagrin profonds. Aussi suis-je convaincu que notre capacité à verser des larmes, de pleurer, est à la base de notre capacité d'éprouver de la compassion.

Les sanglots ne sont pas le seul mode d'expression vocale des sentiments de tristesse, de chagrin ou de détresse. Quand la douleur de la détresse est intense, qu'elle semble infinie, les pleurs prennent parfois la forme de gémissements. Les gémissements produisent un son plus aigu et plus continu. Ils expriment une blessure profonde ressentie dans le cœur, telle la perte d'un être cher. C'est une réaction typique des femmes qui ont perdu un proche. Les sons produits par la plainte ou le gémissement appartiennent également à la catégorie des pleurs. Contrairement au gémissement, la plainte produit un son plus grave. Elle provient d'une immense souffrance profondément ancrée. Il y a, de plus, un élément de résignation dans la plainte que l'on ne trouve ni dans les gémissements ni dans les sanglots. Tous ces sons sont associés à la douleur, à la détresse, à la blessure et à la perte que l'on ressent. Ce sont des sons de tristesse et de chagrin, non des sons de joie. La joie a sa propre gamme d'expression vocale. Le rire est, par exemple, très semblable au sanglot, excepté qu'il émet une note positive, une fin optimiste. Il y a des cris de ravissement tout comme il y a des cris de tourment ; aussi chantons-nous des airs gais comme des airs tristes.

4. Le travail sur la voix

Bien que la voix soit le médium d'expression d'un très grand nombre d'émotions, nous pouvons aussi exprimer nos sentiments par des actes ; ce mode d'expression relève du système musculaire du corps qui régit le mécanisme de l'action. Un sourire, une étreinte, un souffle, une caresse sont autant d'actes qui expriment des émotions. Quand une personne ne ressent pas l'émotion d'une action, c'est parce que l'action est mécanique et qu'elle s'en trouve dissociée. Il en va de même pour la voix. Bon nombre de personnes parlent sur un ton sec et mécanique sans laisser transparaître de sentiments. Il s'agit à nouveau d'individus dissociés de leur corps, celui-ci étant soumis au contrôle de l'ego. Beaucoup de gens, par exemple, ne parviennent pas à pleurer. Leur corps n'est plus qu'un instrument de l'esprit dont la vie naturelle inhérente a été refoulée. De très nombreuses personnes m'ont dit avoir du mal à exprimer leur colère. Or, ces personnes ne peuvent éprouver de la joie.

La voix est le résultat des vibrations produites dans la colonne d'air à mesure que l'air se déplace sur les cordes vocales. Les sons varient en fonction du diamètre d'ouverture de la gorge et de la quantité d'air émise, les cavités d'air de la gorge servant à créer la résonance. La voix humaine dispose d'une prodigieuse gamme d'expressions correspondant à l'éventail des émotions. La voix peut non seulement exprimer toutes les émotions déjà citées, mais elle peut également varier l'intensité du son de façon à s'accorder à l'intensité de l'émotion. La voix est l'un des deux principaux modes d'expression affective. Toute limitation de la voix entrave l'expression et mine le sentiment d'identité. L'expression « avoir voix au chapitre » l'illustre bien. Comme tous les patients souffrent d'un manque d'estime et de confiance en eux-mêmes, le travail sur la voix est très important en thérapie, car il les aide à se retrouver.

Suite à des expériences douloureuses et effrayantes, de nombreux enfants perdent la voix. Renée s'est décrite comme une « survivante de l'inceste ». Avant ses six ans, son père avait abusé d'elle sexuellement avec pénétration. La douleur de cette expérience fut telle qu'elle en était venue à quitter son corps pour vivre dans sa tête. Quitter son corps signifie qu'elle n'en avait plus conscience. Ainsi, quand elle regardait ses pieds, elle était étonnée de voir qu'ils étaient attachés à son corps. Et dans une moindre mesure, c'était aussi vrai de ses bras. Malgré cet important degré de dissociation, elle avait survécu. Elle s'était mariée deux fois, avait élevé trois enfants et pouvait s'assumer financièrement. Mais l'homme qu'elle avait épousé abusait lui aussi d'elle sexuellement et physiquement, ce qu'elle avait accepté pendant des années avant de s'en libérer. Avec le soutien de groupes d'inceste, elle a commencé une thérapie et entrepris la tâche difficile de se retrouver.

Au cours d'une séance, elle a fait remarquer qu'il lui avait toujours été difficile de s'exprimer haut et fort. Elle raconte : « Si, par exemple, je dois dire à quelqu'un : “Comment oses-tu ? Pour qui te prends-tu ?”, je me sens paralysée. J'ai peur de ne plus pouvoir respirer et de mourir étouffée par mes paroles. Il y a trois ans, j'ai eu un flash-back d'une scène de mon enfance. Je tenais la poignée d'une porte, m'apprêtant à quitter la pièce dans laquelle je me trouvais. Je devais avoir à peu près neuf ans. J'étais face à mon père et je me souviens lui avoir dit : “Si tu n'arrêtes pas, je le dirai à maman.” Il m'a saisie à la gorge et m'a secouée très fort. J'ai eu l'impression que j'allais mourir mais, après, il ne m'a plus jamais touchée. »

Lors de chaque séance, je demandais à Renée de taper sur le matelas et de crier : « Laisse-moi tranquille ! » Elle n'y parvenait qu'avec mes encouragements et mon soutien, mais réussissait ainsi pendant près d'une minute à se laisser aller dans une explosion hystérique. Puis elle se renfermait en elle-même et se recroquevillait en boule dans un coin du lit, comme un enfant terrifié gémissant de peur. Quand elle revenait doucement à elle, elle était davantage reliée à son corps et à son moi.

Les exercices d'enracinement mentionnés dans le chapitre précédent l'ont aidée à se sentir encore plus reliée. Lorsqu'elle parlait normalement, sa voix était contrôlée. C'était une voix limpide et entêtante, avec très peu de résonance corporelle et, partant, très peu de sensations et d'émotions. Il lui était particulièrement difficile d'utiliser sa voix pour s'affirmer. Elle criait : « Laisse-moi tranquille ! » avec une voix provenant du corps et des émotions, mais qui n'était pas reliée à son ego ou à sa tête. Une telle réaction hystérique dénotait une dissociation de sa personnalité. Quand elle parlait avec sa tête, elle ne ressentait rien dans son corps ; et quand elle criait hystériquement, son cri n'était pas identifié à son ego.

5. La vertu curative du cri

Crier comporte toujours un élément d'hystérie, car ce mode d'expression est incontrôlé. Crier, c'est un peu comme exploser quand l'ego n'est plus capable de faire face à un trop-plein d'émotions. Cette réaction est cathartique au sens où elle permet de libérer la tension, de même que la soupape de sécurité d'une machine à vapeur se met en marche quand la pression devient trop forte. On commence généralement à crier quand la douleur ou le stress d'une situation deviennent intolérables. Ne pas pouvoir crier dans ces conditions pourrait nous faire perdre la tête et nous rendre fous. Crier, ou éclater en sanglots, sert également à réduire la tension et à libérer la pression une fois que le traumatisme ou la blessure sont passés. Le cri est généralement une tentative pour éviter le traumatisme, tandis que les pleurs sont une tentative de l'esprit pour restaurer son intégrité suite à une blessure. Les cris et les pleurs sont des réactions involontaires, même s'il est possible dans la plupart des cas de déclencher ou de stopper cette réaction. Parfois, la réaction n'est plus contrôlée et la personne crie ou pleure hystériquement. Dans notre culture, ce comportement est jugé tabou car il est considéré comme un signe de faiblesse de caractère, d'infantilisme. Crier ou pleurer nous ramène effectivement à un type de comportement plus primitif, mais cette régression est parfois nécessaire pour protéger l'organisme d'un stress supplémentaire.

La capacité de se laisser aller, en un lieu et temps appropriés, est un signe de maîtrise de soi. La personne qui décide consciemment de se laisser aller et de s'abandonner à son corps et à ses émotions manque-t-elle vraiment de contrôle ? Un individu qui a peur de crier et de pleurer au point de ne pas exprimer ses émotions, en quoi se maîtrise-t-il ? La capacité de renoncer au contrôle de l'ego, c'est aussi la capacité de garder ou de rétablir ce contrôle en cas de besoin. Quand un patient s'autorise à crier et à pleurer lors d'un exercice bioénergétique et qu'il perd le contrôle de lui-même, il est généralement parfaitement conscient de ce qui se passe et peut s'arrêter à tout moment. C'est un peu comme monter à cheval. Si la personne a peur de laisser l'animal prendre le dessus et qu'elle essaie de le dominer à chaque mouvement, elle s'aperçoit très vite qu'elle n'arrive à rien. La personne qui a si peur de perdre le contrôle d'elle-même ne maîtrise en fait rien du tout : elle est contrôlée par sa peur. Mais si elle apprend à se laisser aller à des émotions fortes par un travail sur la voix et le mouvement, sa peur de s'abandonner disparaîtra peu à peu.

Comme chacun sait, les bébés sont capables de crier extrêmement fort et de pleurer librement. La voix d'un bébé peut être étonnamment puissante. Mon fils, dans ses premiers mois, souffrait de coliques. Quand il avait une crise, il criait si fort qu'on pouvait l'entendre à cent mètres de l'endroit où nous habitions. Seul mon perroquet pouvait crier aussi fort. Quand ce perroquet se mettait à crier, tout son corps devenait une caisse de résonance. Sa voix vibrait si fort qu'aucune tension ne pouvait y résister. Certaines voix sont si puissantes qu'elles arrivent à briser le verre.

J'ai décrit dans le chapitre précédent le cri qui sortit de ma gorge lors de ma première séance avec Reich. Ce cri était hystérique. Je n'y étais pas relié et n'étais parvenu à le faire que beaucoup plus tard. Mon problème était mon incapacité d'utiliser ma voix d'une manière expressive. Je pouvais pleurer assez facilement, mais j'avais énormément de mal à éclater en sanglots. Ce n'est que vingt-cinq ans après cette expérience avec Reich que j'ai compris pourquoi ma voix n'était pas libre. Au cours d'un atelier d'analyse bioénergétique, deux des participants, eux-mêmes thérapeutes, m'ont proposé de travailler avec moi. J'étais hésitant mais acceptai tout de même. J'étais allongé par terre et l'une des femmes me massait les jambes et les pieds pour évacuer un peu la tension qui s'y trouvait. J'ai toujours eu une énorme tension dans les jambes. Mes mollets me faisaient mal. Lorsque l'autre femme a commencé à travailler sur ma nuque, complètement raide, j'ai soudain senti une douleur très aiguë à l'avant du cou, comme si on venait de me couper la gorge. J'ai su immédiatement que cette sensation était le pendant physique de ce que ma mère m'avait fait subir psychologiquement. A un niveau très profond, j'avais peur de l'affronter. Grâce à un travail considérable sur ce problème au cours des années qui suivirent, je suis finalement parvenu à améliorer cet état.

6. Accordons-nous le droit de pleurer

Une autre patiente, que j'appellerai Margaret, m'a parlé d'un rêve récurrent où elle avait la sensation de suffoquer et de mourir, étouffée par un oreiller. Margaret était elle aussi une quasi-survivante. Elle semblait fonctionner normalement, mais l'état profond d'anxiété et de peur dans lequel elle vivait en permanence lui rendait la vie très difficile à supporter. Margaret était terrifiée par sa mère, y compris pendant les séances de thérapie. Elle me décrivit sa mère comme une femme froide, dure et possessive. Son mode de survie consistait à se renfermer émotionnellement et à vivre pratiquement sans sensations. Elle vivait uniquement dans sa tête.

Margaret avait énormément de mal à s'abandonner à la tristesse qu'elle ressentait. Dès qu'elle commençait à pleurer, elle avait la nausée et devait s'arrêter. Cela a duré ainsi assez longtemps, jusqu'au jour où la nausée a fini par disparaître et où elle réussit à verser quelques larmes. Mais elle ne parvenait toujours pas à éclater en sanglots. Ses tentatives ressemblaient plutôt à des gémissements interrompus, comme si elle avait voulu ouvrir sa gorge et laisser sortir sa souffrance sans jamais y parvenir. Margaret avait une voix de tête fluette et monotone. Elle parlait vite, sans jamais laisser transparaître ses sentiments. Pour l'aider, j'ai exercé une légère pression de mes doigts sur sa gorge afin d'y relâcher la tension au moment où elle allait crier. Sa gorge était si nouée qu'il lui était presque impossible de crier. Mais le travail d'une année de thérapie l'avait quelque peu dégelée et, au lieu de contracter la gorge, elle l'a ouverte bien grand, laissant sortir un son plein et entier. Puis elle m'a dit : « C'est la première fois que j'entends cette voix. » C'était la voix de l'enfant enfouie dans son corps.

Les sons et les sentiments étant étroitement liés, nous avons appris à contrôler notre voix de façon à ne pas révéler nos émotions. Nous pouvons parler sur un ton monotone et sans affect ou, au contraire, parler fort et avec éclat pour cacher notre malaise. La régulation de notre voix se fait par le contrôle de la respiration. Si nous respirons librement et pleinement, notre voix reflète naturellement nos émotions. A l'inverse, une respiration superficielle nous oblige à rester à la surface de nos émotions, et nous pouvons alors contrôler consciemment la qualité de notre expression vocale. Pour mettre un patient en contact avec ses émotions profondes, je l'encourage à respirer plus profondément. La technique que j'utilise est très simple. Le patient est installé sur le tabouret énergétique et respire normalement, puis je lui demande de produire un son et de le maintenir aussi longtemps que possible. Certains patients émettent un son puissant mais court, ce qui indique qu'ils aimeraient ouvrir leur voix mais n'y arrivent pas. D'autres produisent un son faible parce qu'ils ne se sentent pas autorisés à s'exprimer vigoureusement. Dans les deux cas la personne se contrôle et je lui suggère d'essayer encore, d'aller jusqu'au bout du son. Souvent, il en sort des pleurs, une plainte ou un cri de douleur. Plus le son est poussé, plus les vibrations se répandent en profondeur dans le corps. Lorsque ces vibrations atteignent le pelvis, le patient est généralement au bord des larmes. A force de répéter cet exercice et de chercher à écouter le ton de sa voix, le patient finit par pleurer.

Pleurer, c'est accepter notre nature humaine : nous avons été chassés du paradis terrestre ; aussi vivons-nous dans la conscience de la douleur, de la souffrance et du combat. Or, le fait que nous soyons devenus des dieux capables de discerner le vrai du faux et le bien du mal, nous empêche de nous plaindre d'avoir mangé du fruit défendu de l'arbre de la connaissance.

Cette connaissance est notre croix, notre conscience de nous-mêmes qui nous vole notre spontanéité et notre innocence. Mais nous portons cette croix fièrement car elle nous donne l'impression d'être « spéciaux ». Nous sommes les créatures de Dieu au même titre que toutes les autres créatures, malgré notre désobéissance à la première injonction de Dieu. L'être humain a également acquis une autre connaissance, celle qui lui donne aujourd'hui le pouvoir de détruire la terre, son véritable jardin d'Eden.

La conscience que l'homme a de lui-même est à la fois sa malédiction et sa gloire : une malédiction car elle lui vole la joie de la félicité – l'ignorance béate – et aussi une gloire, au sens où elle lui offre une connaissance de la joie dans l'extase. Un animal a des peines et des plaisirs, des chagrins et des joies, mais il l'ignore. Connaître la joie, c'est aussi connaître la tristesse, même si elle n'est pas présente dans notre vie. C'est savoir que nous allons perdre les êtres que nous aimons et que nous allons nous-mêmes mourir. En rejetant cette connaissance, nous rejetons notre véritable humanité et la possibilité de connaître la joie. Or, cette connaissance ne provient pas des mots, mais de l'expérience intérieure. Savoir au plus profond de soi-même que la vie humaine revêt un aspect tragique et que le chagrin est inévitable nous permet de vivre une joie transcendante. Nous avons été blessés et connaîtrons d'autres blessures, mais nous savons aussi que nous serons aimés et honorés, car pleinement humains.

Pour vivre, nous avons simplement besoin de pouvoir pleurer librement et profondément. Il n'y a dès lors ni désespoir ni tourment dans les pleurs. Nos sanglots sont là pour nous nettoyer et purifier notre esprit, afin que nous puissions à nouveau nous réjouir. William James écrit : « Le mur de pierre qu'il avait érigé en lui s'est effondré, la dureté de son cœur a fondu… (1). » Surtout si nous pleurons ! C'est comme si nos lar-

1. James, Williams : *The Varieties of Religious Experience* (The Medesa Library, New York, 1906 ; p. 262).

mes venaient rompre la digue, afin de nous nettoyer et de nous permettre d'accueillir dans l'ouverture les événements à venir.

Mais le fait de pleurer ne produit pas de miracles en soi : après avoir pleuré, nous n'avons pas fondamentalement changé. Ce qui compte, c'est de pouvoir pleurer librement et facilement. J'ai éclaté deux fois en sanglots au cours de ma thérapie avec Reich, et ce fut à chaque fois une sorte de miracle. Mais ces pleurs, bien que profonds, étaient le résultat d'une pression externe. Face à d'autres problèmes, j'avais la mâchoire serrée tant j'étais mobilisé à me battre. J'avais été au bord de l'impuissance, mais je n'avais finalement jamais touché le fond. Je savais que je ne pouvais pas pleurer facilement. J'ai alors demandé au docteur Pierrakos – avec qui je travaillais à l'époque – d'exercer une pression sur ma mâchoire. J'étais allongé sur un lit et Pierrakos a posé ses poings de chaque côté de ma mâchoire, puis il a appuyé. C'était douloureux, mais je n'ai pas pleuré. Tandis qu'il maintenait la pression, j'ai dit spontanément : « Mon Dieu, je vous en supplie, faites que je pleure ! », et j'ai éclaté en profonds sanglots. Quand je me suis relevé, Pierrakos m'a dit que ma tête était entourée d'un halo lumineux.

Mais cette expérience, aussi fantastique qu'elle ait pu être, n'était pas suffisante. L'objet de la thérapie n'était plus seulement d'arriver à me faire pleurer, mais plutôt de m'aider à retrouver ma capacité de pleurer librement et aisément, ce à quoi je ne suis parvenu que de nombreuses années plus tard, en aidant mes patients à pleurer. Si je maintenais un son suffisamment long en étant installé sur le tabouret, ce son se brisait en sanglots auxquels je pouvais m'identifier et m'abandonner. Pour ne pas perdre ma capacité à m'abandonner face à la pression d'une personne décidée à ne pas lâcher prise, j'ai besoin de pleurer régulièrement. Il m'est ainsi arrivé, à certaines périodes, de pleurer tous les jours. Si l'on me demandait la raison de ma tristesse, je répondais : « Moi, vous et le reste du monde. » Les gens qui m'ont regardé profondément dans les yeux disent qu'ils y ont vu une certaine tristesse. Cette tristesse remonte à mes neufs mois, quand je perdis la félicité. Mais mes yeux ont toujours la capacité de briller quand j'établis un contact chaleureux avec un autre regard.

Quand des patients me disent avoir suffisamment pleuré dans leur vie, je leur réponds que les pleurs sont comme la pluie du Ciel qui féconde la terre. Comment pourrions-nous dire que nous n'avons plus besoin de pluie ? Certes, un déluge n'est peut-être pas nécessaire, mais nous aurons toujours besoin d'une légère pluie si nous voulons que notre planète Terre et nos âmes restent propres.

7. Le rire est parfois un masque

Tout comme la peur, la joie est une sensation qui provient du ventre. Nous avons vu dans le chapitre précédent que le réflexe orgastique se produit lorsque l'onde respiratoire se répand librement dans le pelvis. C'est l'abandon au corps qui fait naître le sentiment de liberté et d'excitation à l'origine de la joie. Parfois, les ondes sont bloquées et ne peuvent atteindre le pelvis en raison d'une peur de s'abandonner à l'excitation sexuelle. Du fait que cette peur et que la perte de liberté qui en résulte génèrent un sentiment de tristesse, la possibilité d'exprimer cette tristesse par des pleurs permettra au patient de relâcher sa tension, de restaurer ses sentiments de liberté et de plénitude et de se sentir mieux dans son corps. En américain, nous avons une expression pour dire qu'« un bon ventre pleure » et qu'« un bon ventre rit ». Dans les deux cas, on se sent mieux après. Une personne capable de respirer profondément dans son ventre et de pleurer ou de rire avec cette profondeur d'émotion se sent bien dans sa peau et n'a pas besoin d'une thérapie.

Pleurer et rire étant des actes similaires dans leur schéma énergétique et convulsif, pourquoi ne serions-nous pas capables de nous guérir seuls par le rire et les larmes comme le fit Norman Cousins ? Ces deux actes ont bel et bien un effet cathartique qui libère la personne de son état de tension, mais le rire n'est pas du tout efficace pour la libérer de sa tristesse ou de son désespoir. Elle parviendra peut-être à en sortir temporairement, mais dès qu'elle s'arrêtera de rire, elle y retournera aussitôt. Il est beaucoup plus facile de rire que de pleurer. On apprend très tôt dans la vie que le rire rapproche les gens et que les pleurs les repoussent. Comme dit un vieil adage : « Riez et le monde rira avec vous. » De nombreuses personnes ne savent pas comment réagir face aux pleurs d'autrui, car ces pleurs touchent leur propre tristesse et leur propre douleur qu'elles s'efforcent en vain de nier. Un véritable ami est quelqu'un qui partage votre souffrance. S'il en est capable c'est parce qu'il a lui-même accepté sa tristesse et sa souffrance.

Pour de nombreuses personnes, le rire est un masque. Ce masque est parfois utile quand on ne va pas bien, mais ce n'est en aucun cas un rire de joie authentique partant du plus profond du ventre. Je me souviens, par exemple, d'un patient qui a éclaté d'un rire spontané au lieu de pleurer en faisant l'exercice sur la voix décrit précédemment. La situation n'était pourtant pas appropriée. Cet homme suivait une thérapie parce qu'il avait de sérieux problèmes qu'il n'arrivait pas à surmonter seul. Son rire était une façon de résister à l'abandon et de nier la réalité de ses émotions. Quand je le lui ai fait remarquer, il m'a répondu : « Mais je ne me sens pas triste. » Plutôt que de m'opposer à sa résistance, je me suis mis à rire avec lui, l'encourageant à rire davantage. Dans la plupart des cas, le patient finit par éclater en sanglots, ce qui lui permet de ressentir la tristesse demeurant sous la surface de son moi conscient. Après avoir pleuré, on se sent soulagé et libéré.

8. Pleurer protège le cœur

Les femmes ont généralement moins de mal à pleurer que les hommes. De même, elles éclatent plus facilement qu'eux en sanglots. Cela tient d'après moi à ce que, dans notre culture, les petits garçons et les hommes sont censés ne pas pleurer. La facilité qu'ont les femmes pour pleurer est également liée à leur structure corporelle, souvent plus douce que celle des hommes. En règle générale, les hommes sont plus rigides dans leur corps ; ils ne s'effondrent pas facilement. Mais quand cette rigidité est inconsciente – attitude caractérielle – elle conduit à un manque de réaction dans la vie et, partant, à une perte de spontanéité et de vitalité. Les morts ne pleurent pas. Je pense que la plus grande longévité des femmes est due à leur douceur, et que les hommes capables de pleurer vivent plus longtemps. Pleurer protège le cœur (2). C'est la seule façon de se décharger de la douleur d'un chagrin d'amour ou de la perte de l'amour. La vie est un processus fluide qui se fige complètement dans la mort et partiellement dans des états de rigidité, tous deux des états de tension. Pleurer, c'est se dégeler. Eclater en sanglots convulsifs, c'est un peu comme voir l'étang gelé se fissurer de toutes parts avec le redoux du printemps, les larmes étant le flux qui en découle.

Mais nous avons presque tous été profondément blessés et il y a tant de souffrance dans notre corps que nous ne pouvons pas nous permettre de nous abandonner à nous-mêmes. Notre tristesse se transforme alors en désespoir, que nous devrons nier pour survivre. Parfois, notre peur est telle que nous ne pouvons faire autrement que la refouler ou la dénier. Nous nous coupons de nos émotions en raidissant notre corps et en limitant notre respiration, ce qui nous coupe aussi de la possibilité de la joie. Pour aider mes patients, je leur dis que le désespoir n'appartient pas au présent, mais au passé. La peur ne résulte pas d'une menace présente, mais d'une menace passée. S'il y a en nous des sentiments de désespoir et de peur, c'est parce que nous avons embaumé le passé dans notre corps. Le passé continue à vivre dans la tension, de sorte qu'en libérant la tension nous nous libérons aussi du passé.

La tension ne pourra toutefois être relâchée que si l'on exprime l'émotion contenue en elle. Les techniques de relaxation n'apportent à cet égard qu'une aide temporaire. Dès lors

---

2. Lowen A. : *Le Cœur passionnément : symbolique et physiologie de l'amour* (Sand ; 1990).

qu'apparaît une situation pouvant réveiller en nous l'émotion inhibée, notre musculature se contracte à nouveau afin de contenir l'émotion. De la même façon, une décharge de l'émotion dans une explosion hystérique, même si elle est cathartique, ne produit aucun relâchement durable. Si l'on veut aider ses patients à devenir des être libres, il faut d'abord comprendre les dynamiques de son propre mode d'expression. L'ego faisant partie intégrante de notre façon de nous exprimer, l'esprit et le corps doivent être intégrés dans toute expression des sentiments. Pour toutes ces raisons, pleurer ou même crier n'est pas thérapeutique si l'on ne sait pas pourquoi on pleure ni comment le dire avec des mots. J'ai vu des patients fondre en larmes alors qu'ils respiraient sur le tabouret, et me dire ensuite : « Je ne sais pas pourquoi je pleure. »

9. L'appel à Dieu

Les sons sont porteurs d'émotion alors que les mots expriment l'image ou l'idée qui donne du sens à l'émotion. L'analyse bioénergétique est une technique thérapeutique psychosomatique qui travaille sur les émotions et les idées, sur les sons et les mots. Quand les pleurs deviennent profonds, la plupart des patients prononcent le nom de Dieu. C'est un appel à l'aide involontaire que lance un être en détresse, souvent spontanément. Les pleurs sont un appel à l'aide, tandis que les mots transmettent cet appel à un niveau adulte. Lorsqu'on exprime une émotion avec des mots, des sons ou des actes, l'ego s'identifie à cette émotion. Il est fréquent qu'un patient se mette à crier spontanément lors d'un relâchement cathartique et qu'il affirme ensuite : « Je me suis entendu crier mais je n'étais pas relié à ce cri. » Mettre des mots sur nos émotions nous aide à établir ce lien.

Quand une personne dit : « Mon Dieu ! » pendant un exercice, je lui suggère de dire à Dieu ce qu'elle ressent. Certains disent : « Je ne ressens rien » et d'autres : « Je ne sais pas ce que je ressens. » Je leur demande alors s'ils se sentent tristes. « Oui » répondent-ils la plupart du temps. « Eh bien, alors, dites à Dieu que vous vous sentez triste ! » Ils disent « Je me sens triste » de façon morne. Et quand je leur demande : « Triste comment ? », ils me répondent le plus souvent : « Très triste. » Ce qui est la vérité de leur moi. Si j'arrive à les faire parler avec plus de sentiments, leurs pleurs deviennent plus profonds. Certains patients s'ouvrent facilement et disent : « J'ai mal, je souffre » ou toute autre chose exprimant l'image et l'idée associées à leur tristesse et à leurs larmes. Plus ils pourront exprimer avec des mots la raison de leurs pleurs, plus ils seront intégrés. L'esprit et le corps peuvent alors travailler ensemble et renforcer le moi.

Quand je suggère à un patient de dire à Dieu ce qu'il ressent, j'obtiens parfois une réponse très négative. Une patiente m'a dit ainsi avec colère : « Vas te faire foutre Dieu ! Tu n'as jamais été là pour moi. Tu ne t'es jamais soucié de moi. Je te déteste ! » Cette femme, qui avait grandi dans une famille très pieuse, avait fait toutes ses études dans des institutions tenues par des religieuses. Quand je lui ai demandé de revenir sur ses paroles, elle m'a dit que c'était bien ce qu'elle ressentait et que cela correspondait à ce qu'elle était. Son père était pervers dans ses relations avec les femmes. Il montrait un intérêt sexuel pour ma patiente, la touchant et la regardant de manière séductrice, et pensait que toutes les femmes sont des putains. C'était un homme qui faisait des remarques négatives et humiliantes à propos de toute expression sexuelle mais qui, en même temps, prenait plaisir à raconter des blagues cochonnes pendant le dîner. Sa fille devait être parfaite, mais il la considérait comme une putain. Ses propos au sujet de Dieu ont permis à ma patiente de sentir plus clairement l'hypocrisie de sa famille et de voir pourquoi elle en était devenue amère et éprouvait du dégoût pour les hommes.

Dieu représentait son père, ce qui suggère qu'avant qu'elle ne soit devenue une « gentille » fille, vers trois ou quatre ans, elle adorait son père, comme toutes les autres petites filles. Par la suite, elle avait vécu toutes ses expériences avec lui comme une trahison de son amour. La colère qu'elle éprouvait à son égard allait bien au-delà des mots ; sa colère était terrible parce qu'elle avait le sentiment d'avoir eu l'esprit brisé. Aussi avait-elle projeté sur moi toutes ces émotions, voyant en moi Dieu, le thérapeute, comme un substitut du père ou des hommes. J'évoquerai dans un autre chapitre différents aspects du transfert et de la résistance, tous deux des éléments essentiels de la thérapie. Il nous faudra toutefois utiliser des mots pour parler de ces émotions et, pour que ces mots aient un sens, le patient devra être relié à ses émotions. Mais le patient qui ne ressent pas sa tristesse et ne peut verser de larmes sera insensible aux mots.

Les mots n'étant pas assez puissants pour réactiver les émotions refoulées, l'approche corporelle est au centre de l'analyse bioénergétique. Le refoulement des émotions est le travail de l'ego : il observe, censure et contrôle nos actes et notre comportement. Les mots sont sa voix, tout comme le son est la voix du corps. Mais si l'on peut se dissimuler derrière des mots, on peut difficilement le faire avec le ton de sa voix. Lorsqu'un son ne correspond pas à l'émotion ressentie, cela sonne faux. L'un des axiomes de l'analyse bioénergétique est que le corps ne ment pas. Malheureusement, la majorité des gens sont aveugles à l'expression de leur corps car, dans leur plus jeune âge, on leur a appris à se fier aux mots et non à ce qu'ils ressentent intérieurement. Mais les petits enfants restent parfois dans l'innocence, et ils peuvent faire confiance à ce qu'ils voient. C'est d'ailleurs ce que nous dit la morale de l'histoire *les Habits de l'empereur,* à savoir que seul l'innocent peut voir la vérité. Les enfants n'ont pas encore appris à jouer avec les mots pour se cacher leurs sensations et leurs émotions. Je n'oublierai jamais cet homme venu me consulter tout au début de mon activité de thérapeute, déclarant d'emblée : « Je sais que j'étais amoureux de ma mère. » C'est comme s'il m'avait dit : « Docteur, auriez-vous du neuf à m'apprendre ? » Je n'avais pas relevé le défi et la thérapie n'a jamais décollé. J'aurais dû dire : « Ce que vous ne savez pas, c'est à quel point vous êtes malade. »

10. Pleurer est signe de force

Le même aveuglement apparaît chez les patients à qui je fais remarquer leur besoin de pleurer, et qui me répondent : « Je n'ai aucune difficulté à pleurer. J'ai déjà versé beaucoup de larmes dans ma vie. » Si la dernière partie de la réponse est peut-être vraie, la première ne l'est pas. Leur difficulté réside dans leur incapacité de pleurer assez profondément pour atteindre le fond de leur tristesse. C'est un peu comme s'ils ne laissaient jamais le lac de leurs pleurs se vider complètement. Le fait qu'ils aient besoin d'aide pour affronter la vie dénote d'ailleurs l'existence de détresse et le manque de joie. Il y a en effet de quoi pleurer !

On nous a souvent dit dans notre enfance que l'on pouvait pleurer en cas de destruction, mais pas en cas de blessure ou de peine. Si un enfant pleurait suite aux coups qu'il avait reçus, on lui rétorquait : « Arrête de pleurer ou je t'en remets une, et tu sauras pourquoi tu pleures ! » Certains enfants avaient droit à une double dose de punition pour qu'ils cessent de pleurer. Comme chacun sait, on essaye d'empêcher les enfants de pleurer en leur faisant honte : « Les petits garçons ne pleurent pas... C'est bon pour les filles... » Les adultes sont tout autant découragés de pleurer : « Nous devons nous montrer braves... Pleurer est un signe de faiblesse... »

La faculté de pleurer est au contraire un signe de force. Et comme les femmes pleurent plus facilement que les hommes, elles sont, d'après moi, le sexe fort. Quand une personne pleure, chaque sanglot est une pulsion de vie qui parcourt son corps. Cette pulsion est parfaitement observable. Lorsque la pulsion atteint le pelvis, celui-ci bascule vers l'avant, comme nous l'avons vu plus haut. Une personne en larmes peut sentir cette pulsion toucher son périnée au fur et à mesure qu'elle se propage à l'intérieur du corps, jusqu'en bas. Rares sont les personnes qui pleurent de la sorte, tout comme celles qui respirent profondément.

Il y a toutefois une autre dimension dans les pleurs, à savoir l'amplitude de l'onde. Le son est-il plein ? Est-il fort ? Un son plein signifie que la bouche, la gorge, le thorax et l'abdomen sont grands ouverts. Le degré d'ouverture détermine notre façon d'être ouverts à la vie – de quelle manière nous laissons la vie entrer en nous et de quelle manière nous la laissons en sortir. Quand je dis qu'un patient est renfermé en lui-même, j'entends que les différentes ouvertures de son corps sont fermées. Ses lèvres sont parfois collées, sa mâchoire bloquée, sa gorge serrée, sa poitrine rigide, son ventre contracté et ses fesses rentrées. Parfois, ses yeux sont aussi rapprochés. La thérapie est un processus d'ouverture à la vie, l'ouverture étant une opération physique. Elle est dans des yeux qui brillent, dans un sourire chaleureux, des manières gracieuses et un cœur ouvert. Mais celui qui ouvre son cœur sans ouvrir les voies à travers lesquelles le sentiment d'amour peut se répandre dans le monde fait un geste vide. C'est un peu comme d'ouvrir les coffres-forts d'une salle des coffres en laissant la porte de la salle fermée.

Je commence toujours un programme thérapeutique en aidant le patient à ouvrir sa voix (à parler plus haut avec les autres) et ses yeux (à regarder) avant d'ouvrir son cœur. Mais ce processus d'ouverture n'est ni rapide ni facile. C'est comme d'apprendre à marcher. Le patient teste le terrain à chaque nouveau pas. Il doit apprendre à se faire confiance et à faire confiance à la vie. Et tout comme l'enfant qui tombe mais se relève pour réessayer, le patient fera des chutes. Il prendra conscience de sa peur et se sentira impuissant mais, avec le temps, il grandira en foi, en confiance, en sagesse et en joie.

Des pleurs profonds peuvent mener à un sentiment de liberté et de joie. C'est un peu comme voir une éclaircie percer les nuages, ce qui ne signifie pas pour autant que la tempête est passée. Chaque étape rend le patient plus fort et plus ouvert à la vie, aussi devient-il peu à peu capable de s'abandonner à son corps.

Le prochain chapitre traite des résistances à l'abandon, nombreuses et profondément structurées dans la personnalité, qu'il nous faudra comprendre en tant que moyens de survie si nous voulons nous en débarrasser.

CHAPITRE IV

Les résistances à l'abandon

1. La résistance aux pleurs

Comme nous l'avons vu dans le chapitre précédent, la plupart des gens ont besoin de pleurer pour se décharger de la douleur et de la tristesse en leur vie. Pleurer, éclater en sanglots, libère la tension qui enferme ces sentiments douloureux dans le corps. C'est la réponse naturelle à toute blessure physique ou psychologique. Tout traumatisme est un choc pour l'organisme qui, en réaction, se contracte, cesse de respirer et se referme comme un coquillage. Pleurer est un processus de relâchement, de détente et d'ouverture à la vie. Après les convulsions, la respiration est détendue et profonde. Telle une bonne pluie venant rafraîchir et recharger la terre, les pleurs redonnent à la voix son plein usage et rafraîchissent l'âme. Les personnes qui n'arrivent pas à pleurer sont froides, leur corps est rigide et leur respiration extrêmement réduite. Aussi devront-elles pouvoir pleurer depuis la profondeur de leur être si elles veulent retrouver leur plein potentiel. Or, la plupart des gens ne parviennent pas à respirer et à pleurer librement en raison d'une tension du diaphragme plus ou moins importante.

Nous traiterons dans ce chapitre des résistances psychologiques aux pleurs associées à ces blocages physiques. Dans notre culture, la plupart des gens considèrent que pleurer est un signe de faiblesse. Même quand les pleurs sont une réponse naturelle, à la perte d'un être cher par exemple, on encourage la famille du disparu à rester forte et à ne pas se laisser aller à la tristesse. Se laisser emporter par ses émotions dans ce genre de circonstances est généralement très mal vu. Ce comportement représente certes une perte du contrôle de l'ego, un abandon à ses sentiments, mais s'il n'est pas approprié dans ce cas, quand donc le serait-il ? Pleurer est également considéré comme un signe d'immaturité, une attitude puérile et enfantine. « Les grands garçons ne pleurent pas. » Les enfants font souvent l'objet de railleries quand ils pleurent. Bien sûr, les pleurs sont associés au désespoir. Et s'il est parfois nécessaire, notamment en cas de danger, de ne pas se laisser gagner par le désespoir et les pleurs, le patient qui arrive en thérapie n'est pas menacé par son désespoir, excepté sur le plan de l'ego.

De nombreux hommes croient à tort que le fait de pleurer entraîne la perte de leur virilité. C'est aussi ce que croyait John, un homme d'une trentaine d'années venu me consulter parce qu'il se sentait très déprimé. Les jours où il n'avait pas besoin d'aller travailler, il restait au lit toute la journée, incapable d'entreprendre la moindre activité. John était un bel homme qui aspirait à devenir acteur. Dans ses cours de théâtre, il avait entendu parler de l'analyse bioénergétique, une thérapie corporelle permettant de retrouver le contact avec soi-même et d'accroître sa capacité d'extérioriser ses émotions. Il suivait déjà une thérapie avec un autre psychologue, qu'il jugea utile de poursuivre en parallèle avec le travail qu'il commençait avec moi. Je n'avais pour ma part aucune objection à formuler, à condition que je puisse le voir tous les quinze jours pendant une heure.

John avait une apparence « virile ». Son corps était très musclé, ce qu'il attribuait au programme de musculation qu'il avait suivi pendant des années. La première chose que l'on remarquait chez lui, c'était sa démarche assurée et quelque peu fanfaronne, d'autant plus accentuée qu'il portait des bottes de cow-boy. Il était tout à fait conscient de cet aspect narcissique de sa personnalité mais, à ses yeux, c'était plus une qualité qu'un défaut. Sa respiration était très superficielle, comme j'ai pu m'en rendre compte quand il s'est installé sur le tabouret. Je l'ai encouragé à travailler en profondeur les différents exercices décrits plus haut, ce qui devait l'aider à rendre sa respiration plus profonde, à développer une vibration dans son corps et à exprimer ses émotions. Mais il exécutait les exercices de façon purement mécanique, sans aucun ressenti corporel. Il me souriait, comme pour me dire : « Je ne crois pas que ça va marcher. » Mais comme il se sentait toujours mieux après une séance de bioénergie, j'espérais qu'il prendrait conscience de leur valeur. A cette époque, John vivait à nouveau chez sa mère après avoir quitté la maison quelques années plus tôt pour vivre son indépendance. Il avait un frère plus jeune que lui qui s'était marié et s'en était apparemment bien sorti dans sa vie. Son père était mort lorsqu'il était encore un enfant, ce qui l'avait obligé très tôt à prendre la position de l'homme de la famille.

La dépression de John découlait du fait qu'il s'était retrouvé du jour au lendemain l'homme de la famille, écrasé par une mère dominatrice à laquelle il était très lié affectivement. Il a reconnu qu'il y avait des sentiments sexuels entre eux. Je savais que sa dépression pouvait prendre fin, mais il fallait pour cela qu'il puisse pleurer, ce qu'il n'est jamais parvenu à faire. Le récit d'un incident de son enfance nous a toutefois permis d'éclairer sa résistance aux pleurs. Alors qu'il avait six ans, sa mère l'avait enfermé toute une journée dans la salle de bains après l'avoir roué de coups. A la fin, il était brisé et pleurait à gros sanglots. Or, jamais il n'a fondu en larmes au cours de nos séances. Puis il m'a dit un jour : « Vous ne m'aurez pas. Je ne pleurerai pas. » Sa dépression a persisté et il s'est fait hospitaliser, malgré les conseils de son autre thérapeute. Je n'ai ensuite plus jamais entendu parler de lui.

Sa difficulté à pleurer n'était pas seulement d'origine physique : elle était aussi mentale, au sens où il était farouchement déterminé à ne pas pleurer. Cette volonté faisait partie du système de défenses de son ego. « Vous ne pouvez pas m'atteindre » signifiait tout autant : « Vous ne pouvez pas me comprendre » et « Vous ne me ferez pas craquer ». Sa mère y était parvenue un jour mais, en le faisant pleurer, son noyau intérieur s'était durci de façon à pouvoir lui résister avec la force de l'acier. Cette résistance avait sauvé son intégrité : sans elle, il serait devenu schizophrène. Aussi, comme elle lui avait permis de survivre, il n'était pas prêt à y renoncer. L'attitude de défiance dans laquelle il s'était figé ne lui laissait plus aucune énergie ni aucune liberté pour le plaisir ou l'action créative. Sa dépression n'avait en fait rien d'étonnant. Cette expérience avec John m'a fait prendre conscience de la force avec laquelle certaines personnes résistent aux pleurs.

2. La colère réprimée

Je commence généralement le travail corporel en demandant au patient de s'installer sur le tabouret bioénergétique et de respirer. Je peux ensuite observer sa respiration et noter la qualité de son onde respiratoire. La position soumet le patient à un léger stress, ce qui l'oblige à respirer plus en profondeur. Mais sa respiration n'est jamais aussi libre qu'elle devrait l'être. Pour la rendre plus profonde, je demande au patient d'émettre un son soutenu et de le maintenir aussi longtemps que possible. Dans presque tous les cas, ce son est trop court et il est plat. Le fait de retenir la respiration empêche l'abandon au corps et aux sentiments. Mais cette retenue est inconsciente. Au début, le patient croit qu'il lui suffira d'un simple effort pour laisser sortir l'air plus librement et garder le son plus longtemps. Et lorsqu'il y parvient, avec mes encouragements, on peut généralement entendre une note de tristesse dans sa voix. Parfois, sa voix se brise même en légers sanglots. Et plus rarement encore, le patient éclate véritablement en sanglots. Si, au début de la thérapie, les sons émis ne sont pas assez profonds pour libérer la douleur et la souffrance, cette expérience nous fournit néanmoins une occasion de parler de l'attitude du patient face à l'expression de la tristesse.

Il est surprenant de voir combien de personnes arrivent en thérapie affaiblies par leurs problèmes et qui, néanmoins, affirment ne pas ressentir de tristesse. C'est particulièrement vrai des patients déprimés : à force d'avoir réprimé leurs émotions, ils sont émotionnellement morts. Si ceux qui souffrent de dépression pouvaient pleurer, leur dépression disparaîtrait car ils se sentiraient à nouveau vivants. Mais la tristesse n'est pas la seule émotion réprimée, il y a aussi la colère. Beaucoup de gens sont capables de s'énerver, de devenir furieux et même violents, mais il leur est généralement très difficile de ressentir et d'exprimer clairement une émotion de tristesse ou de colère. L'expression de l'énervement ou même de la fureur n'apporte pas un changement significatif à la situation de la personne en colère. Ce ne sont que des décharges mineures qui soulagent la tension créée par la frustration, comparables à de la vapeur s'échappant d'un couvercle sous pression. Une fois la tension relâchée, la personne se sent mieux mais la situation ne change pas pour autant. La colère ne peut en effet tomber si le problème n'est pas résolu.

Il en va de même pour la tristesse. Celui qui ressent une profonde tristesse est poussé à faire des changements dans sa vie. De ce fait, savoir qu'une personne est triste ou en colère peut être utile, mais ce n'est pas suffisant. Si l'on veut sentir la tristesse ou la colère, il faut pouvoir l'exprimer. Les bébés et les jeunes enfants y arrivent très facilement quand ils sont blessés. Comment expliquer, dès lors, que cette réaction naturelle en vienne à se bloquer chez certaines personnes ?

Joan était une femme mariée d'une trentaine d'années quand elle est venue me consulter pour la première fois. Malgré une thérapie entreprise depuis plusieurs années, ses sentiments de frustration et de dépression n'avaient pas disparu. L'observation de son corps m'a permis de comprendre ce qu'elle ressentait. Sa tête, plutôt petite, était figée au-dessus du tronc.

Son visage, tendu, exprimait de l'amertume, tandis que son corps, doux et harmonieux, était enfantin et immature dans sa forme. La dissociation entre sa tête et son corps indiquait que son ego n'était pas identifié à son corps. En outre, l'aspect enfantin de son corps dénotait un désir de nier sa féminité. Incapable d'accepter sa vraie nature ou d'y échapper complètement, c'était une femme tourmentée et frustrée. Il n'y avait donc rien d'étonnant à ce qu'elle soit déprimée. Après avoir consacré plusieurs séances à travailler sur sa capacité d'exprimer des sentiments profonds, ses jambes ont réussi à vibrer pendant les exercices d'enracinement et de respiration sur le tabouret. Mais malgré certaines sensations retrouvées dans son corps, elle continuait à ne ressentir aucune émotion. Qui plus est, elle n'est parvenue que partiellement à exprimer sa frustration et son amertume en tapant sur le matelas avec la raquette en criant : « Laisse-moi tranquille ! »

Lors de la séance suivante, Joan m'a décrit une expérience vécue une semaine auparavant dans un atelier de bioénergie. « Mon corps vibrait, mon pelvis bougeait, mais je ne ressentais rien. Ce qui se passe, c'est que je ne fais pas confiance aux gens, que je ne me laisse pas aller facilement et que je ne m'abandonne à rien. En fait, je crois que je ne me fais même pas confiance à moi-même. » Joan venait sans le savoir d'énoncer clairement la nature de son problème : elle ne s'abandonnait pas à son corps. D'une certaine façon, cet abandon menaçait sa survie. Aussi en était-elle arrivée à se dissocier de son corps, créant ainsi un clivage entre sa conscience et son corps. La thérapie devait l'aider à comprendre à la fois ce qui s'était passé en elle, et pour quelles raisons cela avait eu lieu.

Allongée sur le tabouret à respirer, Joan pouvait sentir la tension dans son dos. Cette tension représentait sa rigidité, sa qualité d'être sous-jacente, qui l'empêchait de céder et de s'effondrer. Elle sentait la douleur et disait : « J'ai mal, mais je ne pleurerai pas. Je laisse ça aux poules mouillées. Je peux supporter cette douleur. » Et elle continua : « Vous ne me briserez pas. Cela ne sert à rien. Je ne me laisserai pas aller. Le tabouret se cassera avant moi. J'ai mal. » Un peu plus tard, elle ajouta : « Vous voulez m'obliger à capituler mais j'irai en enfer avant. » Joan avait compris que le conflit ne se situait pas entre elle et moi, mais entre sa mère et elle. « Il y avait une véritable lutte pour le pouvoir entre nous. Je devais certainement y avoir aussi ma part de responsabilité. Elle me possédait presque entièrement. Je faisais tout ce qu'elle voulait, je lui donnais tout, sauf mes sentiments. Sans cela, je serais devenue sa chose, son jouet. Quand je ne lui donnais pas ce qu'elle voulait, cela la rendait folle. »

3. Le poids du passé

L'histoire de Mike ressemble beaucoup à celle de John, excepté qu'il ne souffrait pas de dépression. En dépit de sa réussite sur le plan professionnel, Mike avait le sentiment que sa vie n'avait pas de sens et qu'il n'éprouvait jamais de plaisir. Son corps était gravement dissocié, sa moitié supérieure ne correspondant pas à sa moitié inférieure. Il avait de larges épaules carrées, une forte poitrine et la taille étroite et contractée, tandis que la partie inférieure de son corps était petite et sous-développée. A propos de ses larges épaules, je lui ai fait remarquer : « Vous êtes bâti pour supporter de lourdes responsabilités. » Il a souri et répliqué : « J'ai porté des gens toute ma vie. » Ce que toutefois je ne lui ai pas dit, c'est que j'avais vu en lui un homme brisé. Quand il parlait, sa voix était faible et ne laissait transparaître aucun sentiment.

Voici le récit de son histoire. Il était l'aîné de trois enfants. Sa mère, selon la description qu'il m'en a faite, était folle. C'était une femme qui avait peur de la vie. « Elle me battait jusqu'à épuisement. Et je n'avais pas le droit de pleurer. Je devais accepter. » Son père était la plupart du temps absent, occupé à boire ou à travailler. Mais contrairement à John, qui avait développé une très forte résistance vis-à-vis de sa mère, Mike, lui, s'était soumis à la sienne. Il était devenu son petit homme, tenant la place que son père n'occupait pas. Cette soumission était à l'origine de la perte de sa virilité et de son identité. Quant à John, sa résistance lui avait permis de préserver une partie de sa virilité, qu'il tentait de projeter dans sa démarche assurée, ses bottes de cow-boy et sa prétention à devenir acteur. A l'inverse, Mike avait cessé de résister. C'était sa façon à lui de survivre. Autre différence de taille entre eux : si John ne voulait pas pleurer, Mike, lui, ne le pouvait pas, car il n'avait pas assez de voix.

Les exercices de respiration et de vocalisation sur le tabouret bioénergétique l'ont quelque peu aidé à renforcer sa voix, mais pas assez cependant pour lui permettre de pleurer. Contrairement à John ou à Joan, Mike résistait inconsciemment aux pleurs. Son ego s'était identifié à sa capacité de « supporter » et à son rôle de responsable et de soutien pour les autres. Pleurer aurait été une façon d'admettre son échec, et aussi d'accepter, sur le plan affectif, le vide et la tristesse de sa vie. Le fait qu'il soit venu me demander de l'aide montrait pourtant qu'il était déterminé à affronter son problème.

Tous les patients ont besoin de protester contre les traitements qu'ils ont subis dans leur enfance. Cette étape est essentielle s'ils veulent se libérer de l'horreur du passé. J'ai invité Mike à s'allonger sur le divan et à taper sur le matelas, en disant : « Je n'en peux plus ! » Avec mes encouragements, il s'est laissé aller à donner des coups et à crier « Je n'en peux plus ! » puis il ajouta : « Mon Dieu ! Quelle tristesse, quelle souffrance ! », en versant quelques larmes.

Il n'est bien entendu pas facile de comprendre comment une mère peut se comporter de façon si destructrice à l'égard de son enfant. Par quoi la mère de John était-elle possédée pour le frapper si cruellement ? Quelle était donc cette force étrange qui la poussait contre ses propres sentiments profonds à briser son enfant, à détruire son esprit ? Pourquoi la mère de Joan avait-elle besoin de posséder le corps et l'âme de sa fille ? L'abus psychologique, physique et sexuel des enfants est aujourd'hui fréquent et bien connu. Tous mes patients ont souffert d'un traitement abusif de la part d'un parent. Ce que, personnellement, je trouve le plus affligeant, c'est la cruauté infligée à des enfants par des parents qui ont eux-mêmes été victimes de cruauté. Certains ont connu les camps de concentration nazis. Un tel comportement semble refléter une loi de la nature humaine : fais aux autres ce que l'on t'a fait. Les parents élèvent leurs enfants comme ils ont eux-mêmes été élevés. De nombreux patients m'ont dit que leurs parents avaient été traités aussi durement qu'eux dans leur enfance. Je suis persuadé que la mère de John avait été battue par son père, tout comme je suis certain qu'elle pensait avoir de bonnes raisons de frapper son fils. Seul un parent éclairé peut stopper la progression d'un tel comportement destructeur envers ses enfants. Nous parlerons, dans le chapitre suivant, des différents moyens permettant de dépasser ces schémas.

4. Le déni de ses sentiments

Le « survivant » se caractérise généralement par une volonté marquée, cette volonté qui lui a permis de survivre. Dans bien des cas, cette détermination lui a aussi permis de réussir dans le monde. J'ai ainsi travaillé avec de nombreuses personnes qui avaient fait de belles carrières grâce à des stratégies fondées sur la volonté de survivre. L'une de ces stratégies consiste à nier ses sentiments et à s'en remettre exclusivement à un intellect vif et calculateur, ce qui peut passer pour une qualité dans un monde où les sentiments sont un handicap, où le pouvoir, l'argent et le prestige sont les valeurs dominantes et où la compétition est intense. Dans un tel environnement, les sentiments sont subordonnés à la soif de réussite. Or, les personnes qui obtiennent un certain succès en termes d'argent, de pouvoir et de prestige mènent des vies émotionnellement vides : elles n'ont pas de relations intimes épanouissantes, n'éprouvent pas de véritable plaisir dans leur travail et ne connaissent pas la joie. Cela se voit à la noirceur de leur regard et au manque de charge énergétique dans leurs mouvements. Beaucoup souffrent de dépression et la plupart se plaignent de fatigue chronique et d'épuisement. La dynamique fondamentale de ces individus est une dissociation du corps. Une femme venue me consulter m'a dit à son sujet : « Je m'étais complètement identifiée à mon activité professionnelle. Je travaillais comme consultante en gestion dans une grande entreprise et j'avais beaucoup de responsabilités, ce qui me donnait un sentiment de pouvoir. J'avais l'impression d'avoir de la valeur. Mais à force de trop travailler, je suis devenue dépressive. »

Une autre femme m'a raconté une histoire similaire : « Tout juste diplômée de l'université, je suis entrée dans une entreprise où j'ai gravi tous les échelons pour finalement accéder à un poste de direction, dans un cadre de travail international. Tout allait très bien jusqu'au jour où la seule et unique relation intime qui me restait a soudain pris fin. J'avais trente-six ans et mon ami venait de me quitter. Pour la première fois de ma vie, j'étais réellement déprimée. » Cet épisode était le début de l'effondrement de sa « seconde nature » narcissique. Elle a quitté son travail pour se lancer dans une profession d'aide mais, malgré ce changement important, a été responsable six mois plus tard d'un grave accident de voiture. Par la suite, son état d'anxiété n'a fait qu'empirer et elle a commencé à souffrir d'un dérèglement intestinal, d'une colopathie qui se manifeste par des crampes et de la diarrhée. Ce syndrome provient d'un état de tension chronique dans les bas intestins, que j'associe à la peur. Voici, d'après elle, les effets de ce dérèglement corporel sur sa personnalité : « J'arrivais toujours à contrôler ma pensée, mais j'étais obligée d'admettre mon impuissance à contrôler mon corps. C'était une expérience horrible, qui me terrifiait. Je me couchais chaque soir dans la position du fœtus, tellement j'avais peur de ce qui se passait dans mon corps. Pour la première fois de ma vie, je ne pouvais plus nier ma vulnérabilité. »

Tous les « survivants » résistent farouchement à l'abandon au corps, car cette expérience les ramène à des émotions pénibles et effrayantes. Mais comment peut-on pleurer si le sentiment associé à ces pleurs est un sentiment d'impuissance ? Ann avait perdu sa mère à l'âge de cinq ans, alors qu'elle était dépendante et impuissante. Elle avait ensuite été élevée par différents substituts maternels qui avaient abusé d'elle, tant émotionnellement que physiquement. En cette période de douleur et de perte, de peur et d'impuissance, son père n'avait fait, hélas ! que la critiquer. Il lui reprochait de ne pas être aussi jolie que sa mère, aussi intelligente, aussi douce, etc. En conséquence, Ann avait développé dans la vie une attitude de survie et elle avait appris à ne pas exprimer sa douleur affective.

Comme tous les autres « survivants », Ann avait appris à se dissocier de son corps et à se réfugier dans sa tête. Une personne coupée de son corps ne se sent pas vulnérable. De plus, son identification à l'ego lui donne un sentiment de pouvoir illusoire. Du fait que la volonté est l'instrument de l'ego, nous avons tendance à croire qu'il suffit de « vouloir pour pouvoir ». Or, cela n'est possible que si nous avons suffisamment d'énergie dans le corps pour obéir aux injonctions de l'ego. Toute la meilleure volonté du monde est vaine chez celui qui manque d'énergie pour accomplir sa volonté. Ceux qui jouissent d'une bonne santé ne fonctionnent pas en termes de volonté, excepté en cas d'urgence. Les actes que nous effectuons normalement sont motivés par des sentiments et non par la volonté. Nous n'avons pas besoin de volonté pour faire ce qui nous est agréable ! Le désir est une charge énergétique suffisante pour générer l'impulsion d'actes libres et généralement gratifiants. L'impulsion est une force qui va du plus profond du corps jusqu'à sa surface, où elle mobilise les muscles pour l'action. A l'inverse, la volonté est une force qui part de l'ego, de la tête, et contrecarre les impulsions naturelles du corps. Face à la peur, l'impulsion naturelle est de fuir la situation menaçante. On échappe au danger en s'enfuyant, mais il est toujours préférable d'affronter la menace, même si la peur et l'envie de fuir nous en dissuadent. Dans de telles situations, mobiliser la volonté pour contrer la peur est un acte positif.

La situation que nous venons de décrire est fréquente chez les enfants abusés et menacés par leurs parents. Certains jeunes enfants essayent de s'enfuir de leur famille, mais leurs tentatives de fuite sont généralement sans espoir. L'enfant doit accepter la situation et céder à ses parents, mais il doit aussi trouver une façon de préserver son intégrité. Sa soumission ne peut être totale, car sa volonté ne peut être brisée. Alors l'enfant raidit son corps afin que personne ne puisse le casser. Cette action commandée par l'ego s'effectue par l'intermédiaire de la volonté. L'enfant se fabrique un visage pour montrer sa détermination : ne pas lâcher prise, ne pas perdre le contrôle et ne pas se laisser gagner par la peur. La tension chronique de la mâchoire, si répandue de nos jours, découle directement de ce besoin de garder le contrôle de soi à tout prix. Quand la volonté est mobilisée par une rigidité et une tension chroniques dans le corps, elle n'est plus qu'une force en quête de pouvoir. Dans ce cas, la vie est perçue comme une lutte impitoyable pour le pouvoir, les pleurs sont considérés comme un échec de la volonté et l'abandon devient impossible. Et quand la vie est vécue comme un état d'urgence permanent, aucune joie n'est évidemment possible.

5. L'abandon de la volonté : le désespoir

Les gens arrivent en thérapie parce qu'ils sentent le besoin de changer certains aspects de leur comportement et de leur personnalité. Au niveau conscient, ils veulent changer, mais ils résistent néanmoins au changement. Cette résistance provient en grande partie de leur désir de contrôler le changement. Se soumettre au processus thérapeutique implique de renoncer à ce contrôle. Quand le patient y voit une soumission au thérapeute, cela réveille en lui des sentiments de vulnérabilité et l'idée qu'il sera mal compris et abusé, comme à l'époque où il était un enfant impuissant face à ses parents. Le patient pense que le thérapeute détient le pouvoir et qu'il doit lui résister pour préserver sa propre intégrité. La thérapie dégénère alors en lutte pour le pouvoir, cette lutte n'étant rien d'autre que le combat du patient pour éviter l'abandon.

L'idée d'abandon fait généralement très peur. Certains préfèrent ainsi parler de lâcher-prise ou d'abandon au corps et à soi-même, sans même savoir ce que cela signifie exactement. Or, en pratique cela revient au même. Etant donné que les schémas de comportement névrotiques se développent en tant que moyens de survie, le sujet y tient autant qu'à sa vie, même s'ils s'avèrent contre-productifs dans la vie adulte. Ces schémas sont si profondément ancrés qu'ils sont vécus comme faisant partie intégrante de sa personne. Ils constituent certes sa seconde nature – sa nature originelle étant celle de l'enfant innocent et ouvert – mais sa première nature semble introuvable. Une personne qui vit avec sa seconde nature depuis très longtemps s'y sent bien comme dans une vieille paire de chaussures ! Mais lorsque cette personne décide d'entreprendre une thérapie, elle admet tacitement que sa seconde nature a échoué, ce qui ne signifie pas nécessairement qu'elle est prête à y renoncer. Souvent, elle souhaite simplement que sa seconde nature fonctionne mieux. Si elle veut bien apprendre de nouvelles façons de s'adapter et d'agir, elle n'est bien souvent pas prête à renoncer à sa stratégie de survie.

Pour désigner cette attitude chez un patient, nous parlons de « résistance ». Elle apparaît parfois au début de la thérapie, quand le patient exprime une méfiance à l'égard du thérapeute ou commence à douter de sa compétence. Personnellement, j'encourage le patient à s'exprimer clairement à ce sujet. S'il a été blessé dans son enfance par ceux en qui il avait une confiance totale, il ferait preuve de naïveté en se livrant à un étranger dont il ne sait finalement pas grand-chose. La compétence thérapeutique n'est pas garantie par les diplômes ou la popularité. Aucun thérapeute ne peut changer le patient plus qu'il en est lui-même capable. Etant donné que le processus thérapeutique est un processus de maturation et d'intégration résultant des expériences vécues par le patient à travers le processus thérapeutique, le patient est certainement le mieux placé pour en juger. Malheureusement, la plupart d'entre eux ne font pas confiance à leurs propres perceptions et émotions, ce qui fait d'ailleurs partie de leur problème. Désespérés, ils s'en remettent alors à leur thérapeute, dans l'illusion qu'il pourra les changer. Or, le but n'est pas de se livrer à l'autre mais à soi-même, en suivant les suggestions du thérapeute et non en se soumettant à lui.

Le processus thérapeutique commence par un entretien. Nous sommes assis face à face et le patient me parle de lui, de ses problèmes et de son passé. Pendant qu'il parle, j'en profite pour l'étudier : je regarde comment il se tient, j'écoute le ton de sa voix, j'observe l'expression de son visage, son regard, etc. Je lui pose des questions sur sa situation présente et son enfance pour pouvoir découvrir les causes de ses difficultés. Je lui demande comment il ressent son corps, de me dire les tensions musculaires dont il est conscient et les peines ou les maladies dont il a souffert. Puis je lui explique la relation corps-esprit en insistant sur l'identité fonctionnelle du physique et du psychologique. La plupart des gens qui me contactent ont déjà entendu parler de l'approche bioénergétique, que ce soit à travers mes livres, leurs propres expériences ou un autre thérapeute. Si la personne y est disposée, j'examine son corps pour voir où sont situés les schémas de tension. Elle se tient généralement debout face à un miroir, de sorte que je peux lui montrer et lui expliquer ce que je vois. Il est important que le patient comprenne que s'il veut changer, son corps doit lui aussi changer. De même, les différentes tensions observées pendant l'examen devront être comprises et libérées. Pour cela, le patient devra sentir leur effet limitateur, comprendre la façon dont elles contrôlent son comportement actuel et découvrir comment et pourquoi elles se sont développées. Enfin, les impulsions inhibées par ces tensions devront être exprimées. Il ne saurait, à ce stade, être question d'abandon, mais plutôt de prise de conscience et de compréhension. L'individu découvre son identité à travers son corps.

6. Le corps ne ment pas

Il est essentiel de comprendre à quel point la détresse et la difficulté d'un patient peuvent être profondes. L'histoire suivante le montre bien. Quand j'ai rencontré Mary pour la première fois, dans un atelier professionnel, j'ai remarqué chez elle une forte contraction dans la zone de la poitrine. Du fait de cette tension, son corps était fonctionnellement divisé en deux moitiés distinctes, de sorte que l'onde d'excitation associée à la respiration ne pouvait atteindre la partie inférieure de son corps. Cette division avait deux graves effets sur sa personnalité. D'une part, ses sentiments du cœur – localisés dans la poitrine – n'étant pas reliés à ses sentiments sexuels – situés dans le pelvis – ses relations avec les hommes étaient très perturbées. D'autre part, son corps traduisait un profond sentiment d'insécurité en raison du manque de sensations dans sa partie inférieure. Elle n'avait aucune fondation solide sur laquelle s'appuyer. J'ai fait part de mes observations à Mary en ajoutant que cela pourrait changer si elle travaillait sur ses problèmes dans le sens de l'approche bioénergétique, c'est-à-dire à la fois psychologique et physique.

Par la suite, Mary a décidé d'entreprendre une thérapie avec moi, parce que, disait-elle, j'étais le seul thérapeute à avoir compris la profondeur de ses problèmes. Ceux avec qui elle avait travaillé jusqu'alors sur le plan psychologique n'avaient vu en elle que la femme compétente et performante. Elle était certes une thérapeute reconnue et semblait avoir de bonnes relations avec son mari mais, en réalité, ces bonnes relations tenaient entièrement à son attitude soumise. Elle donnait l'impression d'être sûre d'elle, ce qui trompait tout le monde, mais la jetait personnellement dans la confusion. Tant de patients paraissent normaux à première vue ; mais en observant attentivement leur corps, on aperçoit une vérité d'être bien différente. Le corps ne ment jamais, mais pour en connaître la vérité il faut apprendre à lire son langage.

Mary a poursuivi son travail avec moi pendant plusieurs années. Son cas sera présenté en détail dans quelques pages. Avec le temps, elle a pris conscience de sa valeur et renforcé son sentiment d'identité, parvenant ainsi à quitter son mari et à éprouver de la joie pour la première fois dans sa vie d'adulte.

Les patients qui me consultent ne sont pas toujours prêts à entendre la vérité à leur sujet. Certains individus narcissiques sont si fermés à la vérité qu'il est quasiment impossible de travailler avec eux. Je ne demande pourtant pas à mes patients d'accepter ce que je vois, mais simplement d'être ouverts à ce que je leur dis. Ils apprendront tout seuls la vérité à travers leurs expériences corporelles. Pour toutes ces raisons, il est très important, au début de la thérapie, de développer une bonne relation de travail avec le patient. Cette relation reposera sur des bases solides si le patient a le sentiment d'être compris et reconnu dans sa quête de plénitude, devenue pour lui un véritable combat. Toute sa vie, il s'est entendu dire que s'il voulait aller bien, il devait faire des efforts et changer ses schémas de comportement. Dès qu'il exprimait une peur, on lui demandait de la ravaler et de se montrer fort. Il croyait que ses difficultés étaient uniquement dans sa tête ; et voilà qu'il découvre avec la bioénergie qu'elles sont aussi dans son corps, et qu'un travail axé à la fois sur le corps et sur l'esprit peut être plus efficace qu'une simple thérapie verbale.

Les exercices de respiration et d'expression ont généralement un effet positif sur le patient : ils lui donnent plus d'énergie et élèvent son esprit. Ces premières expériences ne modifient peut-être pas radicalement sa personnalité, mais elles sont essentielles pour établir une relation positive entre nous. Elles permettent en outre de construire une base de compréhension solide pour la suite de la thérapie, le chemin à parcourir pour libérer le patient de son enfermement étant encore long.

7. Nos défenses : des handicaps

Les défenses de l'ego n'étant pas seulement psychiques, comment expliquer qu'il nous soit aussi difficile d'y renoncer ? La plupart des patients reconnaissent que leurs défenses sont des handicaps et que la situation à l'origine de ces défenses n'existe plus. En thérapie, le patient doit s'abandonner à soi-même, à son corps, et non à un parent menaçant ou à une situation hostile. Mais il y a un problème : les défenses sont maintenant structurées dans le corps, avec pour fonction de réprimer les sentiments. Elles constituent ainsi de véritables murs qui servent à retenir et à dominer les impulsions jugées dangereuses. Un individu qui a perdu la joie de vivre ressent forcément une rage folle en lui. Que faisons-nous de cette impulsion dans une société civilisée ? On ne démolit pas les murs d'une prison où sont enfermés de dangereux criminels sans avoir trouvé au préalable un moyen de désamorcer leur hostilité. Nous y reviendrons d'ailleurs dans le prochain chapitre. Mais nous érigeons aussi des murs pour nous cacher et nous protéger, et pour contenir notre océan de chagrin. Malheureusement, ces murs sont aussi nos prisons.

Les patients ne s'autorisent pas à pleurer tant ils redoutent la profondeur de leur tristesse, qui confine souvent au désespoir. Comme m'a dit une patiente : « Si je commence à pleurer, je risque de ne plus pouvoir m'arrêter. » Or, la majorité des gens souffrent de ne pas rencontrer le vrai amour, ou de ne jamais connaître la joie. Un jour, l'une de mes patientes a confié à sa mère qu'elle n'était pas heureuse et sa mère lui a répondu : « Dans la vie, ce n'est pas le bonheur qui compte, c'est le devoir. » Mais sans joie la vie est vide, effrayante et pénible. Ce besoin d'être relié est aussi intense que la faim. Aussi ai-je beaucoup de mal à comprendre pourquoi les patients préfèrent ne pas descendre dans cet enfer. En faisant comme si cet enfer n'existait pas ou en endormant leur moi dans la nostalgie et le chagrin, ils acceptent de vivre comme des morts.

Endormir son corps favorise peut-être la survie, mais la douleur n'est pas supprimée pour autant : elle ressurgira tôt ou tard sous forme de douleur purement physique ou de tension chronique dans une partie du corps. Tant que cette douleur est émotionnelle, les cris et l'abandon contribuent à l'atténuer. En effet, si la douleur purement physique est localisée dans une région du corps, la douleur émotionnelle est généralisée dans tout le corps. La migraine est une douleur localisée dans la tête, une rage de dents est limitée à la zone de la dent atteinte et une douleur dans la nuque n'affecte que la nuque. A l'inverse, la douleur de la solitude est ressentie dans la totalité du corps. La souffrance émotionnelle provient d'une contraction du corps en réponse à la perte ou à la rupture d'un lien d'amour. De telles expériences peuvent aller jusqu'à briser le cœur, particulièrement chez les enfants qui y ont associé un sentiment de rejet et de trahison (1). Etant donné que la douleur semble menacer la vie de l'enfant, il n'a pas d'autre choix pour survivre que de refouler l'expérience en même temps que la douleur et la peur.

Par un processus de rigidification ou de dissociation, le corps est endormi et la personne coupée de ses sensations, ce qui accroît son sentiment de solitude et de vide. Cet état ne devient douloureux que si une impulsion d'ouverture surgit et qu'elle est inhibée, par peur d'un rejet. Tant qu'une personne est en vie, ces impulsions ne peuvent être complètement réprimées, car elles sont l'essence même du processus de vie. L'individu est donc en lutte avec sa propre nature, c'est-à-dire son corps et ses sentiments. Le combat oppose d'un côté l'ego et ses défenses pour contrecarrer la peur de rejet et de trahison et, de l'autre, le corps où le cœur est emprisonné. La douleur ressentie correspond à la tension que ce conflit crée dans le corps. Le fait de s'abandonner à sa nature et de permettre aux impulsions de s'exprimer pleinement et librement soulage

1. Lowen A. : *Le Cœur passionnément : symbolique et physiologie de l'amour* (Sand, 1990).

immédiatement la douleur et génère un sentiment agréable de plénitude et de liberté.

9. Ne plus vivre dans le conflit

La douleur émotionnelle représente ainsi un conflit entre une impulsion et la peur d'exprimer cette impulsion. Or, cette douleur disparaît si l'on réprime complètement l'impulsion ou la peur inhibant l'expression de cette impulsion. L'une de mes patientes, Mary, se plaignait récemment de ne pas aller bien après plusieurs mois de thérapie. Nous parlions alors de ses relations sexuelles avec son mari, qu'elle trouvait trop passionné. Ses avances la laissaient froide mais elle appréciait d'autres aspects du mariage. J'avais toujours encouragé Mary à être vraie avec elle-même et avec ses sentiments et à ne pas se soumettre sexuellement si elle n'en avait pas le désir. Mais malgré de gros progrès, elle continuait à vivre dans le conflit. « J'ai peur de vous dire ce que je ressens. J'ai peur de vous dire que je n'aime pas mon mari parce que vous allez me dire de le quitter. Si je vous dis que je n'ai pas l'impression d'aller mieux avec la thérapie, vous allez me dire d'arrêter. » Elle était à nouveau confrontée à son conflit avec sa mère, cette femme capable d'affirmer que le plus important dans la vie ce n'est ni la joie ni le bonheur.

Aux yeux de sa mère, elle aurait dû consacrer sa vie aux autres. Mary m'avait expliqué que sa mère l'avait toujours considérée comme quelqu'un de « spécial ». « Elle disait que j'étais sa vraie fille, sa plus précieuse. Elle avait besoin de moi et je devais prendre soin d'elle. C'est cela qui m'a perdue. » Mary avait compris qu'en se coupant de ses sentiments, elle avait laissé un vide dans sa personnalité que sa mère comblait à sa manière. Cet abandon de soi-même – et non à soi-même – avait créé en elle un sentiment de solitude, de vide et de tristesse. « Rien que l'idée d'aller dans cet endroit me paralyse, même si je sais que c'est ce que je dois faire. Cela me fait trop mal et je retourne immédiatement dans ma tête. » Mary s'était retirée de son ventre, car elle y aurait ressenti la tristesse consécutive à la perte de soi-même. Ce retrait était déjà un abandon de soi. J'ajouterai qu'en se réfugiant dans sa tête, elle s'était aussi coupée de ses pulsions sexuelles, ce qui expliquait en grande partie son conflit sexuel avec son mari.

Tous les sentiments sont dus à des processus corporels et doivent être compris en tant que tels. Or, ceux-ci proviennent souvent d'expériences passées. La tristesse de Mary reflétait la douleur de la perte de son moi corporel. Cette souffrance dont elle m'avait parlé provenait du conflit entre son besoin de pleurer et sa résistance aux pleurs. La douleur causée par ce conflit est parfois déchirante. Elle m'a dit un jour : « J'ai l'impression d'être torturée. Je ne supporte pas la douleur mais, en même temps, je n'ai pas d'autre choix que de la subir. Et si je m'effondre, je serai abandonnée. » Elle avait transféré sa peur sur moi, persuadée que si elle ne faisait pas de progrès, je la quitterais. Mary avait beau savoir que sa peur était irrationnelle, le sentiment de sa peur était, lui, bien réel. La seule façon de la libérer de sa peur était donc de l'aider à exprimer sa colère. Après notre discussion, elle s'est sentie beaucoup mieux : elle avait exprimé sa peur et compris que son origine remontait à un conflit de l'enfance qu'elle n'avait jusqu'alors jamais été capable d'exprimer.

Presque tous les patients ont gardé de leurs expériences d'enfants la peur de l'abandon. Mais cette peur, qui se transforme généralement en panique, n'est pas perçue consciemment en raison de la rigidité de la paroi thoracique. Quand la respiration normale est limitée à un minimum, le sentiment de panique n'est pas perçu, mais cela a aussi pour effet d'inhiber les autres sentiments et de donner à la personne une impression de vide et d'insatisfaction. Ressentir de la panique est, il est vrai, extrêmement douloureux et effrayant, mais on peut surmonter cette panique en respirant profondément. Le sentiment de panique équivaut à la sensation de ne plus pouvoir respirer. Cette difficulté tient à ce que les muscles de la paroi thoracique sont contractés par la peur – la peur d'être abandonné. C'est un véritable cercle vicieux. La peur d'être rejeté ou abandonné entraîne une gêne respiratoire, qui produit à son tour une respiration superficielle pouvant elle-même se transformer en panique si la respiration devient plus profonde. L'individu est forcé de vivre à la surface, sans émotions. Il peut ne pas se laisser happer par le sentiment sous-jacent de panique, mais le résultat est qu'il sera sans vie, bien qu'il puisse se sentir en sécurité. C'est aussi ce mécanisme qui entretient la peur de l'abandon. Une personne qui respire dans sa peur va au contraire pleurer à chaudes larmes et ressentir sa peur d'être abandonnée comme découlant d'expériences du passé. Ainsi que je l'ai dit plus haut, des pleurs profonds libèrent aussi la douleur causée par la perte de l'amour. En s'abandonnant au corps et aux larmes, on passe de la peur et de la douleur aux eaux calmes de la paix et à la joie d'être libre.

10. La peur de la solitude

Le cas de Mary nous aide à comprendre la douleur de la solitude, qui est l'aspect physique de la peur d'être seul. Cette peur alimente un besoin permanent d'activités ou de compagnie pour distraire le sujet et lui éviter de se sentir seul. Mais comme cette distraction est forcément temporaire, celui-ci est sans cesse confronté à sa peur d'être seul. Cette peur, bien qu'irrationnelle, est néanmoins bien réelle. Evidemment, tout le monde n'a pas peur de la solitude. Mais pour pouvoir rester seul, il faut d'abord être bien avec soi-même. Une personne ayant un sens de soi limité se sentira toujours vide une fois seule. Le sentiment de solitude résulte d'un vide intérieur qui, dans le cas de Mary, provenait du fait qu'elle s'était coupée de ses émotions.

Une personne émotionnellement vivante ne se sent pas seule. On peut être seul et sentir néanmoins qu'on a part à la vie, à la nature et à l'univers. Nombreux sont ceux qui préfèrent la solitude plutôt que d'avoir à supporter les désagréments inhérents aux relations d'aujourd'hui. D'autres acceptent d'être seuls parce qu'ils n'ont pas trouvé la personne avec qui ils aimeraient partager leur vie. Or, ils ne sont pas seuls, ne souffrent pas et ne se sentent pas vides. A l'inverse, ceux qui sont incapables d'être seuls recherchent constamment quelqu'un pour combler leur vide intérieur. Mais une telle existence ne comporte aucune joie, elle n'est plus que survie : « Je ne peux vivre sans toi. »

L'irrationalité de la peur d'être seul apparaît clairement dans la remarque suivante : « Si j'accepte d'être seul, je serai tout le temps seul. » Une personne qui a peur oublie que l'être humain est un animal social qui veut vivre avec les autres, et intimement avec l'un d'entre eux. Nous sommes attirés mutuellement parce que le contact accroît notre vitalité. Cet effet positif est toutefois absent à partir du moment où nous devenons un poids pour l'autre, que ce soit pour cause de dépression ou de besoin maladif des autres. Certains individus névrotiques ont besoin de se sentir indispensables, mais les relations fondés sur ce type d'arrangement finissent tôt ou tard par créer des ressentiments, qui se transformeront parfois en hostilité. Dans le besoin mutuel, l'une et l'autre personnes perdent leur liberté et la possibilité de relations joyeuses.

Une telle relation de besoin n'est saine qu'entre un parent et son enfant. Le parent qui satisfait les besoins de son enfant comble aussi les siens. Mais, à l'inverse, un enfant dont les besoins ne sont pas satisfaits devient dépendant des autres une fois adulte, persuadé qu'il a besoin de leur attention. Ce sentiment est authentique, même s'il n'appartient pas au présent et ne peut être satisfait dans le présent. Essayer de répondre à ce besoin ne rend pas service à la personne, mais contribue plutôt à l'infantiliser. Son besoin actuel consiste à fonctionner pleinement en tant qu'adulte, et c'est le seul qu'elle puisse véritablement combler. Pour cela, il lui faudra d'abord supprimer tous les blocages – tant physiques que psychologiques – qui entravent son fonctionnement adulte, et revivre le passé avec la compréhension du présent. Respirer et pleurer en profondeur permet de ressentir la douleur causée par la perte du soutien et de l'amour dans l'enfance. On peut alors accepter la perte subie dans le passé et se sentir libre de s'accomplir dans le présent, ce qu'un enfant ne peut faire tant l'amour et le soutien de ses parents sont pour lui essentiels. Etant donné que pour survivre l'enfant doit dénier cette perte, il est obligé de croire qu'il peut regagner l'amour de ses parents en modifiant son comportement. Parfois, il se soumet aux exigences de ses parents jusqu'à se sacrifier, comme ce fut le cas pour Mary. Mais si le sacrifice garantit la survie, il procure un sentiment d'insatisfaction, de vide et de solitude. La détresse est alors enfouie au creux du ventre, où elle reste bloquée.

11. Ne pas nier la réalité du passé

Toute tentative fondée sur la volonté pour surmonter la perte et la douleur du passé est vouée à l'échec, ce qui nourrit le désespoir. La seule façon de surmonter ce désespoir consiste, en fait, à l'accepter et à prendre conscience de son origine dans le passé et non dans le présent. On retrouve ce principe dans l'histoire du fermier à qui on a volé un cheval, et qui monte la garde devant l'écurie avec un revolver dans l'attente du voleur. En déniant la réalité du passé, ce fermier – comme tous les névrosés – est condamné à la revivre éternellement. S'abandonner au corps, c'est accepter la réalité du présent. Le principe est clair, son application est difficile. L'abandon exige plus qu'une décision consciente, car la résistance est en grande partie inconsciente. Elle est structurée dans le corps sous la forme de tensions musculaires chroniques que la seule volonté ne peut libérer. Une mâchoire serrée peut être momentanément adoucie, mais elle revient à sa position figée et déterminée dès lors que l'attention est relâchée. Cette vieille habitude fait tellement partie de la personnalité qu'on se sent bizarre sans elle. A l'inverse, la personne qui travaille à abandonner une attitude figée et déterminée de la mâchoire découvre qu'une mâchoire détendue est agréable, et que son ancienne position, contractée, ne l'est pas. Mais ce changement ne se fait pas en un jour et il lui faudra y consacrer beaucoup de temps et de travail. Renoncer à une façon d'être affecte nécessairement l'ensemble du comportement. C'est un véritable changement du mode de vie, où l'on passe du faire à l'être et de la dureté à la douceur. L'abandon d'une tension chronique génère parfois une douleur considérable : le fait d'étirer des muscles tendus fait mal. La douleur est dans la musculature contractée, mais elle n'est pas perçue. Pour que les muscles puissent se relâcher, il faut d'abord les étirer.

12. La tension dans la mâchoire

Chez de nombreuses personnes, la tension dans la mâchoire est davantage associée à une mâchoire rentrée qu'à une mâchoire projetée vers l'avant dans une attitude agressive. Ces deux positions empêchent pareillement l'abandon car elles immobilisent la mâchoire et restreignent sa liberté. Une mâchoire saillante exprime l'attitude : « Je ne me laisserai pas aller », et une mâchoire rentrée : « Je ne peux pas me laisser aller. » Libérer la mâchoire de sa position bloquée nécessite un travail considérable et réveille la douleur. Mais si la douleur due à l'étirement des muscles contractés disparaît une fois la tension relâchée, la douleur des articulations temporo-mandibulaires causée par la tension chronique de la mâchoire ne fait, elle, qu'augmenter avec le temps. Les personnes qui souffrent de cet état ne peuvent pas ouvrir complètement la bouche, ce qui limite leur respiration et leur voix.

La tension chronique dans la mâchoire n'est pas un phénomène isolé. Une mâchoire serrée s'accompagne toujours de muscles contractés dans la gorge, ce qui entrave la capacité de la personne d'exprimer ses émotions. Quand la gorge est serrée, il est très difficile de pleurer ou de crier. J'utilise à cet effet différents exercices de respiration pour aider mes patients à libérer cette tension, mais le processus est très lent. Et même quand la personne s'effondre et éclate en sanglots, le relâchement n'est pas durable car les muscles, du fait qu'ils sont élastiques, reprennent rapidement leur état habituel. C'est seulement à force de pleurer que les sanglots se font plus profonds et plus libres, jusqu'au jour où il devient aussi facile de pleurer que de marcher.

De même, il faut crier beaucoup pour que cela devienne aussi naturel que pleurer. Vous pouvez, par exemple, vous entraîner à crier dans votre voiture en roulant sur l'autoroute, les fenêtres fermées. On peut alors crier tout son soûl sans être entendu. L'abandon de l'ego exige aussi que les muscles de la nuque soient détendus, particulièrement ceux qui relient la tête à la nuque. La tension de ces muscles est très fréquente dans notre culture, parce que nous fonctionnons tous avec notre tête et que nous avons tous peur de perdre la tête. C'est d'ailleurs l'une des principales injonctions de notre société. Mais sans renoncer au contrôle de l'ego, comment s'abandonner au corps et à la vie ? Comment tomber amoureux sans se laisser aller ? Les personnes qui vivent tout le temps dans leur tête ont des difficultés à tomber amoureuses et à s'endormir. Cette tension à la base du crâne, à l'endroit où la tête rejoint la nuque, est responsable de toutes les céphalées par tension nerveuse, c'est-à-dire d'origine psychique. En outre, du fait que cette tension forme un cercle à l'arrière des yeux, elle peut également être à l'origine de nombreux problèmes de vue. Et comme elle descend aussi dans les muscles de la nuque, elle gêne la rotation de la tête. Cette raideur dans la nuque représente une attitude obstinée et bornée. On dit souvent des personnes qui ont cette attitude qu'elles sont opiniâtres et entêtées. Cette raideur, qui persiste parfois pendant des années, peut créer de l'arthrose cervicale pouvant devenir très douloureuse.

Des massages ou des manipulations ne suffisent toutefois pas à libérer de telles tensions. Elles représentent en effet des attitudes caractérielles qui se sont développées dans la prime enfance face à des situations de détresse, à travers un contrôle et un blocage des émotions. Ces attitudes caractérielles devront être comprises historiquement et en rapport avec leur fonction actuelle et, par ailleurs, les émotions qu'elles contiennent devront être exprimées. Le principal sentiment contrôlé par ces tensions est la tristesse, qui apparaît par exemple dans l'expression : « Il a fondu en larmes. » En analysant la résistance aux pleurs et en aidant le patient à « fondre en larmes », une grande partie de ces tensions peut être libérée, le reste pouvant être déchargé par des cris. Quand une personne crie, une énorme charge énergétique est expulsée : elle explose littéralement de rage. Le cri est une soupape de sécurité qui permet d'évacuer toute la force contenue.

13. Le port de tête

La façon dont une personne tient sa tête est souvent significative de son attitude caractérielle. Voici deux cas pour illustrer ce phénomène.

Larry était un chef d'entreprise qui se plaignait de ne pas avoir réalisé son plein potentiel dans la vie. Malgré une longue thérapie analytique, il n'avait pas beaucoup changé. C'était un homme fort et alerte qui projetait la tête en avant quand il parlait. Je me suis aperçu, en discutant de ce problème avec lui, qu'il avait de bonnes défenses : il acceptait mes observations assez facilement, mais donnait ensuite une explication logique à son comportement, si bien que rien ne changeait. Physiquement, il avait la poitrine très contractée, ce qui limitait sa respiration et bloquait ses pleurs. Au cours d'un exercice sur le tabouret énergétique, il a failli pleurer, mais il a soudain éclaté d'un rire sonore qui s'est prolongé pendant près d'un quart d'heure. Son rire était une défense contre les larmes. Je pense que ses défenses se sont effondrées pour la première fois le jour où j'ai compris la position de sa tête. En regardant sa tête, projetée en avant, je me suis rendu compte que Larry se projetait littéralement en avant : il anticipait chaque situation avant même qu'elle ne survienne, se mettant aussitôt à réfléchir, à calculer et à planifier sa réaction. Cette attitude l'avait certes rendu plus compétitif dans les affaires, mais elle lui avait aussi volé la spontanéité et la liberté qui mènent à la joie et à la plénitude. J'avais visiblement mis le doigt sur quelque chose d'important, car Larry s'est montré très réceptif à cette idée et la thérapie a pu alors véritablement décoller.

Le deuxième cas est celui d'un homme venu me consulter pour hypertension. Robert, bientôt la soixantaine, avait réussi sur le plan professionnel et se disait satisfait de son mariage. Toutefois, le fait qu'il ait développé une grave hypertension montrait bien que quelque chose ne tournait pas rond dans sa personnalité. En regardant le corps de Robert, j'ai pu voir toute la retenue qu'il y avait en lui. Sa poitrine était gonflée, ses épaules relevées, et sa tête, comme suspendue en l'air, oscillait d'avant en arrière et de gauche à droite, comme s'il regardait les autres d'en haut. La moitié supérieure de son corps était plus importante que sa moitié inférieure. Cette posture était facile à interpréter : Robert se considérait comme un être supérieur par rapport au commun des mortels. Quand je lui ai fait prendre conscience de la position de sa tête, il m'a dit que son grand-père avait la même façon de tenir la sienne. Robert avait grandi dans une famille du nord de l'Italie qui se sentait importante en raison d'un lien de parenté avec un comte. A un niveau conscient, Robert ne se considérait pas comme quelqu'un de supérieur, mais on pouvait lire ce sentiment dans son expression corporelle, ce qu'il a bien voulu reconnaître.

Outre l'hypertension, Robert souffrait de douleurs lombaires. Ces douleurs étaient liées à une bande de tension autour de la taille qui bloquait le flux descendant de l'excitation et maintenait sa tension élevée. Il était détaché de la moitié inférieure de son corps, la nature animale commune à toute l'humanité. Nous pouvons uniquement nous considérer supérieurs par les fonctions de la tête, non par les fonctions du pelvis.

Pour faire baisser sa tension artérielle, Robert devait lâcher prise, c'est-à-dire s'abandonner. Il avait besoin de pleurer car, en dépit de ses succès apparents, il n'était pas heureux. Il souriait peut-être en permanence, mais ce sourire cachait de la tristesse sous-jacente. Robert avait beaucoup de mal à pleurer ; pour pouvoir le faire, il lui fallait renoncer à sa façade d'homme supérieur. Or, s'il le voulait à un niveau conscient, son attitude corporelle n'était pas si facile à changer. Quand je lui ai demandé de respirer profondément sur le tabouret et d'émettre un son puissant et continu, il était au bord des larmes, ce qui lui a fait prendre conscience de sa poitrine tendue et de sa difficulté à s'exprimer pleinement. Puis, une fois dans la position d'enracinement, ses jambes se sont mises à vibrer et il a compris à quel point ses sensations étaient limitées dans cette partie de son corps. Après de nouveaux exercices de respiration et de vocalisation sur le tabouret, il a fini par éclater en sanglots. Lors de l'exercice d'ancrage suivant, les vibrations se sont intensifiées dans ses jambes. J'ai alors proposé à Robert l'exercice qui consiste à donner des coups de pieds sur le matelas et il a réussi à se laisser aller davantage. Quand il s'est levé à la fin de la séance, il a reconnu qu'il ne s'était jamais senti aussi détendu et aussi proche du sol et que sa tension artérielle était presque normale.

Robert avait accepté d'exécuter les exercices bioénergétiques chez lui. Il s'était fait faire un tabouret et s'en servait régulièrement pour approfondir sa respiration et laisser sortir un peu de sa tristesse. Les exercices de décharge sur le matelas l'avaient également aidé à se sentir plus vivant. Mais si tous ces exercices avaient contribué à faire baisser sa tension, c'était sans effet durable. Robert utilisait les exercices pour surmonter son problème, non pour le comprendre. Comme il vivait à l'étranger, je le voyais très rarement, mais il a souhaité me revoir quand sa tension a remonté subitement. Je lui ai dit à cette occasion qu'il se retenait énormément, au point de dénier qu'il était un homme brisé. La rupture était évidente dans le bas de son dos, où une très forte bande de tension autour du pelvis le coupait de tout sentiment de passion pendant l'acte sexuel. Bien que conscient de cette tension, il n'acceptait pas qu'elle ait causé une rupture dans sa personnalité, une scission de toute sa nature sexuelle. Dans ce cas, le fait de pleurer ne peut suffire à guérir le problème, même si la prise de conscience du handicap que cela représente fait effectivement pleurer. A ressentir cette douleur, on ne peut que réagir par une colère terrible, quasi meurtrière. Or, Robert avait aussi réprimé sa colère. S'il voulait se retrouver, il lui fallait pourtant l'exprimer pleinement, la colère étant l'émotion qui guérit.

La plupart des gens souffrent de graves tensions musculaires dans le haut du dos et les épaules. Ces tensions étant liées au refoulement de la colère, elles ne pourront être relâchées tant que les impulsions refoulées n'auront pas été exprimées. Ce problème du refoulement de la colère sera étudié dans le prochain chapitre.

14. « Se noyer dans le chagrin »

Le désespoir est une forme de résistance aux pleurs provenant d'une source encore plus profonde que celle évoquée dans le paragraphe précédent. De nombreux patients disent avoir peur de s'abandonner à la tristesse et aux pleurs, de crainte de ne plus pouvoir s'arrêter. Cette pensée est irrationnelle : on ne peut en effet pleurer indéfiniment, mais le sentiment sous-jacent est bel et bien réel. Je réponds à ces patients que les pleurs finissent toujours par s'arrêter, comme la pluie. Mais ils ne sont guère rassurés et leur peur reste tenace. Ce chagrin est perçu comme un puits sans fond d'où ils ne pourraient plus jamais ressortir. Les patients utilisent parfois une autre métaphore pour exprimer leur désespoir : la crainte de se noyer dans leur chagrin. Le sentiment que l'on peut se noyer dans ses propres larmes est toutefois plus qu'une métaphore. Certains patients m'ont dit que lorsqu'ils pleurent, ils sentent un liquide envahir leur gorge, comme s'ils étaient en train de se noyer.

N'ayant moi-même jamais eu cette sensation, je peux seulement l'imaginer comme un mécanisme faisant que les larmes s'écoulent dans la gorge au lieu de se répandre à l'extérieur. Un tel processus peut effectivement donner l'impression de se noyer. Ce sentiment peut aussi correspondre au revécu d'une sensation de noyade. Les enfants avalent de l'eau quand ils apprennent à nager, ce qui peut créer en eux une peur de mourir noyés. Une autre explication possible serait que la personne a avalé du liquide amniotique quand elle était dans le ventre de sa mère. L'embryon fait en effet des mouvements respiratoires dans l'utérus quand il subit une perte temporaire d'oxygène due à un spasme de l'artère utérine. Et comme ces sensations et ces angoisses ont pour effet de contracter la gorge, la capacité de respirer et de pleurer s'en trouve amoindrie.

15. Affronter le désespoir

En dehors de ces facteurs physiques, la résistance aux pleurs trouve parfois son origine dans la peur du désespoir. Toute personne qui entreprend une thérapie combat un sentiment de désespoir – le désespoir de ne pas trouver le véritable amour, de ne pas se sentir libre ou de ne pas s'accomplir. Le désespoir est un sentiment atroce. Il sape la volonté, diminue le désir de vivre et conduit à la dépression. Une personne désespérée fera ainsi tout son possible pour ne pas sentir son désespoir et ne pas sombrer. Mais cet effort lui demandera une énergie considérable et ne supprimera en rien le désespoir. Tôt ou tard, l'énergie finit par baisser, et c'est alors la voie ouverte à la dépression, à la maladie, voire à la mort.

Si une personne veut aller bien, émotionnellement et physiquement, elle devra affronter son désespoir, c'est-à-dire le ressentir pleinement et comprendre qu'il découle d'expériences de l'enfance sans lien direct avec sa vie adulte ni avec son comportement actuel. Tant qu'une personne a peur de respirer profondément, elle ne peut se réaliser. Elle ressent au contraire une sensation de vide, quelles que soient les conditions extérieures de sa vie. Mariage, enfant, succès professionnel ne pourront en aucun cas combler ce vide dans le ventre, qui est énergétiquement lié à la peur de ressentir sa tristesse ou son désespoir.

La meilleure façon de sortir du désespoir consiste à pleurer, ce qui permet à l'onde d'excitation d'atteindre l'abdomen et le plancher pelvien. Si nous comparons le pelvis au sous-sol d'une maison, nous pouvons découvrir que dans ce sous-sol il y a une trappe qui permet d'accéder au monde du soleil et du plaisir. Cette trappe est l'appareil génital ou, plus spécifiquement, la sexualité. Quand l'onde d'excitation se répand dans le pelvis, l'excitation est sexuelle mais non nécessairement génitale. L'excitation génitale se produit quand l'onde d'excitation pénètre dans le système sanguin, ce qui augmente le débit sanguin dans les organes génitaux. La tumescence chez l'homme de même que l'exsudation et la lubrification chez la femme sont le résultat direct de cette excitation sanguine. L'onde d'excitation associée à la respiration profonde est directement liée au système musculaire. Cette excitation produit un mouvement spontané du pelvis, vers l'avant pendant l'expiration, et vers l'arrière pendant l'inspiration. Ce mouvement spontané, similaire à la queue d'un chien qui remue, est appelé réflexe orgastique. Il représente l'abandon au corps et constitue la base physique qui rend la joie possible.

Pleurer, c'est s'abandonner au corps et à ses sensations ; or, chez presque tous les patients, les pleurs sont limités et trop superficiels. Les mouvements convulsifs des sanglots n'atteignent pas suffisamment le ventre pour libérer la tristesse et le désespoir qui y est associé. L'abandon au corps et aux pleurs n'est pas total, car la peur de perdre le contrôle est trop forte. Comme nous le verrons dans un prochain chapitre, cette peur menace la survie. Aussi longtemps qu'elle sera structurée dans des tensions musculaires chroniques et inconscientes, il ne sera pas facile d'en prendre conscience. Il convient donc de libérer ces tensions par un travail suivi sur la respiration et la partie inférieure du corps, ce qui renforcera le sentiment de sécurité du patient et sa capacité de se tenir debout sur ses jambes, seul et sans béquilles. Ce sentiment de sécurité provient de la confiance que nous procure le sentiment d'avoir des jambes pour nous soutenir. L'activité vibratoire dans les jambes évoquée plus haut est à l'origine de ce sentiment. Mais il y a alors des degrés de vibration. Une petite vibration comme de petits pleurs n'ont qu'un effet limité. Plus la vibration deviendra forte, plus le sentiment deviendra fort à son tour, mais il faut aussi tenir compte de sa qualité. Quand les vibrations sont profondes et égales, tel le ronronnement d'une grosse cylindrée, la personne a un fort sentiment de sécurité intérieure. Il en va de même pour les pleurs. La vision initiale de la tristesse produit un sanglot convulsif, saccadé et de courte durée. L'onde est forte mais la voie est étroite. Quelques larmes sont versées, mais la gorge reste contractée. C'est un peu comme si l'on voulait vider un lac de toute son eau en faisant un simple trou dans la digue. Il faut beaucoup plus de temps pour déverser toute une vie de larmes retenues ; c'est un travail qui exige persévérance et constance.

Chaque nouvelle percée faite par le patient, quand elle ne l'effraye pas, lui donne généralement un regain d'espoir. Mais s'il sent qu'il lui est désormais possible de se libérer de la prison du désespoir, il prend davantage conscience de la profondeur de son désespoir. Un thérapeute expérimenté est capable de voir cette réponse contradictoire ou ambiguë. Parfois, l'espoir faiblit et le patient se laisse gagner par l'obscurité du désespoir. Mais pourquoi n'aurait-il pas de nouvelles percées qui pourraient agrandir le trou dans la digue et apporter un peu plus de lumière dans l'obscurité ? Le patient avance pas à pas dans son voyage d'autodécouverte.

Chaque fois que le patient se libère en pleurant, il se relie plus pleinement et plus profondément à son passé. Il sent alors que le désespoir n'est pas nouveau et qu'il en a fait très tôt l'expérience dans sa vie, quand il était petit et ne recevait pas assez d'amour de ses parents. De nombreux patients m'ont dit combien ils s'étaient sentis seuls dans leur enfance, que ni leur père ni leur mère ne les comprenaient, et qu'ils avaient fini par renoncer à tout espoir d'être aimés inconditionnellement. Dans cet état de solitude, ils ont survécu en se dissociant de leur corps et en se réfugiant dans leur tête. Ce repli sur soi ne concerne toutefois que très peu d'enfants, environ un pour cent, sauf dans les cas d'autisme. Certains m'ont dit que très jeunes ils avaient souhaité mourir. Ils ont survécu, mais en se coupant de leurs sentiments, particulièrement du sentiment de désespoir enfoui au plus profond de leur ventre. Selon le degré de refoulement de leurs émotions, ils ont perdu le contact avec leur corps et sont devenus des individus incomplets, insécurisés et vides, vivant à la surface de la vie, sans contact avec leur moi intérieur ni avec les autres êtres humains. Or, ils ne pourront établir aucun lien profond avec les autres tant qu'ils n'auront pas eux-mêmes renoué le contact avec leur être profond.

Le désespoir est souvent transféré dans la situation thérapeutique. Après l'espoir initial suscité par les premières percées, le processus thérapeutique ralentit et peut même prendre fin. Si certains patients expriment leur sentiment de désespoir à l'idée que la thérapie puisse échouer, d'autres refusent totalement de l'admettre, cette attitude indiquant chez eux un combat pour réaliser une ambition ou un rêve. Or, ces deux objectifs ont pour but de trouver l'amour, cet amour « spécial » que le parent leur avait promis dans l'enfance et qu'ils n'ont jamais reçu. Il s'agit d'un amour érotique fondé sur une intimité particulière entre le parent et l'enfant, qui donnait à l'enfant l'impression d'être « spécial » aux yeux de ce parent. Cette relation comporte ainsi de nombreux éléments sexuels qui excitent énormément l'enfant mais qui, en même temps, lui volent son innocence et sa liberté. C'est le fruit défendu de l'amour sexuel adulte, ressenti mais non possédé. L'enfant ressort de cette expérience marqué par l'excitation de cette relation, de sorte qu'il essaiera toute sa vie, à un niveau inconscient, de réaliser un rêve impossible.

Ce rêve impossible consiste à croire que l'on est « spécial ». Il s'agit d'une attitude narcissique qui pousse l'individu à prouver sa supériorité d'une façon ou d'une autre, en vue de plaire au parent séducteur. Mais dans la mesure où il est basé sur des apparences et non sur des sentiments, cet amour spécial ne constitue pas un lien profond entre deux personnes. En effet, c'est l'amour qui rend la relation spéciale et non le caractère spécial des personnes concernées. De telles relations se révèlent inévitablement insatisfaisantes et peu durables. Celui qui en a souffert arrive en thérapie avec un sentiment de désespoir, mais aussi avec l'espoir que la thérapie lui permettra de réaliser son rêve d'être considéré et aimé comme quelqu'un de « spécial ».

Ce désir est transféré sur le thérapeute qui, dans l'inconscient du patient, devient le parent qui avait promis le bonheur. Le patient est disposé à faire tout ce que le thérapeute lui demandera, dans l'illusion qu'en gagnant l'amour du thérapeute il pourra s'accomplir. Avec toutes ces attentes non dites, la situation thérapeutique devient parfois intolérable et, tout comme dans les situations originelles de l'enfance et de la prime enfance, elle peut se solder par un échec et un sentiment de désespoir chez le patient. La thérapie n'est pas une quête d'amour, mais un voyage d'autodécouverte ou, si l'on peut dire, d'auto-amour. Notre degré de déception dépend en fait de notre illusion à trouver le bonheur dans une relation d'amour. Si la personne est pleine d'illusions, elle replonge inévitablement dans le désespoir. C'est un cas fréquent en thérapie, seule une personne désespérée pouvant penser que l'amour et le salut se trouvent en dehors d'elle-même. Or, s'il veut pouvoir affronter son désespoir et aller vers la plénitude d'être, le patient devra être prêt à admettre cette vérité, à savoir que son désespoir provient d'un vide intérieur. Nous reviendrons dans les prochains chapitres sur cette voie qui permet à chacun de se trouver.

CHAPITRE V

J'ai tant de colère en moi !

1. Les effets bienfaisants de la colère

Comme nous l'avons vu dans le chapitre précédent, tous les patients ont besoin de pleurer pour décharger la douleur et la tristesse causées par les « blessures » physiques et émotionnelles de leur enfance. Comme à tant d'autres enfants, on leur a répété qu'il ne fallait pas pleurer, et s'ils pleuraient malgré tout, ils étaient punis ou réprimandés. L'inhibition des pleurs est à l'origine de la tension chronique des muscles des voies internes du corps chargées des fonctions respiratoire et digestive. Ces tensions, en contractant les voies respiratoires, limitent considérablement la respiration, diminuent l'énergie et restreignent la capacité de s'exprimer. Les traumatismes de l'enfance ont également d'autres effets : de graves tensions se développent parfois dans les muscles extérieurs dont la principale fonction est de mouvoir l'organisme dans l'espace. Le corps de tous les patients reflète l'histoire douloureuse de la perte de cette grâce naturelle : les principaux segments corporels sont dissociés, la tête étant séparée du tronc, ou le pelvis du thorax. Or, ces clivages qui détruisent la personnalité ne pourront être surmontés uniquement par des pleurs.

L'émotion qui restaure ou qui protège est la colère. Tous les patients ont une énorme colère réprimée en eux, parfois même une véritable fureur qu'ils n'ont pu exprimer dans leur enfance au moment où ils ont été blessés. Pour que le corps retrouve sa vitalité et son unité, ces sentiments devront être exprimés dans un cadre protégé. Et comme nous l'avons vu pour les pleurs, tous les patients ont énormément de difficultés à exprimer leur colère de façon efficace et appropriée. Or, un individu privé de cette faculté est soit une victime, soit un bourreau.

La colère est une émotion importante dans la vie de toutes les créatures, son rôle étant de préserver et de protéger l'intégrité physique et psychologique de l'organisme. Sans colère, on se sent impuissant face aux agressions de la vie. Les petits des espèces les plus développées n'ont pas encore la coordination motrice nécessaire pour exprimer leur colère et leur besoin d'être protégés par leurs parents. C'est notamment le cas du petit de l'homme qui a besoin de plus de temps que les autres mammifères pour acquérir cette faculté. Mais cela ne veut pas dire pour autant qu'un nourrisson est incapable de se mettre en colère. Un nouveau-né privé de liberté lutte pour se libérer. C'est là une réaction de colère, bien qu'elle soit inconsciente. Essayez par exemple de retirer le téton de la bouche d'un bébé et vous sentirez aussitôt ses gencives le mordre pour le retenir. Comme le savent presque tous les parents, mordre est une façon d'exprimer la colère que l'on ressent.

Au fur et à mesure que l'enfant grandit et qu'il apprend à coordonner ses mouvements, sa capacité d'exprimer sa colère se développe. Il réagira dès lors avec colère à toute violation de son intégrité ou de son espace, y compris de ses possessions personnelles. Si sa colère ne réussit pas à protéger son intégrité, l'enfant se mettra à pleurer tant il se sentira impuissant face au traumatisme. Le sentiment de colère relève de la fonction de l'agression, ce terme signifiant littéralement « aller vers ». L'agression est l'opposé de la régression, qui signifie reculer. En psychologie, c'est l'opposé de la passivité, dénotant une attitude d'immobilité ou d'attente. Nous pouvons aller vers quelqu'un d'amoureux ou en colère. Ces deux actions sont toutes deux agressives et positives pour le sujet. Généralement, on ne se met pas en colère contre une personne que l'on ne connaît pas ou qui ne nous a rien fait. Quant aux personnes négatives, nous préférons les éviter. Lorsque nous sommes en colère contre des êtres qui nous sont chers, c'est souvent pour restaurer une relation positive avec eux. Je suis persuadé qu'il nous est tous arrivé un jour de nous disputer avec une personne que nous aimions pour constater qu'après, cela allait beaucoup mieux.

Lors d'un séminaire que Reich avait organisé chez lui en 1945, il affirma que la personnalité névrotique se développe uniquement chez l'enfant qui ne peut exprimer sa colère quand il se sent insulté. Il observa également qu'un plaisir frustré conduit à refouler l'impulsion, ce qui entraîne à son tour une perte d'intégrité corporelle, laquelle ne pourra être restaurée qu'en mobilisant l'énergie agressive et en l'exprimant sous forme de colère. Ce qui rétablit les frontières de l'organisme naturel, c'est la capacité d'éprouver du plaisir (voir figure ci-dessous).

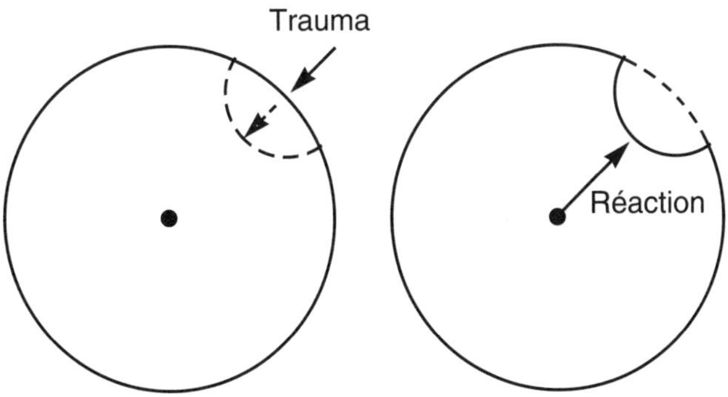

Le traumatisme porte atteinte à l'intégrité de l'organisme représenté par le cercle.

La réaction tente de restaurer l'intégrité de l'organisme = colère.

Chez l'être humain, la colère fait monter un flux d'excitation le long du dos et dans les bras ; elle leur apporte l'énergie pour frapper. L'excitation se répand également au-dessus de la tête et entre alors dans les canines supérieures, qui sont dès lors prêtes à mordre. Du fait de notre nature carnivore, mordre est une impulsion agressive naturelle. J'ai moi-même ressenti un tel flux d'excitation dans les canines au cours d'un exercice sur la colère. Ce flux d'excitation se propage dans les muscles du dos, qui se contractent pour former un dos rond, prêt à attaquer. En même temps, on peut sentir ses cheveux se dresser sur la tête et ses poils dans le dos. C'est une chose assez rare chez l'homme, mais plus fréquente chez le chien.

Le flux d'excitation de la colère est illustré à la figure ci-contre. Dans la figure de droite, le flux d'excitation est inversé, les yeux sont grands ouverts, les sourcils relevés et la tête rentrée dans les épaules. C'est le mouvement énergétique de la peur. Colère et peur sont deux émotions antithétiques ; une personne en colère n'est pas effrayée, et *vice versa.* Lorsqu'une personne a très peur, on peut supposer qu'elle a en elle une charge égale à la colère potentielle ou réprimée dans sa personnalité. L'expression de la colère nous libère de la peur, de même que les pleurs nous libèrent de la tristesse. Mais dans la majorité des cas, la peur est tout autant niée et réprimée que la colère, de sorte que la personne se retrouve immobilisée, comme morte. Il faudra alors l'aider à trouver le moyen d'accéder à sa colère réprimée.

2. Exercice : frapper le matelas

Le fait de parler avec le patient de ses problèmes est une occasion de le mettre en contact avec ses sentiments de colère, qu'il pourra ensuite extérioriser en utilisant l'exercice illustré à la page 126 ou un moyen plus direct encore, à savoir les pleurs. Lorsqu'un patient se met à pleurer en faisant l'exercice décrit dans le chapitre précédent, il perçoit sa blessure et sa douleur. Sa tristesse se transformera ensuite en colère qu'il

Le flux d'excitation de la colère. Le corps part en avant, comme pour attaquer.

Le flux d'excitation de la peur. Le corps recule.

pourra exprimer en tapant sur le matelas. Mais de même qu'on ne peut se libérer de toute sa tristesse en une seule fois, le patient ne pourra se décharger de toute sa colère réprimée en faisant une seule fois l'exercice. Au fil des séances, les pleurs se font plus profonds et la colère devient plus forte, elle est mieux perçue et mieux comprise. Au début, on peut aussi mobiliser le sentiment de colère en faisant ces exercices mécaniquement. C'est un peu comme amorcer une pompe : étant donné que le sentiment est en mouvement, l'action à elle seule suffit à induire un sentiment de colère. En général, je demande aux hommes de frapper le matelas avec leurs poings et aux femmes d'utiliser une raquette de tennis, ce qui renforce leur sentiment de puissance. Les hommes ont plus de force dans les

bras et pourraient casser la raquette. Je demande également au patient d'accompagner son geste de paroles exprimant ce qu'il ressent, par exemple : « J'ai une immense colère en moi… Je vais te mettre mon poing dans la figure… » ou encore : « Je vais te tuer ! » Le fait d'associer des mots à l'action physique mobilise l'émotion. Nous avons vu que tous les patients ont de bonnes raisons de pleurer ou de se rebeller suite aux expériences vécues dans leur enfance. Leur colère peut aussi être imputable à des problèmes du présent qu'ils ne parviennent pas à régler, de peur de subir des représailles. Mais dans tous les cas, les exercices libèrent les muscles contractés ayant inhibé l'expression de la colère, ce qui aide le patient à exprimer sa colère dans toutes les situations de la vie.

D'après mon expérience, ces exercices n'ont jamais donné lieu à des débordements excessifs ou à du « théâtre », c'est-à-dire à des manifestations irrationnelles de colère. Et après toutes ces années de pratique, je peux dire qu'aucun patient ne s'est jamais blessé lors d'un exercice, et qu'il n'y a jamais rien eu de cassé dans mon cabinet. Lorsque je sens qu'un patient perd le contrôle de lui-même, je l'arrête et lui montre comment rester maître de ses actes tout en exprimant sa colère.

3. Les différents degrés de la colère

Quand je dis que la colère n'est pas une émotion destructrice, je fais toutefois une distinction entre la colère, la rage et la fureur. La rage est un mouvement de colère extrêmement violent et son action est destructrice. Elle vise à blesser, à briser. La rage est aveugle et, bien souvent, elle est dirigée contre un innocent, un être vulnérable ou un enfant. On dit d'ailleurs qu'une personne est ivre ou folle de rage. Contrairement à la colère, qui peut être contenue, la rage est explosive, ce qui signifie qu'à partir du moment où elle a éclaté, elle est incontrôlable. Comme exposé dans mon livre : *Gagner à en mourir* (1), la fureur se développe quand le sujet a le sentiment que son pouvoir est contrarié ou frustré. Un enfant qui résiste constamment aux demandes d'un parent peut mettre ce dernier dans une rage folle, cette rage n'ayant pour but que de briser la résistance de l'enfant et de l'obliger à céder. Un enfant qui n'obéit pas à un parent renvoie le parent à son propre sentiment d'impuissance, car il a lui-même été forcé de céder étant enfant sans pouvoir exprimer sa propre colère de peur d'être puni. Cette colère réprimée se transforme en rage et se déplace alors sur un enfant ou un être vulnérable.

Bon nombre de mes patients ont été forcés de se soumettre au pouvoir de leurs parents dès leur plus jeune âge, et beaucoup ont reçu des fessées, une forme de punition particulièrement

---

1. Epi-Hommes et Groupes, 1987.

humiliante qui diminue le sentiment de dignité et d'intimité de l'enfant. Certains m'ont raconté comment ils devaient eux-mêmes aller chercher l'objet qui allait servir à les punir – un ceinturon, un fouet, un martinet, etc. Ces traitements n'ont, hélas ! pour seul effet que d'intensifier la peur qu'éprouve l'enfant et de l'humilier. Lorsque l'enfant est gravement abusé, la colère qu'il devrait normalement ressentir est ensevelie sous une montagne de colère, qui se transformera en fureur quand elle sera libérée. Aussi devra-t-il commencer par se décharger de cette fureur avant de pouvoir ressentir et exprimer sa véritable colère.

Quand je demande à mes patients de taper sur le matelas, que ce soit avec leurs poings ou une raquette, ils expriment plus souvent de la rage que de la colère. Au début, ils n'ont généralement pas très envie de s'investir émotionnellement dans l'exercice et leurs coups sont impuissants. Mais à partir du moment où ils commencent à se laisser aller dans l'action, ils se mettent à frapper de toutes leurs forces, comme s'ils voulaient mettre le matelas en morceaux. Or, il s'agit là d'une action de type hystérique, n'étant ni intégrée à l'ego, ni ressentie comme efficace. Souvent, ces patients disent ne pas savoir pourquoi ils sont en colère, ni contre qui leur colère est dirigée. Ces exercices ne font peut-être pas avancer le processus d'autodécouverte, mais ils sont nécessaires pour décharger un peu de rage. Ils ont de plus un effet cathartique, agissant comme une soupape de sécurité qui laisse la vapeur s'échapper. En conséquence, plus la thérapie progresse – à la fois analytiquement et physiquement – plus le patient est en contact avec les raisons de sa rage, et plus il tape sur le matelas en étant centré et réceptif à sa colère. Le fait de prononcer les mots appropriés rend l'action ego-syntonique. En outre, comme tous les patients avec qui j'ai travaillé ont été blessés et humiliés dans leur enfance, cela avait un sens pour eux de dire : « Je vais te tuer ! » En même temps, le patient est parfaitement conscient du fait qu'il ne va pas passer à l'acte. L'expression dénote simplement l'intensité du sentiment de colère.

La fureur est une colère plus intense encore que la rage. « Je suis furieux ! » exprime un sentiment extrême de colère, que l'on peut symboliser par un tourbillon ou une tornade détruisant tout sur son passage. L'une de mes patientes a ainsi rêvé qu'elle était emportée par le vent, comme si elle était littéralement arrachée du sol. Elle avait senti ses joues se gonfler, un peu comme sur les images où l'on voit le vent du nord souffler très fort. Flottant au-dessus du sol, elle menaçait du doigt une autre personne se trouvant dans la même pièce qu'elle. J'ai interprété ce rêve comme un vent qui se lève sans jamais pouvoir se déchaîner ni se transformer en tornade. Cette patiente que j'appellerai Susan était terrifiée par la fureur qui bouillonnait en elle. Elle avait exprimé de nombreuses fois sa colère sur le matelas, mais cette expérience n'avait visiblement pas suffi à en venir à bout. Lors d'un exercice où elle devait dire « Je vais te tuer ! » en pensant à son père, elle s'est raidie, prise de catatonie et incapable de bouger un seul muscle. Quelques années plus tôt, une autre patiente m'avait décrit une réaction catatonique similaire. Au moment où elle s'était jetée sur son frère, un couteau à la main, dans l'intention de le tuer, quelque chose l'avait arrêtée et elle s'était enfuie dans une autre pièce où, pendant près d'une demi-heure, elle resta immobile dans un état catatonique. J'ai alors compris que la réaction catatonique était l'ultime défense contre le passage à l'acte de son impulsion meurtrière. Susan m'avait souvent dit qu'il y avait une haine terrible en elle, une « colère amère qu'elle n'avait jamais pu exprimer ». Son corps était gelé et elle ne le sentait pas, comme s'il était engourdi.

La raideur glacée est l'aspect physique de la haine. Dans la plupart des cas, nous éprouvons de la haine envers des êtres qui nous sont chers et qui, à nos yeux, nous auraient trahis. Mais il nous arrive aussi de projeter cette haine sur d'autres personnes (transfert) avec qui nous n'avons pas forcément de relations intimes ou personnelles. La relation de Susan avec son père était mêlée d'amour et de haine. Au cours de la thérapie, elle a pris conscience du fait qu'il lui avait porté un intérêt sexuel. Mais si elle n'avait aucun souvenir d'acte d'abus sexuel, elle savait néanmoins que depuis sa plus tendre enfance il l'avait toujours considérée comme un objet sexuel. Et aujourd'hui encore, bien qu'elle soit devenue adulte, il continuait à la serrer un peu trop fort contre lui chaque fois qu'elle rendait visite à sa famille. Elle a reconnu qu'il était séduisant et obsédé par la sexualité, et qu'en même temps il se comportait comme un mufle avec toutes les femmes qui manifestaient une certaine sensualité. Suite au comportement de son père et à son éducation catholique, Susan avait honte de son corps, et le fait de parler de sexualité la gênait terriblement. Elle ne laissait aucun sentiment sexuel se développer en elle, et encore moins s'exprimer. Déprimée, elle était incapable de se mobiliser pour entreprendre quoi que ce soit d'agréable. Le week-end, elle passait tout son temps au lit. Au bout de plusieurs années de thérapie, elle a fini par admettre qu'elle ne pouvait plus continuer longtemps dans cet état et m'a avoué qu'elle avait l'intention de mettre fin à ses jours. Cet acte était une façon de retourner sa haine meurtrière contre elle-même.

4. La colère, force de vie positive

Seule la chaleur peut modifier un état glacé, tout particulièrement la chaleur de la colère. La rage, contrairement à la colère, est froide. Quand l'excitation monte, on peut sentir la chaleur de la colère monter à la tête : la pression sanguine augmente et l'on devient littéralement rouge de colère. La colère est une force de vie positive et ses propriétés de guérison sont très puissantes. Je me souviens notamment d'un jour où mon explosion de colère est venue à bout de la sciatique qui me faisait souffrir depuis plusieurs mois. Ce fut également le cas pour l'un de mes patients. Et d'une façon similaire, le rêve de Susan a eu un réel effet positif sur elle. Il n'y avait peut-être pas eu d'abus sexuel physique, mais elle avait été torturée par un abus psychologique continuel de sa féminité, abus auquel elle avait survécu en se coupant de ses sensations et de ses émotions. Tout affect trop fort aurait pu submerger son ego vulnérable. Lorsqu'elle m'a raconté le rêve où elle s'était sentie soulevée par le vent, elle m'a dit que cela avait été pour elle une véritable libération. Pour la première fois de sa vie, elle s'était laissée emporter par sa colère sans avoir peur. Lors de la séance qui suivit ce rêve, elle m'a dit combien elle avait apprécié ma patience et mon soutien pendant toutes les années où la thérapie avait si peu avancé, et m'a fait part des sentiments chaleureux qu'elle éprouvait à mon égard. « Jusque-là, j'avais été trop froide et trop engourdie pour laisser ces sentiments se développer en moi, et trop effrayée et vulnérable pour les exprimer. »

Le but de la thérapie est de restaurer la capacité d'une personne de ressentir et d'exprimer sa colère. La colère est une réponse naturelle à des situations dans lesquelles l'intégrité et la liberté sont atteintes ou menacées. Tous les enfants disposent de cette faculté naturelle qui leur sert à protéger leur intégrité et leur liberté. Malheureusement, les conditions de la vie moderne obligent souvent les parents à frustrer les impulsions naturelles de l'enfant, ce qui provoque sa colère. Il se rebelle, mais bien que ses coups ne soient pas dangereux, très peu de parents acceptent ou tolèrent ce comportement. La plupart des parents répriment la colère de l'enfant par la force et beaucoup le punissent pour ce qui constitue, à leurs yeux, un comportement inacceptable. Tant que l'enfant dépend d'eux, ils ont le pouvoir de l'obliger à réprimer sa colère. Malheureusement, l'enfant qui a peur d'exprimer sa colère envers ses parents devient un adulte handicapé. En outre, la colère réprimée ne disparaît pas et les enfants retourneront l'impulsion défendue contre des enfants plus jeunes, les blessant délibérément. Ou alors, devenus adultes, ils exprimeront leur colère réprimée contre leurs propres enfants, eux-mêmes impuissants.

Certains pensent que le fait de punir un enfant parce qu'il exprime sa colère est une façon de lui enseigner un comportement social. Cela ne fait, hélas ! que briser l'esprit de l'enfant, qui devient dès lors un être soumis à une autorité. Les enfants ont certes besoin d'apprendre les codes de comportement social, mais cela ne doit pas se faire au détriment de leur personnalité. Au Japon, j'ai vu un enfant de trois ans frapper sa mère sans que celle-ci n'intervienne pour faire cesser l'enfant ou le réprimander. Dans la culture japonaise traditionnelle, les adultes ne cherchent pas à contrôler l'enfant avant ses six ans : jusqu'à cet âge, son comportement est considéré comme naturel et innocent et, par la suite, le processus de socialisation se fait plus par la honte que par la punition physique. Il en allait de même dans la culture amérindienne. Chez les Indiens Spartan, l'éducation des enfants visait à faire d'eux des guerriers sans peur. Afin de protéger leur esprit, ils n'étaient jamais exposés à des situations effrayantes et n'étaient jamais punis avant l'âge de six ans.

Les enfants qui ont gardé leur aptitude à exprimer leur colère ne deviennent pas des adultes colériques. En dehors de leurs accès de colère, ils se montrent plutôt doux, sauf en cas d'abus ou de violences. Leur colère est généralement appropriée à la situation du fait qu'elle n'est pas nourrie par des conflits non résolus et les blessures du passé. Les gens qui s'emportent facilement ont en eux une immense colère réprimée, si proche de la surface qu'elle explose à la moindre provocation. Ce n'est toutefois pas en se déchargeant ainsi de sa colère que l'on parvient à résoudre le conflit sous-jacent, à savoir la peur d'identifier la colère. On dit souvent d'une personne très en colère qu'elle est folle.

Nombreux sont les enfants qui sont élevés dans l'idée qu'ils ne doivent pas se mettre en colère. On les incite au contraire à faire preuve de compréhension, à prendre en compte le point de vue de l'autre, à présenter l'autre joue, à pardonner, etc. Cette philosophie peut être admise jusqu'à un certain point, à condition que les enfants n'en pâtissent pas dans la formation de leur personnalité. Or, dans la plupart des cas, l'attitude qui consiste à tenir compte de l'autre n'est qu'une forme d'autonégation engendrée par la peur. Pardonner est un signe de bienveillance, à condition d'avoir choisi de pardonner. Une personne qui n'arrive pas à se mettre en colère n'est pas guidée par un choix, mais par la peur. Tous les patients ont du mal à exprimer librement et pleinement leur colère. William, qui avait grandi dans une famille très pratiquante où personne ne se mettait jamais en colère, affirmait n'avoir jamais été en colère dans sa vie. Sa mère avait voulu faire de lui un enfant parfait, angélique et doux, mais au-delà de l'air angélique que lui donnaient ses boucles blondes, il n'était pas que douceur. Il y avait dans sa personnalité une amertume non exprimée et il se plaignait d'être frustré dans sa carrière et dans sa vie amoureuse. Or, s'il était frustré, c'est parce qu'il ne pouvait pas devenir la personne extraordinaire que sa mère aurait tant souhaité qu'il devienne. Et bien qu'ayant renoncé à cette ambition, il continuait à se sentir frustré parce qu'il n'avait pas réussi à se libérer de sa mère qui n'avait, quant à elle, jamais cessé de voir en lui un petit garçon angélique.

William n'avait jamais connu la joie dans sa vie. Le rêve impossible que sa mère nourrissait pour lui l'avait privé de l'innocence et de la liberté – des états pourtant normaux de l'enfance – mais il ne lui était jamais venu à l'esprit qu'il avait le droit d'être en colère contre ce qu'il avait subi. Aussi se battait-il pour trouver un peu de joie dans le travail et la vie sexuelle. Mais sa quête était impossible, car le combat et la joie sont incompatibles.

William avait besoin de sa colère. Sans elle, il n'était plus qu'une victime, trop faible et trop vulnérable pour renoncer au combat, pour accepter son humanité et détrôner sa mère de sa position supérieure. Il avait besoin de sentir sa colère à l'égard de sa mère, mais c'était pour lui un sacrilège. De nombreux patients pensent qu'ils se sentiraient coupables d'exprimer leur colère contre l'un de leurs parents, surtout leur mère. Trop souvent, les mères inculquent un sentiment de culpabilité à leurs enfants lorsqu'ils ont une attitude négative envers elles. Or, la culpabilité est basée sur la peur et sur la répression de la colère (2). L'enfant qui ne peut exprimer librement ses émotions gardera en lui son sentiment d'innocence. William avait été un enfant soumis qui n'exprimait jamais ses sentiments négatifs vis-à-vis de sa mère. Il était devenu un petit ange, après avoir été castré psychologiquement et rendu impuissant par une mère dominatrice qui se prenait pour une sorte de déesse. William a bien voulu reconnaître qu'il avait été blessé, mais il lui fallut plusieurs années de thérapie pour ressentir de la colère contre sa mère, qui lui avait fait tant de mal. Le corps de William n'était pas glacé comme celui de Susan, mais il était plein de tensions. Il ne manifestait quasiment pas de mouvements spontanés et semblait dépourvu de toutes sensations. William, il est vrai, se servait principalement de la volonté. Je me suis donc attaché, dans un premier temps, à lui faire ressentir des vibrations dans les jambes, ce qui l'a libéré des tensions qui emprisonnaient son esprit. Il lui a également fallu beaucoup de temps pour pouvoir pleurer. Mais comme il faisait tous les exercices avec zèle, aussi bien lors des séances que chez lui, il se sentait devenir plus vivant et a pu enfin ressentir de la colère envers sa mère.

5. Libérer sa colère

Parmi les exercices que j'encourage mes patients à faire chez eux, celui qui consiste à frapper le matelas est très utile et je l'ai moi-même pratiqué pendant des années pour libérer mes tensions dans les épaules et développer un mouvement des bras totalement fluide. Cet exercice est essentiel pour faciliter l'expression de la colère. Au début, je sentais la force de mon bras droit, mais mon bras gauche me paraissait faible et impuissant. Or, on ne peut se battre efficacement avec un seul bras. Tous les matins, je donnais entre 50 et 75 coups sur le matelas. Au bout d'un certain temps, mon épaule gauche a retrouvé sa liberté, de sorte que mes coups sont devenus égaux

---

2. Lowen, A. : *A Creative Approach to Life,* pour une analyse de la culpabilité, de son origine et de sa persistance.

en force et en fluidité dans les deux bras. Cet exercice thérapeutique sert à supprimer la tension chronique dans les bras, mais on peut aussi l'utiliser pour décharger la tension due aux stress de la vie quotidienne. Nous ne sommes pas toujours en mesure d'exprimer notre colère quand la blessure ou l'insulte a lieu. Parfois, le choc ressenti au moment de l'insulte empêche même d'éprouver de la colère. Plus tard, une fois l'effet de choc passé, on peut se rendre compte de toute la colère que cela a occasionné en nous. Dans certains cas, il est trop tard ou impossible de dire sa colère à la personne à l'origine de la blessure qui nous a été infligée, mais on peut toutefois se décharger du sentiment de colère et de la tension en pratiquant les exercices chez soi, ce qui permet de retrouver son intégrité ainsi que les sentiments agréables perdus.

En général, les parents se mettent en colère quand leurs enfants n'en font qu'à leur tête et ne les écoutent pas. Dans notre culture, les enfants sont capables de faire tourner leurs parents en bourrique. La stimulation excessive des enfants par une pléthore d'objets excitants dans les supermarchés et à la maison y contribue en partie, ainsi que la pression considérable à laquelle les parents sont soumis en devant s'occuper à la fois de leur maison et de leur vie. Ils sont eux-mêmes trop stimulés et submergés par leur environnement. Malheureusement, la tension qui se crée chez le parent est souvent déchargée par une punition physique de l'enfant. Une fois sa colère déversée sur l'enfant, le parent se sent parfois désolé et coupable de ce qu'il a fait. Dans ce genre de situation, Reich suggère aux parents d'aller dans leur chambre où ils pourront taper sur le lit au lieu de frapper l'enfant. C'est aussi ce que j'ai toujours encouragé mes patients à faire, car cela libère le parent tout en épargnant l'enfant.

Au début de la thérapie, beaucoup de patients disent ne pas ressentir de colère quand ils font cet exercice. Bien qu'ils aient tous une bonne raison d'être en colère contre ce qu'ils ont subi dans leur enfance, leurs mouvements sont trop mécaniques.

Ils en sont parfois conscients, mais la colère ne peut pas sortir du fait que la tension réprimant cette colère n'a pas été suffisamment relâchée, de sorte que leurs mouvements sont trop segmentés et trop mécaniques. Une émotion ne peut être ressentie qu'à partir du moment où l'ensemble du corps est excité et participe à l'action. Il faut, pour cela, lever les bras au-dessus de la tête et les étirer au maximum, jusqu'à l'endroit de leur jonction avec les épaules. J'explique à mes patients qu'ils pourront ainsi déclencher un véritable « coup de tonnerre ». Pour que tout le corps participe, l'étirement doit partir du sol, les genoux étant fléchis et les talons légèrement levés. Dans ce cas, le corps peut être étiré vers l'avant et vers l'arrière à partir de la plante des pieds, le corps étant tendu comme un arc, ancré dans la plante des pieds.

Dans cette position de l'arc, qui est un mouvement libre, il ne faut pas plus d'effort pour frapper le lit que pour lancer une flèche avec un arc. Tout comme la puissance d'une flèche dépend de la tension de l'arc, la puissance d'un coup sur le matelas dépend de l'étirement du corps. C'est là une loi physique en vertu de laquelle la puissance d'une contraction musculaire est directement proportionnelle au degré de sa tension. La plupart des gens ont du mal à frapper le lit avec une telle grâce. Dans bien des cas, la tension musculaire dans les épaules, entre les épaules et les omoplates, ou entre les omoplates et la colonne vertébrale, est considérable, ce qui dénote à quel point l'expression de la colère a été réprimée. Cet exercice peut être utilisé à des fins thérapeutiques, à condition qu'un lien soit établi entre cette tension et le problème psychologique de la culpabilité. Joan a ainsi compris au cours de sa thérapie que les hommes faisaient d'elle une victime en l'utilisant sexuellement. Elle a réussi à établir un lien entre ce constat et sa relation avec son père : il s'était montré très séducteur avec elle mais, en même temps, il l'ignorait chaque fois qu'il lui arrivait de la rencontrer en compagnie de ses amis. Le fait d'établir un lien entre cette prise de conscience et son corps et de pratiquer les différents exercices proposés (pleurer, respirer, s’enraciner et taper sur le matelas) l’a aidée à renforcer son moi et à ressentir toute la colère contenue. En frappant le lit vigoureusement, elle a senti une chaleur gagner son dos et dit : « C’est si bon d’avoir un dos et de sentir sa colonne vertébrale. »

Après cet exercice, elle a compris pourquoi elle avait réprimé sa colère : « Quand je me mettais en colère, mon père se fâchait et ma mère me grondait. J’ai donc appris à m’en vouloir chaque fois que je me fâchais contre quelqu’un. Je voulais être “gentille”. C’était en fait une idée de ma mère, mais comme j’étais une petite fille très pieuse, cela donnait aussi un sens à ma vie. Quand j’étais insolente avec ma mère, je me sentais coupable et j’admettais mon péché. C’était ma façon de survivre, mais c’était surtout un véritable handicap. En tapant sur le matelas, j’ai eu un sentiment de puissance. »

6. La colère : une réaction naturelle

Dans les ateliers de bioénergie, on peut se décharger de sa rage assez facilement du fait que les émotions sont renforcées par l’excitation croissante du groupe au fur et à mesure que les participants extériorisent une émotion forte. Quand l’un d’entre eux tape sur le matelas avec colère, cela motive les autres à faire de même. L’un après l’autre, chacun exprime ainsi sa colère contre ses parents en tapant sur le matelas. Dans pratiquement tous les cas la rage est extrême, mais elle est vite évacuée et la personne se sent libérée. Cette expérience est cathartique. Parfois, la personne ressent l’intensité de sa colère sans parvenir à s’en décharger. Il y a une raison à cela : tant que la tension située dans les muscles du haut du dos et des épaules qui sert à réprimer la colère n’a pas été relâchée, elle reste confinée dans le corps. Mais même dans ce cas, l’exercice est positif.

Nous devons comprendre que la colère découle du passé et qu’elle est directement liée à la présence de tensions musculaires chroniques qui diminuent la liberté de mouvement de l'organisme. La colère est une réaction naturelle à la perte de la liberté, ce qui signifie que toute tension musculaire chronique est associée à la colère. Bien sûr, si l'on ne sent pas la tension, on ne peut pas sentir la colère. La limitation des mouvements et la perte de la liberté sont alors acceptées comme normales, de la même façon qu'un esclave accepte sa condition, sans colère. Mais dès lors que cette tension est perçue et comprise, le patient prend conscience de sa véritable colère et réalise qu'il lui faudra refaire souvent l'exercice pour arriver à l'exprimer. Dans la mesure du possible, ces exercices devront être pratiqués lors des séances et à la maison, jusqu'à ce que les bras et les épaules retrouvent leur liberté de mouvement et leur capacité à exprimer la colère.

On peut également exprimer la colère par la voix ou par les yeux, avec des mots ou un regard, ce qui est tout aussi difficile à faire que les exercices de décharge sur le matelas. Pour que la colère arrive jusqu'aux yeux, elle doit être ressentie dans la totalité du corps et l'onde d'excitation doit atteindre les yeux. Certains individus ont des yeux qui semblent lancer des flammes lorsqu'ils sont très en colère. Des yeux froids et méchants sont une marque d'hostilité et non de colère, tandis que des yeux noirs expriment davantage la haine que la colère. On peut également utiliser des mots pour dire sa colère à l'autre, mais si le ton n'y est pas, ces mots ne suffiront pas à l'exprimer. Il pourra s'agir d'un son court et aigu, ou encore d'un cri soutenu. Pour que la colère soit réellement exprimée, le son doit être approprié à la situation. Par exemple, les cris expriment plus la fureur et la frustration que la colère. N'oublions pas que la colère n'est pas utilisée pour contrôler les autres, mais pour préserver l'intégrité et les sentiments de plaisir. En tant qu'adultes, nous n'avons en général pas besoin de crier ou de frapper quelqu'un pour exprimer notre colère. Nous pouvons y arriver calmement, à condition de bien la ressentir. Les exercices décrits dans ce livre ont pour but d'aider les patients à exprimer plus librement leur colère, en apprenant à la contenir et à la maîtriser. Le contrôle conscient dépend ainsi de la perception émotionnelle.

7. Contenir ou exprimer sa colère

En travaillant avec Reich, j'ai pris conscience du fait que ma capacité à exprimer la colère était limitée. Je sentais une peur terrible en moi, mais j'avais l'impression de pouvoir la surmonter en apprenant à me battre. La présence de cette peur était responsable de mon incapacité à maintenir le sentiment de joie que j'avais éprouvé au cours de ma thérapie avec Reich. Lorsque j'étais étudiant en médecine à l'université de Genève, j'avais pour habitude de donner des coups sur mon lit chaque matin. Grâce à cet exercice, ma peur de suivre des cours et de passer des examens dans une langue étrangère a considérablement diminué. Cet exercice a également eu un effet global positif sur ma santé et mon humeur, si bien que mon séjour à Genève a été des plus agréables.

Une fois de retour aux Etats-Unis, alors que je commençais à développer l'analyse bioénergétique, j'ai continué de faire cet exercice chaque matin, ajoutant ensuite une variante qui consistait à frapper en alternant les coups, comme dans la boxe ou le combat. Je me suis alors aperçu que mon bras droit était beaucoup plus fort que mon bras gauche, plutôt faible et maladroit dans ses mouvements. Au début, je ressentais une tension dans mon épaule gauche, mais avec la pratique cette tension a fini par disparaître. J'avais même installé un punching-ball dans mon sous-sol, sur lequel je me défoulais en tapant de toutes mes forces. Mais cet exercice ne m'a apporté que très peu de résultats. En fait, je n'essayais pas de faire mal et je n'étais pas en colère, persuadé qu'il me suffisait de libérer mes bras et de retrouver ma capacité à me battre pour réussir à exprimer ma colère sans aucune difficulté.

Je n'ai compris que bien plus tard que si, à l'époque, je ne pouvais ressentir ma colère, c'est parce qu'elle était verrouillée dans le haut de mon dos, une zone avec laquelle j'avais perdu tout contact. J'ai pris conscience de cette zone en regardant des vidéocassettes où j'étais filmé en plein travail avec des patients : j'étais sans cesse penché en avant, le dos voûté. Cela m'a fait de la peine de constater que je ne me tenais pas droit. Jusqu'alors, j'avais déjà éprouvé de la colère, mais toujours pour des causes extérieures, qu'il s'agisse de la destruction insensée de la nature et de l'environnement ou de l'aveuglement des gens face à la vérité de leur condition. Cette colère avait donc des racines beaucoup plus profondes que je ne le croyais, et je n'étais pas prêt à les affronter à l'époque. J'essayais de prouver au monde que j'avais raison, que j'étais supérieur et que je devais être reconnu en tant que tel. Or, le sentiment d'avoir raison et d'être supérieur ne mène pas à la joie : ce n'est qu'une manière de plus de faire durer le combat. Le fait d'avoir été obligé de survivre avait en outre créé une immense colère en moi. Pour m'en libérer, je n'avais pas besoin de frapper quelqu'un ou d'extérioriser ma rage, mais accepter mon échec, renoncer à mon ambition, me reconnaître et m'accepter. Mais cela ne se fait pas en un jour. Les anciens schémas de comportement ne changent que très lentement, hormis dans certains cas qui sont parfois, il est vrai, assez spectaculaires. Un soir, pendant une séance de massage, j'ai expliqué à la personne qui me massait que j'avais une forte tension dans le haut du dos, liée à toute la colère que j'avais en moi. Puis, sans réfléchir, j'ai dit : « Mais je n'ai plus besoin d'être en colère. » En prononçant ces mots, j'ai senti mon dos s'affaisser littéralement, comme s'il venait d'être soulagé d'un poids immense. Cette expérience a été cruciale et, depuis ce jour, je sais que je me tiens plus droit qu'avant.

A ne plus être en colère, je me suis senti beaucoup plus doux, beaucoup plus patient et beaucoup plus calme. Mais aussi bizarre que cela puisse paraître, ma capacité de me mettre en colère et de me battre avait elle aussi considérablement augmenté. Une fois exprimée, la colère disparaît. Une personne en colère est une personne tendue, et inversement. Quand la tension est chronique, la personne n'est pas consciente de sa colère. Or, cette colère se manifeste toujours, sous la forme d'irritation ou de fureur selon l'intensité de la frustration. Elle n'éclate pas toujours au moment approprié et se transforme parfois en comportement autodestructeur. Lorsqu'elle est niée, le sujet adopte une attitude passive et soumise.

Les enfants en bonne santé n'ont généralement pas de difficultés à ressentir leur colère et à l'exprimer quand ils sont blessés ou frustrés. En grandissant, ils apprennent à la contenir et à ne pas l'exprimer immédiatement. Et comme nous l'avons vu plus haut, la colère peut aussi transparaître dans un regard ou dans des mots sans forcément passer par un acte physique. La capacité d'un individu à contenir sa colère est la contrepartie de sa capacité à l'exprimer efficacement. Le contrôle conscient dont il a besoin pour la contenir équivaut à la coordination et à la fluidité de l'acte qui l'exprime. En conséquence, une personne ne pourra développer sa capacité de dominer sa colère que si elle développe aussi sa capacité de l'exprimer. L'exercice qui consiste à taper sur le lit pourra être adapté en fonction de ces deux objectifs.

8. Exercice : contenir l'excitation de la colère

Pour maîtriser sa colère, il faut apprendre à retenir l'excitation avant de s'en décharger, ce qui correspond à une attitude de maturité. Les enfants n'ont pas un ego assez fort ou un développement musculaire suffisant pour contenir une telle charge énergétique. Quand un enfant en bonne santé est blessé, sa colère monte rapidement et il l'exprime immédiatement. Les adultes sont censés pouvoir contenir leur colère jusqu'à trouver le lieu et le moment appropriés pour s'en décharger. Pour contenir sa colère pendant l'exercice de décharge, le patient garde la position de l'arc tendu pendant deux ou trois respirations. La mâchoire est projetée vers l'avant pour mobiliser l'émotion agressive et les yeux sont grands ouverts. Dans cette position, le patient inspire profondément par la bouche tandis que ses coudes et ses bras sont tendus vers l'arrière, prêts à frapper. Mais au lieu de laisser partir le coup, il expire lentement pour relâcher la tension dans les bras et les épaules. Lors du deuxième inspir, il se tend encore un peu plus et relâche à nouveau la tension en expirant. Lors du troisième inspir, il tend les bras au maximum, garde la respiration et la tension pendant quelques instants puis laisse partir le coup en expirant. Ce coup, qui est un phénomène de détente, n'aura demandé aucun effort. Essayer de frapper fort n'aurait eu pour effet que d'augmenter la tension et de réduire la fluidité et l'efficacité de l'action. Pendant l'étirement, il est important de garder les coudes le plus près possible de la tête afin de mobiliser les muscles situés entre les épaules. Si les coudes sont écartés, l'action se limite aux bras et ne libère pas la tension dans le haut du dos. Presque tous les patients ont besoin de faire régulièrement cet exercice avant de réussir à coordonner leurs mouvements et s'abandonner librement, en faisant participer tout leur corps. Quand ils y arrivent, ils trouvent cet exercice agréable et bénéfique.

Cet exercice est à mon sens le moyen le plus efficace pour diminuer la tension musculaire dans les épaules et le haut du dos, si répandue de nos jours. Je l'ai utilisé avec succès pour traiter des problèmes d'engourdissement et de fourmillement dans les bras et les mains, souvent consécutifs à un pincement du nerf du bras. Ce nerf passe par un triangle situé à la base du cou avant de pénétrer dans le bras. La tension située dans les muscles qui forment ce triangle – le scalène antérieur – est à l'origine du symptôme souvent appelé « syndrome du scalène antérieur ». Il n'est pas nécessaire de sentir sa colère pour faire cet exercice : tout comme les athlètes ont du plaisir à se dépenser pendant leur entraînement, nous pouvons nous aussi trouver du plaisir à utiliser notre corps pour exprimer nos fonctions naturelles.

Lorsque cet exercice est utilisé à des fins thérapeutiques pour restaurer la capacité du patient à ressentir et exprimer sa colère, il doit être accompagné de paroles de colère. Les mots objectivent l'émotion et aident le patient à se centrer sur l'action. Dire : « J'ai tant de colère en moi ! » en tapant sur le matelas intègre l'esprit à l'action du corps. Ici à nouveau, le ton de la voix reflète et détermine la qualité de l'expérience. Le fait de frapper fort et de parler avec une petite voix dénote un clivage de la personnalité. L'usage de la voix fait résonner les voies centrales du corps, ce qui augmente considérablement la charge énergétique de l'action. Les Japonais connaissent cet effet depuis longtemps : avant un acte exigeant une vigueur exceptionnelle, ils poussent un cri du plus profond d'eux-mêmes. Ils peuvent ainsi casser en deux un morceau de bois de la main en prononçant un « ha » puissant au moment de l'impact. La vigueur avec laquelle le patient dit « Je suis en colère ! » détermine sa capacité de sentir sa colère. Ce n'est toutefois pas la puissance du son qui produit l'effet, mais sa vibration et son intensité. Dire calmement mais avec intensité que l'on est en colère a plus d'impact que de le dire en criant.

9. Exercice : « Je vais vous tuer ! »

Dans les situations de groupe, j'utilise un autre exercice : le groupe est assis en cercle et je m'allonge ou m'accroupis devant chacun des participants, les invitant l'un après l'autre à diriger leur colère contre moi. Je leur demande de mettre leurs poings en garde, de projeter la mâchoire en avant et d'ouvrir grand les yeux, puis de me menacer en disant : « Je vais vous tuer ! » Cet exercice a pour but de provoquer un regard de colère, ce qui est très difficile pour la plupart des gens. Si quelqu'un dans le groupe me dit qu'il n'est pas en colère contre moi, je lui dis de simuler la colère comme un acteur, les acteurs étant censés ressentir vraiment les émotions des personnages qu'ils interprètent. Avec mes encouragements et le soutien du groupe, presque tous les participants parviennent à ressentir de la colère.

Je tiens en outre à préciser qu'en cinquante ans de pratique, je n'ai jamais été attaqué. Je me tiens de toute façon hors de portée et leur position assise constitue une protection supplémentaire. Quand je fais cet exercice, même seul, je sens immédiatement les poils se dresser dans mon dos et mes cheveux sur ma tête. Mes oreilles partent en arrière, un grognement sort de ma bouche et je sens combien il me serait facile d'attaquer quelqu'un. Mais dès que j'abandonne cette attitude, le sentiment disparaît, immédiatement. Aussi suis-je convaincu que le sentiment est identique à l'activation de la musculature appropriée. L'incapacité de certaines personnes de mobiliser leurs muscles explique l'absence de sentiments de colère. En outre, leur incapacité d'activer les muscles qui produisent le son des pleurs les empêche de ressentir leur tristesse.

10. Le rôle des yeux

Les yeux jouent un rôle important dans le ressenti de la colère. J'ai remarqué que les personnes qui ont les yeux sans vie, c'est-à-dire ternes et sans étincelles, ont énormément de mal à ressentir leur colère. J'ai eu un patient dans ce cas, chez qui il était très difficile de susciter un sentiment puissant. Il était très intelligent et contrôlait tout ce qu'il faisait ou disait. Mais si cette qualité lui avait apporté le succès professionnel, il était devenu déprimé, souffrant souvent de migraines et d'un sentiment d'épuisement. Cet état était dû à tous ses efforts pour se maîtriser.

Lors d'une séance, je l'ai invité à s'allonger sur le lit et j'ai fait pression de mes deux doigts sur son occiput, à l'opposé des centres visuels du cerveau. Ma main gauche, posée sur son front, soutenait sa tête. J'ai alors exercé une forte pression de mes doigts à la base de son crâne, lui demandant en même temps d'ouvrir grand les yeux et de visualiser le visage de sa mère. Ses yeux ont exprimé de la fureur. Il voulait la tuer. Une fois l'exercice terminé, on pouvait voir qu'une réelle transformation avait eu lieu en lui. Il paraissait quinze ans de moins et son visage n'avait jamais été aussi vivant. En outre, sa fatigue avait disparu et il se sentait plein d'énergie. Il m'a expliqué ce jour-là que c'était la haine qu'il avait vue dans les yeux de sa mère qui avait déclenché sa colère. J'espérais qu'il avait ainsi fait un grand pas en avant et que la transformation allait être durable, mais cela n'a, hélas ! pas été le cas. Quand il est revenu me voir la semaine suivante, il avait retrouvé son moi fatigué et contrôlé. Certes, il avait eu une vision de ce qu'il pourrait ressentir s'il mobilisait pleinement ses sentiments, mais pour que sa vision se réalise il lui fallait y consacrer beaucoup plus de temps. Par ailleurs, il ne pouvait toujours pas pleurer librement.

Chaque muscle contracté, chaque zone glacée du corps contient des impulsions de colère, une agression pourtant nécessaire si l'on veut restaurer l'intégrité et la liberté du corps. Les bras et les mains sont nos principaux organes agressifs. Très tôt dans la vie, l'enfant apprend à les utiliser pour exprimer sa colère. Mais se battre n'est pas le seul mode d'expression de la colère. On peut par exemple griffer, ce que font de nombreux enfants. Les femmes ont plus tendance que les hommes à exprimer leur colère en griffant. C'est peut-être d'ailleurs pour cela qu'on les identifie parfois à des chats. Souvent, pour aider un patient à mobiliser son énergie et ses sentiments dans ses yeux, je lui demande de me regarder droit dans les yeux tandis que je me penche au dessus de lui, allongé sur le lit. Je peux changer l'expression de mes yeux à volonté et passer d'un regard doux à un regard de colère, ou d'une expression moqueuse à un regard glacial. La plupart des patients réagissent à ces expressions de manière appropriée. Parfois, quand je laisse mes yeux prendre un regard séducteur et moqueur, voire même très hostile, certaines patientes cherchent à se protéger le visage de leurs mains et me disent : « Je vais vous arracher les yeux ! » Nous ne devrions jamais minimiser la puissance du regard chez l'enfant.

11. Exercice : mordre

Un enfant peut aussi exprimer sa colère autrement, par exemple en mordant. Certains enfants mordent les autres sans arrêt, ce qui évoque dans quasiment tous les cas des reproches répétés de la part des parents. Bien que cela ne soit pas jugé acceptable, on tolère un enfant qui frappe, mais jamais un enfant qui mord, car cela suscite une peur très primitive. L'enfant qui mord est considéré comme un animal sauvage devant être apprivoisé. Nous devons toutefois reconnaître qu'il s'agit là d'une impulsion très naturelle et que la meilleure façon d'y mettre fin consiste à éduquer l'enfant au lieu de le punir. Certains parents vont jusqu'à mordre l'enfant pour qu'il sache à quel point cela fait mal, mais aussi pour l'effrayer afin qu'il ne recommence plus. La peur de mordre se verrouille alors dans la personnalité sous forme d'une tension chronique de la mâchoire.

Nous avons vu au chapitre III que cette tension est aussi liée à l'inhibition des pleurs. C'est de nos jours la forme de tension chronique la plus courante, à l'origine des douleurs de l'articulation temporo-mandibulaire, du grincement des dents et également, je pense, de la surdité musicale. En cas de tension importante des muscles de la mâchoire, l'acuité visuelle et auditive peut aussi être affectée. La tension dans les mâchoires indique une attitude de détermination et une volonté farouche de ne pas se laisser aller, ni de céder. Certains patients ont la mâchoire tendue à l'extrême, comme si leur vie en dépendait.

Si les techniques de relaxation permettent de diminuer les tensions dans la mâchoire, la façon la plus directe d'aborder ce problème consiste encore à encourager le patient à mordre, par exemple une serviette de toilette. Cet exercice fait parfois naître une douleur considérable dans les muscles contractés de la mâchoire, mais la douleur disparaît dès que le patient arrête de mordre. La douleur n'est pas un signe négatif. Le patient essaye de mobiliser des muscles spasmodiques et cela fait forcément mal. Mais s'il pratique les exercices chez lui – mordre et faire bouger la mâchoire d'avant en arrière et d'un côté et de l'autre – les muscles finissent par s'adoucir et la douleur disparaît progressivement. Le patient cesse alors de grincer des dents la nuit et s'aperçoit qu'il peut ouvrir la bouche plus grand et plus librement qu'avant.

Parfois, j'engage une lutte acharnée avec le patient. Chacun de nous mord de toutes ses forces le bout d'une serviette et, tels deux chiens, nous essayons de nous arracher la serviette en tirant chacun de son côté. Cet exercice ne présente aucun danger pour les dents si on utilise les molaires. Il permet généralement de ressentir la tension allant de l'articulation temporo-mandibulaire à la base de la tête. Cette tension qui entoure la tête à la base du crâne et s'étend jusqu'à l'articulation temporo-mandibulaire est la principale résistance à l'abandon ; c'est même le principal mécanisme par lequel une personne se domine. Il l'empêche de laisser tomber sa tête et, partant, de perdre le contrôle de son ego. Ce contrôle est positif quand il est conscient mais, dans la plupart des cas, il est inconscient et représente une résistance à la peur. Malheureusement, la peur est aussi inconsciente, de sorte qu'une simple approche verbale du problème n'est plus suffisante. L'une de ces peurs consiste à croire que si l'on perd le contrôle de soi lors d'une bagarre, on pourrait mordre son adversaire et même le tuer. Nous parlerons du traitement de cette peur dans un prochain chapitre.

12. Colère et sexualité inhibée

Un grand nombre de séances est souvent nécessaire avant que le patient n'arrive à accéder à sa peur ou à la ressentir. Les gens croient qu'ils peuvent se mettre en colère facilement parce qu'ils se fâchent souvent. Après un an de thérapie, David m'a dit : « Je trouve que j'ai du mal à me mettre en colère. Il faut vraiment qu'on me provoque ou qu'on me pousse à bout pour me faire sortir de mes gonds. » Juste avant cela, il s'était plaint d'une tension entre les épaules et le cou qui serait apparue quand il avait commencé à travailler. Il a ajouté qu'il n'avait jamais ressenti cette tension auparavant, même lorsqu'il coupait du bois. Quand une personne souffre de tensions musculaires chroniques dans une partie de son corps, elle fait en sorte de ne pas avoir à ressentir la douleur de ces tensions ; mais si elle entre en contact avec son corps par le biais des exercices bioénergétiques, ces zones de tension sont amenées à la conscience. Lors d'une séance, David a remarqué : « Cette semaine, j'ai eu l'impression que mes mâchoires avaient été projetées en avant. Mes muscles étaient complètement tendus entre la nuque et les épaules. » Puis, sans aucune logique apparente, il ajouta : « Cette nuit, j'ai rêvé que j'avais la jambe coupée. Ce devait être un rêve de castration. » Cela lui a fait penser à son père et il a poursuivi : « Mon père n'exprimait jamais sa colère. Il me disait toujours que je devais jouer avec les autres sans me battre. » La conscience qu'avait David de ne pas pouvoir exprimer sa colère reposait sur une base physique : il la percevait dans son corps. « J'ai la sensation que ma tête et mes épaules sont vissées dans mon tronc. Je voudrais les faire sortir de là mais, pour cela, il faudrait d'abord que je puisse vraiment exploser. »

David était étendu sur le lit et je lui ai demandé de projeter sa mâchoire en avant et d'émettre un son puissant. Cela a eu pour effet d'ouvrir sa gorge et il s'est mis à pleurer profondément. Après quoi, il a dit : « Mes yeux sont plus légers. Mon corps est plus souple. »

Lors de la séance suivante, sa mère était au centre de nos discussions. Alors qu'il était installé sur le tabouret et pleurait doucement, il a dit : « Je sens une tension dans le bas du dos. Mes muscles sont tout contractés. C'est comme si ma mère m'habillait en me serrant trop fort. » Cette sensation pouvait être liée à l'expérience d'un changement de langes, mais je gardai pour moi cette interprétation de façon à ne pas interrompre le flux de ses pensées. David a alors évoqué son désir d'être physiquement proche d'elle, mais il a aussitôt ajouté qu'elle ne laissait jamais personne établir un véritable contact avec elle. Selon lui, elle était « grégaire mais non reliée ». Il a poursuivi : « Ce qui compte pour elle, c'est que je réussisse. Je dois prendre soin d'elle. »

Lors d'un exercice devant l'aider à accéder à la partie inférieure de son corps, il a observé : « J'ai le bas du corps complètement gelé. Le haut de mon corps est comme un bulbe de tulipe fermé, qui voudrait bien s'ouvrir mais n'est pas encore prêt. C'est comme si ma mère allait attaquer mes parties génitales pour que je sois une fille. Elle voulait une fille. Elle ne voulait pas que je devienne un homme. Elle m'a castré psychologiquement. Elle était séductrice avec moi mais je ne pouvais jamais l'approcher. Je me sentais torturé physiquement. »

J'ai décrit ce cas de manière détaillée pour montrer le lien entre la colère et la sexualité. On ne peut pas s'ouvrir aux sentiments de colère si l'agression sexuelle est inhibée. La capacité d'exprimer la colère est de ce fait plus ou moins handicapée, selon le degré de castration psychologique du sujet résultant de la rupture de son agressivité sexuelle. La colère – qu'elle soit extériorisée en donnant des coups, en mordant ou en griffant – étant une fonction de la partie supérieure du corps, elle nécessite une base solide de confiance en soi et de sécurité intérieure pour être exprimée efficacement. On voit mal comment une personne ayant la sensation de ne pas avoir de jambes sur lesquelles s'appuyer pourrait exprimer avec aisance des sentiments puissants de colère. La tension qui ceinture le corps dans le bas du dos empêche les pulsions sexuelles d'atteindre le pelvis, ce qui, à son tour, empêche le flux d'énergie de descendre dans les jambes et les pieds.

13. Travail bioénergétique avec les jambes

Le travail bioénergétique avec les jambes intervient très tôt dans la thérapie. Immédiatement après les premiers exercices de respiration sur le tabouret, le patient découvre l'exercice d'enracinement – ou d'ancrage – qui consiste à se plier en avant jusqu'à toucher le sol du bout des doigts. Cet exercice a déjà été décrit au chapitre II, mais j'y fais à nouveau référence car il est essentiel pour relier un patient à sa réalité, c'est-à-dire au sol, à son corps et à sa situation actuelle. Les personnes qui se laissent facilement emporter par leur colère ont un ego trop faible pour intégrer une forte charge émotive. Certains patients schizophréniques peuvent même se dissocier quand le sentiment de colère les envahit, tandis que les personnalités-limites peuvent développer une très forte anxiété. Or, tous ces problèmes peuvent être évités si l'on veille constamment à l'enracinement du patient. Dès que je sens que la charge affective de l'exercice devient trop intense et que le patient a du mal à rester en contact avec la réalité, j'arrête l'exercice et je ramène le patient à la terre pour réduire la charge, de la même façon qu'on utilise un fil de terre dans un circuit électrique pour empêcher les courts-circuits. Cet exercice d'enracinement est intégré dans chaque séance où l'on travaille directement sur le corps. Le patient peut ainsi développer la sensation de ses jambes, ce qui renforce son sentiment de sécurité et d'assurance pour tous les autres exercices d'expression de soi.

Nous pouvons aussi utiliser nos jambes pour exprimer des sentiments de colère, par exemple en donnant des coups de pieds, mais ce mode d'expression de la colère est rarement utilisé par les adultes. Les petits enfants frappent parfois leurs parents ou leurs petits camarades lorsqu'ils sont en colère, mais peu d'adultes agissent ainsi. En Orient, les coups de pied sont largement employés dans les arts martiaux, mais il s'agit plus d'une action défensive qu'agressive. La raison en est simple : quand une jambe est en l'air, la personne est immobile et ne peut changer de position. Lorsqu'un adulte donne un coup pied, il exprime plus du mépris que de la colère : il traite l'autre comme un objet non désiré qui se trouve sur son chemin et dont il veut se débarrasser.

14. Exercice de protestation

Comme nous l'avons vu au chapitre III, donner des coup de pied sert également à protester. Cet exercice est à la base de mon travail en bioénergie, c'est pourquoi j'y reviens en détail dans ce chapitre sur l'expression de la colère. Nous avons tous de nombreuses raisons de protester contre ce que nous avons subi, aussi est-il important de pouvoir exprimer cette révolte. En thérapie bioénergétique, l'exercice d'expression de cette protestation se fait allongé sur le lit, les jambes tendues, en donnant des coups rythmés avec les mollets, c'est-à-dire une jambe après l'autre. Dans la plupart des cas, je demande au patient de protester autant verbalement que physiquement, la forme de protestation la plus simple consistant à demander « pourquoi ? ». Ce simple exercice traduit à lui seul la capacité du patient à exprimer ses émotions. Au début, de nombreux patients trouvent cet exercice difficile à faire, et parmi ceux qui y parviennent rares sont ceux qui ressentent quelque chose. Le premier groupe est composé d'individus qui ne peuvent répondre émotionnellement à des situations que s'ils sont provoqués. Etant donné que l'expression spontanée des émotions leur est étrangère, ils ne voient aucune raison de protester pendant l'exercice. Le second groupe est composé d'individus qui ont peur d'exprimer une émotion négative et agressive. L'incapacité de ces patients de faire correctement l'exercice doit être analysée en fonction de leur histoire personnelle. On peut alors montrer au patient que cette incapacité est issue de l'enfance, une période pendant laquelle il ne pouvait pas protester.

Cet exercice de protestation est au centre de la thérapie bioénergétique. Un individu incapable de protester parce que son droit inné de s'exprimer a été violé devient une victime dont l'objectif est la survie et non la joie. Dès lors qu'un patient admet qu'il a le droit de protester, la seconde étape consiste à l'aider à protester plus vigoureusement et plus efficacement. Certains patients arrivent à le faire avec force, mais leurs jambes restent faibles et inefficaces. Chez d'autres, les jambes sont efficaces mais la voix est faible et peu convaincante. Cette difficulté à coordonner la voix avec le mouvement dénote une dissociation de l'ego et du corps, entre les fonctions de la moitié supérieure du corps et celles de la moitié inférieure. Cet exercice est certainement le plus approprié dans ce cas, et je l'utilise tout au long de la thérapie, car il aide le patient à développer la coordination entre les deux moitiés de son corps et à exprimer ses sentiments plus librement et plus vigoureusement.

15. Crier : une soupape de sécurité

Le problème de l'ouverture de la voix a été analysé et discuté au chapitre III, notamment en ce qui concerne la faculté de pleurer. Mais si nous devons effectivement pouvoir pleurer, nous devons tout autant pouvoir crier. A travers les pleurs, on peut mobiliser les émotions enfouies au plus profond du ventre – dans les tripes. Ces pleurs produisent un son grave et profond, associé au lâcher-prise ou à l'abandon, tandis qu'un cri produit un son puissant et aigu qui résonne très fortement dans les voies aériennes de la tête. Le cri étant l'opposé de l'abandon, il fait partie des sentiments de colère.

Avec les cris, on explose littéralement. La charge énergétique ascendante qui produit le cri envahit et submerge momentanément l'ego. D'une certaine façon, c'est l'opposé de cette charge – descendante avec l'excitation sexuelle – qui aboutit à l'orgasme. Dans les deux cas le corps est libéré du contrôle de l'ego et il y a abandon de l'ego. Les petits enfants n'ont généralement aucune difficulté à crier parce que leur ego ne maîtrise pas encore toutes leurs réactions. Pour la même raison, les femmes pleurent beaucoup plus facilement que les hommes, même si elles sont nombreuses à craindre de perdre le contrôle de leur ego.

Crier est une sorte de soupape de sécurité qui sert à se décharger d'une excitation ne pouvant l'être rationnellement, ce qui permet d'atténuer un stress intolérable. J'encourage mes patients à crier chaque fois qu'ils sentent monter la pression en eux. Le meilleur endroit pour crier, c'est dans sa voiture en roulant sur l'autoroute, les vitres fermées. On peut ainsi crier tout son soûl, sans être entendu.

16. Exercice : donner des coups de pieds

Mais la thérapie n'a pas seulement pour but de libérer la voix : elle vise aussi à coordonner une libre expression vocale avec une libre expression dans les mouvements physiques. L'exercice de décharge avec les jambes est à cet égard idéal.

Je demande au patient de protester en donnant des coups réguliers et vigoureux en alternant les jambes, et de dire « pourquoi ? » en gardant le son aussi longtemps que possible. Si le patient manque d'air, il continue de frapper le lit mais reprend son souffle le temps de deux ou trois respirations avant de demander à nouveau « pourquoi ? ». Cette deuxième fois, sa voix est plus aiguë, plus puissante et les coups sont plus forts. A la fin de cette respiration, le patient continue de donner des coups de pieds et reprend son souffle. La troisième fois, le « pourquoi ? » devient un cri et les coups se font plus rapides et plus puissants encore. J'encourage le patient à essayer d'aller jusqu'au bout de son expression de protestation. S'il y parvient, il se sent complètement détendu et joyeux.

Mais pour la plupart des gens cet exercice n'est pas facile à faire tant ils redoutent de s'abandonner à leur corps. Parfois, l'ego est trop vite submergé et quand le patient parvient malgré tout à pousser un cri, il en est totalement dissocié, comme dans le cas d'une réaction hystérique, ce qui le terrifie encore plus. Le patient réagit parfois en se renfermant en lui-même temporairement, ou alors il se recroqueville en boule et pleure comme un petit enfant avant de retrouver le contrôle de lui-même. Cette expérience n'est toutefois pas négative car elle permet au patient de comprendre que la régression et le repli sur soi sont temporaires et qu'il a besoin de renforcer davantage son ego. Les patients qui ont été abusés sexuellement lorsqu'ils étaient enfants ont tendance à se renfermer en eux-mêmes ou à quitter leur corps quand ils perdent le contrôle de leurs émotions. Cet exercice de protestation renforce progressivement leur ego en le reliant plus solidement à leur corps, ce qui diminue leur tendance à se dissocier.

A partir du moment où ces deux exercices sont bien intégrés, le patient ne se dissocie plus de son corps. Mais pour que les coups soient libres et efficaces, il ne doit plus y avoir de tensions chroniques dans les jambes. Malheureusement, la plupart des gens ne sentent pas assez leurs jambes et leurs pieds et, bien souvent, ils n'ont pas les pieds sur terre. Attirés énergétiquement vers leur tête, ils utilisent leurs jambes mécaniquement, marchant « sur » leurs jambes et leurs pieds au lieu de marcher « avec » eux. En outre, leurs jambes sont soit trop fines, soit trop lourdes. Donner des coups de pied est l'un des meilleurs exercices que je connaisse pour restaurer l'énergie et la sensation dans les jambes. C'est pourquoi j'invite tous mes patients à s'entraîner chez eux à donner des coups de pied comme ils l'ont fait dans mon cabinet. L'exercice consiste à donner deux cents coups rythmés en tout, les genoux tendus mais pas bloqués, le coup partant du mollet et non du talon. La jambe doit être levée aussi haut que possible avant chaque coup. Etant donné que ce travail sur les jambes a pour but d'ouvrir le pelvis, il n'est pas nécessaire d'accompagner le mouvement d'une expression vocale. La majorité des gens ne peuvent pas donner deux cents coups d'affilée, certains ayant même du mal à n'en donner que cent.

La respiration peut ne pas être adéquate au début mais, avec la pratique, elle deviendra plus profonde et plus libre car les mouvements seront exécutés plus facilement. Tout comme la course, cet exercice améliore la respiration. Il constitue donc un exercice physique ; mais comme il n'y a pas de poids à supporter, il n'est pas contraignant pour les genoux. Qui plus est, cet exercice peut être pratiqué à la maison. Les personnes qui le font régulièrement remarqueront des changements importants dans leurs jambes et leur corps. La lourdeur dans les cuisses dont souffrent tant de femmes diminue et leurs jambes retrouvent leur galbe. En outre, cet exercice améliore considérablement la respiration.

17. Exercice : dire « non ! »

« Pourquoi ? » n'est pas le seul mot utilisé dans cet exercice. Dire « non ! » de la même façon que « pourquoi ? » est un excellent moyen pour favoriser l'expression de soi. Beaucoup de gens ont du mal à dire « non ! », ce qui mine leur sens de soi. Dire « non ! » crée une frontière qui protège l'espace et l'intégrité de la personne. Une autre expression pour s'affirmer consiste à dire : « Laisse-moi tranquille ! » Cette expression se réfère au sentiment qu'éprouvent bon nombre de patients vis-à-vis de leurs parents qui, à leurs yeux, ne leur ont pas laissé suffisamment de liberté pour se développer naturellement. Dans de très nombreux cas, les parents ont exigé de leurs enfants qu'ils se soumettent à leur volonté, et si les enfants n'obéissaient pas les parents devenaient hostiles et abusifs. Voyant dans la résistance de l'enfant une façon de défier leur autorité, ils étaient déterminés à la briser. Dans d'autres cas, les parents étaient trop proches de leurs enfants qu'ils considéraient comme un prolongement d'eux-mêmes. Trop souvent, comme nous le verrons plus loin, cet intérêt comportait aussi des aspects sexuels. Les patients qui ont vécu cette expérience ont besoin d'exprimer haut et fort leur protestation. Le fait d'affirmer vigoureusement « Laisse-moi tranquille ! » ou « Qu'est-ce que tu me veux ? » aide les patients à restaurer en eux le sentiment qu'ils ont le droit d'être libres et d'être eux-mêmes, c'est-à-dire le droit de s'accomplir et non d'accomplir le désir de leurs parents.

Une personne privée de ce droit est fortement handicapée dans sa capacité d'aimer. L'amour que les patients disent éprouver envers leurs parents n'est bien souvent que le fruit d'un sentiment de culpabilité à leur égard, et très rarement celui du plaisir et de la joie qu'ils trouvent dans leur relation avec eux. Or, on ne peut être joyeux dans une relation où l'on ne peut ni être vrai, ni être soi-même. Quand les parents donnent cette liberté à leurs enfants, ils reçoivent en retour un amour véritable. Mais seuls des parents qui trouvent de la joie dans leur relation avec leurs enfants peuvent leur donner un amour qui les aident à s'épanouir.

J'encourage mes patients à ne pas passer à l'acte en exprimant leurs sentiments négatifs à leurs parents. Cela ne serait ni approprié, ni utile. Les traumatismes que les patients ont subis ayant eu lieu dans le passé, ils ne sauraient être réparés par des actes du présent. Le passé ne peut être modifié, mais la thérapie peut libérer la personne des restrictions et des limitations qui découlent des traumatismes subis dans son enfance. Celles-ci peuvent être considérablement réduites par la libre expression des impulsions qui s'y rattachent, mais il est infiniment préférable que cela ait lieu dans le cadre d'une thérapie plutôt que par un passage à l'acte contre ses parents ou d'autres adultes. Un individu handicapé physiquement et psychologiquement parce qu'il n'avait pas d'autre choix que de réprimer ses impulsions naturelles devient ainsi libre et joyeux. Son corps gagne en grâce et en liberté, et il peut alors aimer vraiment. Parfois, il pourra même ressentir un peu d'amour pour ses parents qui, s'ils ont abusé de lui, lui ont néanmoins donné la vie.

CHAPITRE VI

L'amour : le sentiment de complétude

1. L'abandon à l'amour

Nous avons presque tous connu la joie d'être amoureux à un moment ou un autre de notre vie. L'amour est souvent considéré comme le sentiment le plus important et le plus tendre, le mystère qui donne à la vie son sens le plus riche. Mais il est aussi reconnu comme étant la source de la plus intense souffrance si nous devons en affronter le rejet ou la perte. A cela, rien d'étonnant : l'amour est un lien direct avec la source de la vie et de la joie, que cette source soit une personne, une communauté, la nature, l'univers ou Dieu.

La rupture de ce lien est vécue comme une menace pour la vie, car l'amour est aussi une ouverture et une expansion du moi au monde. Sa perte entraîne ainsi une contraction et une fermeture, et cela est très douloureux, tout aussi douloureux que l'amour était joyeux. J'ai dit que la perte de l'amour brisait le cœur. Malheureusement, cet état dure souvent bien plus longtemps que l'état de joie d'avant, tant la personne craint de s'ouvrir et de tomber à nouveau amoureuse. Le désir d'amour reste présent dans son cœur, mais aussi longtemps que persiste en elle la peur de la perte ou du rejet, il ne pourra être comblé.

La relation qui symbolise le plus ce lien d'amour est celle qui unit une mère à son enfant. Dans le monde naturel, la perte de ce lien peut être fatale pour l'enfant qui ne trouve pas de substitut maternel. Quand la relation est solide, l'enfant se sent comblé au plus profond de son être et devient un adulte capable d'établir une relation positive avec ses partenaires. Le besoin d'un lien d'amour est si impératif que même ceux qui ont eu le cœur brisé dans leur enfance chercheront toujours – consciemment ou inconsciemment – à instaurer un lien d'amour avec un autre individu. Mais ce lien ne s'établit pas de manière consciente. On ne peut s'obliger à aimer, de même que l'on ne peut se forcer à tomber amoureux. L'amour vient spontanément, lorsque deux êtres qui se rencontrent se rendent compte que leurs cœurs battent au même rythme et que leurs corps vibrent à la même intensité. Mais l'amour peut également naître d'un contact visuel ou de toute autre forme de contact, à condition que la charge du lien soit suffisamment forte pour faire battre le cœur, accélérer le pouls et faire vibrer le corps d'une excitation agréable. C'est, dans les deux cas, l'exaltation d'avoir retrouvé le paradis perdu lors de la rupture originelle du lien d'amour à la mère.

Aucun enfant ne peut toutefois conserver indéfiniment ce lien d'amour à sa mère. Son destin le force à se séparer d'elle, à découvrir le monde et à chercher le partenaire avec qui il pourra établir un nouveau lien d'amour pouvant s'accomplir dans l'étreinte sexuelle et la progéniture. L'enfant satisfait au niveau oral sera ouvert à l'amour et passera sans difficultés au stade génital.

Le passage à l'âge adulte se caractérise par une période initiale de latence au cours de laquelle le sujet établit des liens positifs avec des camarades, puis par l'adolescence marquant le début de relations amoureuses romantiques avec le sexe opposé. Ainsi, que nos besoins aient été satisfaits ou non dans l'enfance, nous arrivons tous au stade adulte en raison des impératifs biologiques de notre nature. Mais si nos besoins n'ont pas été satisfaits dans l'enfance, ou si nous avons été profondément blessés, notre timidité et notre hésitation nous empêcheront d'avoir des relations amoureuses adultes et notre ouverture à la vie s'en trouvera limitée. Nous tombons amoureux parce que l'amour guide notre vie, mais cet abandon n'est bien souvent qu'un lâcher-prise momentané de l'ego dans son combat permanent pour la survie.

L'incapacité de s'abandonner à l'amour est à la racine de tous les problèmes émotionnels dont souffrent tant de nos contemporains, notamment tous ceux que je vois arriver en thérapie. L'individu qui a été blessé très tôt dans sa relation avec ses parents a érigé un véritable système de défenses pour ne plus être blessé et ne plus se sentir constamment menacé. Ces défenses ne sont toutefois pas seulement le fait de son esprit conscient, car si tel était le cas il pourrait les abandonner à volonté. Comme il vit avec elles depuis l'enfance, elles font maintenant partie intégrante de sa personnalité et sont structurées dans la dynamique énergétique de son corps. Il est cuirassé comme les chevaliers d'autrefois, afin que la flèche de l'amour ne puisse pas percer son cœur. On pourrait aussi dire, ce qui serait plus juste encore, qu'il vit dans un monde fermé, un peu comme un roi dans son château. Tant qu'il a le pouvoir, le roi reste à l'abri des dangers, mais il vit coupé du monde de la nature et de ses propres sensations naturelles, et ne s'aventure dans la vie que pour des excursions sous la protection de ses gardes. Il n'a aucune confiance dans l'amour de ses sujets, car la cruelle expérience lui a enseigné que la trahison est un danger constant. Il a pourtant besoin d'amour, comme tous les autres êtres humains, mais il croit que son besoin de pouvoir est au moins aussi fort. Tomber amoureux, pour un roi, c'est un peu comme tomber de cheval : quand cela se produit, il remonte aussitôt en selle pour retrouver sa position de pouvoir.

L'analogie est valable car, dans la hiérarchie des fonctions de la personnalité, l'ego se voit en roi. Le roi proclame qu'il est le serviteur de ses sujets mais, en réalité, ce sont ses sujets qui le servent. L'ego devrait servir le corps mais, dans la plupart des cas, l'amour est au service de l'ego afin d'accroître son pouvoir et son sentiment de sécurité. Nombreuses sont les personnes pour qui l'amour est une quête de sécurité autant qu'une quête de plaisir et de joie. En outre, certaines abandonnent leur ego trop rapidement, déçues de ne pas trouver dans l'amour tout ce qu'elles en attendaient. La raison est pourtant simple : elles se sont abandonnées à un autre et non à soi-même. Sans ego, la personne devient un enfant ne voyant en l'autre qu'un parent devant satisfaire ses besoins. On retrouve ce genre d'abandon dans les cultes où, comme je l'ai déjà fait remarquer, l'adepte abandonne son ego et son moi à un leader tout-puissant et omniscient (un substitut parental). Mais si cet abandon permet à la personne de se sentir libre et joyeuse, il repose toutefois sur un déni de la réalité, à savoir que l'adepte du culte est un adulte, et que le leader du culte est un enfant émotionnel dont l'ego vit dans une illusion d'omniscience et d'omnipotence. Inévitablement, le culte finit par s'effondrer et les deux parties se retrouvent dévastées et désillusionnées. Cela arrive aussi dans les mariages et les relations amoureuses, lorsque le besoin d'être comblé par l'autre est un aspect dominant de l'attachement.

Certaines relations sont dites dépendantes ou codépendantes lorsque les deux parties ont besoin l'une de l'autre. Ce qui ne veut pas dire qu'il n'y a pas d'amour dans ce type de relations, mais simplement que l'amour revêt une qualité puérile ou infantile.

2. Le conflit entre l'ego et le cœur

La peur de l'abandon à l'amour découle du conflit entre l'ego et le cœur. Nous aimons avec notre cœur, mais nous doutons et contrôlons avec notre ego. Tandis que notre cœur dit « oui » à l'abandon, notre ego dit : « Attention, ne te laisse pas aller, sinon tu seras abandonné et blessé. » Le cœur, en tant qu'organe de l'amour, est aussi l'organe de la complétude.

L'ego est l'organe de la survie, ce qui est très bien ainsi, mais quand l'ego et la survie dictent notre comportement, le véritable abandon devient impossible. Nous avons soif de ce contact qui élève nos esprits, fait battre nos cœurs plus vite et danser nos pieds, mais ce désir n'est pas comblé tant notre esprit est brisé, notre cœur verrouillé et nos pieds sans vie. L'excitation et la chaleur de l'amour adoucissent le corps. Lorsque l'amour est la principale composante du désir sexuel, il peut même y avoir une sensation de fusion dans le ventre. L'amour adoucit, mais la douceur c'est aussi la vulnérabilité. On dit généralement d'une personne qui ne s'adoucit pas avec l'amour qu'elle est insensible ou qu'elle a le cœur dur. Or, le cœur ne peut être dur car il doit pomper le sang et en irriguer tout le corps. La rigidité est dans le système musculaire volontaire, qui enferme le corps dans une cuirasse semblable aux armures que portaient les chevaliers d'antan. Cette rigidité empêche la personne de pleurer et de se laisser aller à la tristesse ; aussi ne peut-elle s'abandonner à l'amour. Ce qui ne veut pas dire que nous devons agir comme des enfants. L'abandon de l'ego signifie l'abandon des défenses inconscientes de l'ego qui entravent l'ouverture à la vie.

Cela dit, je ne crois pas qu'il existe un seul être totalement incapable de ressentir de l'amour. J'ai évoqué dans un autre livre (1) le cas d'un jeune homme qui disait ne pas savoir ce qu'était l'amour. C'était un individu narcissique qui avait très peu de sensations corporelles : il s'était coupé de son corps et ne fonctionnait plus qu'avec son ego. Son corps était si tendu que les sentiments et les impulsions ne pouvaient se manifester et atteindre sa conscience. Il lui était très difficile de s'abandonner à son corps ou à l'amour, ce qui ne veut pas dire que cela lui était impossible. Chez l'être humain, tant que le cœur bat l'amour n'est pas complètement mort. L'impulsion d'amour est peut-être profondément enfouie et refoulée, mais elle n'est

---

1. Lowen, A. : *Gagner à en mourir : une civilisation narcissique* (Epi-Hommes et Groupes, 1987).

jamais totalement absente. Cet homme était venu me consulter à la demande de sa maîtresse qui se plaignait qu'il n'exprime pas ses sentiments. Il m'a avoué ne pas savoir ce qu'était l'amour, et m'a ensuite demandé si c'était ce sentiment qu'éprouvent certaines personnes pour leur chien. Par ailleurs, le fait qu'il ait affirmé d'emblée ne pas avoir reçu d'affection dans son enfance constituait une manœuvre défensive pour justifier sa fermeture et éviter de sentir sa blessure. Il avait enterré son cœur et son enfant intérieur, mais ils étaient tous deux restés vivants dans son inconscient. Les libérer de ce tombeau vivant n'allait pas être une tâche aisée.

3. Le désir d'amour

Ce cas est bien entendu extrême. La plupart des gens désirent l'amour et l'atteignent plus ou moins. Ils ressentent de l'amour mais, du fait que leur désir est limité, tout comme leur plaisir, ils ne se laissent pas emporter par l'exaltation qui pourrait les conduire à la joie. Ils ont trop peur de s'abandonner pleinement, même si, pour la plupart, ils ne sont pas en contact avec leurs peurs et leurs limitations. De même, ils ne sont pas conscients des tensions dans leur corps qui restreignent leur ouverture à l'amour. Ils ressentent un désir d'amour, ce qui n'est pas la même chose qu'une ouverture à l'amour. Quand ils rencontrent une personne répondant à leur désir, ils ont un comportement de dépendance, comme un drogué ou l'adepte d'un culte ; ils « s'accrochent » à cette personne, étant persuadés qu'elle détient la clé de leur bonheur et qu'elle saura combler tous leurs désirs. Et malgré les souffrances et les humiliations que comporte une telle relation, ils ont un mal fou à s'en libérer.

C'est, me semble-t-il, le schéma normal dans notre culture, au sens où les relations amoureuses n'apportent ni sécurité ni certitude. Et comme elles ne réalisent pas non plus la promesse de joie qu'offrait l'amour, elles finissent par se briser, laissant place à la déception et aux ressentiments.

Le désir, ou nostalgie de l'amour, représente l'enfant sommeillant en nous qui n'a pas été suffisamment aimé et qui, telle la Belle au bois dormant, attend l'arrivée du prince charmant qui saura le ramener à la vie et l'aimer à jamais. Le prince est le « bon » parent avec qui l'enfant a découvert la joie de l'amour qu'il a ensuite perdue. Cette quête d'amour, qu'il poursuivra toute sa vie, est similaire à la quête de Shrangri-la dans le roman de James Hilton, *Lost Horizon* (l'Horizon perdu). Le héros s'accroche généralement à une personne qui ressemble au « bon » parent mais qui, en même temps, présente des aspects caractéristiques du « mauvais » parent ayant rejeté l'enfant ou abusé de lui. Dans ce cas, la régression l'aidera à renouer le lien avec son passé et l'enfant intérieur. Mais une fois réveillé et libéré, cet enfant devra être intégré dans la vie du sujet adulte.

Pour la majorité des gens, la question n'est pas de savoir s'ils aiment ou n'aiment pas, mais plutôt s'ils sont capables d'aimer avec tout leur être. Ce serait toutefois trop attendre dans une société telle que la nôtre, qui considère l'abandon au corps comme un signe de faiblesse. Cet abandon à l'amour, parce qu'il est tiède et manque d'enthousiasme, ne les comble pas. Mais au lieu de reconnaître la cause de leur échec, ils accusent leur partenaire. Et comme l'engagement du partenaire était tout aussi tiède, lui aussi accuse l'autre. Une telle relation ne peut, hélas ! pas leur apporter la joie qu'ils recherchent désespérément, les relations ne pouvant s'épanouir que si chacun y apporte un sentiment de joie. Contrairement à ce que disent les chansons d'amour, ce n'est pas en cherchant le bonheur à travers l'autre qu'on pourra le trouver. Aimer, c'est partager et non uniquement donner. Un amoureux se confie totalement à l'être aimé ; il partage avec lui aussi bien les joies que les peines. Le plaisir étant doublé lorsqu'il est partagé, le partage de la joie peut atteindre l'extase dans l'étreinte sexuelle. A l'inverse, un chagrin partagé diminue de moitié. La joie que l'on partage provient de l'abandon au corps, et non de l'abandon à l'autre.

Les gens tombent néanmoins réellement amoureux et connaissent un temps la joie de l'abandon. Or, le fait que cette expérience ne dure pas – car elle était plus dépendante qu'épanouissante – ne nous dit pas pourquoi la personne amoureuse la vit comme un véritable amour. Mon explication est qu'en tombant amoureuse elle régresse en quelque sorte dans l'enfance, lorsque cet amour était un engagement total. Elle revit alors l'amour qu'elle éprouvait pour sa mère ou son père, mais régresse aussi en partie et redevient un enfant, en quête du soutien et de l'encouragement dont elle avait tant besoin à l'époque. Malgré son authenticité, ce sentiment d'amour ne résulte pas d'un abandon au corps et à soi-même, mais d'un abandon de l'état d'adulte qui consiste à tenir debout sur ses pieds, seul, et responsable de ses propres sentiments positifs.

Le cas de Diane, une femme attirante de quarante ans, prête à se donner à un homme par amour, illustre bien ce problème. En retour, elle attendait de son partenaire qu'il prenne soin d'elle. Diane n'était pourtant ni faible ni impuissante ni incompétente. Son corps était vigoureux et solide, elle était intelligente et cultivée et avait toujours pu s'assumer financièrement. Seulement, elle n'était pas complètement reliée à son corps ni à elle-même.

Elle avait décidé d'entreprendre une thérapie parce qu'elle était mariée à un homme qui abusait d'elle physiquement et la terrifiait. Les exercices décrits dans le chapitre IV l'ayant aidée à s'affirmer, elle avait finalement réussi à s'opposer à son mari et à prendre la décision de le quitter. Cet événement marquait la fin de la première phase de sa thérapie. Quatre ans plus tard, elle revint me voir parce que son nouveau compagnon, s'il n'abusait peut-être pas autant d'elle que son ex-mari, se montrait néanmoins très violent. Entre ces deux relations, elle avait vécu seule, de boulots temporaires et mal payés, n'ayant que de rares aventures. Lorsqu'elle s'installa avec son nouveau compagnon, ce dernier créa sa propre société. Il était plus âgé qu'elle et avait déjà deux grands enfants d'un précédent mariage. Diane connut quelques difficultés avec la fille de son compagnon, qui ne l'acceptait pas. Cela n'avait toutefois rien d'étonnant de la part de cette dernière qui voyait en Diane une rivale. Diane revivait ainsi une situation de son enfance, quand sa mère voyait en elle une rivale. L'homme avec qui elle partageait maintenant sa vie ne la soutenait pas plus que ne l'avait soutenue son père. Malgré son amour pour son compagnon et les gros efforts qu'elle faisait pour une bonne entente réciproque, elle se sentait à nouveau anéantie.

Quelque chose dans la personnalité de Diane frustrait son profond désir de trouver le bonheur et la joie dans l'amour. Elle ne se plaignait pas de son sort, mais exprimait sa tristesse de ne pas avoir eu d'enfants. Tout au long de sa thérapie, elle avait fait de son mieux pour devenir plus efficace, que ce soit en faisant les exercices de respiration sur le tabouret énergétique, l'exercice d'enracinement et de décharge par des coups de pieds, ou encore en exprimant sa colère envers les hommes pour les traumatismes qu'ils lui avaient fait subir. Mais s'ils avaient développé sa capacité à s'exprimer, ces exercices n'avaient produit aucun changement réel dans sa personnalité. Elle s'accrochait trop pour réussir, que ce soit dans sa thérapie, son travail, sa vie amoureuse ou sa vie tout court. Pour guérir, il lui fallait adopter une attitude opposée, c'est-à-dire accepter son échec, renoncer et ne pas toujours vouloir. Elle avait aussi besoin de comprendre pourquoi il lui était si important de toujours essayer et donner d'elle-même. Faire de la vie ou de l'amour une réussite va bien au-delà de la volonté et de l'effort. Diane avait besoin de pleurer et d'exprimer sa tristesse face à l'échec de sa vie, ainsi que son désespoir de ne jamais connaître le bonheur en amour. Ses efforts, qui n'étaient au départ qu'une simple manœuvre pour dénier son désespoir, étaient devenus pour elle un mode de vie. Aussi devait-elle comprendre pourquoi cette dynamique s'était développée dans sa personnalité et de quelle manière cela s'était produit.

Mon expérience m'a toutefois appris qu'on ne peut attendre du patient qu'il accède lui-même à cette compréhension. L'attitude caractérielle d'un patient a en effet rempli d'importantes fonctions dans sa vie. Comme je l'ai souligné plus haut, cette attitude a été son moyen de survie : elle lui donnait de l'espoir et un sens à sa vie. Or, ces forces puissantes ne cessent de nourrir sa détermination à concrétiser son rêve. Mais comme le patient refuse de voir que son espoir est irréaliste et que le sens qu'il a assigné à sa vie est illusoire, il persiste, malgré les déceptions continuelles qui semblent n'avoir pour seul effet que de renforcer sa détermination. Je pense que le thérapeute a charge d'amener le patient à affronter son attitude dans la vérité, ce que je fais naturellement en toute sympathie afin de l'aider à développer sa propre compréhension.

Le corps de Diane indiquait qu'elle n'avait pas été privée d'amour dans la prime enfance. Son problème était survenu plus tard, entre trois et six ans, lorsqu'elle avait pris conscience de sa sexualité et de son indépendance. Dans le cas d'une fille, toutes les pulsions sexuelles sont centrées sur le père, tandis que chez les garçons, elles sont centrées sur la mère. La petite fille aime son père de la même façon que le petit garçon aime sa mère, du fond du cœur, avec toute l'intensité de son jeune être. L'amour a des implications sexuelles sous-jacentes, mais l'enfant, qui n'a aucune connaissance des rapports sexuels, est innocent. Lorsqu'il s'abandonne pleinement à l'excitation de l'amour qu'il éprouve pour le parent du sexe opposé, l'enfant ressent une joie qui donne un sens à sa vie.

Malheureusement, cet état d'innocence ne dure pas et la joie finit souvent par disparaître. Les parents s'immiscent dans les sentiments de l'enfant en lui opposant une conscience adulte de la sexualité qui n'est bien souvent pas innocente. En général, le parent du sexe opposé répond trop positivement, tandis que le parent du même sexe répond négativement. Le père répond à l'amour de sa fille non seulement en tant que père mais aussi en tant qu'homme. Son ego est flatté par l'adoration de sa fille, et son corps excité par sa chaleur et sa vivacité. Mais comme il n'a pas la même réaction avec la mère, elle devient jalouse et voit en la petite fille une rivale. Cette jalousie est parfois si intense que l'enfant se sent en danger. Pour se préserver, elle voudrait détruire sa mère, mais elle en est incapable. Quant à son père, qui aurait pu être son protecteur, il ose très rarement s'opposer à la colère de la mère, et encore moins s'investir émotionnellement dans le triangle. Son incapacité de protéger sa fille fait de l'enfant une victime impuissante. Pour survivre, elle doit se couper de ses sentiments sexuels, se désinvestir de sa relation à son père et se soumettre à sa mère. Diane était passée par tout ce parcours.

4. La situation œdipienne

La position d'un garçon est essentiellement la même. Prisonnier de la situation œdipienne, il est le rival de son père. S'il s'abandonne pleinement à son amour pour sa mère, il court le risque d'être « absorbé » par elle et de devenir le « petit trésor de sa maman », ce qui l'éloignerait de son père. A s'y soustraire, il risque de s'attirer son hostilité et de se voir retirer l'amour et le soutien dont il a tant besoin. Quand un fils se constitue en rival de son père, il s'expose à sa jalousie et à sa colère. Il a peur de son père, car il sait intérieurement que le fait de rivaliser avec lui provoquerait son hostilité. Ne pas se positionner en rival serait, à l'inverse, une façon de perdre l'amour de sa mère. L'intérêt sexuel qu'elle lui porte flatte son ego et excite son corps ; aussi lui est-il très difficile d'y résister. Mais le fait de céder à la séduction et à l'abandon de l'excitation le conduirait à une relation sexuelle avec sa mère, ce qui l'effraye et lui paraît trop dangereux.

Telle est l'histoire d'Œdipe qui, ignorant sa véritable identité, tue son père et épouse sa mère. Pour éviter ce sort tragique, le garçon doit se couper de ses sentiments sexuels envers sa mère. Il est alors psychologiquement castré (2).

---

2. Voir Lowen, A. : *La Peur de vivre* (Epi-Hommes et Groupes, 1983), pour une analyse approfondie du thème œdipien, tant du point de vue sociologique que psychologique.

Le corps de Diane montrait les effets de la situation œdipienne dans son enfance : il était vigoureux et bien proportionné, mais le bas de son corps – des hanches jusqu'aux pieds – n'était pas suffisamment chargé en énergie. Ses jambes vibraient lorsqu'elle était dans la position d'enracinement, mais les vibrations n'atteignaient pas son pelvis, tendu et rigide. Les ondes respiratoires n'accédaient pas au plus profond de son ventre. Il n'y avait dès lors plus aucun doute : elle avait peur de s'abandonner à sa sexualité. Cette peur se manifestait également par une tension dans sa poitrine, inhibant sa respiration et les sentiments de son cœur. Diane avait peur d'être pleinement une femme.

Ses efforts reflétaient un désir intense de plaire. Elle voulait me plaire, tout comme elle avait voulu plaire aux deux hommes avec qui elle avait eu une relation suivie. L'un et l'autre ayant au moins quinze ans de plus qu'elle, ils représentaient des figures paternelles. Aussi pouvait-elle rester la « petite fille de son papa » et continuer d'espérer qu'elle réussirait à retrouver l'amour et la joie de son enfance avec son père. Mais c'était justement ce rôle qui l'empêchait de se réaliser en tant que femme.

Diane se souvenait du plaisir et de la joie qu'elle avait, enfant, à retrouver son père. « Il me lisait une histoire tous les soirs avant d'aller me coucher et restait un long moment avec moi, au moins une heure. J'adorais l'écouter. Toute la journée j'attendais cet instant. Après l'histoire, il me faisait le moulin à vent et je me mettais au lit. » Il lui avait également fait découvrir la littérature et, lors de longues promenades qu'ils faisaient ensemble, il lui confiait ses pensées et ses réflexions. Quand j'ai invité Diane à me parler de sa relation avec son mari, elle dit : « J'adorais l'écouter parler. Il était très brillant. » Elle avoua également n'avoir jamais rencontré meilleur partenaire sexuel que lui. Comme elle l'avait aimé malgré les abus physiques, j'ai relancé la discussion sur sa relation avec son père. Elle m'a alors raconté un souvenir qui ne l'avait jamais quittée : « Je devais avoir trois ans et demi ou quatre ans et j'étais allongée sur un lit, me sentant ouverte et joyeuse. Ce n'était pas la première fois que ça m'arrivait. Ce jour-là, je me souviens que mon père est apparu au-dessus du lit et qu'il m'a frappée. Mais aussitôt, je me suis dit qu'il ne l'avait pas fait exprès. Je ne comprenais pas pourquoi il avait eu ce geste. J'étais si heureuse de le voir. Ce fut pour moi un véritable choc, à l'origine d'une grande confusion dans ma vie. Depuis, je suis malgré moi tout le temps sur mes gardes, ignorant comment me protéger. »

Le souvenir d'avoir été frappée par son père, ce qu'elle avait vécu comme une trahison, l'avait perturbée depuis son plus jeune âge. Diane n'avait jamais pu se libérer de sa colère contre son père, car elle n'avait jamais pu l'exprimer. Au cours de cette séance, je lui ai suggéré de taper sur le lit avec la raquette de tennis pour faire sortir sa colère réprimée. Avant même de commencer, elle a affirmé déjà sentir sa colère. Ce devait être pour me faire plaisir car, en réalité, elle a eu beaucoup de difficultés à l'exprimer, ce qu'elle admit après coup. Elle reconnut aussi qu'elle avait eu peur de perdre l'amour de son père en lui montrant sa colère. Comme il était mort quelques années plus tôt, elle s'accrochait à l'illusion qu'elle avait conservé cet amour.

Elle avait excusé l'agression de son père en se disant que sa mère en avait été l'origine, qu'il était divisé entre deux femmes. « Son obsession pour moi la rendait très jalouse et il devait choisir. » Puis, pour la première fois, elle admit qu'il éprouvait pour elle une attirance sexuelle. « Il s'échauffait trop à mes yeux. » Mais cela n'avait pas diminué l'amour que Diane éprouvait pour son père. L'intérêt sexuel qu'il lui portait l'avait enflammée de passion et de joie, ce qui expliquait la vision idyllique qu'elle avait de son enfance. En revanche, sa relation avec sa mère était un enfer. Elle faisait souvent des cauchemars et, quand elle se réveillait, sa mère la frappait avec une cuillère en bois.

Diane m'a décrit sa mère comme une femme insensible, à la volonté de fer. Rien ne semblait pouvoir la briser. « Un jour, elle a mis une gifle à ma sœur parce qu'elle dansait dans le salon en riant, les cheveux relevés et les lèvres maquillées. C'était trop sexuel pour ma mère. Elle l'a frappée avec une cuillère en bois, lui ordonnant d'aller immédiatement se changer. Aujourd'hui, ma mère pèse cent vingt-cinq kilos, son discours est incohérent et irréel.» Diane était terrifiée par sa mère, extérieurement soumise, mais intérieurement révoltée. Elle a ajouté : «Je me suis toujours sentie comme une peinture de Picasso, cassée en plein milieu.» Quand elle avait besoin de protection, elle allait voir sa grand-mère grecque, la mère de sa mère, qu'elle considérait comme sa meilleure amie.

On peut imaginer le supplice de Diane dans son enfance, déchirée entre son amour pour son père et l'excitation sexuelle sous-jacente d'un côté et, de l'autre, sa culpabilité et sa peur au sujet de leur relation. La culpabilité fut la plus forte. «Je me sentais responsable de ce qui s'était passé. Si cela devait mal finir, c'était de ma faute. Cela me rendait folle. Les colères terribles dans lesquelles je me mettais n'y changeaient rien, je n'obtenais aucun résultat. Je me tapais la tête contre les murs en criant comme une folle. Ma colère était devenue destructrice : j'avais envie de casser des objets et je me sentais encore plus coupable.»

A la fin de l'adolescence, Diane exprima sa rébellion en prenant des drogues et en multipliant ses aventures sexuelles. Elle rejoignit le mouvement hippie, devenant hippie elle-même. Au bout de quelques années, elle vit que son comportement était autodestructeur et partit étudier en Europe, où elle tomba amoureuse d'un beau garçon de son âge qui éprouvait pour elle des sentiments identiques. Mais cette relation fut brisée car la famille du jeune homme estimait qu'elle venait d'un milieu inférieur. Elle eut ensuite une aventure avec un autre jeune homme, tout aussi intense que la précédente, mais qui échoua de même. A propos de ces relations, Diane dit : «J'ai toujours choisi des fils qui avaient des mères extrêmement possessives. J'ai eu des problèmes avec toutes les mères. Elles avaient peur que je leur prenne leur fils.»

Diane était à mes yeux une figure tragique. C'était également l'image qu'elle avait d'elle : « Je suis si malheureuse. Je ne vois pas comment ça changerait. Je parviens tout juste à survivre d'un jour à l'autre. » Le fait d'avoir prononcé ces paroles lui a fait verser quelques larmes, après quoi elle dit, se reprenant : « Il y a toujours eu une immense tristesse en moi. Et je ne crois pas qu'elle disparaisse un jour. » Les sentiments ne changent pas avec la seule volonté. Dans son désir de plaire, Diane montrait toujours un visage heureux et rayonnant, autant pour donner d'elle-même l'image d'une personne positive et serviable que pour garder l'espoir de trouver l'amour dans sa vie. A un niveau profond, c'était une technique de survie, car elle percevait sa tristesse, qui était à la limite du désespoir, comme une menace pour sa vie.

Cependant, ce désespoir était beaucoup plus réaliste que son espoir de retrouver le paradis perdu qu'elle avait connu, enfant, avec l'amour de son père. Son espoir et son amour appartenaient à son enfance et ne correspondaient plus à sa situation actuelle, celle d'une femme adulte désireuse de vivre une relation adulte avec un homme qui ne serait pas un simple amant, mais un compagnon et un mari avec qui elle pourrait fonder un foyer et peut-être même une famille. Dans la mesure où les hommes recherchent la même chose chez une femme, cette attente n'a rien d'irrationnel, à condition que la femme et l'homme aient tous deux atteint une certaine maturité.

Or, Diane n'était pas arrivée à maturité. Il y avait en elle encore trop de la petite fille en quête d'une figure paternelle capable de rétablir la situation de son enfance. Cet homme l'adorerait, lui dirait sa beauté, proclamerait son innocence et la protégerait contre la méchante marâtre. Bien entendu, aucun homme ne peut répondre à une telle attente. Mais si l'innocence perdue ne peut être retrouvée, on peut vaincre la culpabilité en restaurant la plénitude et la liberté d'expression, notamment de ses sentiments sexuels. La peur de la marâtre peut être conjurée en mobilisant sa colère. Diane y est parvenue à la fin de sa thérapie, réussissant ainsi à tenir tête à sa mère et à lui demander de l'aide. A sa grande surprise, sa mère s'est montrée très désireuse de l'aider.

Sa relation avec les hommes était faussée, car elle croyait qu'en s'abandonnant à eux, elle s'abandonnait à l'amour. C'est la façon dont une petite fille perçoit sa relation à son père. Il est tout son monde et c'est essentiellement à travers lui qu'elle existe affectivement. Pour s'en convaincre, il suffit d'écouter comment une petite fille de trois ans prend plaisir à dire « papa, papa » pour appeler son père quand elle le voit. Ce comportement, caractéristique d'un enfant dont l'ego – ou sens de soi – n'a pas encore atteint son plein développement, est à l'origine du profond sentiment de joie qu'éprouve l'enfant. Mais nous ne restons pas des enfants toute notre vie. Entre trois et six ans l'ego se développe et devient un aspect dominant de la personnalité. Au cours de cette période, dite œdipienne, l'enfant devient conscient de la sexualité adulte et perd son innocence. Quand, à six ans, il entre à l'école où il rencontre d'autres enfants du même âge avec lesquels il pourra découvrir le vaste monde, il a normalement déjà forgé son sens de soi – ou sentiment d'identité – que nous appelons l'ego. L'enfant est alors pleinement conscient de lui-même et fier de son individualité.

5. La conscience de soi

La conscience de soi est une force aliénante en ce sens qu'elle rend le sujet conscient d'être séparé. A la maison, il faisait partie de la famille et se forgeait une identité par rapport à sa position dans le groupe, tandis qu'à l'école, où il n'est qu'un enfant parmi d'autres enfants occupant la même position que lui, cette identité est relativement moins importante. A l'école, il établira de nouveaux liens avec un ou plusieurs de ses pairs dans une situation analogue à la sienne ou ayant des intérêts et des affinités similaires. Ces liens d'amitié sont parfois très forts, de même que les sentiments d'amour pouvant exister entre deux enfants. L'enfant reste très attaché à sa famille, mais cet amour, s'il est sain, le libère et le soutient dans son processus de socialisation. Comme l'illustre le cas de Diane, un enfant accroché à sa famille aura du mal à établir des relations avec ses pairs. S'il a été privé d'amour à la maison, il deviendra dépendant de ses nouveaux amis et manquera de confiance en lui. Et si dans sa famille il était considéré comme quelqu'un de « spécial », il voudra sans cesse dominer ses nouvelles connaissances ou rivaliser avec elles. Dans un cas comme dans l'autre, ces nouvelles amitiés ne lui offriront pas la joie qu'il attend.

Dans une relation d'amitié saine entre deux enfants, l'amour renforce le sens de soi. Il diffère en cela de l'amour qu'éprouve l'enfant à l'égard du parent de sexe opposé où, comme nous l'avons vu, il y avait un abandon du moi. La sexualité n'est pas absente de ces relations car elle fait partie de la vie. Sa pulsion est toutefois si faible que le sens de soi émergeant peut se développer jusqu'au stade de la maturité. Très tôt dans le développement de sa théorie analytique, Freud proposa le concept des deux instincts antithétiques, à savoir les instincts de conservation de soi-même – ou instincts de l'ego – et les instincts de conservation de l'espèce – ou instincts sexuels. Le fait que ces deux forces existent dans la personnalité ne peut être nié, quel que soit le nom qu'on leur donne. Chez l'adulte, ce sont des forces polaires qui représentent une charge énergétique dans le corps, vibrant entre ses pôles inférieur et supérieur : d'un côté la tête avec les fonctions de l'ego et, de l'autre, le pelvis avec les fonctions sexuelles. Comme dans toute activité pendulaire, cette charge ne peut être plus importante à une extrémité qu'à l'autre. En termes de charge énergétique, l'ego ne peut être plus fort que sa contrepartie, la sexualité.

Le fait que l'égotisme exagéré des sujets narcissiques soit associé à une baisse de la puissance sexuelle peut sembler contredire ce principe. Or, un tel orgueil ne dénote pas une vraie force de l'ego. Bien au contraire, l'image de l'ego est gonflée pour compenser l'impuissance sexuelle (3). La vraie

---

3. Lowen : *Gagner à en mourir (op. cit.).*

force de l'ego se manifeste dans le regard et correspond à une charge similaire dans le segment génital. Un regard radieux dénote un ego fort et ancré dans le corps, ainsi que la présence de sentiments de plaisir et de joie. Pour savoir si une personne est amoureuse, il suffit de regarder ses yeux : en général, ils sont rayonnants.

L'amour adulte n'est pas un abandon de soi, mais un abandon à soi. L'ego cède au cœur son hégémonie, sans être annihilé pour autant. Il est au contraire renforcé, parce que ses racines, enfouies dans le corps, sont nourries par la joie qu'il y ressent. Dans l'expression « Je t'aime », le « je » devient aussi fort que le sentiment d'amour. L'amour adulte peut ainsi être considéré comme une affirmation de soi-même.

A l'instar de Diane, de nombreux patients s'abandonnent à l'autre et non à soi-même lorsqu'ils tombent amoureux. Ils renoncent à leur indépendance dans l'espoir que l'autre prendra soin d'eux, régressant ainsi dans une position infantile où ils retrouvent leur relation avec le parent de sexe opposé. Devenus dépendants, ils sont dès lors exposés à tous les abus et se retrouvent sans défense pour se protéger. Evidemment, ces relations sont rarement durables et aboutissent généralement à une répétition du chagrin d'amour vécu dans l'enfance.

6. Le partage

Il est impossible d'avoir une relation amoureuse adulte si l'on n'a pas soi-même atteint une certaine maturité, c'est-à-dire la capacité de tenir debout sur ses pieds, seul si nécessaire, et d'exprimer ses sentiments en toute liberté. Un tel amour n'est pas égoïste, car la personne reste pleinement ouverte. On reste peut-être centré sur soi, mais c'est justement cela qui rend la relation vivante, chaque individu étant doté d'un moi unique qu'il partage avec son partenaire. Dans une telle relation, l'accomplissement de l'amour dans la sexualité est mutuellement ressenti comme source de satisfaction et de plaisir.

Cette vision de l'amour va à l'encontre de l'idée généralement admise selon laquelle, en amour, il faut être là pour l'autre. Cela donne, hélas ! plus souvent une relation de service qu'une relation de partage. Il y a partage quand les deux parties sont égales, tandis qu'on est au service de quelqu'un de supérieur. De telles relations amoureuses perdent rapidement tout leur aspect excitant, si bien que le partenaire qui se fait servir finit souvent par chercher ailleurs l'excitation de l'amour qui manque à son mariage. Dans cette situation, l'épouse abandonnée redouble d'attentions, elle est prête à tous les sacrifices pour retenir son mari.

Une patiente venant d'apprendre que son mari la quittait me dit ainsi, après avoir pleuré à chaudes larmes : « Toute ma vie, j'ai passé mon temps à vouloir réparer des choses autour de moi. Mais ça ne marche pas. En fait, ça ne peut pas marcher. J'essaie d'aider les gens mais en retour je n'ai que des blessures. J'en ai assez de tout cela. »

Philip approchait la soixantaine quand il est venu me voir pour la première fois, se plaignant d'avoir le sentiment qu'il manquait quelque chose dans sa vie. Il s'était marié assez jeune avec une femme qu'il n'aimait pas, dont il eut néanmoins trois enfants, et avec qui il resta pendant près de vingt ans, persuadé qu'elle avait besoin de lui. A l'époque où il est venu me voir, il vivait depuis bientôt douze ans avec une femme beaucoup plus jeune que lui. Leur relation avait commencé par une aventure sexuelle mais, depuis huit ans, l'amour comme le désir sexuel s'étaient évanouis. Ils dormaient dans le même lit, souvent nus, mais il n'y avait plus aucune intimité entre eux. Philip m'a raconté qu'elle le critiquait souvent pour des petites choses sans importance, mais que c'était toujours lui qui avait commencé à en parler. A part cela, ils s'entendaient plutôt bien, chacun menant sa carrière de son côté avec de nombreux déplacements professionnels. Philip travaillait comme avocat dans une petite société qui s'était spécialisée avec succès dans le droit des faillites.

Il n'était pas difficile de comprendre pourquoi Philip se plaignait d'un sentiment de vide dans sa vie. En quête de plénitude, il avait été en analyse freudienne et jungienne pendant des années, ce qui l'avait amené à la méditation et à d'autres pratiques spirituelles. En outre, il avait très longtemps fait partie d'un groupe d'hommes qui se réunissait pour un travail visant à élargir la conscience masculine. Philip avait le visage large et ouvert. Son corps était vigoureux et attirant, bien fait, et ses manières plaisantes. Les femmes étaient attirées par lui, mais il restait fidèle à sa partenaire.

Pour comprendre son problème, il nous fallait connaître son passé. Il m'a décrit sa mère comme une femme dominatrice à tendance hystérique, et son père comme un homme calme et passif. Il avait une sœur aînée ayant deux ans de plus que lui. Il était conscient du comportement séducteur de sa mère avec lui. Elle lui donnait le sentiment d'être « spécial », tout en le rendant responsable de son bonheur à elle. Son parcours en psychologie analytique l'ayant familiarisé avec les thèmes œdipiens, il admit facilement qu'il était bâti pour rivaliser avec son père et le dépasser, ce qui fut d'ailleurs le cas. Il se sentait à l'aise dans le monde des hommes, où il pouvait être agressif sans pour autant se montrer arrogant. Il avait fait partie de l'équipe de football de son université. Son problème était ses relations avec les femmes. Pour le surmonter, il lui fallait prendre conscience de ses sentiments envers les femmes, qu'il avait profondément réprimés. Il parlait très ouvertement et rationnellement de son problème, mais avait beaucoup de mal à dire ce qu'il ressentait. Il avait décidé de venir me voir le jour où il comprit que ses émotions étaient figées dans des tensions physiques, ce qui nécessitait une thérapeutique corporelle.

Sur le tabouret énergétique, Philip respirait de manière superficielle, la poitrine gonflée et tendue. Je l'ai alors encouragé à utiliser sa voix, mais cela n'a évoqué en lui aucune tristesse. Puis, pendant de l'exercice d'enracinement, Philip a eu énormément de mal à faire vibrer ses jambes. Il a ensuite donné des coups de pieds sur le lit avec un semblant de ressenti, mais sans véritable libération émotionnelle. Très tôt dans sa vie, Philip avait développé un puissant contrôle de ses émotions et de ses sentiments, ce qui l'empêchait de se laisser aller consciemment. Mais il se sentait beaucoup mieux après ces exercices et savait qu'ils allaient dans la bonne direction ; aussi était-il réellement déterminé à les poursuivre, de même que l'analyse.

Lors d'une séance, Philip était installé sur le tabouret et émettait un son continu lorsque sa voix fut soudain sur le point de se briser, comme s'il allait fondre en larmes. Mais au lieu de pleurer, il s'est mis à rire sans pouvoir s'arrêter. J'avais déjà vu des patients réagir ainsi mais, dans la plupart des cas, le rire s'était brisé en sanglots. Son rire était une tentative inconsciente pour nier sa tristesse. Je me suis mis alors à rire avec lui pour l'aider à se rendre compte que son rire était irrationnel, ce qui n'a eu pour effet que de l'intensifier, et cela pendant près d'un quart d'heure. Philip n'a peut-être pas pleuré ce jour-là, mais il réalisa toutefois qu'il y avait en lui une forte résistance à l'abandon, et qu'il ne laissait pas facilement les autres l'approcher.

Malgré son apparence virile, Philip avait un côté petit garçon qui démentait sa prétendue maturité. A travers l'analyse, il comprit qu'il avait été piégé dans son enfance par sa mère, et qu'il n'avait jamais accepté la responsabilité dont elle l'avait chargé en lui demandant d'être son petit homme. Il était également piégé par son sentiment narcissique d'être spécial, supérieur, provenant de l'attirance sexuelle de sa mère à son égard. Le narcissisme est un problème fréquent chez les hommes qui ont eu des mères séductrices et dominatrices. Il y a, dans leur personnalité, une qualité phallique liée à leur puissance érectile, sur laquelle repose leur sentiment d'être sexuellement attirant vis-à-vis des femmes. Aussi voient-ils dans leur puissance érectile la capacité de satisfaire les femmes, à la fois sexuellement et émotionnellement. Mais pour un tel homme, l'abandon à l'amour est extrêmement difficile : d'un côté, il court le risque d'être possédé par la femme, tout comme il a déjà été possédé par sa mère, et, de l'autre, celui de perdre sa position phallique et son sentiment d'être spécial et supérieur, s'il avait un orgasme qui le priverait de l'excitation qu'est le jeu de la séduction. Philip ma affirmé qu'il était capable de maintenir l'érection dans une femme pendant deux heures et de lui faire vivre de nombreux orgasmes. Mais du fait de cette incapacité de s'abandonner, il n'était pas heureux : il avait la sensation qu'il lui manquait quelque chose d'important.

L'abandon n'est pas un acte qui dépend de la volonté, il exige au contraire un véritable lâcher-prise de la volonté. Cette volonté résulte du mécanisme de survie et, dans le cas de Philip, la survie consistait à ne laisser aucune femme le posséder. La thérapie de Philip prit toutefois un tournant décisif peu après la mort de son père. Il avait quatre-vingt-douze ans et Philip s'occupait de lui depuis quelques années. J'avais toujours pensé que cet événement aurait sur lui un effet libérateur. Philip avait alors eu une relation double avec son père : d'un côté, il était le fils mais, de l'autre, le père de ce père. Dans ce type de relation œdipienne, il se sentait supérieur à son père tout en restant l'homme le plus jeune. Mais ce n'était plus le cas maintenant, et il pouvait désormais revendiquer le royaume de sa pleine maturité. Il eut alors une aventure avec une femme qu'il connaissait depuis plusieurs années, qui se transforma rapidement en passion sexuelle. Cette relation était très différente de celle qu'il avait eu avec Ruth et Philip se sentait vraiment amoureux d'Elizabeth, sa nouvelle rencontre. Elle était plus âgée que ses compagnes habituelles et avait déjà de grands enfants. Jusqu'alors Philip était toujours tombé amoureux de femmes beaucoup plus jeunes que lui, mais il pouvait maintenant donner son cœur à des femmes plus âgées.

Il commença alors à mener une double vie, passant les week-ends avec sa nouvelle maîtresse et le reste du temps avec Ruth. Au fil du temps, la nouvelle relation se fit de plus en plus intense, tandis que l'ancienne suivait son cours normal. Mais Philip se rendait bien compte que cette situation ne pouvait pas durer et qu'il lui fallait prendre une décision. Son nouvel amour, Elizabeth, faisait pression sur lui pour qu'il révèle leur liaison à sa partenaire, Ruth, mais il hésitait et manquait d'assurance. Voici comment il voyait son conflit : « Je sais qu'Elizabeth m'aime très profondément. Elle m'a dit qu'elle n'avait jamais connu un tel plaisir sexuel avant moi. Nous avons tant de centres d'intérêts en commun et nous nous comprenons si bien. Je peux être très ouvert avec elle. Elle voudrait être avec moi tout le temps, je sens chez elle une forme de dépendance. Avec Ruth, j'ai plus de liberté. C'est une femme pratique tandis qu'Elizabeth ne l'est pas du tout. Mais j'aime Elizabeth. Elle m'excite sexuellement, ce qui n'est plus le cas de Ruth. »

La personnalité de Philip ne lui permettait pas de mener une double vie : il voulait être ouvert et sincère avec les deux femmes, mais il savait qu'en parlant d'Elizabeth à Ruth, il la blesserait. Aussi ne pouvait-il se résigner à le faire. Alors que nous discutions de tout cela, Philip respirait sur le tabouret quand il a soudain fondu en larmes. Il avait pleuré plusieurs fois au cours de la thérapie et je pense que cela l'avait aidé à s'ouvrir à son nouvel amour. L'idée même de faire de la peine à Ruth le faisait souffrir. Il avait le cœur brisé, comme le serait celui de Ruth, croyait-il, quand elle apprendrait qu'il la rejetait. Philip s'est alors mis à pleurer de plus belle, jusqu'à ressentir la tristesse qu'il avait réprimée dans son enfance quand sa mère avait rejeté les sentiments sexuels qu'il éprouvait à son égard. La tension qu'il avait dans la poitrine entravait sa respiration et l'empêchait de s'abandonner à l'amour : c'était sa défense en réponse au chagrin de son enfance et à sa peur d'être à nouveau blessé.

La situation de Philip n'était pas facile. Il ne pouvait pas quitter Ruth parce qu'il ne voulait pas la blesser et qu'il avait peur d'être seul. Ruth était dans la même situation. Elle sentait qu'il y avait une autre femme dans la vie de Philip, et ne pouvait pas le quitter. Elle n'ignorait pas que leur amour sexuel s'était tari et s'est montrée prête à accepter son besoin d'une liaison temporaire. En fait, elle n'était pas restée toutes ces années avec Philip par amour, mais par besoin. Leur relation était codépendante : ils avaient tous deux besoin l'un de l'autre. Philip, déjà prisonnier de sa relation avec Ruth, commença à s'apercevoir qu'il était également prisonnier de sa relation avec Elizabeth. Elle a fait pression sur lui pour qu'il quitte Ruth, le menaçant de mettre un terme à leur relation s'il se dérobait, mais elle ne pouvait pas plus le quitter qu'il n'était lui-même capable de la quitter. Philip, se rendant compte qu'Elizabeth avait énormément d'attentes envers lui et qu'elle le posséderait, tout comme sa mère l'avait possédé, commença à comprendre qu'il devait se séparer d'Elizabeth pour la même raison qu'il se séparait de Ruth : parce qu'il n'était pas libre.

Devenir libre fut dès lors l'objectif central de sa thérapie. Philip savait bien qu'il ne pourrait pas devenir libre, c'est-à-dire vrai par rapport à lui-même, tant qu'il serait dépendant. Il était également dépendant dans sa vie professionnelle, comptant sur un associé dont il pensait avoir besoin. Bien que sexagénaire ou presque, il était émotionnellement un petit garçon et non un homme qui aurait pu tenir debout sur ses propres pieds. La maturité émotionnelle était la dimension manquante à la vie de Philip. Cette tragédie l'a fait beaucoup pleurer et l'a mis plus d'une fois en colère. Ruth et lui finirent par se séparer et restèrent amis. Il se sépara aussi d'Elizabeth, même si tous deux se sentaient toujours aussi attirés sexuellement l'un par l'autre. Et, sur le plan professionnel, il prit la tête de son entreprise. Mais l'amour dans tout cela ?

Philip disait aimer Ruth sans avoir de désir sexuel pour elle. En d'autres termes, son cœur était ouvert à Ruth, mais il était aussi ouvert à Elizabeth du fait des sentiments sexuels qu'il continuait d'éprouver pour elle. Or, cet amour provenait de sentiments positifs envers elles et non d'un réel besoin d'elles. Puis son cœur s'étant ouvert, il retrouva une sœur qu'il avait perdue de vue depuis des années. Et dans un élan qui me surprit, il me dit lors d'une séance : « Docteur Lowen, je tiens à vous dire combien je vous aime. » Il avait rêvé qu'il montait au ciel sur un nuage blanc. Il était complètement excité, car il y voyait un signe de naissance spirituelle. En même temps, il sentait une paix intérieure très profonde en lui et une grande joie. Bien que paisibles et simples, ces sentiments comportaient toutefois un élément passionnel : Philip était passionnément amoureux de la vie et du monde. Il n'avait pas besoin de chercher plus loin. Il s'était trouvé au centre de son être, dans son cœur, y découvrant le sens de la vie dans son ouverture à l'exaltation de l'être.

Philip avait déjà connu l'amour. Il était tombé amoureux d'Elizabeth quand ils sont devenus amants, et de sa femme au premier jour de leur rencontre. Dans ces deux situations, le sentiment d'amour était authentique, mais pas assez profond pour être durable. De même qu'on tombe amoureux, on tombe en « désamour », ce qui arrive fréquemment quand survient la déception de ne pas avoir été comblé par l'autre. Mais nous ignorons que l'autre ne peut pas combler tous nos besoins insatisfaits, et que notre bonheur dépend en réalité de notre ouverture à nous-mêmes et à la vie. Aussi, lorsque la flèche de l'amour vient percer notre cuirasse pour toucher notre cœur, notre ouverture à la vie et à la joie ne dure pas : notre ego reprend progressivement son pouvoir, avec ses questions, ses doutes et sa domination. Cette ouverture est ressentie comme une brèche dans notre position défensive qu'il nous faudrait immédiatement colmater. Tomber amoureux n'est pas la réponse ; la réponse, c'est d'être amoureux, c'est-à-dire ouvert. Et si nous voulons nous libérer de la peur, de la honte et de la culpabilité, nous devons d'abord nous ouvrir à nous-mêmes et à nos sentiments profonds.

La peur mine la capacité de s'abandonner à l'amour. Cette peur, bien qu'irrationnelle, trouve toutefois une origine et une signification au regard des expériences de l'enfance. Mais tant que nous agissons comme si nous étions toujours dans cette situation de l'enfance, cette peur continue à nous influencer. Aussi longtemps que Diane essayait de prouver qu'elle était une bonne petite fille, serviable et consciencieuse, elle avait peur d'elle, peur d'accepter sa sexualité et de s'abandonner à l'amour. Tant que Philip avait peur d'être possédé par une femme, il combattait son abandon à l'amour. Il croyait que les femmes étaient attirées par ses qualités supérieures et non pas parce qu'il était un homme ayant besoin d'une femme pour s'accomplir dans la vie. A ce niveau, Philip était encore un jeune homme qui jouait à l'amour et continuait d'avoir besoin d'une mère pour s'occuper de lui. En fait, il n'avait jamais vécu seul. Depuis le jour où il avait quitté la maison de sa mère pour se marier, il avait toujours vécu avec une femme. Malgré son amour pour Elizabeth, il savait que le fait de s'installer avec elle juste après avoir quitté Ruth serait une fuite, une façon de ne pas avoir à affronter sa peur d'être seul. Tant qu'il se sentait dépendant d'une femme, il ne pouvait pas se sentir libre, terrifié qu'il était à l'idée qu'elle le possède, pas plus qu'il n'avait la maturité suffisante pour faire de l'abandon à l'amour une expression de son être le plus profond. Quelques semaines plus tard, Philip m'a dit qu'il s'était réveillé tout joyeux après avoir fait un rêve où il avait senti qu'il n'avait plus peur d'être seul et plus besoin de dépendre d'une femme. Chaque fois qu'un patient se libère de la peur, il fait l'expérience de la joie !

7. La maturité : se connaître et s'accepter

Dans la vie, la maturité correspond à un stade où la personne se connaît et s'accepte. On reconnaît ses propres peurs, ses faiblesses et ses manœuvres et on les accepte. Je ne crois toutefois pas qu'il soit possible de se libérer complètement des effets des traumatismes du passé. En tout cas, on peut déjà ne plus y être accroché. L'acceptation ne signifie pas l'impuissance. Et du fait que les problèmes sont structurés dans le corps sous la forme de tensions chroniques, le travail sur le corps pourra les libérer. Les différents exercices bioénergétiques utilisés lors des séances peuvent être exécutés chez soi, à condition toutefois qu'on ait suivi une thérapie énergétique et qu'on sache comment les pratiquer. L'acceptation signifie aussi que l'on n'a plus aucune honte de ses difficultés ou de ses problèmes.

De même que la culpabilité, la honte entrave la liberté d'être soi-même et de s'exprimer en tant que tel (4). En qualifiant de dégoûtant et de sale le comportement sexuel innocent de sa fille, la mère de Diane lui avait inculqué une honte terrible de ses sentiments sexuels. Mais comme ces sentiments étaient aussi associés à des sensations très excitantes et agréables, l'enfant s'était retrouvée dans un conflit intenable. Diane avait donc essayé de réprimer ces sentiments et, comme nous l'avons vu, y était parvenue jusqu'à un certain point, mais ces sentiments formaient une tension interne qui la poussait à les exprimer. Dans nos pays civilisés, nous avons tous plus ou moins honte du corps et des fonctions animales, particulièrement de la sexualité, mais très peu de patients en parlent. Ils ont trop honte de parler de leur honte et, se croyant « psychologiquement évolués », ils la dénient. L'expression de soi ne se limite pas aux sentiments de tristesse et de colère. La plupart des gens ont des secrets qu'ils ont honte de révéler et qu'ils se dissimulent parfois à eux-mêmes. L'avidité, l'aversion, les répulsions et les attirances, lorsqu'elles sont cachées en raison de la peur, deviennent les barrières qui empêchent l'abandon à l'amour.

De même que Diane souffrait d'un sentiment de honte, Philip souffrait d'un profond sentiment de culpabilité dont il était en grande partie inconscient. La culpabilité diffère de la honte dans le sens où les émotions et les actions sont jugées négatives d'un point de vue moral, et non pas parce qu'elles seraient sales ou inférieures. Mais de nos jours, la majorité des gens qui commencent une thérapie se croient « psychologiquement évolués » et dénient tout sentiment de culpabilité. Il sera dès lors encore plus difficile de les libérer de leurs chaînes. On fait croire à l'enfant qu'il ne doit pas nourrir de sentiments de colère et de sexualité à l'égard de ses parents, que cela est mal. La peur est ainsi associée à la honte et à la culpabilité. Dans le cas de

4. Pour une analyse de la nature de la honte et de la culpabilité, voir mon livre : *Plaisir* (Sand, 1988). A l'origine de ces deux sentiments : les jugements négatifs que nous nous portons.

Philip, la culpabilité s'était manifestée dans son corps par de graves tensions musculaires. L'énorme quantité de tristesse et de colère qui s'y était accumulée n'atteignait que très rarement sa conscience. Il avait une colère terrible contre sa mère, parce qu'elle avait trahi son amour, et aussi contre son père, qui l'avait abandonné au pouvoir de sa mère. Mais il avait joué le jeu, qui faisait de lui un être spécial et supérieur. Comment pourrait-on éprouver de la colère contre un parent qui vous traite comme un être spécial et supérieur ? Ce n'est qu'après avoir pris conscience du prix que l'on a payé en douleur et en frustration pour obtenir cette position que la colère peut monter en nous. Le fait de sentir la douleur dans son cœur et d'en pleurer, profondément, fit trouver à Philip le chemin lui permettant de devenir un homme libre.

Pour s'abandonner à l'amour, il faut être capable de partager avec l'autre. L'amour n'est pas une question de don mais d'ouverture. Mais cette ouverture, avant de se faire avec l'autre, doit d'abord se faire avec soi-même, ce qui implique d'être en contact avec ses sentiments profonds et de pouvoir les exprimer. Pour Philip, cela signifiait qu'il devait prendre conscience de sa colère envers les femmes – toutes les femmes, car chacune représentait sa mère – et l'accepter. Pour Diane, cela signifiait qu'elle devait accepter sa colère contre tous les hommes, notamment son thérapeute, chacun représentant le père qui l'avait trahie. L'abandon à son corps et à ses sentiments, c'est l'abandon à l'amour.

CHAPITRE VII

La trahison de l'amour

1. La trahison des parents

Au fil des séances, les patients prennent conscience de leur sentiment d'avoir été trahis par leurs parents, ce qui fait monter une immense colère en eux. Après deux ans et demi de thérapie, Monika m'a fait remarquer : « J'ai le sentiment d'avoir été trahie par mon père. Il m'a utilisée. Je l'aimais et il m'a utilisée sexuellement. Quand je me relie à mon pelvis, je peux sentir à quel point il m'a trahie. Je ne comprends pas pourquoi les hommes font ça. » Puis elle a ajouté : « J'ai l'impression d'être un animal. J'ai tant de colère en moi. J'ai envie de mordre et j'ai bien peur que cette envie porte sur le pénis. »

Ses sentiments avaient été déclenchés par la rupture récente de sa relation avec un homme à qui elle avait donné tout son amour. Il acceptait son amour mais trouvait toujours à la critiquer. Accepter l'amour d'une femme sans l'aimer en retour et sans la respecter revient à l'utiliser. Son père l'avait utilisée en se montrant séducteur avec elle, en excitant son amour et en l'exhibant comme un objet sexuel devant ses amis. Que ce comportement ait constitué ou non un abus sexuel, c'était une trahison de l'amour et de la confiance que l'enfant portait à son père. Bien entendu, tout acte d'abus sexuel perpétré sur un enfant, qu'il soit le fait d'un parent ou d'un autre individu, est une trahison de l'amour et de la confiance. Mais je pense également que tout acte de trahison constitue une forme d'abus sexuel, qu'il soit dissimulé ou manifeste.

Un autre patient, homme cette fois, se sentait trahi par sa mère. Dans son enfance, il n'avait jamais pu s'opposer à elle. Elle avait exercé une telle domination sur tous les aspects de sa vie et de son comportement, qu'une fois adulte, il n'était plus capable d'agir dans le sens de ses intérêts. Il devait réussir socialement pour que sa mère soit fière de lui. Il s'était marié mais se comportait à peu près de la même façon avec sa femme, c'est-à-dire comme un « gentil petit garçon ». Il est arrivé un jour à une séance en se plaignant d'avoir la gorge sèche, ce qui le gênait pour parler et pour respirer. Il avait l'impression d'étouffer et l'image d'un chien attaché à une laisse lui est venue à l'esprit. Sa mère l'habillait bien et l'exhibait autour d'elle comme s'il était un caniche de concours. Quand il en prit conscience, il reconnut : « Je devais faire en sorte qu'elle soit fière de moi pour satisfaire son image de femme supérieure. »

Elle l'avait utilisé aussi clairement que le père de Monika avait abusé de sa fille, trouvant une excitation sexuelle et une jouissance dans sa possession d'un homme qui l'adorait. Bien entendu, elle était totalement inconsciente qu'en agissant de la sorte elle volait à son fils sa virilité. Ses actes représentaient le besoin de faire à un homme ce que d'autres lui avaient fait dans son enfance. Comme nous l'avons vu dans le chapitre sur la colère, le sujet se décharge sur un être sans défense, quelles que soient les insultes et les traumatismes subis lorsqu'il était lui-même un enfant, vulnérable et dépendant.

L'utilisation du pouvoir contre autrui traduit toujours un aspect sexuel sous-jacent. Les parents utilisent leur pouvoir pour discipliner leurs enfants, afin qu'il deviennent de « bons » enfants et plus tard, de « bons » adultes. Mais le mal n'est pas seulement ce qui est négatif ou hostile : c'est aussi tout ce qui est lié à la sexualité. Un « bon » enfant est soumis et obéissant. Or, en lui promettant qu'un tel comportement lui vaudra l'amour, on lui fait une fausse promesse, car il n'obtiendra que de l'approbation et jamais de l'amour. L'amour ne peut être conditionnel. L'amour conditionnel n'est pas de l'amour. En défense des parents, nous devons admettre qu'une certaine discipline est nécessaire pour faire régner un peu d'ordre dans la maison et empêcher les petits enfants de se blesser. Mais la discipline est une chose, casser un enfant en est une autre. Les gens qui arrivent en thérapie sont tous des individus qui ont eu l'esprit perturbé ou brisé, mais c'est aussi le cas de bien d'autres personnes qui n'entrent pas en thérapie. Sans s'en rendre compte, la plupart des parents traitent leurs enfants comme ils ont eux-mêmes été traités par leurs parents. Dans certains cas, ils agissent ainsi malgré une voix intérieure qui leur dit que ce n'est pas bien. Un enfant qui a été abusé devient souvent un parent abusif du fait que les dynamiques de son comportement sont structurées dans son corps. En général, les enfants qui ont subi des mauvais traitements sont violents avec leurs propres enfants, qui sont à leur tour des objets faciles pour décharger la colère réprimée. Entre-temps, les enfants s'identifient à leurs parents et justifient leur comportement comme étant nécessaire, persuadés qu'ils agissent pour le bien de leurs enfants.

2. La relation perverse parent/enfant

Ce compte-rendu d'une séance avec l'un de mes patients illustre bien la relation perverse qui peut exister entre un parent et un enfant : dans ce cas, une mère et sa fille. Rachel était une femme d'une quarantaine d'années quand elle est venue me voir pour la première fois, se plaignant d'être déprimée. Elle suivait déjà une thérapie avec un autre analyste dans l'Etat où elle vivait. Elle m'avait rencontré lors d'un atelier, et l'idée d'un travail sur le corps pour résoudre ses problèmes l'avait intéressée.

Rachel était une femme attirante et plutôt grande. Son corps, svelte et bien proportionné, ne semblait toutefois pas très vigoureux. Ses traits juvéniles dénotaient une qualité enfantine dans sa personnalité. Ses jambes étaient minces et ne semblaient pas très solides. C'était la troisième fois que je la voyais, sur quatre au total.

Elle commença par me dire que les trois mois qui s'étaient écoulés depuis notre dernière rencontre avaient été très durs pour elle. « J'étais très déprimée et j'avais peur de ne pas pouvoir m'en sortir. J'avais l'impression de me rapprocher de plus en plus de cette partie de moi-même qui est endormie et qui résiste. L'idée même de venir vous voir me terrifiait. En même temps, j'avais envie de vous voir mais je redoutais le travail physique. La dernière fois que je suis venue, je me suis recroquevillée sur le matelas dans la position du fœtus et je n'ai rien pu faire d'autre. »

Elle poursuivit : « Avec mon autre thérapeute, nous avons travaillé sur mes rêves de serpents. Il y a une image de serpent qui revient dans tous mes rêves. Je rêve souvent de serpents, mais cette image est toujours là. Le serpent est lové dans l'embrasure d'une porte, menaçant. C'est un gros serpent, peut-être un anaconda ou un python, qui pourrait m'encercler et me tuer en m'étranglant. Dans un autre rêve, je vois des serpents exposés derrière une vitrine dans un musée et je me force à les regarder. Il y a deux serpents qui ont des crânes de primates au lieu de crânes de serpents. Ils ont l'air plus humains. »

« A cette époque de ma thérapie, je travaillais sur la douleur que mon frère m'avait causée. En repensant à ce rêve, j'ai eu la vague impression que ce musée était à Philadelphie et que c'était le musée des Beaux-Arts. Puis j'ai pensé que Philadelphie était la ville de l'amour fraternel et je me suis dit que l'amour fraternel était complètement emmêlé avec la sexualité. »

Quand je l'ai questionnée sur l'âge de son frère, elle m'a dit qu'il avait quatre ans de plus qu'elle et a ajouté : « Je l'aimais tellement que je faisais tout ce qu'il me demandait. Le jour où j'ai raconté à mon autre thérapeute tout ce qu'il m'avait fait, j'ai cru que j'allais mourir. Jusque-là, j'avais été incapable de mettre des mots sur ce qui s'était passé, de peur que les autres me rejettent en disant que c'est quelque chose de banal. Je crois que j'en serais morte de honte. »

« Je me posais tellement de questions sur moi que j'ai décidé un jour de passer des tests psychologiques. Dans le test de Rorschach, je voyais des organes sexuels partout. Il y avait un symbole phallique en haut du dessin et j'ai dit au psychologue que je ne voyais vraiment pas ce que pouvait être ce "petit machin", ce qui l'a fait rire. »

Quand j'ai demandé à Rachel ce que son analyste avait pensé des vagins qu'elle avait vus dans la tache, elle m'a dit qu'elle venait juste de recevoir les résultats du test et qu'elle n'avait pas encore revu son analyste depuis. Le fait que Rachel ait vu des vagins partout était, d'après moi, lié à sa mère. J'ai invité Rachel à me parler de leur relation.

Elle dit : « Eh bien, euh ! je crois que ma mère a abusé de moi sexuellement ! »

J'avais la même intuition.

Rachel ajouta : « J'ai parlé à mon analyste d'un incident de mon enfance. J'ai une épine dans la jambe et je ne veux pas laisser ma mère m'approcher. Elle m'assied de force sur ses genoux et je crie à l'aide. J'étais terrifiée. J'ai toujours eu pour elle ce sentiment d'aversion, et je sais que c'est lié à la sexualité. »

La mère de Rachel tenait les rênes du pouvoir dans la famille : « Elle dirigeait tout et nous montait les uns contre les autres, si bien que nous n'avions plus personne vers qui nous tourner. Le simple fait de vous raconter tout cela me fait trembler. »

J'ai dit à Rachel que je la trouvais courageuse d'affronter toutes ces questions et elle m'a répondu : « Oui, c'est vrai, mais c'est plutôt à mon détriment. Un ami m'a dit que je me jetais dans la gueule du lion. Je crois qu'il n'a pas complètement tort mais, ce que je veux, c'est arracher les mâchoires de ce lion. »

Je lui ai fait remarquer que le vagin ressemblait à une bouche. Il vous avale. « Avez-vous eu l'impression que votre mère désirait vous posséder ? » ai-je demandé à Rachel.

« Oui, non seulement elle avait le désir de me posséder, mais aussi de m'effacer. »

« Avez-vous senti une hostilité de sa part ? Vous êtes-vous dit qu'elle pouvait vous tuer ? »

Après une longue pause, elle a répondu que sa mère lui donnait le fouet presque tous les jours. La gorge serrée, j'ai commenté : « Ce devait être pour vous rendre docile et briser votre esprit. »

« Parfois, je me demandais jusqu'où elle pouvait aller. J'étais décidée à ne pas pleurer, à ne pas lui donner satisfaction mais, de peur qu'elle me tue, je finissais par pleurer pour qu'elle s'arrête. En même temps, je sentais bien que plus je lui résistais, plus sa rage de ne pas me voir céder augmentait. »

J'avais la forte intuition que la mère de Rachel avait eu des agissements sexuels avec sa fille, mais je me suis contenté de suggérer qu'il y avait peut-être quelque chose de lesbien dans le comportement de sa mère.

D'une toute petite voix, Rachel dit : « Je suis heureuse que vous ayez vu si juste. Je pense qu'elle était jalouse de moi parce qu'elle a eu une enfance très dure. Je crois même qu'elle a été abusée sexuellement. C'est une femme forte avec une très grosse ossature alors que moi, je suis venue au monde fine et féminine. Je crois que ça la dérangeait. »

J'ai dit à Rachel que sa mère s'était identifiée à sa féminité et qu'elle voulait la posséder. Rachel précisa que sa mère était une femme très masculine, grande et bien enveloppée. « Ma mère, ajouta-t-elle, utilisait toutes sortes d'excuses pour regarder mon vagin. »

Rachel m'a alors dit qu'elle se sentait mal et qu'elle allait s'évanouir. Elle a soupiré et marmonné : « Oh ! mon Dieu ! »

Puis elle s'est reprise, ajoutant que sa mère lui donnait la chair de poule. Elle avait toujours éprouvé de la répulsion pour sa mère et, aujourd'hui encore, elle avait beaucoup de mal à supporter sa présence. Puis elle m'a raconté un incident démontrant le pouvoir néfaste que sa mère exerçait sur elle : « Je vivais en Allemagne et, après mon accouchement, ma mère est venue nous voir. J'avais allaité mon bébé depuis la naissance sans aucun problème, mais le jour où ma mère est arrivée je n'avais plus du tout de lait. Du jour au lendemain, mes seins s'étaient vidés. »

Rachel a ensuite dit qu'elle avait l'impression que le comportement de son frère avec elle tenait plus à sa mère qu'à son père. « Ma mère fermait les yeux. Je crois même que cela l'excitait. Je pense qu'en m'accusant d'être sale et séductrice, elle projetait sur moi la haine que lui inspirait son propre comportement sexuel. Mais je n'étais pas séductrice et n'avais aucune envie de le devenir. Je voulais surtout être propre et innocente, et ne rien connaître de la sexualité. Je ne me rendais pas compte que ce que mon frère me faisait était sexuel. Je savais seulement que je le ressentais comme une intrusion et que je n'aimais pas ça. »

Après une courte pause, Rachel a poursuivi : « Je me sens tellement soulagée. » On dit que la vérité libère, c'est vrai, mais il faut d'abord pouvoir l'accepter. L'acceptation implique l'abandon, un abandon à la réalité, au corps et aux sentiments. Rachel n'avait jamais cédé, pas plus qu'elle n'avait renoncé à sa lutte pour échapper à sa mère et fuir le passé. Cette lutte lui avait certes permis de survivre, mais elle l'avait aussi gardée prisonnière de son enfance. Etant donné qu'il est impossible d'échapper au passé, tout effort dans ce sens est voué à l'échec et le sujet se retrouve confronté aux sentiments d'impuissance et de désespoir déjà connus dans son enfance. L'idée même qu'il soit possible d'échapper au passé est une illusion qui finit tôt ou tard par s'effondrer face à la réalité, et c'est alors la voie ouverte à la dépression.

Comme tous les autres survivants, Rachel continuait de vouloir changer le passé pour trouver l'amour qui pourrait la sauver et restaurer son estime personnelle. C'est l'histoire de la Belle au bois dormant à qui la méchante sorcière a jeté un sort, et qui se retrouve condamnée à dormir pendant cent ans dans son château, encerclé de ronces et de broussailles impénétrables. La Belle au bois dormant est sauvée par l'amour d'un beau prince charmant qui a le courage de franchir la barrière de ronces pour venir la réveiller. C'est aussi l'histoire de Cendrillon, arrachée à sa vie de fille de cuisine par l'amour d'un jeune prince. Ces deux histoires représentent le rêve de toutes les jeunes filles qui veulent être libérées du pouvoir maléfique d'une méchante sorcière ou d'une marâtre.

A l'instar de Diane, dont le cas a été présenté dans le chapitre précédent, Rachel vivait avec un homme qui la prenait en charge financièrement, mais abusait d'elle sexuellement. Il était censé être le chevalier blanc, le bon père qui saurait l'aimer et la protéger de sa cruelle mère. Mais sa dépendance envers lui la confinait dans le rôle de la princesse, celui de la petite fille effrayée par sa mère toute-puissante. Rachel en était bien consciente : « Je ne suis pas prête à le quitter et à devoir commencer à gagner ma vie. Et je me déteste à cause de cela. »

3. La compulsion

D'un point de vue réaliste, Diane et Rachel étaient toutes deux compétentes, ce qui aurait dû leur permettre de subvenir seules à leurs besoins. Le fait de rester dans une relation abusive dénote toutefois une certaine perversité. A un certain niveau, cette attitude dénote des sentiments autodestructeurs, découlant d'un profond sentiment de culpabilité et de honte. Rachel tout comme Diane étaient persuadées ne pas mériter l'amour d'un homme parce qu'elles « n'étaient pas propres ». Or, elles furent salies en étant exposées à la sexualité adulte à une époque où elles étaient encore innocentes. Cette profonde culpabilité les empêchait de s'abandonner à leur sexualité, qui est pourtant la voie d'expression naturelle de l'amour adulte. Au lieu de s'abandonner à soi-même, elles s'abandonnaient à un homme, prenant les sentiments de joie initiaux pour de l'amour. Mais ces relations ne fonctionnent pas, car elles ne font que répéter l'expérience vécue dans l'enfance avec le père, à savoir l'abandon et la trahison. La répétition – ou *compulsion* comme Freud l'a appelée – a la force du destin. Celui qui ne se souviendra pas d'une expérience sera amené à la revivre, dit le proverbe.

La femme est trahie parce que l'homme qu'elle aime n'est pas le chevalier à l'armure étincelante dont elle rêvait, mais un homme plein de colère qui se sent lui-même trahi par les femmes. L'analyse de cet homme révéla qu'il avait été trahi par sa mère, celle-ci ayant abusé de lui au nom de l'amour. Il est aujourd'hui utilisé par une autre femme qui lui demande d'être à la fois un sauveur, un protecteur et un pourvoyeur. Il s'aperçoit également qu'il a eu une relation sexuelle avec une petite fille et non pas avec une vraie femme. D'une certaine façon il se sent dupé, ce qui ravive sa colère. Mais il se rend bien compte qu'il a le pouvoir de la blesser et d'abuser d'elle. Aussi exprimera-t-il, consciemment ou inconsciemment, l'hostilité qu'il éprouvait pour sa mère sur sa partenaire qui, elle, se soumettra dans l'espoir de lui prouver qu'elle n'est pas comme sa mère et qu'elle l'aime vraiment.

Les motifs sous-tendant un tel comportement autodestructeur sont complexes. Diane et Rachel étaient-elles des êtres masochistes se laissant abuser ? Le comportement masochiste est lui-même très complexe, le véritable masochiste prétendant qu'il n'a de plaisir que s'il est abusé. Wilhelm Reich a d'ailleurs analysé cette anomalie apparente dans le cas d'un patient homme qui ne ressentait de plaisir sexuel que si on lui donnait une fessée. Reich montra que les coups supprimaient la peur de castration, permettant ainsi au patient de s'abandonner à ses pulsions sexuelles. Dans son esprit, le patient pouvait se dire : « Tu me frappes parce que je suis méchant, mais tu ne me castreras pas. » En raison de la nature endémique du problème œdipien, il y a dans notre culture une angoisse de castration chez pratiquement tous les hommes. Le complexe de castration est associé à la culpabilité de la sexualité mais, dans de très rares cas seulement, la culpabilité est si forte qu'elle pousse l'individu dans une position masochiste.

Une telle analyse, bien que valable, ne suffit toutefois pas à expliquer les sentiments d'amour que Diane et Rachel éprouvaient pour les hommes qui abusaient d'elles. Leurs sentiments étaient à mon avis authentiques, sans quoi elles n'auraient jamais pu se soumettre à ces abus. L'idée que l'on puisse aimer la personne qui nous persécute n'est pas si étrange si l'on pense que, dans l'enfance, c'était aussi un parent aimant. Le père de Rachel aimait sa fille malgré son comportement séducteur envers elle et son incapacité à s'opposer à sa femme pour la soutenir. Quand elle était petite, le père de Diane était pour elle une source de joie. Elle l'aimait très fort et il lui avait promis d'être là quand elle aurait besoin de lui. Mais il n'avait pas tenu sa promesse et ce fut pour elle une véritable trahison. Et comme nous le verrons dans le prochain chapitre, c'est également vrai du père qui abuse sexuellement de sa fille.

Un enfant est pris au piège par une telle trahison. Pour lui, elle est plus la marque d'une faiblesse que d'une réelle hostilité. L'enfant a une telle sensibilité qu'il ressent l'amour de ses parents, même lorsqu'il est blessé. Il perçoit leurs sentiments plus profonds et leur fait confiance. D'une certaine façon, il croit que l'abus est une manifestation d'amour. Rachel pensait que sa mère l'aimait, malgré une certaine perversité de sa part, et que les coups qu'elle lui donnait étaient une façon d'exprimer son amour sadique. « Tu ne peux pas me faire de mal si tu m'aimes » est une conviction bien ancrée chez les enfants. Ils se disent : « Si c'est vrai que tu m'aimes, alors pourquoi c'est pas comme ça ? Je ferai tout mon possible pour que ça marche. » L'enfant qui tient de tels propos affirme qu'il est prêt à se soumettre pour obtenir l'amour dont il a tant besoin.

L'enfant est un être innocent. Si nous nous rappelons cela, nous comprenons qu'il ne peut ni comprendre le mal ni s'en accommoder. Or, le mal existe bel et bien dans le monde humain. Il n'existe pas dans le monde naturel, car ses créatures n'ont pas mangé du fruit de l'arbre de la connaissance et ne savent pas discerner le bien du mal. Elles se contentent de faire ce qui est propre à leur espèce. Quand l'homme mangea du fruit défendu, il fut confronté à l'existence du mal qu'il ne cessa dès lors de combattre. Chez certains individus, le mal est si présent qu'il transparaît dans leurs yeux. Je me souviens avoir croisé un jour le regard plein de haine d'une femme dans le métro. J'étais avec mon épouse et cette femme est venue s'asseoir en face de nous. Nous avions vu tous les deux son regard haineux, aussi n'y avait-il aucun doute sur la vérité de mon impression.

Je n'ai rencontré ce regard qu'à de très rares occasions dans ma vie, dont une qui m'a également beaucoup marqué. Une mère était venue me consulter au sujet de sa fille. J'avais diagnostiqué un état à la limite de la schizophrénie. Pendant l'entretien, la fille avait fait plusieurs remarques négatives à sa mère et celle-ci lui avait lancé en retour un regard littéralement noir de haine. Ce n'était pas un regard de colère ou même de fureur, mais bel et bien de la haine. S'il était possible de tuer avec des yeux, ce regard aurait tué tant il était destructeur. Mais cette mère prétendait aimer son enfant, niant ainsi ses vrais sentiments. Aucun enfant ne peut faire face à de tels messages contradictoires sans être perturbé. Cette mère avait en elle un côté malveillant qu'elle masquait avec des mots d'amour et d'attention, niant la haine qu'elle éprouvait.

4. Les blessures de l'enfance

La haine n'est pas plus mauvaise que l'amour n'est bon. Ces émotions sont toutes deux naturelles et appropriées dans certaines situations. Nous aimons la vérité et haïssons l'hypocrisie. Nous aimons ce qui nous procure du plaisir et haïssons ce qui nous cause de la peine. Il y a, entre ces deux émotions, une relation polaire similaire à celle qui existe entre la colère et la peur (1). Nous ne pouvons être en colère et avoir peur en même temps, même si nous oscillons continuellement entre ces deux émotions en fonction de la situation. Et lorsqu'il nous arrive d'être en colère et prêt à attaquer, nous avons tendance à fuir dès que l'impulsion s'effondre et que la peur reprend le dessus. De la même façon, nous ne pouvons pas éprouver de la haine et de l'amour en même temps. L'anticipation du plaisir nous inspire et nous ouvre, amenant la chaleur en nous. Si l'excitation monte, nous nous sentons aimants et réceptifs. Une blessure causée dans ces conditions a pour effet de contracter le corps. Quand la blessure est importante, la contraction produit un sentiment de froid glacial dans le corps. Une telle contraction est souvent due à une blessure causée par un être cher. La haine serait ainsi de l'amour gelé. Lors d'une séance, j'ai entendu un enfant crier à ses parents : « Je vous hais, je vous hais ! » Après avoir exprimé sa colère, l'enfant a éclaté en larmes et s'est jeté dans les bras d'un de ses parents. Si la haine est de l'amour gelé, cela permet d'expliquer la facilité avec laquelle on passe d'un sentiment à l'autre. Nous ne pouvons éprouver de haine si nous éprouvons de l'amour, et *vice versa.*

Quand nous sommes blessés par un être cher, notre réaction première est de pleurer. Nous avons vu que c'était la réponse du nourrisson face à la douleur ou la détresse. Un enfant plus âgé réagira plus naturellement avec de la colère pour supprimer la cause de sa détresse et retrouver des sensations positives dans son corps. Le but de ces deux réactions est de restaurer le lien d'amour avec les êtres qui comptent le plus dans sa vie, ses parents, les autres personnes qui s'occupent de lui et ses camarades. En l'absence de ce lien, l'enfant reste dans un état de contraction et ne peut plus s'ouvrir, car son amour, gelé, s'est transformé en haine. Quand la haine peut être exprimée, comme ce fut le cas pour la petite fille avec sa mère, la glace est rompue et le flux d'émotions positives peut à nouveau cir-

1. Voir Lowen, A. : *Le Plaisir* (Sand, 1988), pour une analyse détaillée de ces relations.

culer. Comme nous l'avons vu, très peu de parents tolèrent la colère de leur enfant, mais acceptent encore moins qu'il exprime sa haine. Dans ce cas, l'enfant a le sentiment d'avoir fait quelque chose de mal mais ne se perçoit pas comme foncièrement méchant. Le parent qui a causé tous ces troubles chez l'enfant est perçu comme l'autorité qui a raison et à qui il doit obéissance et soumission. Cette soumission devient un substitut à l'amour. L'enfant dira : « J'aime ma mère », mais c'est seulement sur le plan corporel que l'on pourra constater l'absence de sentiments d'amour, de chaleur, d'excitation agréable et de plaisir. Cet amour provient de la culpabilité et non de la joie. L'enfant se sent coupable de haïr sa mère.

5. Laisser la haine s'exprimer

Lors des séances suivantes, Rachel m'a parlé de la répulsion que sa mère lui avait toujours inspirée à chaque fois qu'elle la voyait. Elle avait l'impression que sa mère continuait à exercer un pouvoir sur elle et qu'elle n'était pas libre, comme si elle était une poupée et non une personne. Mais elle ne pouvait pas mobiliser sa colère contre sa mère en raison de la peur et de la culpabilité que celle-ci lui inspirait. A un certain niveau, sa mère était pour elle une sorcière. Son comportement envers Rachel était, il est vrai, inhumain. Je suis sûr que cette femme éprouvait de l'amour pour son enfant, mais dans son attitude envers sa fille elle semblait possédée par un esprit maléfique. A cette époque, elle détestait tellement sa fille qu'elle aurait pu la détruire. Il n'y avait dès lors plus aucun doute : elle avait fait l'objet de traitements similaires dans son enfance, sa haine envers sa fille étant une projection de sa haine contre ceux qui avaient abusé d'elle. En se dissociant de sa haine contre ses parents, cette haine s'était transformée en force malveillante, prenant chez elle la forme d'un esprit maléfique.

Rachel haïssait-elle sa mère ? Ma réponse est un oui univoque. Mais tout comme sa mère, elle était dissociée de sa haine, qui avait fini par se retourner contre elle. « Je me hais de ne pas pouvoir tenir debout sur mes pieds», disait-elle. Mais comment aurait-elle pu tenir sur ses pieds alors qu'on les lui avait coupés ? Et sans jambes sur lesquelles s'appuyer, comment aurait-elle pu exprimer sa colère ou sa fureur contre sa mère ? Elle était pétrifiée de peur, de culpabilité et de haine.

Je ne crois pas qu'il soit possible de s'abandonner complètement à l'amour si l'on n'a pas d'abord accepté et exprimé toute la haine que l'on ressent. Cette haine ne devient une force de mal que si elle est niée et projetée sur des innocents. Je pense qu'il est inutile de prêcher contre la haine. C'est comme si l'on disait à un iceberg de fondre dans l'amour. Si nous voulons aider les gens à se libérer eux-mêmes, nous avons besoin de comprendre les forces qui créent ces sentiments négatifs en eux, en commençant par accepter la réalité de ces sentiments sans les juger.

Il y a de la haine chez tous mes patients et tous ont besoin de l'exprimer. Mais il leur faut d'abord prendre conscience de cette haine en eux et reconnaître qu'elle est la réponse naturelle à la trahison de l'amour. Pour s'autoriser à exprimer ce sentiment, le patient a besoin de sentir à quel point il a été blessé psychologiquement et physiquement. Lorsqu'il perçoit la profondeur de sa blessure, allongé sur le lit, je lui donne une serviette de toilette et lui suggère de la regarder et de la tordre entre ses mains en disant : «Tu m'as vraiment haï, n'est-ce pas ?» Après avoir exprimé ce sentiment, il n'a plus aucune difficulté pour dire : «Et je te hais aussi.» La majorité des patients y parviennent spontanément. Quand cette haine est ressentie, une plus grande colère pourra être mobilisée dans les exercices de décharge avec les jambes. Mais cela ne suffira pas à transformer la personnalité. Accepter tout l'éventail des émotions, les exprimer et retrouver la possession de soi sont autant d'étapes qui jalonnent le voyage d'autodécouverte.

Dans ce processus d'autodécouverte, l'analyse du comportement et du caractère est la boussole qui indique la bonne direction. Avant de pouvoir changer de comportement, nous avons besoin d'en comprendre le comment et le pourquoi, en commençant par reconnaître et accepter que l'enfant est innocent et qu'il n'a pas conscience de la complexité des problèmes psychologiques de la personnalité humaine. L'amour d'un enfant pour un parent – qui est la contrepartie de l'amour du parent pour l'enfant – est si naturel que l'enfant peut difficilement le remettre en question. Au lieu de cela, il pensera que les abus et le manque d'amour sont dus à sa méchanceté, ce qui n'est pas une conclusion difficile à atteindre. Les conflits opposant les parents sont souvent projetés sur l'enfant. Un parent accusera l'autre d'être trop indulgent et l'enfant réalisera qu'il ne peut pas plaire aux deux. L'enfant devient souvent le symbole – et parfois même le bouc émissaire – des problèmes du couple. En outre, malgré sa position intermédiaire, il est dans de nombreux cas forcé de prendre parti.

Je connais très peu d'individus qui soient sortis de l'enfance sans avoir le sentiment qu'il y avait quelque chose qui clochait en eux, comme si, au fond, ils n'étaient pas aussi bien qu'ils auraient dû l'être. Ils s'imaginent alors qu'en changeant – c'est-à-dire en étant plus aimants, en faisant plus d'efforts et en se montrant plus soumis – tout ira mieux. Ces individus ont dans leurs relations une attitude qui consiste à essayer par tous les moyens de satisfaire l'autre, mais cela ne marche pas et ils ne comprennent pas pourquoi.

Des relations adultes saines sont basées sur la liberté et l'égalité. La liberté dénote le droit d'exprimer librement ses besoins ou ses désirs, et l'égalité signifie que chacun est dans la relation pour lui-même et non pour servir l'autre. La personne qui ne peut pas se faire entendre n'est pas libre ; si elle doit servir l'autre, elle n'est pas égale. Mais trop de gens ne sont pas conscients de leurs droits. Dans leur enfance, on les a réprimandés et traités d'égoïstes quand ils demandaient l'accomplissement de leurs besoins et de leurs désirs, tout en les culpabilisant de mettre leurs désirs avant ceux de leurs parents. Quand elle était petite, l'une de mes patientes avait confié à sa mère qu'elle n'était pas heureuse et s'était entendu répondre : « Nous ne sommes pas sur terre pour être heureux, mais pour accomplir notre devoir. » Cette patiente avait fini par devenir une mère pour sa mère, ce qui est le sort de nombreuses filles à qui on a volé le droit au plaisir et à l'épanouissement. Cette trahison de l'amour par le parent fait monter la colère de l'enfant, qui ne peut toutefois pas l'exprimer. Alors, l'enfant refoule sa colère et son amour, gelé par la colère, se transforme en haine. L'enfant se sent coupable et devient soumis. Mais tant que les sentiments de colère et de haine n'auront pas été libérés, la personne ne pourra pas se sentir libre et égale, et ces sentiments réapparaîtront inévitablement dans ses relations adultes.

Pratiquement toutes les relations amoureuses débutent avec les sentiments positifs qui naissent de l'attirance mutuelle entre deux êtres. Or, ces relations continuent rarement à grandir et à s'approfondir dans la durée. Au fil des années, le plaisir diminue, les sentiments positifs deviennent négatifs et la rancœur s'accumule. Si la personne n'a pas l'impression d'être libre et égale, elle se sent effectivement malheureuse et piégée. La colère refoulée ressurgit alors sous une forme ou une autre, c'est-à-dire psychologiquement ou physiquement, et la relation devient chancelante. Et c'est la rupture, à moins que le couple n'aille consulter un conseiller en vue de restaurer les bons sentiments réciproques d'autrefois. Cette démarche est toutefois rarement efficace. La plupart du temps, le conseiller voudra aider les partenaires à retrouver leur compréhension mutuelle et à faire beaucoup d'efforts dans ce sens, ce qui encourage l'attitude névrotique du vouloir à tout prix. Tous les efforts du monde ne peuvent produire de l'amour. Le plaisir comme la joie sont indépendants de nos efforts. L'amour est une qualité d'être, d'ouverture, et non de faire. Les efforts visent une récompense, mais l'amour n'est pas une récompense. Il est fait de l'excitation et du plaisir que deux personnes trouvent l'une avec l'autre quand elles s'abandonnent à leur attirance réciproque.

Etant donné que toutes les relations amoureuses commencent par l'abandon, le fait que cet abandon ne dure pas signifie qu'il était conditionnel et non total, et qu'il s'agissait d'un abandon à l'autre et non à soi-même. Il est conditionné parce qu'on attend de l'autre qu'il comble nos besoins ; il n'y a pas alors don de soi. Une partie de soi est mise en retrait, cachée et niée en raison de la culpabilité, de la honte ou de la peur que l'on ressent. Cette partie mise en retrait, la colère et la haine, est comme un ulcère qui ronge peu à peu la relation. La tâche de la thérapie consistera alors à faire crever cet ulcère.

6. La dépendance victime/agresseur

C'est la culpabilité, la honte et la peur présentes dans l'inconscient du sujet qui le poussent à essayer, à vouloir. Diane avait terriblement honte de sa sexualité. Elle se sentait coupable de sa colère envers son père, qu'elle aimait, tout en étant terrifiée à l'idée de le perdre si elle exprimait sa colère. Elle ne pouvait se donner librement et pleinement à un homme parce qu'elle ne se possédait pas elle-même. Sa personnalité était incomplète. A un certain niveau elle en avait conscience et essayait de compenser son manque en essayant d'aimer et d'être utile. Seulement, au lieu de l'amour qu'elle espérait tant, elle n'obtenait que des abus qu'elle ne méritait pas. Aucun abus n'est jamais mérité. Les abus n'arrivent qu'aux individus prisonniers d'une relation dépendante, qui sont dès lors un objet facile sur lequel l'autre peut se décharger de la colère, de la frustration et de l'hostilité découlant de ses propres expériences d'enfant. Il y a une loi selon laquelle la victime devient facilement l'agresseur quand elle a l'occasion d'exprimer sa haine et sa colère réprimées sur un objet approprié.

L'adulte qui attend de l'autre l'accomplissement de son être, c'est-à-dire le bonheur, se trahit lui-même et sera trahi par cette personne. A l'inverse, s'il cherche en lui les sentiments positifs qui naissent de son contact avec lui-même et de son abandon à son corps, il ne sera jamais trompé ni abusé. Il ne sera jamais trahi parce que ses sentiments positifs ne dépendent pas d'autrui et que sa dignité personnelle ne lui permet pas d'accepter les abus. Avec une telle attitude toutes nos relations sont positives car, si elles ne le sont plus, nous y mettons fin. Ceux qui ont beaucoup d'amour et d'estime pour eux-mêmes ne se sentent jamais seuls. Qui plus est, ils sont rarement seuls tant l'énergie et les bonnes vibrations qui émanent d'eux attirent les autres. Comme ils se respectent eux-mêmes, ils imposent le respect et sont généralement traités avec respect. Cela ne veut pas dire qu'ils ne sont jamais blessés dans la vie – personne ne peut éviter les peines et les blessures – mais simplement qu'ils ne s'enlisent pas dans des situations où ils sont continuellement blessés.

7. La douleur émotionnelle

Si la joie est hautement désirable et le respect de soi-même extrêmement positif, sachons aussi reconnaître qu'ils ne sont pas faciles à réaliser. Au début, l'abandon à soi-même et à son corps est un processus très douloureux parce qu'il nous met en contact avec la douleur enfermée dans le corps. Toute tension chronique dans le corps est une zone de douleur potentielle que l'on peut sentir quand on essaie de la libérer. Cette douleur nous oblige à aller lentement, comme on le ferait pour un doigt ou un orteil gelé. La chaleur faisant de nouveau affluer le sang, il faut agir avec précaution, sans quoi on risque de détruire les cellules du tissu contracté et d'aboutir à la gangrène.

L'expansion d'une zone contractée – le lâcher-prise – ne se fait pas en une fois. C'est un processus de longue haleine ; il faut à la personnalité le temps de s'ajuster à une excitation plus forte et à une plus grande liberté de mouvement et d'expression. Mais aussi lent que soit ce travail, la douleur est inévitable, chaque étape d'expansion réactivant l'expérience initiale de la douleur. Celle-ci diminue cependant au fur et à mesure que la relaxation, ou expansion, s'intègre à la personnalité.

La douleur émotionnelle est généralement plus difficile à accepter et à tolérer que la douleur physique. La douleur physique est locale, tandis que la douleur émotionnelle est plus diffuse. Elle affecte tout notre corps, tout notre être. La douleur émotionnelle résulte toujours d'une perte de l'amour. Quelle que soit la nature de la blessure d'un enfant – qu'il ait été rejeté, humilié, nié ou agressé verbalement ou physiquement – ce sont autant de traumatismes qu'il vivra comme un crève-cœur. Si nous n'avons aucun lien affectif avec la personne qui nous blesse physiquement, notre douleur ne sera que physique. On peut être blessé physiquement dans tout le corps sans que la douleur soit ressentie comme une douleur affective. Quand un lien d'amour se brise, nous nous coupons d'une source d'excitation agréable et de vie. Tout l'organisme se contracte alors, y compris le cœur. Le sentiment que notre vie est en danger réveille en nous une peur terrible. Si nous survivons à cette menace, c'est que les liens d'amour n'ont pas tous été coupés. Quasiment tout le monde, à l'exception des bébés, peut établir un lien avec d'autres créatures, ou avec la nature, l'univers ou Dieu. Je ne crois pas qu'un être humain soit capable de survivre sans lien aucun.

Ceux qui ont survécu à un crève-cœur dans leur enfance ont souvent très peur de mettre fin à une relation. Certains disent d'ailleurs qu'une mauvaise relation vaut mieux que pas de relation du tout. L'idée même d'être seul effraie de très nombreuses personnes ; cela réactive en elles les sentiments qu'elles ont éprouvés dans leur enfance à l'époque où leur survie dépendait de leur famille. La solitude nous oblige à vivre intimement avec nous-mêmes. Et si le moi est faible, insécurisé et angoissé, cela n'est pas plaisant. Cette insécurité qui rend la solitude difficile mine aussi la capacité de l'individu à vivre avec quelqu'un d'autre. La personne a besoin d'un lien pour atténuer sa douleur émotionnelle, mais ce n'est jamais ce lien qui la supprimera. Elle deviendra simplement de plus en plus dépendante, ce qui peut aller jusqu'à l'abus physique – certains trouvant cette situation préférable à la douleur émotionnelle de la solitude.

La douleur émotionnelle est déchargée par des pleurs, ce qui libère le patient de l'état de contraction chronique dans son corps. Pour être efficaces, ces pleurs doivent être aussi profonds que sa douleur, et associés à la conviction qu'il est vain de chercher la personne capable de restaurer la félicité qu'il a connue dans son enfance, ou l'innocence et la liberté. En même temps, le patient doit renforcer son moi en développant sa sensation de colère et la circulation de l'énergie dans son corps. Une personne trahie ressent normalement une colère terrible envers la personne qui l'a trahie. Que fait l'enfant de cette colère lorsque le traître est un parent ? L'enfant dont la survie dépend de ce parent n'a pas d'autre choix que de réprimer sa colère. Mais pour réprimer un sentiment si puissant, une énorme tension doit être mobilisée dans le corps. Cette tension affaiblit le moi et entrave la capacité du sujet de faire preuve d'agressivité dans la réalisation de ses besoins. Il devient dès lors une victime, persuadé que son but dans la vie est la survie et non la joie.

8. L'angoisse de castration

J'ai été consulté un jour par un homme dans la cinquantaine qui se plaignait de tensions autour de la taille ainsi que d'anxiété et de malaises dans le ventre depuis déjà de nombreuses années. Cet homme, que j'appellerai Harry, avait déjà suivi plusieurs thérapies, dont la psychanalyse traditionnelle, mais son problème n'avait jamais été traité. Harry était un homme vigoureux, au physique agréable, qui se disait satisfait de sa carrière professionnelle et de son mariage. Il était médecin, comme son père avant lui, et avait lu de nombreux ouvrages sur les problèmes psychosomatiques. Il ne comprenait pas que son état n'ait pas été amélioré par les différentes thérapies qu'il avait suivies. Il avait déjà entendu parler de l'analyse bioénergétique, mais ne l'avait jamais pratiquée. Je lui avais été recommandé comme étant l'autorité en la matière.

En observant son corps, j'ai été surpris de voir à quel point toute sa moitié inférieure semblait dépourvue de sensations. Malgré leur apparence normale, ses jambes semblaient faibles et sans vie. Ses fesses étaient si contractées que ses chevilles et ses pieds étaient tournés vers l'extérieur. Je voyais nettement la bande de tension dans le bas de son dos, mais Harry ne sentait aucune douleur à cet endroit. L'absence de vitalité dans la partie inférieure de son corps contrastait avec la vitalité apparente de sa moitié supérieure, bien développée musculairement. J'ai fait part de mes observations à Harry et il en a reconnu la validité. Il avait déjà fait un travail corporel avec d'autres thérapeutes, mais personne n'avait vu ce problème, dont la signification était pourtant claire : Harry avait été miné par une très forte angoisse de castration, qui l'avait conduit à se dissocier de la partie inférieure de son corps.

Pour confirmer cette interprétation, j'ai demandé à Harry de me parler de son enfance. Il était le cadet de trois garçons et avait reçu beaucoup d'amour de sa mère, qui l'adorait. Mais cela avait créé un grave problème avec son père, qui était autant jaloux que furieux des sentiments que sa femme éprouvait pour son fils. Cette colère, reportée sur Harry, se manifestait par des fessées chaque fois que le petit garçon faisait quelque chose de défendu, ce qui signifiait, bien sûr, faire quelque chose qu'il n'avait pas le droit de faire, ne serait-ce que répondre à son père. Mais les jeunes enfants qui veulent être libres pour explorer le monde résistent et se rebellent contre les restrictions. Le corps de Harry reflétait les punitions qu'on lui avait infligées. Les punitions sont souvent justifiées par les parents, qui sont persuadés d'agir pour le bien de l'enfant en lui apprenant à distinguer le bien du mal et à devenir responsable de ses actes. Harry avait bien appris sa leçon. C'était un enfant obéissant, bon élève à l'école, qui ne s'était jamais écarté de la voie que ses parents avaient tracée pour lui. A la surface, sa vie était un succès, mais il y avait au plus profond de lui quelque chose qui le perturbait. A ses yeux, ce n'était qu'un symptôme physique, le signe d'un vide dans sa vie.

Pendant notre discussion sur son enfance et sa relation avec ses parents, j'ai abordé la question du conflit œdipien qui me paraissait évident dans son cas. Harry, qui en avait entendu parler, voulut bien admettre que ce conflit était lié à ses expériences d'enfant, mais il ne voyait pas comment. Il n'avait pas l'impression d'avoir été castré psychologiquement parce que sa sexualité ne lui posait pas de problème. Il avoua ressentir du plaisir dans ses relations sexuelles avec sa femme, mais reconnut qu'il n'y avait plus de passion entre eux. Harry fonctionnait avec sa tête et non avec son ventre, contracté par la peur que lui inspirait son père. Mais sans passion, aucune joie n'est possible.

Harry sentait bien que quelque chose n'allait pas, mais il n'était pas conscient de la nature réelle de son problème. Celui-ci apparaissait toutefois dans l'expression de son corps et était visible pour quelqu'un qui en étudiait la forme et la motilité (2). Le problème d'un individu se manifeste toujours dans son corps, celui-ci révélant ce qu'il est lui-même.

En analyse bioénergétique, la thérapie commence toujours par une analyse des troubles corporels, qui sont ensuite mis en corrélation avec le problème psychologique pressenti. Très peu de gens ont conscience que leurs émotions et leur comportement sont en grande partie conditionnés par la dynamique énergétique de leur corps. La première phase d'une thérapie intégrée, c'est-à-dire à la fois corporelle et analytique, consiste ainsi à aider le patient à sentir les tensions dans son corps et à comprendre en quoi elles sont liées à son problème psychologique. Harry était venu me voir pour un problème physique sans penser à toutes les implications psychologiques. A l'inverse, la majorité des patients arrivent en thérapie avec un problème psychologique qu'ils n'associent que très rarement à leur corps. Comme Harry avait déjà une expérience théra-

---

2. Lowen, A. : *Lecture et langage du corps* (Editions Saint-Yves Inc, 1973).

peutique, il accepta facilement les implications psychologiques de son problème physique quand je lui ai exposé mes conclusions. Mais le fait de connaître un problème – ou bien même de commencer à en prendre conscience – ne suffit généralement pas à produire un changement significatif dans la personnalité. La passion qui faisait défaut à Harry ne dépendait pas de son bon vouloir. Elle était bloquée par la répression de ses sensations et ne pouvait être réactivée qu'en levant cette restriction.

Harry n'avait jamais pleinement exprimé sa colère contre son père pour les traitements qu'il avait subis. Ces mauvais traitements avaient brisé son esprit et il était devenu un bon petit garçon, obéissant et respectueux de son père. Il ne ressentait pas l'injustice de son traitement, mais s'était montré très sensible à l'injustice politique une fois adulte. Il n'éprouvait aucune colère contre sa mère, qui avait laissé son père le frapper et ne l'avait pas protégé contre la colère et la jalousie de ce dernier. Sa colère était verrouillée sous la forme de tensions dans le haut du dos, mais il ne pouvait pas les libérer, car il n'avait pas de base sur laquelle s'appuyer. Il avait réprimé l'énergie de la partie inférieure de son corps parce qu'il se sentait coupable de la nature sexuelle de ses relations avec sa mère, mais il n'était pas conscient de sa culpabilité, pas plus qu'il n'était en contact avec sa colère.

Avant de pouvoir mobiliser la colère nécessaire à la libération de son corps, Harry devait commencer par ressentir la perte qu'il avait subie. Dans un premier temps, je lui ai fait faire différents exercices bioénergétiques avec les jambes afin qu'il puisse ressentir les sensations qu'il avait perdues. L'exercice d'enracinement décrit dans un chapitre précédent lui a été également très utile. Dans cet exercice, la personne touche le sol avec les doigts – les jambes étant parallèles, les pieds légèrement tournés vers l'intérieur et les genoux placés au-dessus du centre de ses pieds – ce qui produit une vibration dans les jambes. Puis j'ai demandé à Harry de se relever en gardant les jambes dans la même position et en faisant basculer le poids de son corps vers l'avant, sur la plante des pieds. Le fait d'avoir retrouvé de la vie dans ses jambes l'a aidé à comprendre le sens de la thérapie, qui était de descendre dans la partie inférieure de son corps.

Sur le tabouret énergétique, sa respiration était superficielle et limitée à la poitrine, qui était extrêmement tendue. Il ne parvenait ni à émettre un son soutenu, ce qui aurait permis à la vague respiratoire de descendre dans son abdomen, ni à pleurer, tout en étant parfaitement conscient du fait qu'il retenait ses émotions et ne se laissait pas aller. Et, bien sûr, il ne ressentait aucune colère.

J'ai réussi malgré tout à lui faire donner des coups de poing sur le matelas en disant « Laisse-moi tranquille ! ». Cet exercice avait un sens pour lui et il ressentait quelque chose en le faisant. L'exercice de décharge par les coups de pied, sexuel celuici, s'est avéré beaucoup plus difficile, car il a alors ressenti une douleur et une tension dans les jambes. Sa douleur a cependant disparu dès qu'il s'est arrêté de faire l'exercice, ce qui, d'une certaine façon, était regrettable. Harry devait ressentir sa douleur beaucoup plus intensément s'il voulait réactiver sa colère réprimée. C'est une règle générale en thérapie : un patient ne réagit fortement qu'à partir du moment où son problème lui cause une douleur psychique et physique telle que sa survie en devient dénuée de sens. Pour Harry, survivre signifiait être un bon garçon et faire ce qu'on attendait de lui. Il espérait ainsi mériter l'amour et la joie. C'est seulement après un long travail sur lui-même qu'il a compris que la joie est un sentiment qui naît lorsqu'on est vrai avec soi-même.

9. Punition ou brutalité ?

Frapper un enfant est toujours un abus physique, cela ne devrait pas être permis. Un tel traitement donne des résultats parce que l'enfant est terrifié, comme l'est tout enfant envahi par un sentiment d'impuissance face à la puissance destructrice de quelqu'un de supérieur à lui. Si cette personne est un parent dont il est dépendant, la peur qu'il éprouve s'ancre dans sa personnalité. Devenu adulte, il a devant lui deux voies d'action possibles. La première voie consiste à prendre une position passive, dans l'espoir que sa bonne conduite lui vaudra reconnaissance et amour – en rendant service autour de lui, en exigeant peu des autres et en essayant de causer le moins de problèmes possibles dans son entourage. Harry appartenait à cette catégorie. L'autre voie consiste à se rebeller et à exprimer sa rage intérieure. De telles personnes abuseront à leur tour de leurs enfants et de leurs épouses. D'autres oscilleront entre ces deux schémas de conduite en fonction de la situation. Les schémas névrotiques sont nourris par l'illusion que l'autre peut nous donner l'amour que nous recherchons désespérément. Mais personne ne peut vraiment aimer quelqu'un qui se sent coupable et ne s'aime pas lui-même.

Il est difficile d'aimer une personne qui n'éprouve aucune joie et ne peut répondre à l'amour avec joie. L'échec d'une relation tend à rendre un individu passif encore plus passif, et un individu agressif encore plus agressif. En niant la trahison, même si le déni est inconscient, la personne se trahit et se prépare à une répétition de l'expérience de son enfance.

A certains égards, le cas de Harry était similaire à celui de Rachel. Comme Harry, elle avait été abusée par le parent de même sexe. Mais si Rachel se haïssait pour son incapacité d'être indépendante financièrement, Harry, lui, avait réussi dans sa profession, ce dont il était très fier. Son attitude dans la vie était positive, car il croyait sincèrement qu'il suffit d'avoir de la bonne volonté pour atteindre un objectif, quel qu'il soit. Aussi n'éprouvait-il aucune animosité envers ses parents pour les torts qu'ils lui avaient causés. Il était également persuadé qu'il pourrait surmonter ses problèmes en faisant preuve de bonne volonté et en redoublant d'efforts. Mais avec cette attitude, il est presque impossible d'atteindre une intensité de colère suffisante pour libérer le corps des tensions qui l'affaiblissent. Harry devait renoncer aux efforts qu'il déployait dans la thérapie pour pouvoir ressentir à quel point on lui avait volé sa virilité.

Quelle pouvait être la motivation d'un parent capable de frapper son enfant jusqu'à lui briser l'esprit ? Ce traumatisme était manifeste dans la profonde bande de tension qui ceinturait le corps de Harry au niveau des reins, séparant son corps en deux parties distinctes : d'un côté la moitié inférieure, avec la sexualité ; de l'autre la moitié supérieure, avec les fonctions de l'ego. Mais Harry n'était pas une personnalité schizophrénique ni même une personnalité double : en s'abandonnant à sa nature sexuelle, il avait préservé une certaine intégrité et une assez bonne santé. Il pouvait fonctionner sexuellement, mais seulement à un niveau mécanique, sans véritable passion. La passion était absente de tous les aspects de sa vie, y compris de son travail. Le père de Harry haïssait-il son fils ? Harry haïssait-il son père ? Je répondrais oui à ces deux questions. Mais quels étaient ses sentiments vis-à-vis de sa mère, qui l'avait obligé à devenir le rival de son père pour gagner son amour ? Ou qui ne l'avait pas protégé contre la colère de son père ? Sa relation avec elle était complexe. Par la séduction, elle lui donnait l'impression d'être spécial et supérieur, mais c'était au prix de sa sexualité et pour mieux se l'asservir. La culpabilité de Harry au sujet de ses pulsions sexuelles envers sa mère était aussi intense que la colère et la haine qu'il avait réprimées. Cette culpabilité l'empêchait de voir à quel point son père était froid et sadique et elle compromettait sa capacité de s'abandonner à l'amour.

10. La colère refoulée

Il y a quelques années, j'ai été consulté par une thérapeute femme qui se sentait terriblement coupable du suicide de l'une de ses clientes. Elle savait qu'elle n'était pas responsable de sa mort, mais se reprochait de ne pas avoir accordé plus d'attention à ses manifestations de détresse, pensant qu'elle aurait dû y voir le signe de pensées suicidaires. Elle se disait qu'elle aurait pu s'investir davantage pour soulager sa détresse et éviter le suicide. De même, reconnaître qu'elle était une thérapeute compétente et qu'elle avait agi de manière responsable ne suffisait pas à la libérer des affres de la culpabilité.

Cette femme s'est décrite comme douce et non agressive, bien que les thérapies qu'elle avait suivies auparavant l'aient quelque peu aidée à s'affirmer. J'ai souligné tout au long de cette étude que la culpabilité est directement liée au refoulement de la colère, qui mine les sensations corporelles positives. A leur place, on ressent un malaise dans le corps. Le sentiment que quelque chose est bien ou mal est à la base de la culpabilité. Une personne qui se sent bien intérieurement ne peut pas se sentir coupable. Au sentiment que quelque chose est mal se superpose le jugement que l'on se porte sur soi-même, en vertu duquel on croit devoir faire plus, redoubler d'efforts, être encore plus responsable avec autrui. Louise avait été élevée dans cet esprit.

Nous évoquions son enfance lorsqu'elle m'a raconté une histoire très choquante de violence physique. Quand elle était petite, son père lui donnait régulièrement des fessées, parfois avec une ceinture. C'était un homme violent qui la terrifiait. Au cours de ses thérapies précédentes, elle avait quelque peu exprimé ses sentiments de colère contre lui, mais jamais avec l'intensité correspondant à un tel abus. Je lui ai demandé si elle avait déjà éprouvé le désir de tuer son père. Elle m'a dit que non, mais j'étais convaincu qu'elle éprouvait une fureur meurtrière contre son père à cause des traitements vicieux qu'il lui avait infligés, mais qu'elle l'avait refoulée par peur de lui. Son sentiment de culpabilité découlait directement de ce refoulement. Elle l'avait transféré sur sa cliente, qu'elle essayait de sauver de sa propre peur des hommes.

J'ai fait faire un exercice à Louise pour l'aider à ressentir sa colère. Cet exercice a déjà été décrit dans le chapitre V, mais j'y reviens ici tant il me paraît utile pour aider un patient à ressentir sa fureur. Assis l'un en face de l'autre dans un fauteuil à environ un mètre de distance, je lui ai demandé de mettre ses deux poings en garde, de projeter sa mâchoire inférieure vers l'avant et d'ouvrir très grand les yeux en disant : « Je vais vous tuer ! » Plusieurs tentatives furent nécessaires avant qu'elle ne réussisse à s'abandonner à l'exercice. Elle a alors eu un regard dément, ce qui indiquait qu'elle avait déjà ressenti cette fureur meurtrière en elle. J'ai fait faire cet exercice très souvent, aussi bien lors de séances individuelles qu'en groupes, et personne n'a jamais été attaqué. Cet exercice permet au patient d'exprimer sa colère, mais toutefois pas sa rage, car il ne perd jamais complètement le contrôle de lui-même. Dans la plupart des cas, cela donne au patient un sentiment de force et de pouvoir, contribuant ainsi à renforcer son moi.

Suite à cet exercice, Louise a perdu son air de douceur. Son visage est devenu plus vivant et plus affirmé. Elle avait compris le lien entre sa colère et son père, ainsi que sa culpabilité face au suicide de sa cliente. Et surtout, elle se sentait énormément soulagée.

Quand une femme refoule sa colère contre son père, qui a trahi son amour, cette colère est transférée inconsciemment sur tous les hommes qu'elle rencontre et réapparaît insidieusement pour détruire la relation qu'elle a avec eux. De même, un homme qui a refoulé sa colère contre sa mère, parce qu'elle l'a dominé ou n'a pas su le protéger contre un père hostile, projettera nécessairement cette colère sur toutes les femmes. Chaque femme représente la mère séductrice et, en même temps, la mère castratrice. Tant qu'il n'aura pas exprimé sa colère, il ne se sentira pas libre et ses relations avec les femmes en seront affectées. Il les accusera du manque d'accomplissement, alors que cet échec provient en réalité du sentiment de non-accomplissement qu'il ressent en lui-même.

Accuser son partenaire est une trahison de l'amour donné. Pour qu'une relation amoureuse soit fructueuse, nous devons y apporter un sentiment de joie. Il nous faut, pour cela, nous libérer de la culpabilité, de façon à pouvoir exprimer tous nos sentiments de manière directe et appropriée, et nous connaître nous-mêmes profondément. C'est là le but même de la thérapie.

CHAPITRE VIII

L'abus sexuel

1. L'intimité violée

La sexualité étant une manière d'exprimer l'amour, l'abus sexuel est certainement la plus atroce trahison de l'amour : l'« abuseur » semble offrir l'amour à sa victime, mais il profite de son innocence et/ou de son impuissance pour satisfaire ses besoins personnels. La trahison de la confiance constitue l'aspect le plus dévastateur de ce délit, la violation physique ajoutant à cet acte destructeur une importante dimension de peur et de douleur. Les individus qui ont subi des abus sexuels gardent généralement les cicatrices de cette expérience toute leur vie. Plus grave encore, la victime réprime souvent cette expérience, car elle a honte et se sent coupable de ce qui s'est passé, ce qui génère en elle un profond sentiment de vide intérieur et de confusion. Les victimes d'abus sexuels ne peuvent s'abandonner à leur corps ou à l'amour, aussi n'ont-elles aucune chance de s'accomplir dans leur vie. Pour elles, le voyage d'autodécouverte est une aventure des plus effrayantes et il conviendra d'en tenir compte dans le traitement.

Quant à la question de savoir si les abus sexuels sont fréquents, tout dépend de ce que nous appelons abus sexuel. Selon des études statistiques réalisées auprès d'adultes, de trente à cinquante pour cent des personnes interrogées auraient subi des abus sexuels dans leur enfance. Mais si l'on considère qu'il y a abus sexuel chaque fois que l'intimité d'un enfant est violée – que ce soit au niveau de son corps ou de sa sexualité – ce chiffre pourrait même dépasser les quatre-vingts pour cent. Une patiente s'est ainsi souvenue au cours d'une séance du sentiment de honte et de culpabilité qu'elle avait éprouvé lorsque sa famille l'avait obligée, à l'âge de trois ans, à poser nue pour une photo. Des remarques faites en public sur la sexualité naissante d'un enfant peuvent également constituer une forme d'abus sexuel. Et lorsqu'un père déculotte sa fille pour lui donner une fessée, l'abus est à mon sens autant sexuel que physique. Le père en éprouve une excitation sexuelle que l'enfant, à mon avis, ressent.

Une femme m'a raconté qu'après avoir demandé à son mari de lui donner une fessée – ce qu'il fit – son excitation fut telle qu'elle eut ensuite la meilleure expérience sexuelle de sa vie. Son comportement, typiquement masochiste, découlait sans aucun doute des fessées qu'elle avait reçues de son père lorsqu'elle était petite fille, et qui l'avaient beaucoup excitée sexuellement (1). Les pratiques masochistes ou sadiques associées à la sexualité proviennent d'expériences qui se sont gravées dans la personnalité de l'enfant. Pour atteindre l'orgasme, de nombreuses femmes recourent ainsi à des fantasmes masochistes, exigeant par exemple d'être ligotées pendant qu'elles font l'amour. J'irais jusqu'à dire que le fait de frapper un enfant a forcément des implications sexuelles. Cet aspect de la punition apparaît clairement dans le compte-rendu de séance suivant.

2. Survivre à l'inceste

Rachel était venue me voir parce qu'elle se sentait déprimée et croyait ne pas être digne d'estime. Lors de notre premier

1. A cet égard, voir la description que fit Reich du masochisme dans son livre : *Analyse du caractère (op. cit.)*.

entretien, elle m'a appris qu'elle suivait déjà une thérapie dans l'Etat où elle vivait. Elle m'avait rencontré dans un atelier, et l'idée de faire un travail sur le corps pour résoudre ses problèmes l'avait intéressée.

L'abus sexuel implique dans de nombreux cas un contact sexuel direct entre un adulte ou un adolescent et un enfant, ce qui est une forme d'inceste. L'inceste a un effet dévastateur sur la personnalité de l'enfant, lequel est inversement proportionnel à l'âge de l'enfant : plus l'enfant est petit, plus les troubles qu'il entraîne sont graves. Les cas d'abus sexuels perpétrés sur des nourrissons m'ont toujours particulièrement choqué. Lorsque l'abus sexuel a lieu à un si jeune âge, l'enfant refoule tout souvenir des événements et des émotions qui s'y rattachent, ce refoulement ayant pour effet d'endormir une partie de son corps. Mais comme l'illustre le cas suivant, les souvenirs sont réactivés lorsque les sentiments redeviennent vivants.

Madeline allait sur ses cinquante ans lorsqu'elle a pris conscience pour la première fois du fait quelle avait été abusée sexuellement dans sa petite enfance. Lors de notre premier entretien, elle m'a dit qu'elle avait l'impression que quelque chose ne tournait pas rond dans sa vie. Elle avait été abusée physiquement par les deux hommes qu'elle avait épousés, mais elle ne faisait pas le lien entre le traitement abusif de ses maris et la possibilité qu'elle ait été abusée sexuellement dans ses plus jeunes années. Elle avait vécu dans une famille dysfonctionnelle, ses parents étant l'un et l'autre alcooliques. Mais comme ils vivaient renfermés en eux-mêmes et la gardaient à l'écart des autres enfants, sa vie de famille, bien que perturbée, lui avait semblé normale. Madeline était une « survivante ». Elle avait élevé quatre enfants et dirigeait une entreprise avec succès. Elle avait eu le courage de quitter les deux hommes qui la maltraitaient, sans toutefois ressentir de colère à leur encontre, ayant seulement la conviction qu'elle devait mettre un terme à leurs relations. Un jour, suite aux conseils de sa meilleure amie, Madeline prit part à un groupe de survivants à l'inceste. Lorsqu'elle entendit une femme raconter comment elle avait été abusée sexuellement par un parent, la pensée qu'elle avait dû subir une expérience similaire lui était venue à l'esprit. Cette idée, bien que terrifiante, ne la quitta plus. Elle commença à ressentir la peur enfouie dans son corps et l'associa alors à un acte d'abus.

Madeline était venue me consulter suite à une expérience qu'elle avait vécue peu de temps avant avec un thérapeute homme. A la fin d'une séance, il l'avait prise dans ses bras en serrant son pelvis contre elle, ce qui avait suscité en elle de la colère et de la peur. Après le récit de cet incident, elle m'a dit qu'elle avait eu une intuition dans le groupe de survivants à l'inceste : celle que son père avait abusé d'elle sexuellement lorsqu'elle avait un an. J'avais du mal à le croire, mais n'ayant aucune raison de mettre sa perception en doute, j'ai accepté d'y voir une réalité possible. Au cours des deux années de thérapie qui ont suivi, j'ai acquis la conviction que cela s'était effectivement produit. Grâce au travail corporel, elle a commencé à sentir son plancher pelvien et son rectum. Mais prise de panique, terrorisée, elle s'est alors coupée de ses sensations, se retirant de son corps. Cette peur confirmait son sentiment d'avoir été pénétrée rectalement dans sa petite enfance.

3. Le retrait du corps

Le retrait du corps est un phénomène de dissociation typique de l'état schizoïde, où l'esprit conscient ne s'identifie plus aux processus corporels. J'ai raconté dans un de mes livres (2) le cri qui était sorti de ma gorge lors de ma première séance avec Reich. Je n'étais alors pas relié à ce cri : je m'étais entendu crier, je savais que je criais, mais je ne ressentais pas ce cri. Le « je » conscient observait ce qui se passait dans mon corps. Je n'avais pas la sensation d'être la personne qui criait dans son corps. Le lien entre le « je » observateur et le « je » qui criait était

2. *La Bioénergie (op. cit.)*.

rompu. Ce lien s'était brisé il y a très longtemps, lorsque à l'âge de neuf mois, j'ai éprouvé pour la première fois une peur terrible de ma mère. Cette scission avec une partie de moi-même – l'enfant effrayé qui avait besoin de crier – était une tendance schizoïde de ma personnalité. Celle-ci ne m'avait pas empêché de fonctionner dans le monde, mais j'étais coupé de mes sentiments profonds. Mon voyage d'autodécouverte thérapeutique m'a permis de retrouver les sentiments profonds de mon enfance. Contrairement à Madeline, je ne m'étais pas retiré de mon corps au point de m'en dissocier. Madeline, elle, s'était complètement coupée de ses sensations corporelles et ne faisait plus qu'observer son corps. Elle ne sentait plus son corps, même s'il continuait d'accomplir normalement ses fonctions de base, qui étaient indépendantes de son esprit conscient. Heureusement pour elle, cet état n'a pas duré longtemps ; elle en serait devenue schizophrène. Peu à peu, elle est parvenue à rétablir un certain lien entre son esprit conscient et son corps, un lien suffisant en tout cas pour lui permettre de percevoir la réalité de son moi physique. Mais ce lien restait superficiel et l'empêchait de sentir la profondeur de sa blessure. Sous la surface, elle demeurait une femme terrifiée.

Dans sa vie quotidienne, Madeline ne donnait pas l'impression d'être terrifiée. Elle était intelligente et pouvait faire face aux événements ordinaires sans réelle difficulté. Sa terreur ne surgissait que lorsqu'un sentiment puissant tentait de faire surface, lui faisant perdre toute maîtrise d'elle-même. Pour pouvoir se protéger des abus, elle avait besoin d'être plus agressive, aussi lui ai-je fait faire l'exercice qui consiste à donner des coups de pied sur le lit en criant « Laisse-moi tranquille ! ». Elle a élevé suffisamment la voix et un cri est sorti de sa bouche, mais aussitôt elle s'est recroquevillée en boule dans un coin du lit, gémissant comme un enfant terrorisé. Quelques minutes plus tard, la peur s'était suffisamment dissipée et elle a retrouvé son moi « normal ». Elle a ensuite pu quitter mon cabinet à peu près remise de ses émotions. Sa peur de perdre le contrôle d'elle-même était si intense qu'elle avait en outre énormément de mal à pleurer. Mais grâce à ma sympathie, à mon soutien et à mes encouragements, elle a réussi à déverrouiller la colère en elle, et à ressentir une forte colère sans éprouver cette terreur qui provoquait la dissociation.

4. L'habitude de la soumission

En observant Madeline au quotidien, jamais on n'aurait pu soupçonner la moindre perturbation dans sa personnalité. Elle fonctionnait avec sa tête, ce qui ne l'empêchait pas d'avoir des sentiments sexuels. Elle plaisait d'ailleurs à beaucoup d'hommes et disait apprécier le contact qu'elle avait avec eux, ce qui était certainement le cas. Mais c'était une expérience de dissociation, au sens où elle n'était pas reliée à sa sexualité, qui était limitée à l'appareil génital et totalement dénuée de passion. A un niveau superficiel elle était une femme mûre, tandis qu'à un niveau profond elle était une enfant terrifiée, perdue et impuissante. Sa maturité n'était que de surface, car dès que ses sentiments profonds étaient touchés, on retrouvait l'enfant effrayée. Mais en renouant progressivement le contact avec cette enfant terrifiée, elle a commencé à sentir différemment son corps – non plus comme un objet qu'on utilise, mais comme la personne qu'elle était. Et sa peur a pu diminuer.

L'horreur vécue par Madeline dans les premières années de sa vie et les troubles que cela avait occasionnés dans sa personnalité rendaient son plaisir sexuel difficile à comprendre. Il convenait toutefois de ne pas oublier qu'elle était une personnalité divisée, et que sa sexualité – comme toutes ses autres sensations – était superficielle. Elle ne pouvait pas se relier à sa sexualité et y voir une expression de son moi, pas plus que je n'avais pu me relier au cri qui était sorti de ma gorge. Un cri est un son intense et, à cette époque, il n'y avait en moi aucun sentiment intense. De même, faire l'amour est censé être une expérience intense, mais pour Madeline, comme pour tous ceux qui ont été abusés sexuellement, ce n'était pas le cas.

Tout abus perpétré sur un enfant, qu'il soit physique ou sexuel, terrifie l'enfant et l'oblige à se dissocier de son corps. Madeline avait énormément de mal à vivre intensément une émotion sans être terrifiée et se fermer. Son corps ne pouvait pas tolérer la charge et son esprit n'était pas en mesure d'intégrer l'émotion.

Au cours de la thérapie, Madeline s'est efforcée de rendre sa respiration plus profonde et de se laisser aller à ses sensations corporelles. Mais chaque fois qu'elle accédait à un niveau émotionnel plus profond, elle traversait un nouvel épisode de terreur où elle se repliait sur elle-même et se dissociait de son corps. Quand elle reprenait possession d'elle-même après une séance où des émotions plus fortes avaient ressurgi, elle restait en dehors de son corps pendant un certain temps, ce qui signifiait qu'elle était coupée de ses sensations et ne fonctionnait plus qu'avec son esprit conscient. Au fil des séances, sa peur a diminué progressivement et elle a pu supporter plus de sensations dans son corps et plus d'émotions sans pour autant prendre peur ou se fermer. S'il lui arrivait encore de quitter son corps lors d'une séance particulièrement éprouvante, elle pouvait y revenir plus rapidement, ce qui était pour elle un véritable progrès. Je me souviendrai toujours de la séance lors de laquelle Madeline s'est exclamée, toute excitée : « Je peux sentir mes pieds ! »

D'autres incidents terrifiants de son enfance ont également ressurgi. Lors d'un exercice de groupe où Madeline devait mettre ses poings en garde et dire : « Comment oses-tu ? Pour qui te prends-tu ? », elle s'est sentie étouffer. En me racontant l'incident, elle a ajouté : « J'ai peur de mourir étranglée. J'ai eu un flash-back, il y a deux ans. Je me voyais quitter la pièce, ma main était posée sur la poignée de la porte. Je me souviens d'avoir dit alors à mon père : “Si tu n'arrêtes pas, je le dirai à maman.” Je devais avoir à peu près neuf ans. Il m'a saisie à la gorge et m'a secouée très fort. J'ai cru que j'allais mourir. Mais après, il ne m'a plus jamais touchée. »

Les abus perpétrés dans les toutes premières années de la vie sont très difficiles à surmonter. Madeline se sentait extrêmement vulnérable dans l'anus et autour de l'anus. Elle avait accumulé tellement de peurs dans son plancher pelvien que je me demandais comment elle pouvait avoir des rapports sexuels normaux. C'est alors qu'elle m'a dit avoir aussi eu du plaisir avec les hommes qui avaient abusé d'elle. Madeline était séductrice, mais elle n'était pas vraiment consciente de cet aspect de son comportement. A un niveau profond, elle était une petite fille effrayée mais, à la surface, elle était une femme sophistiquée et excitée par les attentions sexuelles des hommes à son égard. Le terme de « sophistication » est assez juste car s'il dénote l'absence d'innocence, il indique également un manque de culpabilité, non ressenti. Pour survivre, Madeline avait accepté la perversité de son monde comme normale. Si dans le monde, il n'y en avait que pour le sexe, alors elle allait apprendre à s'en servir. En dépit des abus sexuels de son enfance et des abus physiques de sa vie conjugale, Madeline n'éprouvait ni haine ni colère envers les hommes.

Il y avait pourtant en elle autant de haine que de colère, mais elle les inhibait pour pouvoir survivre et exprimait son besoin de survie en se donnant sexuellement aux hommes. Après tout, s'ils désiraient tant le contact et le soulagement sexuels, pourquoi ne pas le leur offrir ? La soumission écarte la menace de la force et de la violence ; elle est un moyen de dénier la peur que l'on éprouve. Les femmes qui ont été abusées croient qu'en se livrant à un homme, elles évitent d'être blessées. Ce qui est un faux raisonnement.

5. La sexualité détournée

Le comportement d'une femme abusée dans son enfance est cependant forgé par un autre élément encore, souvent aussi fort que la peur et l'impuissance associées à l'abus. Cet élément, c'est une intense excitation sexuelle, mais limitée à l'appareil génital et dissociée de la personnalité consciente.

Les abus sexuels perpétrés dans la prime enfance ont excité autant qu'ils ont effrayé l'enfant. Cette excitation, qu'il ne peut intégrer dans son corps et son ego immature, laisse une empreinte indélébile à la fois sur son corps et son esprit. L'enfant qui fait une incursion momentanée dans le monde adulte en perd son innocence. La sexualité devient pour lui une force irrésistible qui le submerge, ce qui crée un clivage dans sa personnalité. Marilyn Monroe en est un bon exemple : elle incarnait la sexualité, bien que n'étant pas une personne sexuelle. C'est comme si elle jouait un rôle sexuel sans y être identifiée en tant qu'adulte. Sa personnalité adulte était divisée : il y avait en elle un esprit sophistiqué et, en même temps, une dépendance et une peur infantiles. Elle était sexuellement sophistiquée, mais ce comportement n'était que superficiel et masquait un sentiment de détresse, d'impuissance et de peur. J'ai analysé dans l'un de mes derniers livres (3) le cas de Marilyn Monroe comme exemple de personnalité multiple.

Une jeune femme m'avait été envoyée pour que je l'aide à comprendre la confusion qui régnait dans sa vie. Cette femme, que j'appellerai Betty, avait été élevée dans différentes familles d'accueil. Lors de notre premier entretien, elle m'a raconté avoir subi un abus sexuel alors qu'elle avait dix ans. Sa confusion était liée à ses problèmes avec les hommes. Ils étaient attirés par elle – elle était effectivement une femme attirante – mais ses relations avec eux n'allaient nulle part. Cette femme avait la particularité d'exsuder un arôme sexuel que l'on pouvait quasiment palper dans la pièce. C'était son odeur naturelle, aussi n'en avait-elle pas conscience. A l'instar de Madeline, elle existait sur deux niveaux : le niveau superficiel, où elle fonctionnait comme une femme sexuelle, raffinée et compétente dans les affaires du monde, et le niveau profond, où elle était une petite fille terrifiée, incapable de pleurer profondément ou de se mettre vraiment en colère. Elle se comportait comme si elle était possédée par une charge sexuelle étrangère à sa

3. *La Spiritualité du corps* (Dangles, 1993).

personnalité, sur laquelle elle n'avait aucun contrôle. Betty n'avait pas conscience de l'effet de son odeur sexuelle sur les hommes, car elle ne la sentait pas. Elle ne dégageait d'ailleurs pas cette odeur en permanence, mais seulement quand elle essayait inconsciemment de séduire un homme pour l'acte sexuel. Sa séduction n'était pas l'expression de la passion, mais d'un besoin.

Betty avait besoin de mon aide, et elle pensait l'obtenir en excitant mon intérêt sexuel à travers son émanation sexuelle. Elle ne répandait pas délibérément son arôme génital : cette odeur était due à son vagin, qui était chargé et excité. Or, si elle n'en était pas consciente, c'est parce que l'excitation provenait des abus qu'elle avait subis, et non de ses sentiments. Très tôt dans la vie, elle avait appris à s'en servir au gré de ses expériences dans les familles d'accueil. Elle s'était aperçue que ses mères adoptives, se méfiant de sa sexualité, étaient hostiles avec elle, alors que les hommes y répondaient. Enfant, elle essayait, consciemment ou inconsciemment, d'obtenir un peu de soutien auprès de ses pères adoptifs, mais ils l'utilisaient pour leurs propres fins. Je suis persuadé qu'à un certain niveau, ils étaient désolés pour l'enfant et voulaient l'aider, mais qu'à un niveau plus immédiat ils profitaient de sa situation de besoin et d'impuissance pour l'utiliser et abuser d'elle sexuellement. Dans son désespoir, elle acquiesçait, croyant même qu'à leur façon ils l'aimaient. Mais cela ne marchait pas, les mères adoptives n'étaient pas dupes. Betty était alors envoyée dans une autre famille d'accueil où les mêmes événements se reproduisaient.

Je ne suis pas sûr que ces événements soient vrais, Betty n'étant pas restée suffisamment longtemps en thérapie avec moi pour que j'aie le temps de faire une analyse complète de son passé. Elle avait refoulé la majeure partie de ses souvenirs d'enfance. A l'époque, je n'avais pas la profondeur de compréhension de ces problèmes que j'ai aujourd'hui – on apprend tous de ses propres échecs – mais j'avais néanmoins l'intuition qu'ils étaient vrais. Betty m'avait en effet été envoyée par l'homme avec qui elle vivait et pour qui elle travaillait, et qui, je le savais, avait une personnalité d'« abuseur ». Son approche avec les femmes consistait à leur offrir son aide, ce qui était, j'en suis convaincu, un désir authentique chez lui, mais lorsqu'elles étaient consentantes il les utilisait sexuellement. C'était tout à fait le genre d'hommes par qui Betty se sentait attirée à cause d'une compulsion à la répétition. Madeline, en se liant à des hommes qui abusaient d'elle physiquement, agissait à cause d'une compulsion similaire, tout comme Martha dont le cas a été présenté au chapitre III. Tant que de telles femmes s'accrocheront à leur quête d'un homme capable de les aimer et de les protéger, elles seront utilisées et abusées. Leurs relations avec les hommes ne pourront pas être fructueuses. Les hommes se comporteront avec elles comme si elles étaient des objets et non des personnes, parce qu'elles sont elles-mêmes incapables de se considérer comme des personnes tant leur identité a été gravement perturbée par l'abus sexuel.

6. La surexcitation de l'appareil sexuel

L'abus sexuel a pour effet de surexciter prématurément l'enfant. Malgré la peur qu'il ressent, son excitation sexuelle s'imprime dans sa personnalité parce qu'elle n'est pas déchargée dans l'appareil sexuel. Plus tard, la victime se sent généralement attirée par des hommes ayant une personnalité similaire à celle de son agresseur, sa soumission sexuelle étant une tentative inconsciente pour se libérer de son obsession à travers un revécu de la situation d'enfance, mais où la décharge pourrait avoir lieu. Seulement, le clivage est si profond que cela n'arrive jamais.

Lucille se sentait constamment excitée dans son vagin, qu'elle percevait comme un élément étranger. Ses actes sexuels avaient essentiellement pour but de la décharger de son excitation et de la libérer de son angoisse intérieure. Mais cela ne marchait pas, car son sentiment de liberté après l'amour était de très courte durée. Elle était littéralement possédée par une force étrangère – la charge sexuelle des hommes qui avaient abusé d'elle – dont elle était incapable de se décharger. La décharge n'a lieu que si l'excitation descend dans le corps et sort par l'appareil génital. Le viol d'un enfant, c'est-à-dire d'un être ne pouvant se décharger de son excitation par l'orgasme, charge l'organe sexuel de cet enfant d'une force qu'il est incapable de contrôler. Petite fille, Lucille, avait été littéralement dépossédée de ses organes sexuels.

Une personne victime d'abus sexuels peut reprendre possession de ses organes sexuels si elle arrive à laisser l'excitation se répandre en eux. C'est là un schéma sexuel normal mais, en cas d'abus, l'excitation est bloquée par une bande de tensions autour de la taille et, sur le plan psychique, par de puissants sentiments de honte, les organes sexuels étant jugés sales. Bon nombre de femmes ont honte de leur sexualité. Leur sexualité n'a bien souvent pas pu se développer comme expression de l'amour, désir d'être proche de l'autre, uni à lui. L'amour est alors souvent mêlé de son contraire : l'hostilité. La plupart des êtres humains ont des sentiments ambivalents suite à des expériences de leur enfance, quand l'amour de leurs parents était mêlé de sentiments hostiles et négatifs. Ce phénomène, évident dans les cas décrits plus haut, est à mon sens présent dans la plupart des relations familiales. On ne peut, hélas ! s'abandonner pleinement à l'amour lorsqu'on a été trahi par ceux que l'on aime et en qui on avait confiance.

J'ai rencontré de nombreuses femmes qui avaient été abusées sexuellement et elles présentent des schémas de comportement similaires. Ce sont toutes des femmes intelligentes dont la vie a été gravement perturbée par de telles expériences. Elles ont des personnalités multiples, à cause d'un conflit entre leur excitation sexuelle et la peur qu'elles ressentent, entre leur désir de plaire et leur honte. Et dans tous les cas, la sexualité n'est pas intégrée à leur personnalité.

7. La sexualité bloquée

Il y a quelques années, une très belle femme d'une quarantaine d'années, Ann, est venue en consultation. Elle souffrait d'une rigidité corporelle extrême handicapant tous ses mouvements. Elle m'a raconté que le soir de la fête annuelle de son université, elle avait été élue reine, mais qu'elle avait eu beaucoup de mal à gravir les marches pour se faire remettre sa couronne. Ne trouvant aucun trouble neurologique, les médecins avaient été incapables de traiter son cas. Ann, quant à elle, était persuadée que son problème était d'origine émotionnelle. Entre l'âge de douze et dix-huit ans, son père avait eu régulièrement des rapports sexuels avec elle. Il était amoureux d'elle et elle de lui. Elle me l'a décrit comme un homme très important dans sa communauté, que tous admiraient, y compris elle-même. Elle expliquait son incapacité d'atteindre l'orgasme lors de leurs ébats en raison de la honte et de la culpabilité qu'elle en avait ressenties. En ne s'abandonnant pas à ses sentiments sexuels, elle pouvait croire qu'elle faisait l'acte pour son père et qu'il avait besoin d'elle. Elle m'a dit qu'elle l'aimait, ce dont je ne doutais absolument pas. Tout comme j'étais sûr qu'il l'aimait, mais l'avait également trahie.

Cette trahison avait empêché Ann de s'abandonner sexuellement. Elle s'était mariée très jeune avec un homme qu'elle aimait et n'avait connu l'orgasme avec lui qu'au bout de plusieurs années de vie commune. La rigidité corporelle dont elle souffrait était si intense qu'il m'était difficile d'imaginer qu'elle parvienne à se laisser aller pleinement et avec aisance à la passion de l'amour. Ann était en réalité bien plus gravement affectée qu'elle ne le savait ou l'admettait.

La trahison a de tous temps été considérée comme un crime capital, autrefois passible de la peine de mort. Je suis persuadé qu'Ann avait accumulé en elle une colère terrible contre son père. Sa rigidité n'était pas seulement pour elle un moyen de contrôler sa passion, mais servait également à réprimer et à dominer sa fureur meurtrière. Car de la même façon que l'amour nous fait fondre et nous adoucit, la haine nous raidit, nous durcit et nous glace. La haine était toutefois dans la couche extérieure de ses muscles et non dans son cœur. Ann, comme tous les individus qui ont été abusés sexuellement, était divisée : dans son cœur elle aimait son père, mais dans ses muscles elle lui résistait et le haïssait. Sa beauté reflétait son « sex-appeal », mais elle ne pouvait vivre pleinement sa sexualité.

Ann vivait à l'autre bout du pays et je ne l'ai revue qu'à deux autres occasions. J'avais compris, en parlant avec elle de sa vie et de ses problèmes, qu'elle n'était pas prête à s'ouvrir à sa colère contre son père, ni désireuse de le faire. Mais tant qu'elle ne se libérait pas de sa colère, elle ne pourrait pas non plus se libérer de la rigidité musculaire qui l'enfermait comme une camisole de force. Sa résistance provenait du sentiment de culpabilité qu'elle éprouvait d'avoir participé à des actes sexuels – que cette participation ait été volontaire ou forcée – et aussi de la peur de sa colère, qui était meurtrière. Tuer un parent est le crime le plus atroce qui soit et, pourtant, elle avait été trahie par ce même parent. Seul un programme thérapeutique permettant d'exprimer la colère dans un cadre protégé pouvait l'aider à venir à bout des conflits créés par l'abus sexuel.

8. Le sentiment d'impuissance

Les études ont montré que pratiquement autant de petits garçons que de petites filles sont abusés sexuellement. Certains sont violés par leur père ou par un autre adulte ou des frères plus âgés. Ces abus ont sur la personnalité d'un garçon le même effet que sur une fille. S'il y a pénétration anale, l'enfant ressent une douleur et une peur intenses qui peuvent l'obliger à se dissocier de son corps, comme ce fut le cas pour Madeline. L'abus sexuel d'un garçon par un homme plus âgé entrave la masculinité en plein développement de l'enfant, et lui donne un sentiment de honte et d'humiliation. Cela dit, je ne crois pas que ces expériences créent forcément une tendance homosexuelle dans la personnalité d'un garçon, mais la faiblesse d'identification masculine qui en résulte peut toutefois l'y prédisposer (4). Les troubles causés dans la personnalité de l'enfant sont dus à l'impact émotionnel de l'expérience. La peur, la honte et l'humiliation sont des sentiments qui minent l'enfant, car il n'a pas la possibilité d'extérioriser l'insulte qui lui a été faite. L'abus physique d'un enfant par son père sous la forme de fessées répétées a un effet similaire sur la personnalité du petit garçon, les fessées constituant à mon sens, comme je l'ai dit plus haut, une forme d'abus sexuel.

L'abus sexuel est une expression de pouvoir autant que d'amour sexuel. Le sentiment d'exercer un pouvoir sur l'autre agit comme un antidote face au sentiment d'humiliation dont a souffert l'« abuseur » lorsqu'il a lui-même été abusé dans son enfance. Le pouvoir est également présent dans l'activité sexuelle, chez les adultes consentants qui s'adonnent à des pratiques sadomasochistes. L'abuseur est généralement un individu qui se sent impuissant en tant qu'homme ou femme à un niveau adulte, mais ce sentiment d'impuissance disparaît lorsque la victime est un enfant, un adulte vulnérable ou un partenaire soumis. L'abuseur se sent alors puissant, y compris sur le plan sexuel. Lorsque des sentiments de pouvoir s'immiscent dans une relation sexuelle, elle est toujours abusive.

Un homme qui a besoin de se sentir puissant pour être sexuellement puissant abusera inévitablement des femmes. Quand l'homme est perçu comme puissant, la femme est excitée et s'abandonne plus facilement à lui ; c'est le cas pour des femmes abusées dans leur enfance qui se sentent elles-mêmes impuissantes. Diane, dont le cas a été étudié dans le précédent chapitre, affirmait avoir d'excellentes relations sexuelles avec son mari en dépit du fait qu'il abusait d'elle physiquement. Le comportement abusif entre adultes dénote une relation sado-

---

4. Voir Lowen, A. : *Amour et orgasme : le bonheur sexuel* (Sand, 1988), pour une analyse détaillée de la personnalité homosexuelle.

masochiste. Il permet au masochiste de se laisser aller à l'excitation sexuelle. Quant au partenaire sadique, c'est le sentiment de puissance sur l'autre, se manifestant par des actes visant à blesser ou à humilier l'autre, qui l'excite. Le masochiste se soumet à la douleur et à l'humiliation, car elles dissipent provisoirement la culpabilité qui, sinon, bloque l'abandon sexuel. Dans cette soumission, la culpabilité est transférée sur l'abuseur, ce qui permet à la victime d'affirmer son innocence.

9. Lorsque l'amour devient sadique

Si, à un certain niveau, le comportement abusif exprime la haine, le désir de blesser l'autre, nous devons aussi reconnaître qu'il existe un élément d'amour dans une telle relation. Reich avait reconnu le lien entre sadisme et amour : il pensait que l'acte sadique trouvait son origine dans un désir de contact et de proximité avec l'autre. Il y a d'abord impulsion d'amour dans le cœur puis, au fur et à mesure que cette impulsion atteint la surface du corps, elle se mêle aux tensions musculaires liées à la colère réprimée, se transformant alors en impulsion nocive. La victime sent cette dynamique, notamment quand l'abuseur est un parent maltraitant son propre enfant.

Je pense qu'un petit enfant – extrêmement sensible aux nuances émotionnelles de comportement – est capable de reconnaître que la punition ou l'abus est censé être un acte d'amour. L'amour devient sadique lorsqu'il ne peut être exprimé. C'est cette reconnaissance qui pourrait empêcher l'enfant de ressentir toute la colère qu'il éprouve à l'égard de l'abuseur. L'enfant perçoit la souffrance de l'abuseur, qui l'empêche d'exprimer son amour librement et facilement. Il éprouve alors de la peine pour lui et s'y identifie.

10. La honte du sexe

Un petit garçon peut être abusé non seulement par son père mais aussi par sa mère. Nous avons vu dans le chapitre IV que l'abus physique d'une mère sur son fils visait, consciemment ou inconsciemment, à briser son esprit, à faire de lui un être soumis. Aucun enfant ne peut supporter la violence de sa mère ou de son père. Cette expérience le brise fatalement. Mais cette rupture est rarement complète, sinon ce serait la mort pour lui, ce qui arrive, hélas ! parfois. Au plus profond du corps de l'enfant, il y a un noyau de résistance qui continue à le faire vivre et à lui donner un certain sens de soi. La force de ce noyau dépendra de l'attitude du parent vis-à-vis de l'enfant après l'abus. Après s'être déchargée de sa rage réprimée, une mère peut, par exemple, éprouver un amour profond pour son enfant. L'effet dévastateur de l'abus sera ainsi fonction de l'amour ressenti par cet enfant : plus il percevra l'amour de sa mère, moins il sera fort. Si, à l'inverse, un enfant ressent une hostilité profonde de la part de sa mère – qui va parfois jusqu'au rejet glacial – il risque de devenir schizophrène. A un certain niveau, les enfants sont conscients que les coups ou les abus physiques sont préférables au rejet glacial, qui est une mort émotionnelle.

Le fait de savoir qu'on a tendance à faire aux autres ce qu'on a soi-même subi dans son enfance nous aide à comprendre le comportement apparemment irrationnel d'une mère envers son enfant. Une femme qui a été humiliée dans son enfance chaque fois qu'elle exprimait sa sexualité aura ainsi tendance à faire de même avec ses propres enfants. Cette tendance à passer à l'acte sur des êtres inférieurs et vulnérables ne peut être supprimée que si l'individu est parfaitement conscient de ce qu'il a lui-même subi dans son enfance et des effets dévastateurs que cela a entraîné sur sa personnalité et dans sa vie. Pour cela, il lui faudra d'abord ressentir sa colère contre le parent qui a perpétré l'abus ou le viol. Une mère honteuse de ses sentiments sexuels rendra sa fille honteuse chaque fois qu'elle exprimera de tels sentiments. Les mères s'identifient à leur fille et projettent sur elle les aspects négatifs de leur propre personnalité. Une mère identifiera par exemple le comportement sexuel de sa fille à celui d'une prostituée si cela correspond à ce qu'on lui reprochait dans sa propre enfance. En réalité, en accusant sa fille d'être sexuelle, elle lui dit : « Tu es méchante et sale. Moi, je suis propre. » Il arrive aussi qu'une mère projette sur sa fille ses propres désirs sexuels inassouvis en souhaitant inconsciemment qu'elle les exprime et en tire du plaisir à travers elle. Ces deux attitudes peuvent même coexister chez une mère, l'une consciente lorsqu'elle critique sa fille pour son comportement sexuel, l'autre inconsciente quand elle l'incite à s'exprimer sexuellement. L'identification sexuelle inconsciente d'une mère avec sa fille revêt un aspect homosexuel. Ne pas voir cet aspect de la relation parentale peut compromettre la thérapie et empêcher le patient d'accéder à l'indépendance et à l'accomplissement.

La victime devient l'agresseur par son identification inconsciente avec celui-ci. C'est le revers de la médaille, que le patient devra reconnaître et accepter s'il veut s'accepter pleinement. Rachel me raconta l'un de ses rêves : elle voyait une petite fille à côté d'elle, qui avait le visage tout rouge, comme si elle s'était frottée contre quelque chose. Elle réalisa immédiatement qu'elle avait frotté contre sa propre zone pubique le visage de cette fille. Le simple fait de penser qu'elle ait pu faire une chose pareille l'horrifiait. Mais dans le rêve, Rachel était aussi la fille qui était violée. Ce rêve reflétait un incident qui s'était produit dans son enfance, pourquoi alors voulait-elle le reproduire contre quelqu'un d'autre ? Le fait de passer elle-même à l'acte lui permettait de se dire qu'elle n'était pas seule dans sa honte, mais là n'était pas l'unique motivation de son comportement.

Lorsqu'un enfant est abusé sexuellement, il est à la fois excité et effrayé. Tous les petits enfants sont fascinés par le sexe de leurs parents : c'est à la fois la source de leur vie et la clé du monde souterrain de leurs peurs et de leurs plaisirs secrets. Mais la peur est si forte que l'abus et l'excitation qui s'y rattachent sont réprimés, et que seule leur empreinte reste dans le corps. La personne est ainsi poussée à répéter l'expérience et devient à son tour agresseur, mais aussi parfois victime. C'est à mon sens un tel processus qui rend certains adultes incapables de se passer de relations sexuelles avec des enfants. Le développement de leur libido est handicapé du fait qu'une partie de leur énergie et de leur excitation est prisonnière de souvenirs refoulés et des émotions qui s'y rattachent. Quand ces expériences enfouies sont mises à jour, la honte diminue et le patient peut alors ressentir sa blessure et sa peur. En acceptant ses émotions, il pourra pleurer, soulager sa douleur et se mettre en colère, ce qui l'aidera à restaurer son intégrité. Mais pour que cette colère parvienne à purifier et à libérer l'esprit, elle devra être aussi réelle qu'intense.

11. L'intimité sexuelle ambiguë

Les mères étant plus souvent en contact avec le corps de leur enfant que les pères, cela facilite des agissements sexuels à leur égard. Leur façon de toucher le corps de l'enfant – mais aussi leur peur de le toucher – peut avoir des implications sexuelles si ce contact fait naître en elles des sentiments sexuels. Un jour, une mère m'a fait remarquer devant son fils, âgé de deux ans : « Son pénis est si mignon, je pourrais le prendre dans ma bouche. » Lorsque les organes génitaux de l'enfant sont visés, il perçoit forcément le sentiment contenu dans une telle affirmation. Son sentiment d'intimité sexuelle disparaît. Le sentiment de la mère envahit son pelvis, ses organes génitaux en sont possédés. Le simple fait de regarder les organes génitaux d'un enfant n'entraîne toutefois aucun traumatisme : ce qui perturbe l'enfant, c'est l'intérêt sexuel ou la conscience sexuelle contenus dans ce regard. On conseille souvent aux mères de nettoyer le pénis de leur petit garçon pour éviter toute infection. Je ne pense pas pour ma part que cela soit une bonne idée, ni que ce soit nécessaire. Depuis des temps immémoriaux, les petits garçons ont grandi sans avoir besoin de cela. Le danger dans toute relation parent-enfant, c'est que ce lien comporte un fort élément sexuel. Cet élément sera ensuite nié et réprimé, tant par le parent que par l'enfant, ce qui aura forcément un effet dévastateur sur l'enfant. C'est ce que nous montre le cas suivant.

Max était fils unique. Il avait perdu son père dans sa plus tendre enfance et avait été élevé par sa mère, qu'il m'a décrite comme une femme puissante, n'ayant peur de personne. Il avait une trentaine d'années, était psychologue et connaissait l'analyse bioénergétique. Il a reconnu qu'il y avait dans son corps de nombreuses tensions l'empêchant de connaître le plaisir ou la joie de vivre. Il travaillait dur, mais n'en tirait aucune satisfaction. Persuadé qu'il devait lutter pour obtenir ce qu'il voulait, il passait son temps à se battre, essayant en vain d'atteindre une position où il pourrait enfin se sentir détendu et à l'aise. Cette attitude lui a même valu d'être impliqué dans des procès. Sa relation avec sa femme lui posait les mêmes problèmes et difficultés. Ils se querellaient constamment, ce qui ne l'aidait pas à résoudre son problème personnel. A mes yeux, Max était un homme torturé par l'angoisse. Mais s'il reconnaissait son angoisse, il en ignorait l'origine.

Max avait un physique agréable. Son corps était puissant et vigoureux mais, en même temps, il y avait en lui quelque chose de chaotique. Ses ondes respiratoires étaient saccadées et convulsives, pas fluides. Ce phénomène était le plus apparent dans la moitié inférieure de son corps. Son pelvis, contracté, n'était pas relié à sa respiration, et ses jambes, bien que musculairement développées, ne lui donnaient aucun sentiment de soutien. Au cours de l'exercice d'enracinement, elles ont tremblé au lieu de vibrer et se sont effondrées sous lui. Du fait qu'il n'avait pas le sentiment d'être soutenu par le sol, il se soutenait avec sa tête, pensant, calculant et manœuvrant. Mais cette façon de vivre était pour lui très frustrante.

Au cours de ses deux premières années de thérapie, Max avait fait relativement peu de progrès. Malgré tous ses efforts, il ne réussissait pas à avoir d'émotions fortes. Il lui était impossible de s'abandonner à son corps. Sa résistance était toutefois inconsciente et je le lui ai simplement fait remarquer. Découragé, il a cessé de venir aux séances. Je n'ai cependant rien fait pour le retenir, car le brusquer aurait été à mes yeux ce qu'il ne fallait pas faire. Je n'avais pas eu l'impression que des efforts supplémentaires de sa part ou de la mienne auraient pu l'aider. Lors des séances, il s'était focalisé sur sa relation avec sa mère, qui continuait à être très présente dans sa vie et essayait encore de le contrôler. Il s'était rebellé contre elle, mais sans parvenir à se libérer. Grâce à mes encouragements, il avait cependant réussi à prendre peu à peu ses distances avec elle.

Un an plus tard il a repris la thérapie. Il avait l'impression que j'avais compris son problème, même si je n'avais pas réussi à l'aider à atteindre le changement désiré. Son attitude et sa vie avaient, il est vrai, quelque peu changé : il était moins arrogant et moins belliqueux qu'avant et sa relation avec sa femme s'était améliorée. Il n'avait pas cessé de faire les exercices bioénergétiques chez lui, notamment ceux qui consistent à donner des coups de pied sur un lit et à respirer sur le tabouret énergétique. Il sentait qu'ils l'aidaient à aller mieux. J'avais pour ma part remarqué un réel changement en lui : il était beaucoup plus ouvert au lâcher-prise. Sur le tabouret, il était davantage capable de se laisser aller à la tristesse et aux pleurs, même si cet abandon n'était pas suffisamment profond. Ses coups de pied étaient également plus puissants. Lorsqu'il faisait cet exercice, il se concentrait sur son désir d'être libéré de sa mère et de la pression qu'elle exerçait sur lui, en l'obligeant à se battre.

A peu près à la même époque, deux événements majeurs se sont produits dans sa vie, tous deux allant dans le sens de sa liberté. Le premier était la mort de sa mère. A un niveau profond, cet événement l'avait libéré de son influence. Le deuxième était la naissance de son premier enfant, si attendu dans le couple. L'enfant apporta de la lumière et de la joie dans leur vie. Tout cela l'avait beaucoup aidé, mais ce dont il avait le plus besoin, c'était de sentir ces qualités dans son corps.

L'abandon est simplement un lâcher-prise des émotions. Max libéré pour la première fois pendant qu'il donnait des coups de pied en criant « Laisse-moi tranquille ! » en pensant à sa mère. Lorsqu'un patient exprime sa volonté de se libérer d'une pression, je lui suggère d'exprimer sa demande. S'il veut quelque chose, il doit être prêt à se battre pour l'obtenir. La belligérance de Max n'était pas celle d'un combattant ; elle relevait plus de la manipulation que de la confrontation. Sa rage sous-jacente était si forte qu'il n'osait pas la libérer complètement ou librement. Nos discussions lui faisaient certes prendre conscience de son problème, mais ne le libéraient pas de sa peur. Cela était d'ailleurs impossible tant qu'il restait incapable d'exprimer pleinement ses sentiments de protestation et de colère. L'exercice de décharge par les coups de pieds est dans ce cas idéal, car il ne présente pas de danger en cas d'abandon du contrôle de soi. Le patient ne peut ni se blesser ni blesser autrui ni casser le matelas en mousse. Pour que l'exercice soit efficace, les coups doivent être spontanés et la voix doit atteindre l'intensité d'un cri. Max y est arrivé : il s'est laissé aller à l'exercice et l'émotion a pris le dessus. A la fin de l'exercice, il s'est senti plus léger et plus libre. Bien sûr, ce progrès devait être consolidé par d'autres exercices, mais au fil des séances suivantes son sentiment de liberté n'a fait que grandir en lui.

Mais il n'avait pas libéré son pelvis, de sorte que la moitié inférieure de son corps n'était toujours pas libre. L'étape suivante de la thérapie fut donc consacrée à un travail sur les jambes et le pelvis. J'utilise, pour ce faire, un exercice où le patient se laisse tomber, ce qui charge les jambes et les pieds en énergie et permet à la charge de se répandre dans le pelvis et de le libérer. Le patient est debout, le dos tourné au tabouret. Il pose les mains sur le tabouret derrière lui pour garder l'équilibre et fléchit les genoux jusqu'à ce que ses talons se soulèvent du sol. Le poids du corps repose entièrement sur la plante des pieds, mais le patient s'empêche de tomber en avant en exerçant une pression avec les talons, même s'ils ne touchent plus le sol (5). Le patient a pour instruction de garder la charge dans ses pieds et de ne pas se laisser tomber. Quand cet exercice est bien fait, le pelvis se déplace spontanément avec la respiration. Max n'y est toutefois pas parvenu, malgré de nombreuses tentatives faites au cours de plusieurs séances. Mais chaque fois qu'il faisait l'exercice, il sentait un peu plus ses jambes.

Max n'arrivait pas à maintenir sa position plus d'une minute. Ses genoux se seraient effondrés et il serait tombé par terre. Lors d'une discussion à ce sujet, il m'a dit : « Ma mère m'écrase. Elle est tout le temps après moi, à m'étouffer constamment. » Ses paroles l'avaient mis très en colère et lorsqu'il a dit : « Va te faire foutre ! », son pelvis a basculé vers l'avant et a commencé à se mouvoir librement avec sa respiration. C'était la libération dont il avait besoin.

Il ignorait si sa mère avait effectivement eu des relations sexuelles avec lui dans son enfance. Comme ils dormaient dans le même lit, il est probable qu'il sentait le corps de sa mère contre lui et que cela l'excitait sexuellement. Le fait que leur relation comportait un élément sexuel était manifeste pour moi. Après cette expérience, lui non plus n'en a plus douté. Son corps reflétait une forte excitation sexuelle causée par sa mère, mais il était incapable de l'évacuer ou de la libérer. C'était pour lui un supplice qui le mettait au bord de la folie. Mais contrairement à Madeline, il n'était pas dissocié de son corps car il n'était pas terrorisé par sa mère. Elle ne le détestait pas et ne l'avait pas violé physiquement. Au lieu de cela, elle l'aimait, mais trop et d'une façon trop sexuelle. En focalisant son amour sexuel sur Max, elle l'utilisait pour réaliser son rêve romantique ; ce qui était pour lui une forme d'abus sexuel.

---

5. Voir Lowen, A. : *La Bioénergie* (Sand, 1978), pour comprendre la dynamique énergétique du corps pendant ces exercices. Concernant les exercices qui facilitent l'abandon, voir mon livre : *La Peur de vivre* (Epi-Hommes et Groupes, 1983).

12. Le détachement de la mère

Robert était lui aussi un homme très lié à sa mère. Il était brillant et attirant, mais ne trouvait aucune satisfaction dans sa vie ou dans le monde. Désireux de faire un travail important, il en était cependant incapable. De la même façon, il souhaitait vivre une relation profonde avec une femme, mais n'y arrivait pas. A un certain niveau, Robert avait le sentiment d'être « spécial », mais à un niveau profond il vivait dans l'insécurité et la frayeur. L'excitation ne circulait pas librement dans son corps et il y avait de fortes tensions dans son pelvis qui réduisaient sa charge sexuelle. Son sentiment d'être « spécial » apparaissait clairement dans son attitude avec les autres. C'était quelqu'un de charmeur. Il savait ce qu'il fallait dire et comment le dire, ce qui dénotait un contrôle de l'ego particulièrement développé. Mais pour ces mêmes raisons, Robert avait peur et se montrait incapable de s'abandonner à son corps, à soi-même et à la vie.

Voici le récit de son passé : « Ma mère débordait constamment d'énergie. Elle était frénétique. D'un côté c'était très excitant mais, de l'autre, on se sentait complètement étouffer. Quand j'étais pris dans sa frénésie, je perdais complètement conscience de moi-même. »

« Mon frère était très jaloux de la relation particulière que ma mère avait avec moi. Il avait trois ans de plus que moi et était deux fois plus grand. Il me battait et me torturait physiquement et psychologiquement. Il n'avait aucune difficulté à exprimer sa colère. Je le regardais, avec crainte. »

« D'une certaine façon, j'avais passé un pacte politique avec ma mère. En échange, je devais me rendre. Elle s'était persuadée de ma perfection, que je ne pouvais rien faire de mal et que je ne mentais jamais. Pourtant, je mentais constamment, tout comme elle. Mais nous fermions les yeux sur ces mensonges. Nous avions conclu d'accepter cette corruption mutuelle. Je voyais ma mère comme quelqu'un de parfait. Je m'identifiais à elle. »

Robert aurait pu devenir homosexuel, mais ce ne fut pas le cas parce qu'il avait pu s'identifier à son père, celui-ci ayant essayé plusieurs fois d'intervenir en sa faveur auprès de sa mère. Mais lorsqu'elle le menaçait, il se retirait et s'en prenait à Robert pour avoir laissé sa mère le posséder.

Cette situation avait eu sur l'enfant un effet dévastateur. Voici comment Robert m'en a parlé : « J'avais l'impression de devenir fou, d'être au bord de la folie. J'allais fouiller dans son armoire et j'ouvrais ses tiroirs pour caresser sa lingerie. Je ne pouvais pas m'en empêcher, ni contenir l'excitation. Puis, avec la puberté, mes copains ont pris plus de place dans ma vie et cela s'est calmé. »

Une fois adulte, Robert fut capable d'aller dans le monde pour essayer de mener une vie heureuse, mais le degré de trouble dans sa personnalité ne rendait pas les choses faciles. Il survivait, ce qui signifiait qu'il était devenu l'une de ces innombrables personnes en quête de réussite, menant des vies qui ne leur apportent aucun sentiment réel de joie ou d'accomplissement.

Les personnes qui commencent une thérapie ont en fait de la chance : elles se donnent la possibilité de surmonter leurs problèmes et leurs obsessions et de trouver un sens réel à leur vie. Mais comme nous le verrons dans le prochain chapitre, ce voyage n'est ni facile, ni rapide. C'est en quelque sorte un voyage dans le monde souterrain où sont enfouies nos peurs les plus profondes – la peur de la folie et la peur de la mort. Or, si nous voulons revenir dans un nouveau monde de lumière où les nuages du passé se seront tous dissipés, il nous faudra trouver le courage d'affronter ces peurs.

CHAPITRE IX

La peur : l'émotion qui paralyse

1. L'état de peur

Les patients qui suivent une thérapie sont tous des individus effrayés, voire terrorisés. Mais si certains sont conscients de leur peur et que d'autres la dénient, très peu sont en contact avec la profondeur de leur peur. Nous avons vu, dans les précédents chapitres, que les patients ont peur de leurs sentiments d'amour, de colère et de tristesse. Or, ils sont tout autant effrayés, sinon plus, par leur peur. Cette émotion ne les menace peut-être pas, mais elle les paralyse. Cela est particulièrement vrai lorsque la peur est très forte, comme dans la terreur. Un organisme terrifié se paralyse. Quand la peur est moins forte, l'individu panique et s'enfuit. Mais du fait que la panique est une réaction hystérique, elle est inefficace pour faire face au danger.

Un enfant qui a peur de ses parents en raison de leurs comportements irrationnels et violents ne peut s'enfuir : il est terrassé par la peur. Dans la vie sauvage, l'animal qui est terrifié par les prédateurs et ne peut s'enfuir finit généralement par être tué. S'il parvient à s'enfuir, sa peur disparaîtra rapidement et il pourra retrouver son état normal. Mais l'enfant terrorisé par ses parents n'a aucune échappatoire, ce qui l'oblige à nier et réprimer la peur pour vaincre son état de paralysie, en mobilisant sa volonté contre le sentiment de peur. Il contracte les muscles de sa mâchoire dans une expression de détermination, comme pour dire : « Je n'aurai pas peur. » En même temps, il se dissocie partiellement de son corps et de la réalité, refusant de voir que ses parents sont hostiles et menaçants. Ces mesures de survie permettent certes à l'enfant de grandir et de se libérer de la possibilité d'attaques parentales, mais du fait qu'elles se sont structurées dans son corps, elles peuvent aussi devenir pour lui un mode de vie. L'enfant vit alors dans un état de peur, qu'il en soit conscient ou non.

2. La peur marque le corps

Si la plupart des patients ne perçoivent pas à quel point ils ont peur, celle-ci n'est pourtant pas difficile à discerner. Tout muscle tendu de façon chronique dans le corps est en fait dans un état de peur, la peur étant plus évidente encore dans des mâchoires contractées, des épaules relevées, des yeux écarquillés et une rigidité globale du corps. On peut dire de ces individus qu'ils sont « tétanisés de peur ». Quand le corps montre un manque de vitalité générale, se manifestant dans une couleur pâle, une flaccidité musculaire et des yeux ternes, la personne est « morte de peur ». Mais ce n'est pas parce que la peur s'est structurée dans le corps qu'elle ne peut être libérée. Pour libérer lc corps de son état de peur, la personne doit prendre conscience de sa peur et de ses tensions et comprendre qu'elle doit trouver un moyen de s'en décharger.

Nous avons vu dans le précédent chapitre que la colère est l'antidote de la peur. Le patient doit devenir enragé, c'est-à-dire éprouver une si forte colère qu'il a le sentiment de devenir comme fou, de perdre le contrôle. C'est alors le spectre de la folie qui ressurgit, le patient étant persuadé que s'il ne se maîtrise pas il va devenir fou. Tous les patients ont plus ou moins peur de devenir fous s'ils perdent le contrôle de soi. C'est de cette peur dont nous allons parler dans ce chapitre, en essayant de voir comment l'analyse bioénergétique peut nous aider à y faire face.

Il n'est pas rare d'entendre des parents crier ou hurler à leurs enfants : « Tu me rends fou ! » Cela indique que les parents se sentent au bout du rouleau, qu'ils ne supportent plus rien de l'enfant et que la pression est devenue trop forte. Mon travail avec les patients m'a toutefois fait découvrir que bien souvent la personne que l'on rend folle, c'est plutôt l'enfant. Cela dit, je ne doute pas de la pression que peut représenter l'éducation d'un enfant dans une société hyperactive telle que la nôtre, particulièrement pour des parents qui doivent affronter en même temps leurs propres conflits émotionnels ou conjugaux. Et qui n'en a pas ? Mais si un stress important et continuel peut effectivement produire une dépression mentale chez l'individu, cette situation n'est pas applicable aux parents. Ils ont en effet la possibilité d'évacuer ce stress, que ce soit en criant ou en frappant l'enfant. L'enfant n'a pas cette possibilité et doit supporter les abus qu'il subit, même si beaucoup essaient d'y échapper. Pour supporter un stress intolérable, il doit se figer, se dissocier de son corps. Les enfants se retirent physiquement dans leur chambre et psychologiquement dans leur imagination. Ce repli sur soi qui brise l'unité de la personnalité constitue une réaction schizophrénique.

Selon la force de l'enfant et la gravité du stress auquel il est soumis, ce clivage peut constituer une fracture ou une rupture complète. Les facteurs quantitatifs variant selon les cas, la question est plutôt de savoir si l'enfant peut rester intègre, ne pas se briser ou s'effondrer. Un enfant plus âgé, entre trois et cinq ans, aura développé un ego suffisamment fort pour résister et ne pas craquer. La résistance devient alors rigidité, ce qui lui permet de garder un sentiment d'intégrité et d'identité. Mais comme cette rigidité se transforme ensuite en mécanisme de survie psychologique pour l'individu en question, l'idée même d'y renoncer peut lui sembler une perspective très effrayante.

3. Vulnérable face à la torture

La torture, quelle qu'en soit la forme, est utilisée pour briser l'esprit ou le corps d'une personne. Elle n'entraîne pas forcément de dégâts physiques. Le fait de priver quelqu'un de sommeil constitue l'une des méthodes de torture les plus efficaces. Le mental n'a aucun moyen de se reposer des stimuli extérieurs, qui exigent de lui une dépense constante en énergie. La personne finit tôt ou tard par craquer et son esprit se dissocie alors d'une réalité intolérable. Si les sujets « limites » qui sont trop stressés et souffrent d'insomnies font une dépression nerveuse, c'est parce qu'ils sont soumis à une pression constante à laquelle ils ne peuvent se soustraire. L'exemple classique de torture est une méthode utilisée par les Chinois, qui consiste à enterrer la victime dans le sol jusqu'au cou puis à laisser tomber un filet d'eau goutte à goutte sur sa tête. La stimulation est très vite trop intense, et comme il n'y a aucune issue possible, elle devient insupportable et intolérable. La victime se met alors à crier pour évacuer l'excitation, mais n'obtenant ainsi aucun soulagement elle n'aura plus d'autre choix que de sortir de son esprit. Elle n'aura plus le contrôle sur elle-même et son esprit se déconnectera de la réalité.

Face à la torture, un enfant est plus vulnérable qu'un adulte. Son esprit peut en être brisé, tout comme son corps. Il n'a aucune possibilité de fuite. L'abus physique est une façon de briser l'esprit d'un enfant, et nous savons qu'il est fréquent. Mais l'abus verbal ou émotionnel est encore plus répandu. De nombreux enfants font l'objet de critiques constantes qui finissent par briser leur esprit. Tout ce qu'ils font est mal et jamais ils ne reçoivent l'approbation des adultes. L'enfant perçoit l'hostilité du parent, une hostilité profonde qu'il ne peut ni fuir ni comprendre. Le cas d'Esther illustre bien ce type de torture. Elle était certainement l'une des personnes les plus gentilles et les plus attentionnées que j'aie jamais rencontrées, mais sa vie était un désastre. Rien ne semblait lui réussir. Sa vie professionnelle et ses deux mariages s'étaient soldés par un échec, et ce n'était pourtant pas faute d'avoir essayé. Elle faisait de son mieux, mais ne trouvait jamais l'amour qu'elle recherchait si désespérément. Dans son enfance, elle avait essayé de plaire à sa mère pour gagner son amour, mais toutes ses tentatives avaient été vaines. Sa mère trouvait à critiquer ou à redire en tout ce qu'elle faisait.

Esther m'a raconté un incident typique de leur relation. Elle avait environ huit ans et sa mère lui faisait des remontrances sur son mauvais comportement. Ce n'était pas la première fois qu'elle se faisait disputer pour une action innocente, et Esther a froncé les sourcils. Sa mère, furieuse, lui a répliqué : « Comment oses-tu froncer les sourcils quand je te parle ? » L'hostilité froide de la mère avait terrorisé l'enfant, déjà effrayée par sa mère. J'avais déjà remarqué cette qualité chez Esther lors de notre première rencontre : sa dépression semblait tenir au fait qu'elle se voyait incapable de réaliser ses espoirs. La fureur meurtrière qu'elle éprouvait à l'égard de sa mère était dissimulée sous une apparence extérieure rigide et inaccessible. En emprisonnant sa colère, elle s'était coupée de son agression naturelle. Le seul espoir qui lui restait était de croire qu'en se comportant « comme il faut » elle trouverait l'amour qu'elle espérait tant. Mais cela ne marchait pas, l'amour ne pouvant être le résultat d'un bon comportement. Si bien qu'en se coupant de son agression naturelle, elle avait aussi perdu sa passion.

Après l'échec de son deuxième mariage, Esther prit conscience de la rage qui l'habitait. Un jour, elle fut prise d'une véritable fureur à l'égard de son mari, ce dont elle s'était sentie ensuite terriblement coupable. Sa colère, déclenchée par la passivité de son mari, correspondait au transfert de sa colère contre son père, qui prétendait l'aimer mais ne l'avait pas protégée face à sa mère. Dans ce conflit entre la mère et l'enfant, il s'était rangé du côté de la mère. La trahison de son père avait mis Esther dans une rage folle, mais elle n'avait pas eu d'autre choix que de la réprimer. Son corps était aussi rigide qu'un morceau de bois. Elle s'est décrite comme une « schizophrène contrôlée », persuadée que si elle perdait le contrôle de ses émotions, elle deviendrait folle – folle de rage – au point de ne plus se dominer et peut-être même de tuer.

4. Retrouver le sentiment de sécurité

Certaines personnes perdent effectivement le contrôle de soi et en viennent ainsi à tuer ou à se suicider. C'est notamment le cas si leur ego est trop faible pour s'être dissocié du corps et des sensations, de manière à contenir la colère réprimée. Pour donner une image, c'est comme s'il y avait en elles une grenade prête à exploser sans qu'elles le sachent. Leur faire prendre conscience de cette fureur meurtrière réprimée diminue le danger de voir ces grenades exploser soudainement, avec d'éventuels effets mortels. De même, le fait d'accepter ses émotions renforce l'ego et favorise le contrôle conscient des impulsions. Cela implique toutefois plus qu'une simple prise de conscience intellectuelle de son existence ; il faut ressentir pleinement l'émotion et s'en faire une amie. Je me souviens de ce jour de ma petite enfance où un gros chien m'avait fait très peur en se jetant sur moi. Pour m'aider à vaincre cette peur, ma mère m'avait acheté un chien empaillé. Cela m'avait effectivement un peu aidé, mais ce n'est que lorsque j'ai moi-même vécu avec des chiens que j'ai réussi à vaincre cette peur. Aider les patients à apprendre à vivre avec leur colère d'une façon saine est l'un des objectifs majeurs de la thérapie.

A des degrés variés, tous les patients sont des schizophrènes contrôlés. Ils ont tous peur de perdre le contrôle – de devenir fous – car, dans leur enfance, on les a rendus quasiment fous. Gary parlait d'une voix douce. C'était un homme calme qui réfrénait ses émotions. A l'instar d'Esther, il avait un esprit très rationnel qui gouvernait toutes ses actions, un peu comme un ordinateur. Il était d'ailleurs informaticien. Il n'y a toutefois aucune joie dans un ordinateur ni dans un individu qui fonctionne comme un ordinateur. Il avait suivi une psychanalyse pendant des années, mais sa vie affective ne s'était pas vraiment améliorée. J'ai commencé par lui faire faire un travail corporel pour rendre sa respiration plus profonde et le faire pleurer, ce qui l'a aidé à se sentir plus vivant. Mais il avait aussi besoin de mobiliser son agression et sa colère, toutes deux fort réprimées, et devait pour cela se débarrasser de ses mécanismes de contrôle conscients. Les exercices qui consistent à frapper sur le matelas en criant « Je n'en peux plus... » l'ont aidé à accéder à un sentiment d'identité – un sens de soi – qu'il avait perdu depuis sa plus tendre enfance.

Son histoire n'était pas compliquée : « Ma mère me frappait chaque fois que je faisais quelque chose qui la dérangeait. Avec elle, le coup partait tout de suite. Je me souviens aussi qu'elle me donnait une claque si j'avais le malheur de me plaindre de quelque chose. Mais je ne pouvais pas m'en empêcher et cela la mettait hors d'elle. Je n'avais pas le droit de protester. Si je pleurais ou répliquais, elle me tapait encore plus fort. Je me souviens que mon visage devenait tout bleu tant j'étais terrifié à l'idée de pouvoir exploser. Elle me rendait dingue. Je savais qu'elle m'aimait, mais je ne pouvais pas être proche d'elle. C'était une femme malheureuse et je ne pouvais pas la rendre heureuse. Elle me rendait fou. »

Garry n'était pas devenu fou, mais il s'était coupé de ses émotions. Il s'était dissocié de son corps et s'était réfugié dans sa tête. Il avait perdu sa vitalité, de façon à ne plus avoir d'émotions à contrôler. Garry aurait été incapable de tuer quelqu'un. Il était lui-même partiellement mort. Sa fureur ne pouvait donc ressurgir que s'il redevenait suffisamment vivant pour ressentir sa douleur.

Grâce à mon soutien, il est parvenu à retrouver un sentiment de sécurité et à se laisser aller à quelques débordements. Respirer, pleurer, frapper le matelas et crier étaient des exercices que je lui faisais faire presque à chaque séance. Pour retrouver sa voix, il lui fallait faire taire la voix de sa mère qui continuait à lui dire intérieurement ce qu'il devait faire, ce qu'il voulait, comment il devait se comporter, etc. En tordant la serviette entre ses mains comme si c'était son cou, il lui a crié : « Ferme-la, arrête de te plaindre ou je te tue ! » Il a aussi donné des coups de poing sur le matelas pour détruire l'image de sa mère, pleine d'hostilité. Peu à peu la peur l'a lâché, celle qui consistait à croire que s'il explosait il deviendrait réellement fou. Bien sûr, il allait devenir fou, mais cette folie était de la colère et non de la démence. Il y a dans les deux cas perte de contrôle de l'ego ; mais, si dans le premier cas c'est par abandon à son corps ou à soi-même, dans le deuxième cas il y a perte d'identité.

5. La dissociation de son corps

Toute forme de surstimulation prolongée peut mener un enfant à l'aliénation mentale. L'une de ces stimulations est la stimulation sexuelle, que ce soit à travers un contact physique ou un comportement séducteur. L'enfant n'ayant aucun moyen de se décharger de l'excitation qu'il ressent, elle est comme une constante irritation sur le corps. J'ai évoqué au chapitre VIII le cas de Lucille, cette patiente qui souffrait d'une excitation constante dans son vagin dont elle n'arrivait pas à se décharger. A mesure que la thérapie a progressé, elle a pris conscience de la « folie » dans sa personnalité. Elle éprouvait un sentiment de confusion et se sentait différente des autres, pour avoir été livrée à son père, un homme qui était obnubilé par la sexualité mais qui, en même temps, dénigrait toute manifestation de sentiment ou d'intérêt sexuel. Sa mère, bien que très prude, prenait un plaisir secret aux affaires de sexe.

C'est là une situation typique de double contrainte pour l'enfant, où des messages conflictuels lui sont envoyés : l'un disant que la sexualité est excitante, l'autre qu'elle est sale et dégoûtante. Ses parents montraient de l'intérêt pour sa sexualité, en lui mettant par exemple la main aux fesses, ce qui était tout à fait déplacé. Lucille en était devenue presque folle, mais elle avait réussi à préserver son intégrité et sa santé mentale en adoptant une rigidité corporelle extrême. Max, dont le cas a été présenté dans le précédent chapitre, était devenu presque fou à cause de sa mère qui était, selon ses propres dires, tout le temps après lui. Il n'avait toutefois jamais développé la rigidité corporelle qui caractérisait Esther ou Lucille. Au lieu de contrôler son excitation par une attitude rigide, il l'exprimait à travers une sexualité compulsive et des explosions de rage non contrôlée. Ce comportement ne contribuait évidemment pas à réduire l'excitation latente et la frustration qu'il ressentait. Cette frustration provenait d'importantes tensions dans son corps qui, en brisant le lien énergétique, avaient dissocié sa tête de son corps et son pelvis de son tronc.

Quand je regarde le corps d'un patient, je peux voir sa douleur dans les tensions qui le limitent. Une bouche serrée, des mâchoires contractées, des épaules relevées, une nuque raide, une poitrine gonflée, un ventre rentré, un pelvis immobile, des jambes lourdes et des pieds étroits sont autant de signes indiquant la peur d'abandonner un état d'être douloureux. Mes patients se plaignent rarement de leurs douleurs, bien que certains en ressentent parfois dans différentes parties de leur corps, notamment dans le bas du dos. Ils se plaignent d'une certaine détresse émotionnelle, celle qui les a conduits à la thérapie, mais, au début, ils sont pour la plupart persuadés que cette détresse est uniquement psychologique.

La douleur physique fait peur. La plupart des gens y réagissent de la même façon que dans leur prime enfance : en voulant s'en débarrasser. L'ego d'un enfant ne peut pas faire face à la peur de la même façon qu'un adulte. Si la douleur ne disparaît pas, il se dissocie de son corps pour se réfugier dans sa tête, où la douleur est absente. Ce retrait a lieu quand l'enfant ne peut plus supporter sa douleur physique. Il lui permet de supporter la situation pénible dans laquelle il se trouve parce qu'il n'en souffre plus. Son corps est alors comme endormi. Les adultes en bonne santé ne se dissocient pas de leur corps dans des situations pénibles. Ils ont un ego suffisamment fort pour ne pas se briser, sauf dans des situations extrêmes telle la torture. Quand des adultes se dissocient de leur corps, comme ce fut le cas pour Madeline, c'est parce que le lien entre l'ego et le corps a été affaibli par des expériences douloureuses de l'enfance ou de la prime enfance.

Le retour dans le corps est un processus pénible, mais ce revécu de la douleur permet au patient de se relier à sa vitalité et aux émotions qu'il avait réprimées pour assurer sa survie. Il n'est plus un enfant dépendant et impuissant et il peut accepter et exprimer ses émotions dans le cadre sécurisant de la thérapie. Cela dit, tous les patients ont peur au début de renoncer au contrôle de leur ego, le garant de leur survie.

6. La peur de perdre son identité

Si le fait de s'abandonner au corps implique de renoncer au contrôle des émotions par l'ego, cela n'entraîne toutefois aucune perte du contrôle des actions ou du comportement, sauf si les émotions sont trop fortes et l'ego trop faible. Un individu dont l'esprit conscient est submergé par une excitation qu'il est impuissant à contenir peut en arriver à perdre la maîtrise de son comportement. Le sujet est alors en proie à des émotions pouvant mener à des actes dangereux et destructeurs, que ce soit une fureur meurtrière ou un désir incestueux. Toute personne qui passe à l'acte en réagissant sur ce mode impulsif peut être considérée folle ou malade et se retrouver ainsi en hôpital psychiatrique. Mais la peur de la folie, c'est plus encore que la peur de commettre un acte atroce ; c'est avoir peur de perdre son identité. Quand l'esprit conscient est submergé par une émotion, quelle qu'elle soit, il en résulte une perte des frontières du moi. C'est un peu comme une rivière en crue où l'on ne peut plus distinguer la rivière de la masse d'eau. La rivière perd son identité, tout comme l'individu débordé par ses émotions.

La perte d'identité est l'un des signes de la démence. Nous avons tous entendu parler de ces malades mentaux qui se prennent pour Jésus ou Napoléon. Mais la perte d'identité n'est pas toujours aussi extrême. Une personne qui souffre de dépression nerveuse ne sait simplement plus très bien qui elle est, ni où elle est ni ce qui se passe en elle. Inversement, une personne consciente de son identité et de la réalité du temps et de l'espace peut difficilement être considérée comme folle. La perte des frontières du moi entraîne une perte de la réalité, c'est-à-dire une perte de conscience de son moi réel. Cette expérience est à elle seule terrifiante car elle désoriente et dépersonnalise. Dans ce cas, le sujet n'est pas conscient de son corps, mais à partir du moment où il y a dépersonnalisation, sa peur disparaît. Cette dissociation entre l'esprit et le corps – caractéristique de la schizophrénie – inhibe toute perception des émotions. La peur de la démence est toutefois liée au processus de dissociation et non à l'état de dissociation, de même que la peur de la mort est vraiment une peur de mourir. L'état de mort est dénué de peur. Ce qui fait peur, c'est le processus de lâcher-prise de l'ego.

Cet abandon est pourtant ce que nous recherchons dans notre être profond, car il nous mène à l'expérience de la joie. De nombreux rites religieux comportent des pratiques qui produisent un état d'excitation extrême chez l'individu et lui permettent ainsi de transcender les frontières du moi. Il y a déjà longtemps de cela, j'ai assisté à une cérémonie vaudou en Haïti où j'ai vu un jeune homme atteindre cet état de transe après avoir dansé près de deux heures au rythme continuel de deux tambours. A la fin, il ne contrôlait plus son corps. J'ai moi-même fait l'expérience de tels états d'excitation extrêmes, où j'étais transporté dans un ailleurs où mon sens de la réalité était différent. Petit garçon, je me souviens de l'un de ces moments : j'étais si excité par les lumières, la musique et la foule dans un parc d'attractions, que je me croyais dans un monde féerique. Plus tard, je me souviens d'une soirée où j'ai tellement ri lors d'un jeu que je ne savais plus si je dormais ou si j'étais éveillé. Il m'est aussi arrivé de vivre un orgasme d'une telle intensité que je me suis senti projeté hors du monde. Or, je n'avais eu peur à aucun de ces moments. Ils ne se seraient d'ailleurs pas produits si j'avais eu peur, et ils étaient au contraire extrêmement agréables et joyeux, quasiment extatiques.

7. Folie de la passion, folie de la démence

Il y a tout un monde de différence entre la folie qui est passion (la passion divine) et la folie qui est démence. Dans la première situation, l'excitation est agréable et l'ego peut alors se dilater, jusqu'à se transcender. La transcendance n'est alors pas néfaste à l'ego, car elle est naturelle et va dans le sens de la vie. C'est un abandon à la vie profonde en soi-même, à la vie qui opère au niveau inconscient. Les enfants n'ont pas peur de perdre le contrôle de leur ego. Au contraire, ils adorent ça. Ils tournent sur eux-mêmes jusqu'à être pris de vertige pour se laisser ensuite tomber par terre en riant de plaisir. Mais s'ils perdent effectivement le contrôle en jouant ainsi, ils agissent librement, sans subir aucune pression. Le manque de contrôle de l'ego est naturel chez un tout petit enfant. Un nouveau-né ne connaît pas ce contrôle et, comme tous les autres animaux, il fonctionne en termes d'émotions et non de pensées conscientes. C'est en grandissant et en développant leur ego que les enfants deviennent des êtres conscients d'eux-mêmes et capables de réfléchir à leurs actes. Le fait d'imposer un contrôle conscient permet à l'individu de se comporter en fonction de buts plus larges que la simple satisfaction de ses besoins immédiats. Mais quand nous agissons à partir de nos pensées, nous perdons en spontanéité, ce qui supprime la joie et réduit le plaisir pouvant résulter de l'action. Si nous adoptons un tel comportement, c'est en ayant en tête de nous procurer un plaisir plus grand dans l'avenir. C'est un mode de réaction sain et naturel qui ne devient un schéma névrotique qu'à partir du moment où le contrôle exercé est inconscient et arbitraire, et que nous ne pouvons pas y renoncer.

Si le contrôle conscient peut être abandonné en cas de nécessité, on ne peut abandonner le contrôle inconscient, soit parce qu'on en est totalement inconscient, soit parce qu'on n'en comprend pas les mécanismes et la dynamique. Ce contrôle inconscient affecte de nombreuses personnes qui ont en général beaucoup de mal à exprimer leurs émotions ou leurs désirs. Elles ont tendance à être passives et à faire ce qu'on leur dit de faire. Même quand elles prennent sur elles pour dire « non », leur voix reste faible et elles manquent de conviction. Leur capacité de s'affirmer est handicapée par des tensions musculaires chroniques qui étranglent la voix en contractant la gorge, et par d'autres tensions musculaires tout aussi chroniques qui limitent la respiration, réduisant ainsi la quantité d'air capable de faire vibrer les cordes vocales. On pourrait dire de ces personnes qu'elles sont inhibées et qu'elles ont du mal à exprimer leurs besoins.

Généralement, le sujet est conscient de son inhibition, mais il ne parvient pas à s'en libérer du fait qu'il ne comprend pas pourquoi il est inhibé, ni quelles sont les tensions à l'origine de cette inhibition. Or, comme nous allons le voir dans les cas suivants, ce problème peut être surmonté par la thérapie.

Victor, un homme âgé d'environ trente-cinq ans, avait commencé une thérapie avec moi parce qu'il souffrait d'un profond sentiment de frustration dans sa vie. Malgré sa bonne volonté, une réelle compétence dans son métier et un travail forcené, sa vie professionnelle était un échec. Il en allait de même dans sa relation avec les femmes. En observant son corps, j'ai remarqué de fortes tensions dans sa mâchoire, ses épaules et son pelvis. Les tensions dans le pelvis dénotaient une très forte angoisse de castration. Victor était bien conscient de ces tensions, mais il n'en comprenait pas la cause et se sentait impuissant face à elles. En dehors de ces tensions, il y avait un autre trait caractéristique de sa personnalité : sa voix, qui était à peine plus forte qu'un soupir, était contenue, sans résonance et soumise. Essayer de crier exigeait de lui un tel effort qu'il finissait par s'enrouer. Par ailleurs, Victor n'avait en lui rien de soumis et son corps était aussi intense que tendu. La tension de sa mâchoire était si intense qu'il souffrait d'un bourdonnement dans les oreilles. Cette tension exprimait sa volonté : tout ce qu'il entreprenait était empreint d'une très forte détermination. Mais à tant faire d'efforts, il avait très peu de plaisirs dans sa vie et ne connaissait jamais la joie. Or, c'était justement ce besoin de toujours vouloir qui l'empêchait de lâcher prise et de s'abandonner.

Pour comprendre son problème, il fallait se pencher sur les expériences de son enfance qui avaient forgé sa personnalité. Victor était le plus jeune de trois enfants et sa mère avait focalisé toute son affection sur lui. Il était en même temps son bébé et son homme, devant toujours être à son service. Il s'est souvenu qu'il ne pouvait jamais exprimer ses envies ou ses besoins; en fait, il n'avait pas voix au chapitre pour ce qui concernait sa propre vie. Malheureusement, le père de Victor était lui aussi un homme passif, son rôle consistant à rendre heureuse son épouse en s'occupant d'elle. La mère de Victor n'était pas une femme «forte». Elle se voyait comme une petite princesse à qui tout était dû, par Victor également. Cette situation s'était poursuivie jusqu'au jour où Victor trouva dans la thérapie le courage de mettre fin à son état de soumission et d'affirmer son indépendance. Malgré des tentatives précédentes, sa mère n'avait jamais prêté attention à son refus de la servir et il avait toujours fini par capituler. Elle ne voulait tout simplement pas l'écouter. Un jour, alors qu'elle lui avait demandé de la conduire à l'aéroport et qu'elle avait refusé d'entendre son «non» catégorique, il s'était emporté et l'avait saisie à la gorge. Cela avait été de sa part un geste spontané, dénué de toute intention consciente de la blesser, mais elle avait eu très peur. Quand il m'a relaté l'incident, j'ai tout de suite vu la signification de ce geste. Inconsciemment, il avait réagi tout comme on s'était comporté avec lui. Dans son enfance, il avait été étranglé et, bien que ce fût à un niveau psychologique et non physique, l'effet était le même. C'est comme si une main l'avait serré à la gorge pour le réduire au silence. Comme nous l'avons vu au chapitre v, pour se libérer de l'effet d'un traumatisme, il faut inverser l'action.

Cet acte envers sa mère représentait certes un pas dans le sens de la liberté et de l'indépendance, mais il ne pouvait résoudre ses conflits, pas plus qu'il ne pouvait le libérer des liens qui l'attachaient encore à sa mère. Les forces qui le liaient à elle étaient aussi profondes que puissantes. Elles étaient sexuelles, si bien que ses sentiments étaient mêlés de désir, de culpabilité et de fureur. Victor était conscient de l'aspect sexuel de sa relation avec sa mère. Elle se montrait très séductrice envers lui, mais semblait totalement insensible aux effets que cela pouvait avoir sur lui. En toute thérapie, j'ai pour habitude de me renseigner très tôt sur le comportement sexuel de tous les membres de la famille dans laquelle mes patients ont grandi. En réponse à mes questions, Victor m'a parlé de la forte excitation sexuelle qu'il ressentait au contact de sa mère. « C'était plus fort que moi et je ne pouvais pas réfréner mon excitation. Cela me rendait fou. » Pour ne pas le devenir, il n'avait pas eu d'autre choix que de la supporter, en se figeant lui-même. Ce mécanisme était toujours à l'œuvre lorsqu'il est arrivé en thérapie. Sa mâchoire était serrée, ses épaules rigides et son ventre rentré, mais la charge n'était pas libérée pour autant. Elle était emprisonnée dans son corps, contracté quoique vibrant.

Si Victor n'avait pas été capable de « supporter » son excitation, elle l'aurait submergé, ses frontières auraient cédé et son sens de la réalité aurait été détruit. Il serait devenu vraiment fou. Le danger n'est heureusement pas si important chez l'adulte. L'ego d'un adulte peut avoir ses faiblesses, mais il est différent de l'ego d'un enfant : il peut faire face à un degré d'excitation plus élevé qu'un enfant. Bien sûr, il y a des limites. Un ego brisé par une trop forte pression rend presque tout le monde fou. A l'inverse, une charge énergétique de plus en plus forte renforce l'ego chez l'individu qui bénéficie du soutien d'un thérapeute, celui-ci lui apportant le contrôle que le patient abandonne.

Lorsque l'excitation et la tension qui lui sont associées deviennent trop fortes, le corps réagit spontanément et s'en décharge par un cri. C'est un cri perçant qui augmente en hauteur et en intensité jusqu'à atteindre un point culminant. L'onde d'excitation se répand vers le haut de la tête avec les cris et elle descend dans le bas du ventre avec les pleurs. Le son produit par des pleurs est plus grave que celui rendu par des cris. En pleurant, nous nous déchargeons de la douleur de la solitude et de la tristesse et lançons un appel pour le contact et la compréhension. En criant, nous évacuons la douleur d'une intense excitation, qu'elle soit positive ou négative. Les enfants crient de plaisir quand l'excitation agréable est intense, et de peur lorsqu'ils souffrent.

Le cri est comme une soupape de sécurité ; il libère l'excitation qui, sinon, risquerait d'emporter l'esprit. Les patients se sentent toujours plus calmes et plus ouverts après avoir crié. Et du fait que nous avons tous une bonne raison de crier, ne serait-ce qu'en raison du manque de joie dans nos existences, nous avons tous besoin de crier. Pour une majorité d'entre nous, le combat pour la survie est trop intense, trop douloureux et trop épuisant, mais nous le supportons malgré tout, par peur de ressentir notre violent désir de crier « Je n'en peux plus ! ». Nous avons peur de perdre l'esprit alors que c'est justement ce qui peut nous sauver.

8. Le cri ouvre la porte de l'âme

Il y a quelques années, alors que j'expliquais lors d'une émission radiophonique combien il est important de crier, un auditeur a appelé l'antenne pour dire qu'il utilisait régulièrement cette technique de décharge par les cris. Il expliqua qu'il était représentant et qu'à cinq heures de l'après-midi, quand sa journée était finie, il se sentait très stressé. Le fait de crier dans sa voiture en sortant du travail le déchargeait de sa tension, si bien qu'au moment où il arrivait chez lui il se sentait détendu et de bonne humeur. J'ai entendu depuis de nombreux témoignages similaires. Si les vitres de la voiture sont fermées, personne ne peut vous entendre crier. Le bruit de la voiture et de la circulation couvre tous les autres bruits. Je recommande cette technique à tous les patients qui ont besoin de crier mais qui n'osent le faire de peur d'être entendus. Ils peuvent certes crier dans un oreiller, ce qui les soulage un peu, mais pour se laisser aller pleinement, ils ont besoin de se sentir totalement libres. Mon cabinet à New York est insonorisé !

Il y a très longtemps, j'ai travaillé avec une femme qui se sentait coupée de la vie. Elle avait été mariée pendant très peu de temps avec un homme dont elle était très éprise, qu'elle avait vu mourir sous ses yeux dans un accident d'avion. Elle le regardait atterrir dans son avion privé quand il a soudain perdu le contrôle de son appareil et s'est écrasé sur la piste. Cette expérience l'avais mise dans un état de choc. Elle avait quitté l'aéroport sans pleurer ni émettre aucun son : son cri était bloqué. Alors qu'elle était allongée sur le lit, je lui ai demandé d'essayer de crier. Mais elle n'est parvenue qu'à sortir un son grave de sa gorge nouée. Pour libérer son cri, j'ai placé deux doigts de chaque côté de son cou sur les muscles scalènes antérieurs, qui étaient extrêmement tendus et contractaient sa gorge. Au moment où j'ai appuyé sur ces muscles, elle a émis un cri incontrôlé. J'ai alors retiré mes doigts et elle a continué de crier, puis elle s'est mise à sangloter profondément. Une fois remise de ses émotions, elle m'a dit avoir l'impression d'être revenue à la vie. J'ai appris par la suite qu'elle s'était remariée dans l'année.

J'utilise régulièrement cette technique avec les patients – nombreux – qui n'arrivent pas à crier. Dans la plupart des cas, ils répondent avec des cris aussi puissants que limpides. La pression sur ces muscles très contractés est douloureuse, mais les cris font disparaître la douleur car les muscles se détendent. Le fait de crier procure un tel sentiment de libération qu'aucun patient ne s'est jamais plaint de ma façon de procéder. J'ajouterai que j'explique toujours à l'avance ce que je vais faire et pourquoi je le fais. J'ai moi-même pris conscience de l'importance qu'il y a à crier suite à mon expérience thérapeutique avec le docteur Reich. Ce cri avait ouvert la porte de mon âme, faisant ressurgir des souvenirs que j'avais enterrés depuis des dizaines d'années. Le cri revêt également un autre aspect important dans l'expérience de la joie. Le flux d'excitation dans le corps est polaire, ce qui signifie, comme nous l'avons vu plus haut, que l'onde ascendante et l'onde descendante sont égales en intensité, mais non en direction. L'un des aspects de cette direction descendante est sexuel. Celui qui est capable de laisser l'onde ascendante atteindre son point culminant en poussant un véritable cri est aussi capable de laisser l'onde descendante atteindre son apogée dans l'orgasme. On explose de rage dans un cri, et de plaisir dans l'orgasme, ces « explosions » étant toutes deux des décharges extrêmement puissantes. Le fait qu'une personne soit capable de crier une fois n'est toutefois pas un signe suffisant de puissance orgastique. Celle-ci implique de pouvoir crier librement et pleinement à tout moment.

Un cri ne peut être forcé. Si l'on essaie de forcer le cri, il se transforme en hurlement. Pour crier, il faut pouvoir se laisser aller, ce que les enfants savent faire très facilement. Malheureusement, cette capacité est entravée très tôt dans la vie, dès lors que les parents ne supportent plus les cris de l'enfant et pensent que l'enfant est fou de crier de la sorte. Les gens fous crient quand la pression interne devient insupportable et non parce qu'ils sont fous. Leur agitation est souvent due aux mêmes raisons. En criant, ils se protègent. S'ils ne criaient pas pour se décharger de la pression qui les étreint, ils pourraient devenir violents et tuer quelqu'un. Un patient qui crie n'est en principe pas dangereux. Mais si le cri est une soupape de sécurité, ce n'est pas non plus une réponse intégrée au sentiment de devenir fou. Il faut, pour cela, mobiliser l'ensemble du corps dans une expression significative, par exemple en coordonnant le mouvement des jambes sur le matelas avec le cri et avec les paroles : « Tu me rends fou ! »

9. La thérapie par le cri

Crier est une décharge émotionnelle très puissante que l'on retrouve dans deux autres approches thérapeutiques, la plus connue d'entre elles étant sans doute la thérapie du cri primal développée par Arthur Janov. Son livre (1) a fait sensation lors de sa première publication aux Etats-Unis, en 1970, car il promettait un traitement rapide de la névrose. La popularité du livre était également attribuable au fait qu'il touchait une réalité chez les gens que la plupart des psychanalystes et des thérapeutes avaient jusqu'alors ignorée. Cette réalité est l'existence chez tous les névrosés d'une profonde douleur engendrée par les blessures qu'ils ont subies très tôt dans leur vie. La thérapie primale de Janov est une technique pour se décharger de la douleur en criant, ce qui, tout au moins temporairement, transforme la personne en un individu libre et détaché de sa peur névrotique. Janov avait compris que le cœur de la névrose est la répression des émotions, et que cette répression est liée à l'inhibition de la respiration et au développement de tensions musculaires.

Après avoir lu ce livre, de nombreuses personnes ont pris conscience de leur besoin de crier pour libérer leur douleur et se sont montrées enthousiastes devant les promesses de guérison de Janov. Les patients qui avaient « explosé » dans un cri après avoir respiré profondément se disaient « purifiés », « nettoyés ». J'ai moi-même vécu une expérience similaire lors de ma première séance avec Reich, mais mon cri n'était qu'une porte s'ouvrant en moi, non la fin de mon traitement. J'ai entrepris ce voyage d'autodécouverte il y a maintenant cinquante ans. Et si je peux dire qu'aujourd'hui je suis davantage moi-même, cela ne signifie pas pour autant que je suis complètement guéri. Le véritable progrès dans la thérapie est un processus de maturation et non de transformation. On devient plus ouvert, plus mûr, mais il y a plus encore.

---

1. Janov, Arthur : *Le Cri primal.*

Afin d'éviter tout malentendu, rappelons que l'expression des sentiments ne constitue pas la totalité d'une thérapie. L'autodécouverte exige un travail analytique considérable, qui passe par une analyse minutieuse du comportement actuel, de la situation de transfert, des rêves et de toutes les expériences passées. L'entretien est l'un des aspects majeurs de l'analyse bioénergétique. Il prépare le terrain pour le traitement des problèmes émotionnels du patient sans toutefois les régler en profondeur. Ma propre expérience m'a appris que le simple fait de prendre conscience des conflits et de les comprendre ne les résout pas, même si l'ego du patient acquiert ainsi les moyens de les surmonter plus efficacement. Aucun entretien ni aucune compréhension ne suffiront jamais à libérer de manière significative les tensions musculaires chroniques qui handicapent la plupart des gens. Ces tensions qui inhibent l'expression affective ne pourront être libérées que si la personne peut exprimer pleinement ses émotions, ce qui non seulement libère les tensions mais renforce aussi l'ego et le sentiment d'être en possession de soi-même. On peut crier comme un enfant, mais si on le fait avec compréhension, on ne se sent plus un enfant. Les adultes sont des enfants qui ont grandi. Ils peuvent avoir toutes les facultés et toute la sensibilité d'un enfant, mais aussi la maturité nécessaire pour agir efficacement.

Une deuxième thérapie basée sur le cri a été développée par Daniel Casriel pour les groupes (2). « Les cris peuvent libérer des émotions refoulées depuis l'enfance, la libération qui en découle pouvant entraîner des changements positifs significatifs dans la personnalité », affirme Casriel. Outre le travail sur les cris, le patient parle de sa vie, de ses problèmes, de ses espoirs et de ses rêves. Mais comme Casriel s'en est lui-même rendu compte, le problème sous-jacent chez les gens est une « anathématisation des émotions de base et un enfermement des émotions dans une coquille défensive extrêmement diffi-

---

2. Casriel, Daniel. : *A Scream Away from Happiness* (Grossett & Dunlap New York, 1972).

cile à pénétrer dans le contexte psychothérapeutique traditionnel (3) ».

Lors d'un atelier de groupe destiné à des psychothérapeutes, j'ai eu l'occasion d'assister à une démonstration de cette technique par le docteur Casriel lui-même. Les participants se tenaient la main, assis en cercle, et chacun essayait à tour de rôle de crier : « Je suis en colère. » Le fait que Casriel participe à l'exercice semblait motiver les participants. Ces exercices ont une réelle valeur cathartique dans le sens où ils permettent de libérer une partie de la tension accumulée, mais je ne crois pas qu'ils aient la même valeur sur le plan thérapeutique, car la peur latente de sombrer dans la folie n'est pas abordée. Cette façon d'exprimer la colère n'implique pas la totalité du corps et ne permet pas d'accéder à la fureur meurtrière qui existe au plus profond de la personnalité d'un grand nombre de nos contemporains.

10. Exercice : « Tu me rends fou ! »

L'exercice que j'utilise consiste à donner des coups de pieds sur le lit, en y associant le cri et les paroles : « Tu me rends fou ! » Il permet au patient d'exprimer ses émotions d'une façon beaucoup plus intégrée, c'est-à-dire en faisant appel à la totalité de son corps. On peut également faire cet exercice en utilisant d'autres mots, par exemple : « Laisse-moi tranquille ! » ou encore : « Je veux être libre ! » Le son doit atteindre l'intensité d'un véritable cri. Si un patient s'abandonne pleinement à cet exercice, sa tête oscillera de haut en bas, en rythme avec le mouvement de ses jambes. Sa voix sera forte et limpide et il éprouvera un sentiment de liberté, de plaisir et de joie résultant de son abandon à ses émotions.

A moins d'une très grande pratique, la plupart des patients ne parviennent pas immédiatement à cet abandon total, mais leur ego se renforcera chaque fois qu'ils feront l'exercice. Cer-

3. *Op. cit.*, p. 3.

tains patients dits limites s'affolent, mais mon soutien et mon assurance suffisent généralement à les apaiser. Il convient toutefois de ne pas faire cet exercice seul ou en dehors du cadre thérapeutique, car son efficacité dépend de la compréhension et du courage du thérapeute pour affronter et surmonter la peur que l'on peut éprouver de perdre le contrôle de soi. Je n'ai pour ma part jamais eu de résultats négatifs.

Il y a plusieurs années de cela, je faisais un exposé sur l'analyse bioénergétique dans un hôpital psychiatrique et l'on m'a demandé de travailler avec l'un des patients. Afin de faire une démonstration de mon travail corporel, j'ai donné au patient une serviette de toilette qu'il devait tordre dans ses mains. Il était allongé sur un matelas, et après l'avoir invité à exprimer les sentiments de colère dont il se souviendra, je suis remonté sur l'estrade pour expliquer aux psychiatres la nature de cet exercice. Le patient se laissait aller à l'exercice avec une forte expression de colère, aussi bien dans sa façon de crier que de tordre la serviette, et il a très vite perdu le contrôle de lui-même. Je le regardais faire tout en continuant de parler. Ma non-intervention en choqua plus d'un – je pouvais le lire dans leurs yeux. J'ai laissé le patient finir l'exercice, ce qui a duré environ cinq minutes. Lorsqu'il a repris possession de lui-même, je lui ai demandé s'il avait eu peur. Il a répondu que non, qu'il avait compris que je ne le quittais pas des yeux. Suite à cette expérience, le patient a eu moins peur de s'abandonner à ses émotions, ce qui, entre autres, est nécessaire dans le traitement des patients limites et schizoïdes. Mais pour travailler de la sorte, le thérapeute doit être capable de s'abandonner à son propre corps, le patient trouvant ainsi une base de sécurité, à la fois dans la compétence du thérapeute et dans la confiance qu'il éprouve à son égard.

L'exercice qui consiste à donner des coups de pied sur le matelas est l'un de ceux que je conseille le plus souvent. Si la plupart de mes patients se comportent normalement dans les situations ordinaires de la vie, ils sont généralement terrifiés à l'idée de devenir fous s'ils venaient à perdre le contrôle d'eux-mêmes en s'abandonnant à leurs émotions. Cet exercice leur donne l'occasion d'explorer l'abandon du contrôle de soi et de renforcer leur ego de manière à pouvoir s'abandonner à leur corps et à leurs sensations. Aussi surprenant que cela puisse paraître, je n'ai jamais vu un seul de mes patients perdre complètement le contrôle de soi. Ils restent pour la plupart conscients de ce qui se passe et se laissent aller aussi loin que possible dans l'abandon. Avec la pratique, l'ego se renforce et le lâcher-prise devient alors de plus en plus facile.

11. Des tensions musculaires aux migraines

Dans la mesure où la peur s'est structurée dans des tensions musculaires chroniques, particulièrement dans les muscles de la nuque qui relient la tête au cou et contrôlent les mouvements de la tête, je ne pense pas qu'une discussion rationnelle suffise à libérer le patient de sa peur de devenir fou. On peut sentir la tension dans ces muscles et l'atténuer par des massages et une manipulation, mais pour que la libération affecte le comportement de la personne, celle-ci doit affronter sa peur et s'apercevoir qu'elle n'est pas liée à sa vie actuelle. Cette peur avait sa raison d'être quand elle était un enfant et que son ego était trop faible pour faire face aux dangers rencontrés. Mais ce n'est plus le cas maintenant, puisqu'elle n'est plus un enfant. Si son ego est trop faible, c'est que sa peur l'emprisonne dans un combat infantile représenté par la tension à la base de la tête. L'exercice cité plus haut permet de réduire cette tension du fait que la tête du patient oscille de haut en bas tandis qu'il s'abandonne aux coups et aux émotions qui s'y rattachent.

L'enfant qui se cogne la tête poursuit un but similaire. Les enfants qui sont sans cesse confrontés à des situations douloureuses et intenables se cognent la tête contre leur lit et parfois même contre un mur pour atténuer la tension pénible qui s'est logée dans leur nuque à l'endroit de jonction avec la tête. Ils sont trop jeunes pour comprendre pourquoi ils réagissent ainsi et, bien souvent, leurs parents sont trop insensibles pour se rendre compte de la situation et les comprendre. Pour ma part, je comprends la pression intense à laquelle l'enfant est soumis pour ainsi commettre un acte apparemment aussi autodestructeur. Il pense que c'est la seule solution pour se libérer de la pression qui le rend fou. C'est pour cela que je demande à mes patients de faire cet exercice qui consiste à dire, allongé sur le lit : « Tu me rends fou ! » Cet exercice diminue la tension à la base du crâne, mais aussi la peur d'abandonner le contrôle de l'ego.

La tension à la base de la tête est aussi responsable des migraines dont souffrent tant de gens. Celles-ci se développent lorsque l'onde d'excitation, telle une impulsion de colère, monte dans le dos et reste bloquée à la base du crâne. Dans ce cas, la tension située à l'arrière de la tête s'intensifie et se répand jusqu'en haut de la tête, qui est alors comme un couvercle empêchant l'impulsion d'éclater. La migraine se développe au fur et à mesure que la pression monte sous le couvercle. L'impulsion d'expression étant bloquée, c'est-à-dire réprimée, elle ne peut atteindre la conscience. La personne n'est pas consciente qu'elle est en colère, et que c'est en réprimant l'impulsion de la colère qu'elle crée la tension qui cause son mal de tête. Lorsque l'impulsion de la colère est trop forte, il n'y a pas de migraine, car il est alors difficile de la réprimer. Une migraine persistera souvent après disparition de l'impulsion, car les muscles ne se détendent que très lentement et la tension continue à faire mal. J'arrive souvent à faire disparaître un mal de tête en massant ou en manipulant doucement les muscles contractés, un peu comme si je voulais dévisser un couvercle trop serré.

12. Exercice : la colère dans les yeux

Comme la peur qu'a le patient de sa colère est la racine même de sa peur de lâcher prise, il a besoin d'affronter cette colère pour s'en libérer. Je l'encourage ainsi à devenir fou, c'est-à-dire furieux ou enragé. Enfant, Victor avait été rendu quasiment fou par le comportement séducteur de sa mère, mais en tant qu'adulte sa peur de la folie résultait de sa peur de la fureur meurtrière qu'il éprouvait à l'égard de sa mère pour lui avoir fait perdre sa virilité.

L'exercice décrit au chapitre V que j'utilise pour diminuer la peur du patient face à sa propre fureur me semble particulièrement utile pour traiter la peur de la folie. Le patient est assis en face de moi dans un fauteuil situé à environ un mètre de distance. Dans un premier temps, je lui explique que l'exercice a pour but de mobiliser sa colère. Puis je lui demande de mettre ses poings en garde, de projeter sa mâchoire inférieure en avant en montrant les dents, et, en même temps, de me regarder en écarquillant les yeux. Il doit ensuite me menacer des poings et hocher la tête en disant : « Je vais vous tuer ! » Pour le patient, le plus difficile est certainement de garder les yeux grands ouverts. Souvent, cela suscite en lui un sentiment de peur et il les ferme. Mais s'il a peur, il ne peut éprouver de colère. Le fait d'ouvrir grand les yeux produit un effet spécial : les yeux étant moins axés sur la réalité immédiate, un regard de folie peut alors naître. Dans presque tous les cas, le visage du patient prend une expression démoniaque, ce qui fait apparaître dans ses yeux un sentiment de colère intense qu'il pourra ensuite ressentir et auquel il pourra s'identifier.

L'exercice ne prend en tout pas plus d'une ou deux minutes. Dès que le patient perçoit sa colère, je l'invite à baisser les poings et à se détendre, mais sans laisser la colère sortir de ses yeux. En gardant la colère dans ses yeux, il intègre cette forte émotion de colère dans son ego et parvient ainsi à mieux la contrôler consciemment. Aussi n'a-t-il plus peur de ressentir l'intensité de sa colère. Le contrôle conscient se manifeste dans la capacité d'une personne de faire venir délibérément une expression de colère dans ses yeux. De même qu'il lui est possible d'exprimer la peur dans ses yeux en prenant un regard apeuré – yeux et bouche grands ouverts – il peut aussi exprimer sa colère en adoptant une expression de colère. La plupart des gens n'en sont toutefois pas capables du fait qu'ils ne maîtrisent pas leurs muscles faciaux, notamment ceux qui entourent les yeux. Or, s'ils ont perdu cette capacité naturelle, c'est parce qu'ils avaient peur dans leur enfance de montrer un visage de colère à un parent.

Cet exercice n'exclut pas la possibilité que le patient soit submergé par sa colère et qu'il attaque le thérapeute. Cela ne m'est toutefois jamais arrivé, bien que j'aie utilisé cet exercice des centaines de fois. Je pense que cela ne s'est jamais produit parce que j'admettais cette possibilité tout en contrôlant l'exercice. Le patient doit rester assis d'un bout à l'autre de l'exercice, et s'il se lève du fauteuil j'arrête aussitôt l'exercice. Et, bien entendu, je reste hors de portée du patient. Qui plus est, je ne ferais jamais faire cet exercice à un patient qui aurait une tendance à perdre le contact avec la réalité ou toute autre forme de psychose, même avec ces protections. Mais ce qui, en fait, me protège le plus, c'est peut-être que je n'ai pas peur de la colère du patient. Toute manifestation de colère de ma part pourrait l'influencer à réagir trop peu ou trop fort. Pour ne pas m'effrayer, il pourrait vouloir retenir sa colère, ou être tenté de m'attaquer pour me montrer qu'il n'a pas peur de moi. Je n'ai aucune crainte parce que je peux facilement mettre une expression de colère dans mes yeux, ce qui me permet de regarder le patient droit dans les yeux sans lui montrer de peur. Il sent que j'ai la situation bien en main et qu'il peut se détendre dans son expérience. Il est en outre important que le patient évite de sourire pendant cet exercice, ce qui aurait pour effet de nier son émotion et de miner son sentiment de puissance.

Une expression authentique de colère dans les yeux indique qu'une forte charge énergétique est passée dans le corps et dans les yeux. Comme nous l'avons vu, le flux d'excitation de la colère part du dos pour se répandre jusqu'en haut de la tête et dans les yeux. Quand je mobilise fortement cette expression dans mes yeux, je sens se dresser mes poils dans le haut du dos et mes cheveux sur la tête. On retrouve ce phénomène chez le chien qui se hérisse de colère. Cette charge est importante pour les yeux : elle les oblige à se focaliser intensément, ce qui améliore la fonction visuelle. Comme nous l'avons vu plus haut, le mouvement opposé se produit dans la peur, auquel cas l'énergie se retire des yeux. Les personnes effrayées sont souvent dans un état de confusion, car elles ont du mal à se focaliser, mais cette difficulté disparaît avec la pratique de cet exercice.

Mais il ne faut pas croire pour autant qu'il suffit de faire une ou deux fois cet exercice pour rompre un schéma de peur de toute une vie. Il en va de même pour tous les autres exercices bioénergétiques. Le sentiment de colère doit être intégré dans la personnalité pour que son expression devienne facile, naturelle et appropriée. Elle s'exprimera alors spontanément, si le besoin s'en fait sentir. Le fait qu'un comportement soit soumis au contrôle conscient n'enlève rien à sa spontanéité. Nous ne nous demandons pas comment marcher, manger ou écrire, et cela ne nous empêche pourtant pas d'être parfaitement conscients de nos actes et de rester maîtres de nous-mêmes.

13. Difficulté du lâcher-prise

Une personne qui a peur de perdre le contrôle de soi ne peut exercer un contrôle conscient sur son comportement. Cela peut sembler contradictoire, mais ne l'est pas. La peur a un effet paralysant sur le corps qui mine la spontanéité de l'action et la rend maladroite. Le conflit entre l'impulsion qui pousse à fuir et celle qui pousse à agir entrave le contrôle conscient et favorise la peur. Il y a, bien sûr, des raisons historiques à la peur. Un enfant éprouvant une colère meurtrière peut avoir de bonnes raisons de croire que s'il exprime cette émotion, il sera sévèrement réprimandé par le parent. Dans cette situation, l'enfant n'a pas d'autre choix que d'inhiber son action et de réprimer son émotion. Mais le fait de réprimer l'émotion fige la personne à un niveau infantile. Le passé est bloqué dans la personnalité, où il reste potentiellement actif. Et même quand le patient se retrouve dans une situation thérapeutique où il ne court plus aucun risque, il continue de craindre les conséquences que pourraient entraîner l'expression d'une intense colère de sa part.

Mais il y a un autre élément encore dans cette difficulté à lâcher prise, tout aussi lié à l'expérience de l'enfance. Les enfants ont tendance à mettre leurs émotions sur le même plan que leurs actions. Or, les désirs et les émotions sont des forces puissantes. Souhaiter la mort de quelqu'un peut ainsi être vécu par l'enfant comme l'équivalent de l'acte même de tuer. De la même façon, les enfants croient souvent que leurs émotions sont durables, tandis que les adultes savent par expérience que leurs émotions peuvent changer aussi vite que le temps, et parfois même plus rapidement. La colère peut se transformer en tendresse et l'amour en haine en fonction des circonstances changeantes de la vie. Les enfants, eux, vivent pleinement dans le présent et ne pensent pas en termes d'avenir; aussi ne peuvent-ils concevoir le changement. Une douleur est perçue comme quelque chose qui ne s'arrêtera jamais. C'est pour cela que les enfants demandent : « Quand est-ce que ça va partir ? » Cela peut même aller plus loin. Par exemple, l'enfant se dira : « Si je suis en colère contre toi, je serai toujours en colère contre toi. Si je te déteste, je te détesterai toujours. » De la même façon, souhaiter la mort de quelqu'un revient pour eux à accomplir cet acte meurtrier. L'ego d'un petit enfant n'est pas capable de faire clairement la différence entre ses pensées, ses émotions et ses actions. Cette distinction ne devient possible qu'à partir du moment où l'enfant devient conscient de soi et que son ego reconnaît qu'il exerce un contrôle conscient sur son comportement.

La thérapie analytique est impossible avec un petit enfant; il n'a pas l'objectivité requise pour un tel travail. Mais bien des adultes sont tout autant dépourvus d'objectivité, du fait de leur fixation émotionnelle à un niveau infantile qui mine l'ego et sa capacité à distinguer clairement entre pensées, émotions et actions. Un adulte doit savoir qu'il peut avoir une colère suffisamment intense pour tuer, mais qu'il ne passera pas à l'acte car ce ne serait ni approprié, ni prudent. La tendance à passer à l'acte provient d'une composante infantile de la personnalité. Le fait d'éprouver et d'exprimer un sentiment de fureur meurtrière sans passer à l'acte ni même avoir l'intention de le faire est en conséquence un signe de maturité, celui de l'âge adulte. Les exercices décrits plus haut donnent l'occasion aux patients de découvrir leur capacité de se contrôler consciemment et de la développer, les aidant ainsi à devenir les adultes qu'ils sont réellement et à agir en tant que tels.

Le lien entre la voix et les yeux est un autre aspect important de cet exercice. De nombreuses personnes font cet exercice en criant d'une grosse voix : « Je vais vous tuer ! », mais il n'y a aucune colère dans leurs yeux. A l'inverse, le fait de trop mettre l'accent sur la voix diminue la charge dans les yeux. L'expression de la colère se limite alors à la voix au détriment des yeux. Cette réponse est plus infantile, la voix étant dans les toutes premières années de la vie le principal mode d'expression des émotions. Chez l'adulte, c'est les yeux qui sont le mode dominant. La colère adulte est par conséquent plus menaçante quand la voix est contenue et que les yeux lancent des éclairs. C'est en quelque sorte un prolongement de la philosophie de Theodore Roosevelt, selon laquelle « mieux vaut parler d'une voix douce, mais en tenant un gros bâton à la main. »

Si les exercices décrits plus haut diminuent effectivement la peur de s'abandonner au corps, ils doivent être associés à d'autres exercices d'expression de la colère. La sensibilité du thérapeute au problème du patient lui permettra de choisir les exercices appropriés. Victor, dont le cas a été étudié précédemment, m'a expliqué par exemple comment sa main était venue saisir spontanément le cou de sa mère. Il a reconnu dans cet acte une impulsion de l'étrangler, que je pouvais tout à fait comprendre. Lorsqu'une mère s'adresse à son enfant, le ton de sa voix est parfois si dur que l'enfant ne pourra pas le supporter, ou alors la froideur ou l'hostilité qu'il percevra dans sa voix lui sera insupportable. Or, c'est justement le martèlement constant de la voix de sa mère qui peut rendre fou un enfant. Dans une telle situation, l'enfant qui n'a aucun moyen de fuite aura l'impulsion naturelle d'étrangler sa mère, ce qui est pour lui la seule façon de la faire taire. Bien entendu, l'enfant ne peut pas passer à l'acte et doit réprimer son impulsion. Cette impulsion est facile à libérer dans le cadre de ma thérapie. Je donne au patient une serviette enroulée qu'il peut tordre entre ses mains aussi fort qu'il le souhaite. En même temps, je l'encourage à exprimer haut et fort ses émotions. Des phrases telles que : « Ferme-la… Je ne supporte pas ta voix… Je vais t'étrangler… » sont tout à fait appropriées. Cet exercice donne au patient un sentiment de puissance et l'aide à surmonter son sentiment d'être une victime impuissante.

14. Exercice : supprimer la peur de mordre

Mordre est une autre façon d'exprimer la colère. C'est néanmoins, aux yeux des adultes, l'acte jugé le plus inacceptable de la part d'un enfant. Un enfant qui tape un autre enfant ou un parent est jugé méchant, mais celui qui mord passe pour un monstre. Mordre est pourtant une action aussi naturelle pour les êtres humains que pour les animaux. Je n'encouragerais certes pas un enfant à mordre mais, s'il mord, je ne l'attaquerais pas comme une bête dangereuse.

Le fait d'avoir peur de mordre peut créer une tension considérable dans les muscles maxillaires et miner la santé émotionnelle de l'individu. Ce blocage de l'expression de l'agression est plus évident chez les individus qui ont des mâchoires rétractées. Dans la plupart des cas, ils ont énormément de mal à projeter leur mâchoire en avant, même s'ils en ont grand besoin pour exprimer leur colère. Mais en raison de leur immobilité, des mâchoires bloquées empêchent également l'expression de la colère. Dans ce cas, on ne peut pas mordre ni mordre à pleines dents dans la vie.

Pour libérer les mâchoires, il faut vaincre la peur de mordre. Quand je vois qu'un patient a peur de mordre, je lui offre la partie charnue de ma main et l'invite à me mordre. La plupart des patients disent qu'ils ont peur de me faire mal. Mais dans la mesure où la personne qui devrait avoir peur c'est moi, cette réaction indique qu'ils n'osent pas me mordre, par peur de leur impulsion inconsciente de me mordre. A de très rares occasions, peut-être une ou deux fois, j'ai été mordu assez fort au point de dire : « Ça va, j'ai vu que vous pouviez mordre. » Ces patients s'arrêtent alors et me sourient, comme pour dire : « Vous voyez bien que j'en suis capable ! » Si je n'ai jamais été mordu jusqu'au sang, c'est parce que ceux qui n'ont pas peur de mordre exercent un contrôle conscient sur leurs mâchoires quand ils mordent.

La tension dans les mâchoires est parfois si forte que la personne grince des dents en dormant. Comme nous l'avons vu plus haut, cette tension est également à l'origine de la maladie des articulations temporo-mandibulaires, une maladie très douloureuse qui empêche la personne de bouger ses mâchoires et d'ouvrir grand la bouche. L'exercice le plus indiqué pour soulager cette tension consiste à mordre une serviette enroulée que le patient tient entre ses mains. Je l'encourage aussi à grogner, ce qui renforce son identification à sa nature animale, c'est-à-dire à son corps. Le sentiment de joie appartient au monde animal et non pas à celui de l'intellectuel civilisé qui vit presque exclusivement dans sa tête. Malheureusement, la civilisation hautement technique des Temps modernes exige un degré élevé de sophistication, de vigilance mentale et de contrôle de soi qui entrave l'abandon à la joie du corps. Mais si nous ne pouvons pas faire confiance à nos émotions, nous perdons le contact avec la vie intérieure du corps, qui seule donne à la vie toute sa richesse et tout son sens.

15. La peur de la folie

L'autre émotion forte associée à la peur de la folie est la sexualité. Nous pouvons aussi bien être transportés par une passion sexuelle intense que par une colère intense. Une personne peut être folle d'amour, ou bien folle de rage face à la trahison de l'amour qu'elle éprouvait. Mais, chez un individu sain d'esprit, ces deux émotions fonctionnent normalement et sont maîtrisées. Ce contrôle de soi lui permet d'exprimer ses émotions de façon positive et constructive, mais il faut d'abord qu'il les accepte pleinement.

Le passage à l'acte – qu'il soit sexuel ou dans la colère – provient de la peur de ne pas pouvoir garder en soi une excitation ou une émotion intense. La personne n'est plus capable de la supporter. Elle doit faire quelque chose pour s'en décharger, exploser de colère ou faire l'amour, ou les deux à la fois. Un tel comportement n'est pas un signe de passion mais de peur – la peur de la folie. Cette peur est la même que la peur de l'intimité. Trop d'intimité effraye, car c'est alors le spectre d'être possédé par l'autre, tout comme on a déjà été possédé par un parent séducteur. Ce qui rend l'enfant fou, c'est le double message, de la séduction et du rejet, de l'amour et de la haine.

Savoir maîtriser une émotion forte – qu'il s'agisse d'un sentiment d'amour, de colère ou de tristesse – ou une blessure est le signe d'une nature passionnée. C'est l'opposé de « supporter » une émotion. On apprend à supporter des situations douloureuses ou perturbatrices en se coupant de ses émotions. A l'inverse, maîtriser une émotion c'est l'accepter tout en l'intégrant dans sa personnalité. Ce qui est loin d'être facile à faire pour quelqu'un dont la personnalité est centrée sur la survie, et dont la survie dépend elle-même de la répression de ses émotions. Comment apprend-on à maîtriser ses émotions après avoir été un survivant presque toute sa vie ? Dans ce chapitre, j'ai décrit plusieurs exercices pouvant aider le patient à rester dans une forte émotion de colère.

Pour ce qui concerne les sentiments sexuels, il faut savoir, aussi surprenant que cela puisse paraître, qu'il est plus facile de maîtriser des sentiments sexuels intenses que des sentiments sexuels faibles. La raison en est que la personne qui éprouve des sentiments sexuels intenses a un sens de soi plus solide et un ego plus fort pour maîtriser ses émotions. Or, la plupart des patients ne relèvent pas de cette catégorie, ce qui signifie qu'une grande partie du travail thérapeutique consistera à développer leurs sentiments sexuels. A cet effet, j'invite le patient à respirer en profondeur dans son ventre, siège de ses sentiments sexuels, ce qui s'obtient surtout en apprenant au patient à pleurer profondément et en l'aidant à s'ancrer davantage en lui faisant faire des exercices qui visent à mobiliser des sensations dans ses jambes. Tous les exercices décrits plus haut sont très utiles à cet égard (4).

Il est en outre très important d'aider le patient à évincer toute culpabilité qu'il peut avoir au sujet de ses sentiments sexuels. C'est en fait le cœur même du processus analytique. A mesure que les sentiments sexuels d'un patient se renforcent, ils se manifestent aussi dans ses yeux, les deux extrémités de son corps étant plus vivantes et maintenant toutes deux excitées. Des yeux qui brillent sont le signe d'intenses sentiments sexuels. Le patient peut alors s'entraîner à garder cette charge dans les yeux grâce à un contact visuel avec le thérapeute, ou avec toute autre personne qu'il rencontre. Ce qui n'est pas facile pour une majorité d'individus, vivant dans la honte ou la peur de révéler leurs sentiments sexuels, notamment ceux qui ont été abusés sexuellement. Il est essentiel que le thérapeute accepte les sentiments sexuels du patient sans s'impliquer lui-même, sous peine de violer les règles de la relation thérapeutique.

La prochaine étape consiste en toute logique à encourager le patient à n'avoir de relations sexuelles que s'il y a un fort sen-

---

4. Pour ce qui est des exercices destinés à libérer le pelvis, voir A. et R. L. Lowen : *Pratique de la bioénergie (op. cit.).*

timent d'amour entre lui et son partenaire. Le fait de réfréner consciemment l'expression de ses sentiments sexuels favorise la maîtrise de soi et renforce l'ego. Si le sentiment est trop fort, la masturbation peut apporter un soulagement approprié. Le contrôle conscient de sentiments intenses est la marque d'un individu adulte qui s'appartient, ou qui a appris à s'appartenir à travers la thérapie. Un tel individu n'a pas peur de passer pour fou s'il exprime un sentiment intense, pas plus qu'il ne craint de sombrer dans la folie.

16. L'hyperactivité du monde extérieur

Pour comprendre pleinement cette peur de la folie, nous devons comprendre le rôle que joue notre culture dans ce processus. Nous vivons dans une société hyperactive qui nous surexcite et nous surstimule. Il y a trop de mouvements, trop de bruits, trop de choses et trop de saleté. Une couverture récente du *New York Magazine* montrait un homme à l'air perdu qui se bouchait les oreilles en criant : «Le bruit me rend fou !» On peut survivre sans devenir fou, au sens littéral du terme, mais il faut alors mettre ses sens en sommeil de façon à ne pas entendre les bruits, ne pas voir la saleté et ne pas percevoir le mouvement incessant. Nous retrouvons une hyperactivité similaire dans nos foyers, avec les téléviseurs, les voitures et toutes sortes d'appareils. Dans une société telle que la nôtre, on ne peut ni ralentir, ni vivre tranquillement.

Cette hyperactivité se nourrit de cette frustration que l'on retrouve aussi chez l'enfant hyperactif, et qui le rend incapable de rester en contact avec le noyau profond de son être, l'âme ou l'esprit. Notre culture est tournée vers l'extérieur, ce qui signifie que nous essayons de trouver un sens à notre vie dans la sensation et non dans l'émotion, dans le faire et non dans l'être, dans la possession de biens et non de nous-mêmes. Cette culture folle nous rend fous, car elle nous coupe de nos racines naturelles, de la terre sur laquelle nous marchons et de la réalité.

L'aspect le plus négatif de notre culture réside toutefois à mon sens dans un intérêt démesuré pour la sexualité et l'exploitation de la sexualité. Nous sommes continuellement exposés à des images sexuelles, ce qui est aussi excitant que frustrant du fait qu'il n'y a pas de possibilité de décharge immédiate. La surstimulation sexuelle oblige l'individu à se fermer à ses sentiments sexuels, afin qu'il ne soit pas submergé et qu'il ne perde pas le contrôle de soi. Mais comme les émotions et les sentiments sont la vie du corps, l'individu névrosé, qui a réprimé ses sentiments sexuels et qui est en quête d'excitation et d'émotions, est continuellement poussé à passer à l'acte sexuellement. Cela prend généralement la forme de viols, d'abus perpétrés sur des enfants ou d'actes de pornographie. Ce problème ne pourra toutefois être surmonté par des sermons ou des leçons de morale, car il provient d'une perte de contact avec la nature et notre nature véritable – la vie du corps.

CHAPITRE X

La peur de mourir

1. Dès l'enfance

Tous les patients ont peur, consciemment ou inconsciemment, de perdre le contrôle de leur ego et de s'abandonner à leur corps, à soi-même et à la vie. Cette peur revêt deux aspects : la peur de la folie et la peur de mourir. Comme nous l'avons vu au chapitre VII, la peur de la folie provient d'une conscience subliminale, la personne craignant qu'un trop-plein d'émotions puisse noyer son ego et ainsi la conduire à la folie. Dans son enfance, elle a frôlé la folie à la suite du comportement de ses parents. L'hostilité, le harcèlement, les messages contradictoires sont monnaie courante.

De même, la peur de mourir est liée à une expérience de l'enfance où l'enfant a l'impression qu'il va mourir. Cette expérience est un tel choc pour son organisme qu'il se glace de terreur. L'enfant, néanmoins, s'en remet ; il ne meurt pas mais il en gardera le souvenir dans son corps, bien que réprimé afin de pouvoir assurer sa survie. Le souvenir corporel persiste sous forme d'un état de tension ou d'alerte dans les tissus et les organes de son corps, notamment dans la musculature. Un organisme qui a déjà senti sa vie menacée ne peut ignorer le danger, car sa survie dépend de sa capacité de reconnaître cette menace. Il doit se maintenir dans un état d'alerte ou de tension, qui sera fonction du degré réel de danger, et cela se manifeste dans son attitude corporelle.

On peut généralement évaluer cette peur en observant le corps d'un patient. Une personne très rigide est « raide » de peur, ce qui n'est pas seulement une métaphore mais l'expression même de son corps. Lorsque la rigidité ou la tension est associée à un manque de vitalité, la personne est comme morte de peur. La peur peut même la rendre folle, la conduire à la schizophrénie. Parfois, la tension est plus apparente dans la région de la poitrine. Une poitrine gonflée dénote une panique latente (1). La plupart des gens n'ont pas conscience du degré de leur peur tant qu'ils ne sont pas menacés par la perte de l'amour ou de la sécurité. Mais la peur est toujours présente sous la surface, inhibant l'abandon à leur corps et à la vie. Ils sont des « survivants », constamment tiraillés entre d'un côté un trop-plein d'émotions lié à la peur de la folie et, de l'autre, un manque d'émotions lié à la peur de la mort. Cette peur de mourir était présente chez tous les patients avec qui j'ai travaillé, de même qu'une profonde résistance inconsciente à la respiration et à l'abandon.

J'ai rencontré pour la première fois cette peur de mourir chez un homme d'environ trente-cinq ans, lors d'un atelier d'analyse bioénergétique destiné à des professionnels. Il s'était installé pendant la pause sur le tabouret énergétique et j'ai vu, en passant devant lui, un regard de mort sur son visage. Immédiatement, je me suis dit que ce regard devait provenir d'une rencontre très précoce avec la mort. Après la pause, il a accepté de parler de mes observations devant le groupe et nous expliqua qu'il avait failli mourir à l'âge d'un an. D'après ce que lui avaient raconté ses parents, il ne mangeait plus et avait tellement perdu de poids qu'on l'avait conduit à l'hôpital dans une situation critique. Or, il s'avéra que sa mère l'avait nourri au sein et qu'elle avait cessé de l'allaiter juste avant qu'il ne tombe malade. Il n'avait jamais fait le lien entre ces deux événements,

1. Voir Lowen A. : *Le Cœur passionnément (op. cit.).*

mais j'avais pour ma part l'intime conviction que la perte du sein maternel représentait pour lui la perte de son monde, et qu'il n'avait pas voulu accepter de substitut. Bien entendu, tous les enfants à qui l'on retire le sein n'ont pas une réaction aussi forte, mais il n'en reste pas moins vrai que le sevrage peut être une expérience extrêmement traumatisante, ce que savent toutes les mères qui ont allaité. Tout dépend de la sensibilité du parent à la détresse de l'enfant.

Au fil des années, je me suis rendu compte que de nombreux patients avaient eu peur de mourir dans leur enfance. Ces peurs survenaient généralement la nuit, quand ils se retrouvaient seuls dans leur chambre ou dans leur lit. Juste avant l'adolescence, je me souviens que j'avais peur de m'endormir tellement je craignais de mourir pendant mon sommeil. Rester conscient était une façon de m'assurer que je n'allais pas mourir, et aussi un moyen de garder le contrôle de soi. Pourquoi les enfants ont-ils cette pensée ? D'où vient-elle ? Ma vie avait-elle été en danger ? Je savais que j'avais eu les maladies courantes de l'enfance, mais mes premières années étaient enterrées et oubliées. Je les avais refoulées, comme nous le faisons presque tous. J'avais certes connu des expériences de joie, mais il y avait en moi une tristesse que l'on pouvait retrouver dans mes premières photos. Je n'avais pas eu une enfance heureuse, ce qui est, à mon avis, le cas de la majorité des gens.

2. Le lien avec la figure maternelle

Les enfants, surtout les nourrissons, ont besoin d'un amour inconditionnel pour devenir des adultes sains et normaux, leur survie dépendant d'un lien d'amour avec un adulte. Les nouveau-nés placés dans des pouponnières où l'on se contente de les nourrir et de les laver sans jamais les prendre dans les bras ou jouer avec eux peuvent développer une dépression anaclitique et mourir. Le contact physique agréable excite le corps de l'enfant en stimulant toutes ses fonctions, notamment la respiration. Sans ce contact, l'activité d'expansion et de contraction protoplasmique de base – que l'on retrouve dans la respiration – diminue progressivement jusqu'à la mort. Ce contact existait dans l'utérus, et s'il n'est pas rétabli après la naissance l'organisme du nouveau-né est en état de choc. Bien entendu, chacun sait qu'un nouveau-né humain est incapable de survivre seul, mais nous ne nous rendons bien souvent pas compte à quel point les enfants sont dépendants du lien d'amour à la figure maternelle. Toute rupture de ce lien, voire même une menace de rupture, produit un choc dans l'organisme de l'enfant. Cet état de choc a un effet paralysant sur le fonctionnement de base de son corps, dont l'issue peut être fatale si cet état est profond et prolongé.

Tout choc est une menace pour le processus de vie. Un grand bruit soudain peut causer un choc momentané chez le bébé : son corps se raidit et il cesse de respirer. Cette réaction, connue sous le nom de réflexe de Moro, opère quasiment dès la naissance. Au fur et à mesure que le choc passe, le bébé se met à pleurer, ce qui rétablit sa respiration. Bien sûr, plus le bébé grandit plus son organisme devient fort, aussi ne réagira-t-il plus aussi facilement aux bruits qui l'entourent. Mais les adultes eux aussi sursautent à un bruit fort et soudain, connaissant ainsi un état de choc momentané.

Le fait qu'un parent crie sur un petit enfant produit chaque fois un effet négatif important sur son corps. On peut voir que l'enfant souffre d'un choc, car son corps se raidit avant qu'il n'éclate en sanglots. Si on crie tout le temps après lui, il ne réagira plus parce qu'il se sera adapté au stress en maintenant cet état de rigidité ou de tension. Il ne peut plus être « choqué » puisqu'il se trouve dans un état de choc permanent, ce qui se voit à sa respiration qui a perdu sa liberté et son aisance. Dans ce cas, le choc ne provient plus seulement des bruits, mais de la menace de perdre le lien d'amour qui l'unit à sa mère. Un regard hostile ou de colère, un geste froid ou une affirmation telle que « Maman ne t'aime plus » peuvent avoir le même effet. Le fait de blesser physiquement un enfant en lui donnant des claques, des coups ou des fessées, etc., sont des expériences traumatisantes pour son organisme, l'ego d'un jeune enfant n'étant pas suffisamment développé pour comprendre qu'un tel acte de la part d'un parent n'est pas un déni définitif d'amour. Il y réagit comme si sa vie était menacée. Dans notre culture, l'enfant moyen subit de nombreux chocs et certains vont jusqu'à succomber au traitement destructeur de leurs parents.

Certains parents sont odieux, mais la plupart oscillent entre amour et hostilité. Une explosion de colère sera ainsi suivie d'une expression d'amour, ce qui rassure l'enfant et lui redonne confiance en la solidité du lien avec son parent. Au fur et à mesure que l'enfant survit et grandit, il fera de son mieux pour maintenir ce lien, même s'il doit pour cela abandonner son moi. Mais un lien fondé sur la soumission n'est jamais solide, car l'enfant essaiera toujours de se rebeller et le parent continuera de le menacer. Les parents ne font jamais vraiment confiance à un enfant soumis, ils savent que sa soumission cache toujours de la haine. Et l'enfant sait en son for intérieur qu'il est haï. Mais les impératifs de sa survie l'obligent à nier cette réalité, à savoir que sa vie est menacée, qu'il a peur de mourir et qu'il se sent vulnérable. Pour survivre, il doit en outre faire tout son possible pour conserver son lien si vital avec le parent. Même adulte, il continuera à mener cette lutte acharnée de survie, un tel schéma de comportement s'étant structuré dans sa personnalité et dans son corps sous forme d'attitude caractérielle.

3. La respiration pleine et libre

Cette structure, pour ce qui est du corps, se voit dans la respiration inhibée suite à l'état de choc. A la surface, l'individu ne semble pas en état de choc. Il semble même fonctionner normalement et sa respiration paraît régulière et sans difficulté. Mais en réalité, sa respiration, comme sa vie, est superficielle. Comme nous le verrons dans ce chapitre, l'état de choc perdure dans les profondeurs, dans l'inconscient refoulé, la perte de la passion, la peur de l'abandon et la tension et la rigidité du corps.

L'abandon au corps ne signifie rien d'autre que se laisser aller à une respiration pleine et libre. La peur de l'abandon est liée au fait de retenir sa respiration, que ce soit en limitant l'inspiration ou l'expiration. Dans le premier cas, on empêche l'air d'entrer, tandis que dans le deuxième on l'empêche de sortir pleinement. Or, dans les deux cas la quantité d'oxygène absorbée par le corps est limitée, ce qui entraîne une réduction de l'activité métabolique, une baisse de l'énergie et une diminution des sensations. Le blocage de l'inspiration se manifeste chez les personnalités schizophrènes ou schizoïdes ; il est associé à leur terreur sous-jacente qui a pour effet de paralyser chez eux toute action. A l'opposé, les sujets névrosés ont du mal à laisser sortir l'air jusqu'au bout. La peur qui bloque l'expiration est de la panique, laquelle diffère de la terreur dans le comportement qu'elle suscite : les individus paniqués tentent d'échapper au danger tandis que les individus terrifiés sont glacés par la peur. Le danger est différent dans ces deux cas. Dans la terreur, il est perçu comme une menace réelle pour l'existence, alors que dans la panique il est seulement perçu comme une menace potentielle pour l'existence.

Chez un petit enfant, la panique résulte la plupart du temps d'une perte du lien avec sa mère ou son parent. Un jeune enfant séparé de sa mère – parce qu'il ne voit plus son visage dans la foule ou qu'il se retrouve seul avec un étranger – va s'affoler et se mettre à pleurer ou à crier pour rétablir sa base de sécurité. Une fois le lien restauré, il se cramponnera à cette sécurité qui est le garant de sa survie. Il gardera alors tout l'air en lui, c'est-à-dire que sa poitrine restera en position gonflée. Cette position rend sa respiration superficielle et réprime son sentiment de panique tout en lui donnant un faux sentiment de sécurité provenant de sa capacité de se retenir. Dans la structure caractérielle névrotique, la peur est réprimée et le sujet n'a généralement pas conscience du degré de sa peur. Dans la structure schizoïde, la tentative de réprimer la peur est moins efficace en raison de la faiblesse de l'ego, de sorte que le sujet est souvent conscient de sa peur. La peur est toutefois manifeste dans le corps dans les deux cas : dans le corps schizoïde par une poitrine comprimée, et dans le corps névrotique par une poitrine gonflée. La poitrine comprimée est douce tandis que la poitrine gonflée est dure.

Ces distinctions sont importantes si l'on veut comprendre les peurs qui empêchent l'abandon au corps. La terreur inhibe toute action agressive. Et comme l'inspiration est un acte agressif au moyen duquel l'organisme aspire de l'air, on peut mesurer la capacité d'un organisme à être agressif – c'est-à-dire à obtenir ce qu'il veut et ce dont il a besoin – en observant la force avec laquelle il aspire l'air. A l'inverse, l'expiration est une action passive, un lâcher-prise, une détente des contractions musculaires qui gonflent la poitrine. En raison de cette peur de lâcher prise, le névrosé se cramponne aux gens dans sa vie adulte de la même façon qu'il s'accrochait à sa mère dans son enfance. Tous les petits enfants s'accrochent à leur mère, à son corps et à ses vêtements, car elle représente leur sécurité de base. Puis, à mesure qu'ils grandissent et renforcent leur ego, leur désir d'être indépendant et autonome devient dominant. La sécurité représentée par la mère est alors remplacée par un sentiment de sécurité en soi-même et dans son propre corps, mais l'enfant doit pour cela s'être senti en sécurité dans son lien avec sa mère. Chaque fois que ce lien est menacé, son corps se contracte et sa respiration est entravée. Son sentiment d'avoir besoin d'elle est réactivé et il devient de plus en plus dépendant.

4. La panique

La panique se développe chaque fois que la vie de l'enfant est menacée. Le sujet perd alors la maîtrise de ses propres actes et tente de fuir la menace avec une respiration rapide et superficielle. Certains individus paniquent plus que d'autres quand leur vie est menacée et très peu nombreux sont ceux qui ne paniquent pas du tout, qui gardent le contrôle de soi du fait d'un fort sentiment de sécurité intérieure. Certaines personnes paniquent aussi dans des situations non menaçantes, par exemple lorsqu'elles doivent passer sur un pont en voiture ou se retrouver seules dans une foule. La terreur panique est un état névrotique reconnu. C'est notamment le cas des individus qui ne peuvent sortir de chez eux sans éprouver une panique intense. Si nous voulons comprendre pourquoi une personne panique quand elle sort de chez elle, nous devons admettre qu'elle se sent dans une situation de menace pour sa vie. Dans la mesure où son sentiment est irrationnel, il indique que la situation dans laquelle elle se trouve fait ressurgir dans son corps un souvenir de son enfance. La situation menaçante la plus fréquente est peut-être celle d'une mère qui réagit négativement aux pleurs de son enfant. Quand l'enfant pleure, il lance un appel à sa mère. Or, si elle ne répond pas, quelle qu'en soit la raison, l'enfant perçoit cette absence de réponse comme une perte de sa mère, c'est-à-dire une menace pour son existence. Dans son désespoir, il pleurera de plus en plus fort et de plus en plus longtemps, poussé par son besoin d'elle. Pleurer ainsi épuise l'énergie de l'enfant et il risque alors de se retrouver dans un état de panique, gêné dans sa respiration, suffoquant. Pour se protéger, le corps met fin aux pleurs en se retenant d'inspirer, ce qui fait disparaître momentanément le sentiment de mort imminente. L'enfant finit par s'endormir d'épuisement. Avec le temps, le souvenir de cette expérience sera refoulé, mais le corps, lui, n'oubliera pas.

Une seule expérience de ce genre ne mène toutefois pas à la névrose. Malheureusement, nombreux sont les enfants dans notre société qui souffrent non seulement d'un manque de tendresse et de soutien – pour les aider à grandir et à devenir des adultes indépendants et mûrs – mais aussi de la menace constante d'être punis par leurs parents pour des actes innocents. La plupart des parents ont eux-mêmes grandi dans des foyers où l'un des parents, parfois les deux, avait un comportement violent. Manquant eux-mêmes de sécurité et de stabilité, ils se déchargent de leur frustration et de leur colère sur leur progéniture. Ces enfants vivent alors dans la menace constante de perdre l'amour du parent et dans un état de peur permanent, qui se manifeste à travers de nombreux troubles émotionnels et/ou physiques. Aussi n'est-il pas surprenant que la lutte pour la survie soit la seule chose qu'ils connaissent.

5. La lutte pour la survie

D'aucuns diront peut-être que les cas auxquels j'ai été confronté sont inhabituels et qu'ils ne sont pas représentatifs du foyer moyen. Mais à part ceux qui y vivent, personne ne sait ce qui se passe réellement dans ces foyers. Et, bien souvent, les membres de la famille eux-mêmes nient le degré de leur malheur. Les individus qui viennent me consulter sont des gens issus de foyers moyens que personne ne considérerait comme fous ou gravement perturbés. Ils travaillent, se marient, ont des enfants et sont financièrement à l'aise. Ce n'est qu'en apprenant à les connaître qu'on peut se rendre compte à quel point ils luttent et sont malheureux. Voici le récit que m'a fait Alice, une jeune femme de trente-deux ans mariée depuis dix ans, au sujet de son enfance et de sa vie :

« Quand j'étais petite, j'avais tout le temps peur et j'étais très nerveuse. J'avais l'impression que ma mère me détestait et que mes deux parents me rejetaient. Ma mère passait son temps à me critiquer. Je me sentais très seule, sans valeur et déprimée. Quand j'avais un problème émotionnel ou tout autre problème, mes parents disaient que j'en portais la responsabilité. Ils n'y prêtaient jamais attention. Je pensais que j'étais insignifiante, et que je ne serais jamais à la hauteur.

« Une fois adolescente, malgré tous mes efforts pour être parfaite, je suis devenue insomniaque et j'ai commencé à avoir des problèmes d'estomac. J'étais anxieuse et dépressive. On m'a donné du Halcyon pour dormir et d'autres médicaments pour mes douleurs gastriques. J'ai aussi suivi plusieurs thérapies, individuelles et de groupe, qui m'ont un peu aidée mais j'ai toujours besoin de mes pilules pour dormir et fonctionner dans la vie. Je continue à souffrir de constipation et de tensions musculaires dans la zone du diaphragme et je ressens de plus en plus un sentiment de solitude et de vide. En fait, j'ai l'impression d'être seule dans mon mariage et dans ma vie. »

Les expériences qu'Alice avait vécues dans son enfance étaient sans aucun doute à l'origine de ses problèmes dans sa vie adulte. D'ailleurs Alice, elle, le savait. Mais à l'époque où je l'ai rencontrée, malgré tout ce qu'elle avait réussi à comprendre à travers les thérapies, elle se croyait incapable d'aller mieux et de se libérer du passé. Une question se posait alors : quelle était donc cette peur qui la liait si fort à son passé et l'empêchait, malgré tous ses efforts, de se libérer et de vivre pleinement le présent ? Avant de répondre à cette question, il fallait commencer par mieux comprendre son présent. Il n'y avait aucune joie dans la vie d'Alice et très peu de plaisir. Elle souffrait d'une grave angoisse d'échec, qui semblait provenir du fait qu'au cours des dix dernières années elle avait perdu plusieurs emplois en raison de son incapacité de fonctionner. Il était clair que c'était son degré d'angoisse qui l'empêchait de fonctionner efficacement dans son travail et dans sa vie. Elle était prise dans un cercle vicieux. Son angoisse lui faisait perdre son travail, ce qui, à son tour, augmentait son angoisse. Alice était prise au piège et sa vie n'était plus qu'un combat désespéré pour la survie.

La clé qui allait permettre de résoudre son conflit tenait au fait que dans son adolescence elle avait essayé d'être parfaite. Ses efforts avaient bien sûr été vains, car personne ne peut devenir parfait. Mais dès qu'elle n'essayait plus de devenir parfaite, elle se sentait nulle et bonne à rien. Elle vivait un enfer et je pouvais comprendre son désespoir de ne pas réussir à s'en libérer. Mais comment l'en libérer ? L'aider à devenir plus forte pour qu'elle essaye de devenir encore plus parfaite ne pouvait conduire qu'à de nouveaux échecs, ce qui ne ferait qu'augmenter son désespoir. Tout effort, toute tentative étaient forcément voués à l'échec. La perspective de ne plus essayer, de changer et de s'accepter lui semblait peut-être effrayante, mais c'était pourtant la seule façon pour elle de retrouver la santé mentale.

Alice devait commencer par accepter son malheur – qui était indéniable – et pleurer. Quand je lui ai dit qu'elle avait de nombreuses raisons de pleurer, elle m'a répondu qu'elle avait déjà versé beaucoup de larmes dans sa vie. C'est une réponse que j'entends souvent et qui est certainement vraie, encore faut-il que les pleurs aient été suffisamment profonds. Seuls des pleurs aussi profonds que la douleur et la tristesse peuvent être libérateurs. La douleur d'Alice, profondément enfouie dans son ventre, était liée à sa détresse intestinale. Elle était aussi présente dans la zone du diaphragme, où une bande de tension empêchait sa respiration et ses pleurs de descendre au plus profond de son ventre. C'est dans cette zone que demeurent nos émotions les plus profondes, qu'il s'agisse de notre tristesse, de notre peur ou de notre joie la plus intense. Les douces sensations de fusion qui accompagnent le véritable amour sexuel sont vécues dans le ventre comme un embrasement qui peut gagner tout le corps. Les enfants éprouvent ces sensations agréables dans le ventre lorsqu'ils font de la balançoire, une activité qui les enchante. Mais si le ventre est le lieu de la joie, c'est aussi le lieu où sont ressentis la tristesse et le désespoir découlant de l'absence de joie.

6. S'ouvrir à son désespoir

Pour connaître cette joie, Alice devait commencer par s'ouvrir à son désespoir. En pleurant dans ce profond désespoir, elle pourrait toucher la joie qui donne à la vie son véritable sens. Le désespoir fait peur, mais nous devons nous rappeler qu'il provient du passé et non du présent. Le désespoir d'Alice venait de ce qu'elle ne pouvait pas être parfaite et qu'elle n'avait obtenu ni l'approbation ni l'amour de ses parents. Afin d'obtenir un peu d'amour, elle avait continué à se battre pour surmonter ce qui, à ses yeux, étaient des défauts et des faiblesses, mais son désespoir était demeuré et demeurait toujours. Ses efforts pour surmonter son désespoir restaient vains ; l'on ne peut en effet surmonter un sentiment qui est réel. On peut toujours le nier et vivre dans l'illusion, mais, tôt ou tard, l'illusion finit par s'effondrer et c'est alors la voie ouverte à la dépression. Tenter de sortir de son désespoir mine le sentiment de sécurité (2), l'accepter et le comprendre libère de la peur.

Accepter le désespoir, cela signifie le ressentir et l'exprimer avec des sanglots et des mots. Pleurer est l'affirmation du corps tandis que les mots viennent de l'esprit. Quand ils sont appropriés, les mots facilitent l'intégration du corps et de l'esprit, ce qui apaise le sentiment de culpabilité et favorise la liberté. Il est très important d'utiliser les mots appropriés. « Ce n'est pas la peine... » ou « Inutile d'essayer... » sont ainsi des phrases clés. « Jamais je n'obtiendrai ton amour » exprime que le patient a compris que son désespoir est le résultat d'une expérience passée. La plupart des patients projettent leur désespoir dans l'avenir. Quand ils le perçoivent pour la première fois, ils disent souvent : « Personne ne m'aimera jamais » ou encore : « Jamais je ne trouverai un homme », etc. Ils ne comprennent pas que l'espoir exagéré ne leur garantit pas l'amour, et que plus ils seront désespérés moins ils auront de chances de rencontrer la personne qui saura leur répondre avec des sentiments positifs. Le véritable amour est l'excitation que l'on ressent lorsqu'on anticipe le plaisir et la joie provenant de la proximité avec l'autre et de son contact. Nous aimons les gens avec qui nous passons de bons moments et évitons ceux dont la présence nous est pénible.

Le problème d'Alice était d'avoir peur de son désespoir. Or, ce problème, à un niveau profond, était lié à la mort. Presque toute sa vie elle avait vécu au bord du désespoir, mais sa peur l'avait empêchée d'en prendre conscience. Comme

---

2. Voir Lowen, A. : *La Dépression nerveuse et le corps* (Sand, 1988), pour une analyse du rôle joué par l'illusion dans la genèse de la dépression.

quelqu'un qui passerait ses vacances au bord de la mer mais n'oserait pas se baigner, de peur d'être submergé par la force de la mer. La mer est le symbole de nos sentiments les plus profonds – la tristesse, la joie et la sexualité. C'est la source de la vie. Si on ne peut s'abandonner, on ne peut vivre sa vie pleinement. Aller jusqu'au bout de son désespoir, c'est plonger dans la profondeur de son ventre, qui est aussi la source de la vie. Aucun adulte ne s'est jamais noyé dans ses larmes, même si la peur de se noyer sous-tend la panique. Un nourrisson coupé de tout contact d'amour meurt, ce qui peut aussi arriver à un petit enfant, car son corps a lui aussi un besoin vital du contact et du soutien d'une figure maternelle. L'enfant qui frôle la mort parce qu'il n'a pas été suffisamment soutenu et aimé réussira peut-être à survivre, mais il sera un névrosé et vivra au bord du désespoir et de la panique toute son existence, à moins que se libérant un jour de sa peur en revivant le traumatisme infantile, il découvre qu'il ne va pas mourir.

7. Raisonner sa peur

Il est bien sûr nécessaire de parler au patient de la peur de mourir pour l'aider à comprendre son problème, mais cela ne suffira pas à supprimer sa peur. Dire à un enfant de ne pas avoir peur du noir parce qu'il n'y a aucune raison d'avoir peur ne l'aide pas vraiment à se libérer de sa peur, car même s'il n'y a aucune figure effrayante dans la pièce obscure, elle est néanmoins présente dans l'inconscient de l'enfant. Se rendre dans son propre inconscient, cela signifie descendre dans son ventre en respirant profondément. Au fur et à mesure que l'onde respiratoire de l'expiration descend dans le pelvis, on sent les émotions emprisonnées dans cette zone. On peut alors sentir qu'on n'a pas été aimé et qu'on aurait pu en mourir, mais aussi triste que cela soit, on peut aussi comprendre qu'on n'en est pas mort. Pour un adulte, le fait de ne pas être aimé n'est pas une condamnation à mort. On peut aimer et s'abandonner à soi-même. La femme mûre de cinquante ans, mère de plusieurs enfants qui affirme : « Si personne ne m'aime, j'en mourrai » est un individu pathétique qui a autant peur de vivre que de mourir.

A l'époque où je travaillais avec Alice, je n'avais pas encore compris combien profonde peut être la peur de mourir. Et, bien qu'ayant réussi à traiter l'aspect névrotique de son problème, à savoir son besoin d'être parfaite, je n'avais pas été en mesure de l'aider à surmonter sa peur latente de mourir qui motivait son désir irréaliste. La thérapie qu'elle suivit avec moi l'avait certes aidée à comprendre ses problèmes et à se sentir un peu plus forte, mais elle n'est pas parvenue à accéder à son moi. La plupart des thérapeutes considèrent peut-être ce résultat comme satisfaisant, mais je pense pour ma part que si le patient n'a pas une base solide dans son moi et dans son corps, il risque de retomber dans le désespoir car il lui manquera toujours la joie de vivre. Même si l'on ne réussit pas toujours à libérer un patient de sa peur de mourir et de son désespoir, je pense qu'il est très important pour un thérapeute de comprendre la profondeur du désespoir de l'individu moderne, et aussi d'avoir les moyens et la compréhension nécessaires pour y faire face. L'exemple suivant illustre bien le principe que j'utilise dans ce cas.

Tous les patients ont besoin de franchir cette barrière de défenses créée par la peur de mourir. Nancy, elle, y est parvenue. C'était une femme d'environ cinquante ans qui souffrait d'anorexie et qui était un cas limite. Elle a réussi à vaincre sa peur après plusieurs années de thérapie au cours desquelles elle a trouvé la volonté de se battre pour sa vie. Nous avons fait ensemble un travail considérable qui l'a aidée à mieux respirer, à exprimer ses émotions de tristesse et de protestation et à affronter les situations négatives de la vie. Mais du fait que sa respiration n'a jamais pu atteindre la profondeur suffisante, ses émotions ne sont jamais devenues assez fortes.

Quand elle respirait sur le tabouret en émettant un son soutenu, elle s'arrêtait au moment précis où le son allait se briser en un profond sanglot. Elle était terrifiée et disait : « Tout devient très noir. J'ai l'impression que je vais mourir. » Un tel sentiment aurait effectivement fait peur à n'importe qui, mais pourquoi avait-elle l'impression qu'elle allait mourir juste au moment où sa respiration se faisait plus forte ? La réponse est qu'en respirant profondément elle touchait une peur de mourir qui ne l'avait, en fait, jamais quittée. Nancy avait failli mourir dans son enfance. L'histoire qu'elle m'a racontée est intéressante. A l'âge de deux ans environ, elle était une jolie petite fille, plutôt potelée. Sa mère, la voyant prendre du poids, a pris peur qu'avec l'âge elle ne devienne aussi grosse que sa sœur à elle. Elle a alors fait une véritable guerre à la petite fille au sujet de la nourriture si bien que l'enfant, terrifiée, en a perdu l'appétit et a cessé de manger. Mais quand l'enfant a commencé à perdre du poids, la mère s'est mise à paniquer, tâchant en vain de la faire manger. La petite fille s'est retrouvée à l'hôpital dans une situation critique. Je suis convaincu que son anorexie résultait de cette expérience.

Quand Nancy a commencé sa thérapie avec moi, elle était toujours aussi terrifiée à l'idée de grossir. Pourtant, elle avait beaucoup de mal à prendre du poids. L'une des raisons était que si elle grossissait, elle aurait un corps *(body)* et qu'elle serait quelqu'un *(somebody),* ce qui aurait pu la conduire à affronter sa mère, dont elle avait si peur. Plusieurs séances après celle où elle a eu peur de mourir, elle a toutefois fait un grand pas en avant dans la thérapie. Je l'avais rassurée en lui disant qu'il n'y avait aucun danger pour elle et qu'elle ne pouvait pas mourir, et lui avais expliqué qu'en respirant profondément elle avait senti sa terreur, de sorte qu'elle avait cessé de respirer. Elle avait ainsi bloqué le flux d'oxygène irriguant le cerveau et provoqué la sensation d'obscurité. La seule chose qui pouvait lui arriver était de s'évanouir, auquel cas sa respiration reviendrait spontanément et elle retrouverait toute sa conscience.

Lors de la séance suivante, elle a revécu la même expérience d'obscurité et de peur de mourir, mais de façon moins intense cette fois. Il y avait alors un solide lien thérapeutique entre nous et elle pouvait me faire confiance. La troisième fois, tandis qu'elle essayait de donner des coups de pieds sur le matelas en criant, un son puissant est sorti de sa gorge et elle a éclaté en profonds sanglots qui partaient de son ventre. Après cet épisode de pleurs, elle s'est exclamée, étonnée : « Je ne suis pas morte, je ne suis pas morte ! » Elle avait l'impression d'avoir surmonté une peur qui l'avait hantée toute sa vie. Son courage pour affronter le drame de sa vie avait considérablement augmenté grâce à la sensibilité qu'elle avait développée dans son ventre ; elle avait littéralement du cœur au ventre. Mais cela ne voulait pas dire que sa peur avait complètement disparu. Elle venait de faire face à sa peur de mourir et, maintenant qu'elle avait pénétré dans son enfer souterrain, il lui fallait aussi trouver comment en sortir.

8. La respiration bloquée

L'un de mes patients m'a raconté un incident au sujet de sa fille, alors âgée de cinq ans. Elle jouait à la balle avec ses parents et s'amusait énormément. A un moment donné, son petit frère, de deux ans, qui la regardait, a voulu prendre sa place. Elle a refusé de lui donner la balle et, comme ses parents insistaient, elle l'a lancée sur son petit frère. Bien que ne l'ayant pas touché, son père l'a réprimandée sévèrement, affirmant qu'elle aurait pu le blesser. Cette réprimande fut pour elle comme un choc, et elle s'est mise à crier. Son père, estimant que sa réaction était irrationnelle, lui a dit d'arrêter tout de suite, ce qui a eu pour effet de faire redoubler ses cris. Pour lui donner une leçon, il l'a enfermée dans les toilettes en lui disant qu'elle pourrait sortir quand elle arrêterait de crier. Au bout de quelques minutes elle ne criait plus, mais ne sortait pas non plus. Son père a alors ouvert la porte et l'a retrouvée étendue par terre, livide et incapable de respirer. Ils l'ont tout de suite conduite à l'hôpital et les médecins lui ont administré un bronchodilatateur. Elle avait eu une crise d'asthme dont l'issue aurait pu être fatale. Incapable de cesser de crier et craignant de ne pouvoir sortir, elle avait eu une réaction de panique et ses bronches s'étaient contractées, l'empêchant quasiment de respirer. La petite fille était en état de choc.

J'ai travaillé avec de nombreux asthmatiques. Dès qu'ils font un exercice qui rend leur respiration plus profonde – pleurer, donner des coups de pieds, crier – ils se mettent à siffler et ont immédiatement recours à leur inhalateur. Or, si cela soulage temporairement les spasmes bronchiques et leur permet de respirer plus facilement, cela ne supprime pas leur tendance à contracter leurs bronches – ce qui est une réaction de panique dès lors que la respiration se fait plus profonde. Dans la mesure où les sifflements qui annoncent la crise d'asthme angoissent les asthmatiques, ils attribuent leur peur à leur incapacité de respirer, ce qui est vrai en partie, tout comme il est vrai que c'est la peur qui crée l'incapacité de respirer. Ces patients ont peur d'être rejetés ou abandonnés s'ils pleurent, crient ou se montrent trop exigeants. Le fait qu'ils respirent en profondeur réactive chez eux l'expression vocale qu'ils ont réprimée pour assurer leur survie. A partir du moment où ils comprennent cette dynamique, leur peur diminue. Je les encourage alors à se laisser aller à des pleurs et à des cris plus forts, ce qu'ils peuvent faire sans déclencher de crise d'asthme. Si les sifflements s'enclenchent quand même, je les encourage à ne pas utiliser l'inhalateur, les assurant que s'ils ne paniquent pas ils seront capables de respirer aisément. A leur grande surprise, cela marche !

Alice, dont le cas a été présenté plus haut, n'était pas quelqu'un qui panique facilement. Sa poitrine n'était pas gonflée et elle avait plus de mal à inspirer qu'à expirer. Sa peur, qui était profonde, à la limite de la terreur, était plus une réponse à l'hostilité de sa mère qu'une peur d'être rejetée et abandonnée. Alice pouvait être décrite comme une personnalité limite, avec une forte tendance au clivage et à la dissociation schizoïde. Sa peur latente était qu'on la tue et non qu'on la rejette ou l'abandonne. Or, si Alice voulait vaincre cette peur, plus profonde et plus intense encore, il lui fallait mobiliser toute sa colère.

La peur de mourir apparaît également dans la panique, bien qu'à un degré moindre. Pour aider les patients à accéder à leur panique, j'utilise la technique décrite au chapitre III. Installé sur le tabouret bioénergétique, le patient émet un son qu'il garde aussi longtemps que possible, après quoi il essaie d'éclater en sanglots. Quand il y parvient, il se retrouve face à sa peur d'être noyé dans sa tristesse ou d'être submergé par son désespoir. Pour se défendre contre ces émotions, le corps tente d'inhiber la respiration et, du fait que sa poitrine et ses bronches se contractent, le patient peut prendre conscience de sa panique.

Lisa, une patiente qui a fait l'expérience de cette peur panique, m'a dit : « J'ai l'impression de ne pas pouvoir respirer. J'ai la poitrine et la gorge complètement serrées. » Elle n'avait pas conscience de revivre le traumatisme de son enfance. Puis elle a ajouté : « Je connais bien cette sensation d'avoir la poitrine serrée. Cela fait si mal, que je ne sais plus si je veux mourir ou si je vais mourir. C'est une douleur tellement silencieuse, un enfer privé. » Elle m'a ensuite expliqué qu'elle avait toujours été livrée à elle-même. Ses parents ne s'étaient jamais intéressés à elle et ils ne se rendaient pas compte de son combat et de son malheur. Ils voulaient une fille heureuse, aussi Lisa portait-elle un masque souriant pour cacher sa tristesse et son désespoir. Le jour où elle s'est autorisée à pleurer profondément, elle s'est sentie libérée d'avoir abandonné son masque. Lisa n'avait jamais été mariée et elle n'avait pas connu l'extase de l'amour. Elle n'osait pas ouvrir son cœur à l'amour, car il contenait trop de douleur. Or, pour dissiper sa peur, elle devait revivre sa douleur. A l'époque où Sally, une autre de mes patientes, la revécut pleinement, elle rencontra un homme qu'elle pensait aimer vraiment.

9. La camisole de force psychologique

Le corps de Sally était si étroit et si tendu entre la tête et le pelvis qu'on aurait dit qu'elle portait une camisole de force. Elle avait de jolis traits, un visage large et bien formé, des jambes et des pieds vigoureux et bien proportionnés. L'étroitesse de son tronc ne pouvant être imputable à un défaut de développement, elle devait donc avoir été causée par des expériences traumatisantes dans son enfance qui avaient eu pour effet de comprimer sa poitrine et son pelvis. Ce resserrement était si important que sa respiration en était fortement bloquée. Mais mise à part cette limitation du volume respiratoire, Sally n'était pas faible. Sa musculature était bien développée et elle était capable de soutenir un effort important. La tension dans son tronc avait donc une fonction spéciale, qui était de contenir toute explosion de violence. Les camisoles de force sont utilisées dans les hôpitaux psychiatriques à cet effet, si bien que Sally était dans ce sens une femme en camisole de force.

Sally avait entrepris une thérapie pour apprendre à s'accommoder de la rupture de son mariage qui menaçait. La perspective d'être seule l'effrayait, même si son mariage n'était pas heureux. Elle m'a décrit son mari comme un homme en qui on ne pouvait pas avoir confiance. Il était très instable professionnellement, et Sally lui reprochait en outre d'avoir des aventures extraconjugales. Il était plus un enfant qu'un homme. Sally assumait toutes les responsabilités de la famille : c'était elle qui gagnait l'argent du ménage et qui s'occupait de la maison et des enfants. Le mariage ne pouvait pas marcher car Sally se sentait exploitée et son mari se sentait piégé. Pour répondre aux demandes de Sally, il promettait d'avoir une attitude plus responsable, mais ne tenait jamais ses promesses. Quand ils finirent pas se séparer, Sally s'est mise à déprimer et à avoir des pensées suicidaires. Elle ne se voyait pas vivre seule et n'imaginait pas non plus pouvoir trouver un autre homme. Elle plaisait pourtant aux hommes, mais cela ne changeait rien à son désespoir. A un niveau profond, elle se voyait comme une enfant abandonnée, tandis qu'à la surface elle continuait de gérer efficacement sa vie.

Or, la thérapie n'avait pas pour but de l'aider à s'accommoder d'une situation. La vie est plus qu'une affaire de survie. Si nous ne trouvons aucune joie dans la vie, nous sombrons dans la dépression et, dans ce cas, la survie est également menacée. Sally n'éprouvait aucune joie, son corps était si contracté qu'il rendait impossible tout sentiment de liberté et d'aisance. Pour pouvoir se libérer de sa camisole de force musculaire, elle devait découvrir les événements de sa vie qui l'avaient mise dans une camisole de force psychologique et comprendre les forces dans sa personnalité qui l'empêchaient de vivre dans le présent.

Quand j'ai demandé à Sally de me parler de son passé, elle m'a relaté une histoire que sa mère lui avait racontée. Elle était benjamine de trois enfants, et avait huit ans d'écart avec le deuxième. A sa naissance, dans un petit village, elle était toute bleue et paraissait si faible que sa mère ne s'en était même pas occupée, persuadée qu'elle était de sa mort imminente. Elle n'était pas morte, mais était devenue une enfant pleine de vie. Jusque-là, Sally avait attribué sa peur d'être abandonnée à cet incident, mais d'autres aspects de cette peur se sont peu à peu dévoilés. A l'âge de quatre ans, la période critique de l'œdipe, son père avait quitté la maison. Sa mère l'avait accusé d'être irresponsable et d'avoir des maîtresses. L'expérience de Sally semblait ainsi répéter la situation de sa mère. Quand son père leur rendait visite, Sally était toujours très excitée et très heureuse de le voir, et terriblement triste aussi de le voir repartir. Ce thème revenait souvent dans la thérapie. Lors d'une séance, elle m'a avoué : « Quand un homme me quitte, c'est comme si j'allais mourir. Et si je me dispute avec un homme, je me dis que s'il me quitte j'en mourrai. »

Quand Sally s'abandonnait aux pleurs, elle disait : « Ne me quitte pas, papa. » Elle a reconnu qu'elle attendait de son père qu'il lui donne l'amour, le soutien et la protection que sa mère ne lui donnait pas. Son père parti, la mère de Sally avait dû aller travailler et la petite fille s'était retrouvée gardée par la grand-mère, qui la terrifiait. Elle a fait le rêve suivant : elle se trouve au bord de la mer et sa grand-mère vient vers elle. Elle a l'impression qu'elle va la tuer mais, subitement, elle se sent attirée par la mer. Alors, elle marche droit vers elle pour se noyer. Elle s'est aussi souvenue que sa grand-mère lui lavait les cheveux dans de l'eau très chaude. Elle avait tellement mal qu'elle criait et essayait de relever la tête, mais sa grand-mère lui replongeait la tête dans l'eau brûlante sous prétexte qu'elle tuait les poux. La grand-mère de Sally était très sévère avec elle, et menaçait de la tuer si elle n'était pas une gentille petite fille obéissante. Elle portait sur elle un petit sac contenant des herbes vénéneuses qu'elle menaçait de lui faire manger chaque fois que Sally pleurait ou protestait. Des années plus tard, cette incapacité de pleurer ou de protester contre les mauvais traitements était toujours agissante dans la personnalité de Sally, preuve en était les nombreuses tensions dans sa poitrine et dans sa gorge qui limitaient sa respiration.

Libérer le corps de Sally n'allait pas être une tâche aisée, car les très fortes tensions qui le comprimaient immobilisaient toute agression. Se rebeller signifiait appeler sur elle une situation qu'elle vivait comme un abandon ou la mort. A travers la thérapie, Sally a compris que ses problèmes avaient leur origine dans sa petite enfance, que sa peur d'être tuée n'était pas fondée dans sa vie actuelle. Seulement, sa peur d'être abandonnée semblait aussi avoir une réalité dans le présent. La plupart des patients paniquent à l'idée d'être seuls ou de ne pas être aimés, même si bon nombre d'entre eux ont vécu seuls une grande partie de leur vie. Sally s'opposait à cette peur en espérant qu'elle trouverait quelqu'un qui l'aimerait et à qui elle serait soumise, comme elle l'avait été avec sa grand-mère. Or, c'est justement la soumission qui mine une relation et réactive la peur d'être abandonné. Si le partenaire éprouve lui-même une peur identique et un besoin de contact, la relation devient codépendante et n'est plus, dès lors, qu'un substitut à l'amour. Sally et son mari avaient ce type de relation.

Suite à la rupture de son mariage, Sally a rencontré un autre homme qui s'est avéré tout aussi irresponsable et malhonnête que son ex-mari et que son père. Il disait l'aimer, mais c'était plus des paroles que des sentiments. Quand Sally a découvert qu'il mentait, elle a mis fin à la relation, sombrant alors dans un profond désespoir. Elle était persuadée qu'elle n'allait plus pouvoir continuer à vivre et allait mourir. Je lui ai alors dit qu'à force de vouloir être sauvé, on finit parfois par être damné, ce qui l'a un peu aidée. Elle n'avait effectivement pas «besoin» d'un homme et pouvait vivre de façon autonome, mais elle s'y opposait. Elle devait affronter son désespoir, celui qu'elle ressentait à l'idée que son père ne reviendrait jamais et qu'elle ne trouverait plus d'homme pour l'aimer. Sally supportait la réalité de sa situation avec sa conscience, mais non dans ses émotions, où cela devenait trop douloureux et trop effrayant. Elle craignait que son acceptation de la trahison causée par son père, par son mari et cet autre homme fasse monter en elle une fureur meurtrière à leur égard, et que cette gigantesque explosion de colère ne la rende folle. C'était pour éviter tout cela qu'elle s'était enfermée dans une camisole de force psychologique. Mais si cette peur était fondée quand Sally était une enfant, ce n'était plus vrai pour la femme qu'elle était désormais, ni dans le cadre de sa situation actuelle. En tant que patiente, elle pouvait se libérer de sa rage en donnant des coups de pied sur le lit, ce qu'elle a fait, et exprimer aussi sa colère contre moi pour ne pas avoir pris son sentiment de désespoir avec autant de sérieux qu'elle l'aurait souhaité. Elle n'admettait pas que je lui dise qu'elle avait les moyens en elle de surmonter son problème, m'identifiant ainsi à sa grand-mère, cette femme qui exigeait de l'enfant triste et apeurée qu'elle était alors une attitude adulte. Je lui demandais en effet d'être plus réaliste et de faire preuve d'une plus grande maturité, à la fois en acceptant son désespoir – qui découlait de son passé – et en se laissant aller à des pleurs profonds pour décharger sa douleur. La colère réprimée retombe souvent sur la personne qui essaie d'aider.

10. La vraie sécurité est en soi-même

Nous avons vu au chapitre III combien il est important de faire pleurer un patient, ce qui n'est pas aussi simple qu'il y paraît. La plupart des enfants ne sont pas encouragés à exprimer leur tristesse et certains reçoivent même des coups lorsqu'ils pleurent. Suite à cela, ils développent une lèvre supérieure toute raide et certains sont même très fiers de leur capacité à ne pas s'effondrer et à ne pas pleurer quand ils souffrent. Exprimer sa tristesse à travers des larmes est une façon de partager ses sentiments. A quelques exceptions près, la plupart des gens répondent positivement à une personne qui pleure : ils essaieront de la réconforter et la rejetteront rarement pour ses larmes. Mais c'est une tout autre histoire quand il y a désespoir et désir de baisser les bras. Nous sommes alors semblables à une armée d'avions isolés essayant de rentrer dans nos camps après la défaite, toute faiblesse de notre volonté menaçant nos chances de survie. « Essaye encore, n'abandonne pas, tiens bon ! » De telles paroles auraient peut-être un sens si nous étions poursuivis par un ennemi ou s'il y avait, tout près, un endroit sûr où nous réfugier. Mais dans ce monde, on ne peut trouver de vraie sécurité qu'en soi-même. L'argent, la position et le pouvoir ne sont pas des réponses à un sentiment latent de désespoir et d'insécurité, et c'est justement le fait de vouloir à tout prix surmonter son désespoir et son insécurité qui nourrit leur présence dans la personnalité.

Quand Sally a pris conscience de son désespoir, je lui ai suggéré de s'installer sur le tabouret et de respirer. Puis je lui ai demandé de crier : « Ce n'est pas la peine. Il n'y aura jamais personne pour me protéger et pour m'aimer. » C'est alors qu'elle a éclaté en sanglots et, manquant d'air, s'est mise à suffoquer. Elle ne pleurait plus et ne pouvait dire qu'une chose : « Je n'arrive pas à respirer, je n'arrive pas à respirer » et « Je vais mourir ! ». Mais elle respirait bel et bien, et beaucoup plus profondément qu'elle ne l'avait jamais fait jusqu'alors. Certes, elle suffoquait, mais cela représentait un désir de vivre et non plus seulement une volonté de survivre. On pouvait aussi y voir le résultat du conflit qui agitait sa personnalité : s'abandonner à son chagrin et à sa peur d'être abandonnée ou continuer à se battre. Je l'ai encouragée à s'abandonner et à accepter ses larmes. Ses pleurs sont alors devenus plus doux et plus profonds. Quand elle a commencé à manquer d'air, elle a éprouvé un sentiment de panique, mais celui-ci a très vite disparu car elle s'est pleinement laissée aller à ses pleurs, ce qui a eu pour effet d'adoucir sa poitrine et de détendre son ventre. Je lui ai alors suggéré de donner des coups sur le matelas, puis de faire l'exercice d'enracinement pour maintenir la profondeur de sa respiration. Après cela, son visage avait une tout autre expression. On pouvait y voir une lumière, pour la première fois. Ses yeux étaient brillants et elle a simplement dit : « Je me sens bien. »

Le sentiment de panique survient lorsqu'une forte onde expiratoire ne peut traverser librement le diaphragme pour descendre dans le ventre. Cette onde est bloquée par une contraction du muscle diaphragmatique, qui est parfois très douloureuse et peut même produire un sentiment de nausée. Si l'on veut aider ses patients à respirer profondément, il est important de comprendre cette réaction. La nausée, le sentiment que l'on va vomir, se développe lorsque l'onde vient heurter la tension dans le diaphragme, qui agit alors comme un mur de pierres faisant rebondir l'onde dans le sens opposé, c'est-à-dire vers le haut. Quand l'onde arrive dans le diaphragme et dans le ventre, elle pénètre dans l'enfer psychologique, un monde d'obscurité. Le diaphragme, qui est en forme de dôme, représente la surface incurvée de la terre. Or, la vie commence toujours dans l'obscurité de la terre ou de l'utérus avant d'émerger à la lumière du jour. Nous avons peur de l'obscurité parce que nous l'associons à la mort, à l'obscurité de la tombe et de l'enfer. C'est aussi l'obscurité de la nuit : notre conscience meurt au moment même où nous nous endormons, pour renaître toute fraîche au matin suivant, à la lumière du jour. L'abandon de la conscience de l'ego fait peur à de nombreuses personnes, notamment celles qui ont du mal à s'endormir ou à tomber amoureuses. Ceux qui n'ont pas peur de la mort dans leur inconscient peuvent descendre dans les enfers psychologiques du ventre et y trouver la joie et l'extase qu'offre la sexualité. Si nous voulons trouver la joie, nous devons avoir le courage d'affronter l'ange au glaive tournoyant qui garde l'entrée du jardin d'Eden.

Quand elle est revenue me voir deux semaines après la séance décrite plus haut, Sally avait perdu ses sentiments positifs. Je l'ai assurée qu'elle pourrait les retrouver si elle exprimait à nouveau son chagrin et son désespoir. Allongée sur le lit à donner des coups de pieds de toutes ses forces, elle a crié : « J'en ai assez d'essayer… Cela ne sert à rien… Je n'en peux plus ! » Ses cris ont à nouveau déclenché des pleurs profonds, mais cette fois elle n'a pas paniqué. A la fin de la séance, ses sentiments positifs étaient à nouveau dans son corps. Le fait d'affirmer qu'elle en avait assez d'essayer correspondait bien à sa situation de vie actuelle. Son patron lui demandait souvent de faire des heures supplémentaires et d'emporter du travail à la maison, ce qui allait à l'encontre de son désir de consacrer plus de temps à son fils. Mais sa personnalité névrotique ne lui permettait pas de protester. Cette soumission était une attitude de survie, la seule qu'elle ait finalement vraiment connue. Mais au fur et à mesure qu'elle était devenue plus vivante en pleurant et en respirant plus profondément, elle avait ressenti la douleur de sa situation de façon plus aiguë, ainsi que la colère que cela suscitait en elle. Renforcée par ce sentiment de colère, elle osa un jour refuser à son patron de faire des heures supplémentaires, ce que, à sa grande surprise, il accepta.

Mais il lui restait à faire un travail considérable sur son corps. Elle apercevait peut-être la lumière au bout du tunnel, mais n'en était pas encore sortie. Il lui fallait donc poursuivre le travail sur sa respiration (pour développer sa poitrine), sur les cris (pour ouvrir davantage sa gorge) et sur ses pleurs (pour adoucir son ventre). Ce travail allait être très long, mais il était nécessaire pour lui faire retrouver pleinement son sentiment de sécurité et de joie. Elle avait besoin d'exprimer sa colère contre sa grand-mère, qui l'avait terrifiée, contre sa mère, qui l'avait abandonnée, et contre son père, qui l'avait séduite tout en la rejetant. Sa relation avec les hommes était l'élément critique de sa névrose. Persuadée qu'elle avait besoin d'eux, elle se laissait exploiter par eux. Un jour, elle s'était mise dans une telle colère contre son mari qu'elle s'était dit qu'elle pourrait lui couper les testicules. Elle a reconnu que son sentiment de besoin des hommes la poussait à avoir un comportement séducteur avec eux, mais que c'était beaucoup moins vrai depuis qu'elle avait développé des sentiments puissants en elle. Ceux-ci avaient réduit sa panique sous-jacente et l'avaient aidée à sentir qu'elle pouvait supporter la solitude et trouver la joie dans la liberté.

11. Le masque

William était le « golden boy » dont nous avons parlé au chapitre V. Après plusieurs années de travail sur lui-même, il a réalisé un progrès considérable dans sa vie. Il avait été marié pendant des années à une femme agressive dont il était dépendant. Puis, à la rupture de ce mariage, il s'était senti déprimé, mais il avait mobilisé son énergie pour sortir de la dépression et redevenir actif dans le monde. Il voyait d'autres femmes et commençait à être reconnu dans sa profession, mais il se sentait néanmoins frustré, ayant le sentiment qu'il manquait quelque chose à sa vie. Quand il est venu me voir pour la première fois, je me suis rendu compte, en voyant le degré de tension dans son corps, qu'il était un homme torturé. Il était conscient de cette tension et savait qu'il devait trouver un moyen de s'en décharger. Mais s'il acceptait mon diagnostic au sujet de la gravité de sa tension, il n'y réagissait pas émotionnellement. Il ne pleurait pas et ne se mettait pas en colère non plus. Il a accepté de travailler sur son corps, à la fois pour rendre sa respiration plus profonde et pour mieux s'ancrer. Ce travail l'a aidé à se sentir mieux en lui-même et à devenir plus productif.

Il travaillait alors sur sa relation avec sa mère, cette femme qui lui avait donné le sentiment d'être supérieur. L'analyse avait lieu en même temps que le travail physique. Si son père, qui n'avait jamais été une figure forte, ne l'avait jamais soutenu, sa mère avait, quant à elle, pris totalement possession de lui. Je remplissais alors le rôle que son père n'avait pas joué, et il me confiait les événements de sa vie.

Au cours des années qui ont suivi, William a continué de progresser. Il était désormais reconnu dans sa profession et avait rencontré une femme qu'il aimait et respectait. Il avait en outre développé sa capacité de pleurer en effectuant les exercices bioénergétiques, aussi bien pendant les séances que chez lui. Mais alors que tout allait pour le mieux et qu'il envisageait de se marier avec cette femme, il s'est à nouveau plaint d'un sentiment de frustration. Malgré l'amour qu'il éprouvait pour sa partenaire, son excitation sexuelle envers elle avait disparu. Comme je l'ai dit plus haut, son incapacité d'éprouver une forte colère contre sa mère était, d'après moi, le principal facteur qui l'empêchait de s'abandonner. Et comme il ne ressentait aucune colère, sa frustration n'a fait qu'augmenter.

Lors d'une autre séance, William s'est plaint d'un manque d'enthousiasme dans la vie et d'un manque de passion pour sa femme et son travail. Il respirait, étendu sur le tabouret, et s'est soudain mis à pleurer. Je lui ai alors suggéré de dire : « Mon Dieu ! c'est si dur de se battre. » Sa gorge s'est nouée et aucun son n'en est sorti. Puis il s'est levé d'un bond et a dit : « Il y a quelque chose d'horrible là-dedans. » Il avait l'air apeuré, au bord de la panique. Je lui ai demandé de reprendre sa position sur le tabouret et de dire : « Mon Dieu ! je manque d'air », ce qu'il a fait en ajoutant : « C'est vrai. » Il ressentait une peur qui se situait à mi-chemin entre la panique et la terreur et qu'il ne s'était jamais autorisé à vivre auparavant. Puis il m'a raconté un détail extrêmement important de sa vie. Quand il était petit, à peu près chaque mois il pleurait plusieurs soirs de suite au moment du coucher. « Quand je me réveillais, j'avais une vision très noire de mon avenir, mais cette impression me quittait dès que je me levais. » Il a également admis qu'il lui arrivait encore de voir les choses en noir, mais de façon assez fugace.

William était en position d'enracinement. Quand il s'est relevé, son visage n'était plus du tout le même. Il était doux et rayonnant et paraissait rajeuni, comme si on venait de le libérer d'un cachot obscur. C'est alors que j'ai réalisé que son expression habituelle était un masque. Il souriait souvent, mais son sourire était aussi dur et aussi tendu que son corps. Ce changement qui s'était opéré dans son visage provenait de l'acceptation de son désespoir. « J'étais complètement désabusé dans la vie », m'a-t-il fait remarquer. Mais pourquoi devait-il se cacher ce sentiment et même le nier ? Son déni, en fait, trahissait l'existence d'une peur profonde.

Alors que nous parlions de son manque de colère, il m'a dit : « Je me vois comme quelqu'un ayant réussi socialement. J'ai de l'argent, des amis et des biens. Je ne me sens pas moins bon qu'un autre. » Or, il ne faisait aucun doute pour moi qu'il avait terriblement honte de montrer qu'il n'allait pas bien. Il avait été élevé dans l'idée qu'il était supérieur, tel un demi-dieu. Il ne pouvait pas faire partie du commun des mortels. Il lui était en outre interdit de montrer tout intérêt sexuel pour les filles. « La sexualité n'était pas admise dans ma famille. Ma mère n'a jamais parlé de sexualité à mes sœurs. Elle passait beaucoup de temps à l'église, moi j'étais enfant de chœur. Elle ne s'intéressait qu'à la propreté et à la dévotion. » Quand William n'obéissait pas il était réprimandé, et lorsqu'il était « méchant » il recevait une fessée. Mais jamais il n'était roué de coups. Quelle était donc la peur qui l'obligeait à nier ses sentiments et à rechercher la supériorité à tout prix ? J'ai alors compris que la mère de William, comme tous les fanatiques, avait en elle une propension à la folie, et que William était terrifié, enfant, à l'idée de la réaction qu'elle pourrait avoir s'il s'opposait à elle, craignant même qu'elle en vienne à le rejeter dans un état de panique. Tout au long de la thérapie, j'avais vu dans le fanatisme de sa mère un signe de quelque chose d'irréel dans sa personnalité, mais William la voyait seulement comme quelqu'un d'inhabituel. C'était donc la première fois qu'il acceptait chez sa mère cette propension à la folie. N'ayant plus de bandeau sur les yeux, il pouvait apercevoir la lumière. Le monde n'était plus un endroit sombre et obscur. Au cours des séances suivantes, cette lumière s'est faite de plus en plus distincte.

12. Le clivage du corps

Le cas de Mary illustre bien comment les différentes étapes de la thérapie l'ont aidée à réaliser un progrès considérable vers la joie. Quand elle a commencé sa thérapie avec moi, à l'âge de trente-trois ans, elle était mariée et travaillait comme thérapeute spécialisée en gestalt. Elle avait participé à l'un de mes ateliers destinés à des professionnels et avait été très impressionnée par ma capacité de comprendre son combat en analysant son corps. Ce qui m'avait frappé chez elle, c'était une dissociation très marquée entre les moitiés supérieure et inférieure de son corps. Elle avait une taille fine et allongée et les deux moitiés de son corps semblaient tout aussi faibles l'une que l'autre. Sa poitrine était tendue et contractée, son cou fin et légèrement allongé, et son visage doux et sans vitalité. La partie inférieure de son corps présentait une faiblesse similaire, se manifestant dans un pelvis tendu et contracté et de longues jambes fines. Ses pieds ne semblaient pas forts. Le corps de Mary dénotait une charge énergétique très faible, qui apparaissait également à travers la faible intensité de ses émotions. Aussi avait-elle beaucoup de mal à s'affirmer. Les différentes parties de son corps n'étaient en outre pas intégrées, sa tête, son thorax et son pelvis n'étant pas reliés énergétiquement entre eux.

Quand j'ai fait part de mes observations à Mary pendant l'atelier, ajoutant que son problème nécessitait une approche thérapeutique centrée sur le corps, elle m'a répondu que jusque-là, aucun thérapeute n'avait vu ses difficultés. Elle avait un doctorat en psychologie et s'exprimait avec beaucoup d'aisance, ce qui trompait la plupart des thérapeutes. Son visage, jeune et attirant, arborait un sourire empressé qui exprimait son désir de plaire, mais c'était pour masquer sa tristesse et sa panique. Tout au début de la thérapie, elle m'a exprimé sa reconnaissance d'avoir compris sa douleur et sa tristesse. Elle était très heureuse que je l'encourage à pleurer, car elle en avait désespérément besoin. Elle a aussi donné des coups de pieds sur le matelas en criant « Pourquoi ? » pour protester contre son enfance malheureuse. Mary n'avait aucune difficulté à sentir à quel point elle avait été blessée dans son enfance. Quand nous avons travaillé au développement de son sentiment de possession de soi-même, elle m'a relaté des souvenirs et des incidents de son enfance qui montraient le degré de sa terreur. « Quand j'étais petite, ma mère m'attachait souvent. Une fois, elle m'a même attachée au portail de la maison. Je me souviens avoir crié de toutes mes forces, mais elle m'a ignorée. Ma mère nous battait souvent, ma sœur et moi, avec une cuillère en bois ou un cintre. »

Mary se souvenait de son enfance comme d'un cauchemar. Il lui arrivait souvent d'être somnambule et, parfois, elle se mettait à courir comme si elle voulait s'enfuir. Elle faisait des rêves effrayants. « J'étais dans la mer, encerclée par des requins. Parfois, je me réveillais avant qu'ils ne m'attaquent, mais d'autres fois ils avaient le temps de me mordre la jambe. Il y avait du sang dans l'eau. Je ne me souviens pas si je criais, mais je sais que je me réveillais terrorisée. Je faisais aussi un autre type de rêve, beaucoup moins clair celui-là. J'étais dans les bois. Un serpent me poursuivait, mais j'étais paralysée, incapable de bouger. J'ai dû faire ces rêves entre quatre et cinq ans. Mais il m'arrive encore aujourd'hui de sentir la terreur qu'ils provoquaient en moi. J'étais une enfant très anxieuse, mais je faisais semblant d'être courageuse. A douze ans, j'étais toujours aussi terrifiée à l'idée de demander quelque chose à quelqu'un. C'était pour moi une véritable torture. »

Quand j'ai demandé à Mary qui était le requin, elle a dit : « Très longtemps, j'ai pensé que c'était mon père. Mais récemment, je me suis aperçue que j'avais une peur terrible de ma mère. Jusque-là, je n'avais jamais eu le sentiment que ma mère me détestait. Maintenant, j'ai l'impression que ma mère ne m'aime pas. J'ai peur d'affronter le fait qu'elle me hait. »

Au cours de cette séance, Mary m'a appris que ses parents s'étaient mariés parce que sa mère était enceinte. Elle pensait que son père n'avait pas désiré sa mère. Ils s'étaient disputés au sujet du prénom à donner à l'enfant et ce fut finalement son père qui l'emporta. Puis elle a ajouté : « Quand j'étais petite, j'ai toujours eu l'impression d'être la vraie femme de mon père. » Mary était consciente de l'intérêt sexuel que son père lui portait, mais elle n'avait pas le sentiment d'avoir été abusée. Plus tard, il l'emmenait avec lui dans les bars où il retrouvait ses amis. Elle sentait que ces hommes regardaient son corps avec un intérêt sexuel et que son père, en quelque sorte, l'exhibait devant eux. Leur intérêt pour elle lui faisait peur et, en même temps, l'excitait.

Il était essentiel pour Mary de sentir son problème corporel et de comprendre dans quelle mesure il découlait de ses expériences d'enfant. Au cours de la thérapie, je revenais sans cesse sur le clivage de son corps et sur son besoin d'en intégrer les différents segments. Il fallait pour cela que l'onde d'excitation associée à la respiration puisse circuler amplement dans tout son corps, ce que les exercices de respiration sur le tabouret devaient l'aider à réaliser. Lors d'une séance, elle respirait sur le tabouret lorsqu'elle s'est soudain mise à pleurer, disant : « Mon Dieu ! je ne supporte pas cette séparation dans mon corps. J'ai l'impression d'être torturée. » Elle avait été torturée psychologiquement et son corps avait été brisé par les conflits émotionnels qui déchiraient sa famille, à la suite de l'intérêt sexuel que son père manifestait envers elle et de la jalousie et l'hostilité de sa mère à son égard. En même temps elle ne pouvait pas protester contre ce qui lui arrivait, ses parents étant aveugles à leur propre comportement. Avec mes encouragements, elle a crié : « Vous me torturez et je ne le supporte pas ! » Puis elle a dit : « J'ai l'impression de ne pas pouvoir m'échapper. » Après quoi elle s'est effondrée, sanglotant profondément.

Elle a ajouté : « Ma mère était tout le temps après moi, ne cessant de m'attaquer chaque fois que j'essayais d'être libre ou de montrer un sentiment sexuel. J'ai fini par renoncer et par devenir sa petite servante, ce dont elle était très heureuse. Mais à l'école, je me sentais toute bizarre. Je me disais qu'il y avait quelque chose en moi qui ne tournait pas rond. Je me sentais coupable d'éprouver de la colère à son égard. » Mais Mary se sentait aussi coupable de ses sentiments sexuels pour son père.

Lors d'une séance, elle s'est plainte d'une douleur atroce dans le pelvis, s'empressant d'ajouter qu'elle avait peur de cette sensation. Alors que nous parlions de sa peur de ressentir son pelvis, elle m'a fait remarquer : « Mon Dieu ! je sais bien que je résiste à la folie de mon père. Il deviendrait fou si j'acceptais mes sentiments sexuels. » Puis elle s'est mise à pleurer profondément, ajoutant : « C'est comme si toute l'énergie de mon père arrivait dans mon pelvis. Ses yeux regardaient mon pelvis en permanence. C'était horrible, comme une torture, insupportable. Je savais qu'il était pervers mais, maintenant, je peux le ressentir directement. A l'époque, comme personne ne pouvait le confirmer, c'était forcément moi la méchante. C'est pour cela que je me suis coupée de mes sentiments sexuels dans mon pelvis et que je suis devenue un “ange”, une gentille fille catholique. S'il m'arrivait d'avoir un sentiment sexuel ou une excitation sexuelle, je me sentais perverse. C'est triste. Mais aujourd'hui, je vais bien dans mon corps et même si j'ai l'impression d'être plus sensuelle, je suis moins séductrice dans mon comportement. » Cette amélioration provenait de ce qu'elle avait libéré les tensions dans son corps en pleurant, en criant et en donnant des coups sur le matelas, ce qui avait permis à l'onde d'excitation de s'écouler plus librement en elle.

Mary a également renforcé son corps en pratiquant régulièrement les exercices bioénergétiques chez elle. Grâce au travail sur son corps associé à l'expression de ses émotions, sa peur a diminué considérablement. Lors d'une séance, alors qu'elle respirait sur le tabouret, j'ai quitté la pièce pendant une minute. A mon retour, elle était dans un état de panique et m'a crié : « Ne me laissez pas seule avec elle ! » Je lui ai demandé de quoi elle avait peur et elle m'a répondu : « J'ai l'impression qu'elle va m'arracher le vagin. » Tout comme Mary, j'avais parfaitement compris la nature de son combat. Se sentant haïe par sa mère, elle s'était tournée vers son père afin de gagner son amour, mais l'amour qu'il lui manifestait avait une qualité perverse qui l'excitait et l'effrayait, et qui la rendait également plus vulnérable à la jalousie et à la fureur de sa mère. Mary avait été littéralement écartelée par ses parents, chacun exigeant d'elle un schéma émotionnel différent : sa mère voulait qu'elle soit une vierge asexuée alors que son père attisait sa sexualité.

Lors d'une séance, elle a eu beaucoup de mal à respirer sur le tabouret. Elle avait pleuré et sa gorge était nouée. Elle a dit : « Si je pleure trop fort, ça va m'étouffer et je vais mourir. » Mais elle était incapable de cesser de pleurer. « Mon Dieu ! Ma tristesse est trop forte. Je n'en peux plus. Elle me déteste et j'ai besoin d'elle. C'est comme si ma poitrine n'était qu'un cri contre ses yeux froids et pleins de haine. Oh ! mon Dieu ! Sans l'amour de mon père, je n'aurais eu aucune raison de vivre. C'est pour cela que les hommes ont été si importants pour moi. »

Mary s'était détournée de sa sexualité pour ne pas être débordée par l'intérêt sexuel que son père lui portait, et pour se protéger de la jalousie et de la colère de sa mère. Mais en agissant ainsi, elle avait détruit son intégrité et compromis sa sécurité. Dans sa vulnérabilité, elle s'était tournée vers les hommes afin d'obtenir leur protection et leur amour, mais le résultat était que les hommes utilisaient sa sexualité au nom de l'amour, ce qui minait encore plus son sens de soi. Pour devenir plus indépendante et plus sûre d'elle, il lui fallait donc comprendre qu'elle s'était trahie elle-même. Elle m'a fait remarquer : « Je suis bouleversée de voir à quel point je peux me donner aux hommes. Mon père, mais aussi mes professeurs, m'ont toujours donné l'impression que j'étais spéciale. Si un homme me fait sentir que je suis spéciale, je ne peux pas m'empêcher de me donner à lui. » Elle parvenait à mobiliser sa colère contre les hommes qui l'avaient utilisée, mais compte tenu des dommages causés par ses parents, la rage meurtrière qui l'habitait devait être libérée progressivement. C'était pour elle trop effrayant.

Mary avait avec les hommes une relation aussi confuse que celle qu'elle avait eue avec ses parents. D'un côté elle se sentait spéciale, mais de l'autre elle était en colère. Elle remarqua : « Ils se comportent avec moi comme s'ils me possédaient, ce qui me rend furieuse. Mais, en même temps, je me sens coupable envers eux, bien que je sache que c'est une façon de nier mon envie de les blesser. » Chaque séance l'a aidée à prendre davantage conscience d'elle-même. « Je comprends que j'accepte malgré moi d'être une victime et que je laisse les autres déverser leur hostilité sur moi. Avant, je me voyais comme un ange. » Puis elle ajouta : « Je veux que les autres me flattent et qu'ils s'occupent de moi. Je me trouve si adorable avec eux que je me dis qu'ils me doivent quelque chose. » Elle a également pris conscience de l'aspect névrotique de son attitude et de la qualité meurtrière de sa rage. Mais elle avait peur de taper sur le lit avec la raquette de tennis en disant « Je vais te tuer ! » Elle m'a fait remarquer : « Je peux sentir la folie qu'il y a en moi. » Le fait d'accepter son sentiment de folie/colère a eu pour effet de diminuer sa peur. Et quand sa colère est devenue plus forte, elle a affirmé : « Je n'ai pas besoin d'un homme pour me protéger. »

En frappant le lit lors d'une autre séance, elle a dit : « Je peux sentir la chaleur monter dans mon dos. C'est bon d'avoir un dos (du caractère) et un devant. » L'émotion associée au dos est la colère, tandis que celle correspondant à l'avant du corps est le désir et l'amour. Mary pouvait désormais comprendre pourquoi elle avait perdu le sentiment d'avoir un dos, c'est-à-dire de pouvoir faire face aux autres. Elle raconte : « Quand j'étais petite et que je me mettais en colère, mon père devenait furieux et ma mère m'en voulait. En relisant mon journal intime, je me suis rendue compte à quel point je réprimais ma colère. Si quelqu'un m'énervait, je me le reprochais. Je voulais être gentille, pour correspondre à l'image que ma mère attendait de moi. Mon père était un homme colérique et je ne voulais pas lui ressembler. Quand j'étais petite – entre sept et neuf ans – je me sentais coupable quand j'avais été insolente avec ma mère et j'allais me confier à un prêtre. »

Le travail thérapeutique, dont l'objectif était de relier Mary à son pelvis et à sa sexualité, l'aida en grande partie à retrouver confiance en elle. Il consistait à augmenter la charge dans son pelvis en l'aidant à respirer et à pleurer plus profondément, ce qui faisait vibrer fortement la partie inférieure de son corps au fur et à mesure que l'excitation se répandait vers le bas. L'exercice d'enracinement décrit plus haut l'a aussi énormément aidée. La libération d'une émotion forte accroît le flux d'excitation. Lors d'une séance, elle a tapé sur le lit de toutes ses forces en criant : « Je n'en peux plus ! Je le ne supporterai plus ! », et son pelvis a commencé à se mouvoir avec sa respiration. Elle m'a dit qu'elle avait éprouvé des sentiments très agréables dans la partie inférieure de son corps. Ce sentiment a duré pendant deux semaines, mais il était accompagné d'une grande fatigue. Celle-ci était à attribuer en partie au déménagement qu'elle venait de faire, mais surtout à l'abandon à son corps.

13. La fatigue

Toute lutte est fatigante, mais la lutte pour la survie est particulièrement épuisante. Etant donné que dans notre culture, la plupart des gens sont des « survivants », la fatigue est certainement la maladie la plus répandue. C'est l'aspect physique du sentiment de dépression. Or, les survivants ne peuvent pas se permettre de se sentir fatigués ou déprimés, car ils seraient tentés d'abandonner le combat et de mourir. Leur défense consiste ainsi à dénier leur fatigue et à continuer, persuadés que leur survie en dépend. Comme l'a dit un jour l'une de mes patientes : « Si je m'allonge, j'ai l'impression que je ne pourrai plus jamais me relever. » Le sentiment de fatigue est donc dénié aussi longtemps que la personne n'est pas prête à s'allonger. Un voyageur qui court pour ne pas rater son train en portant une lourde valise ne se rendra pas compte à quel point son bras est fatigué tant qu'il n'aura pas posé sa valise. En thérapie, la fatigue est un signe de progrès, à condition qu'elle soit associée à l'abandon de la lutte.

Quand Mary est arrivée à la séance suivante, elle m'a dit qu'elle se sentait plus féminine. Elle était effectivement plus en contact avec elle-même et avec son corps. Elle a décrit ce sentiment comme une quiétude intérieure qu'elle n'avait pas ressentie depuis bien longtemps. Sa voix était plus profonde et il n'y n'avait plus aucune anxiété dans son comportement. Allongée sur le lit, elle a dit : « Je sens une chaleur très agréable monter de mon pelvis vers le bas de mon dos. J'éprouve une douce tristesse et j'ai envie de pleurer. J'ai l'impression de faire retour sur moi-même. Je me sens chez moi. » Elle m'a fait remarquer que son pelvis se mouvait spontanément et qu'elle sentait ses lèvres bouger. « Elle se sentent reliées l'une à l'autre », dit-elle. Puis elle a pleuré doucement et profondément.

« J'étais en train de penser aux hommes que j'ai connus. Je ressentais la douleur de leur perte mais, en même temps, je me sentais bien en moi, heureuse d'être séparée d'eux. Cette séparation me donnait le sentiment merveilleux d'être moi-même. Quand le sentiment d'être séparée est devenu trop fort, j'ai eu l'impression que mon pelvis basculait en arrière et que c'était le vieux sentiment "Papa, j'ai besoin de toi" qui revenait. Je crois que je dois choisir entre les hommes et moi-même. Je ne peux pas à la fois être là pour eux et m'occuper de moi-même. » En m'entretenant de cela avec Mary, je lui ai dit à un moment que c'est seulement lorsqu'elle était centrée sur elle-même, et non sur ce qu'un homme pouvait faire pour elle, qu'elle était une femme vraiment sensuelle. Quand elle utilisait sa sexualité pour obtenir l'amour d'un homme, elle prenait le rôle de la fille/prostituée. Une telle femme peut contenir son excitation sexuelle au lieu d'avoir besoin de s'en décharger.

Mary m'a fait remarquer : « Je me sens toute différente, c'est comme si je venais de renaître. » Elle a versé quelques larmes et a ajouté : « J'attends ce moment depuis si longtemps ! »

Mais cette prise de conscience ne signifiait pas que la thérapie de Mary était terminée. Dans son voyage d'autodécouverte, elle avait traversé son enfer intérieur, mais le purgatoire était encore devant elle. Il lui restait un travail considérable à faire pour renforcer le lien entre sa sexualité et son pelvis. Ce lien n'était pas étranger à son désespoir. « Si je suis sensuelle, je ne peux pas avoir mon père. Si je m'appartiens, je ne peux pas avoir d'hommes. » Mary était suffisamment intelligente pour comprendre que ces alternatives n'avaient pas de sens, que ce n'est pas parce qu'on est relié à soi-même qu'on ne peut avoir de partenaire. Mais cela ne changeait rien à ce qu'elle ressentait. Le clivage entre son ego et sa sexualité s'était profondément structuré en elle, associé à un profond sentiment de désespoir contre lequel elle continuait à lutter. Mais elle était aussi sur le point de s'abandonner à son corps.

14. Exercice : l'arc pelvien

L'un des exercices que j'utilise pour résoudre un tel conflit s'appelle l'arc pelvien (3). Le patient, allongé sur un lit, prend ses chevilles dans ses deux mains et ramène ses pieds sous son corps, ce qui fait ressortir le pelvis. En même temps, sa tête est tournée en arrière de sorte que le corps repose sur l'arrière de

3. Voir A. et L. Lowen : *Pratique de la bioénergie (op. cit.).*

la tête. Puis il place ses mains sous les chevilles de façon à pouvoir sentir la pression des pieds contre les mains. Dans cette position le pelvis est comme suspendu, et si la respiration du patient est assez profonde, il se met à se mouvoir spontanément de haut en bas de manière vibratoire. Ce mouvement est fonction de la charge qui se déplace dans le corps jusqu'aux pieds. Tous ceux qui en ont fait l'expérience m'ont dit le sentiment de plaisir et de joie que cela leur avait procuré.

Quand le pelvis commence à vibrer, je place une couverture entre les cuisses du patient et je lui demande de la serrer très fort entre ses jambes, jusqu'à éprouver un sentiment de possession de soi. Je suggère également au patient de projeter sa mâchoire inférieure vers l'avant pendant l'exercice de façon à ce que le fait de retenir la couverture soit un acte très agressif. A travers cet exercice, la partie inférieure du corps devient très chargée et les vibrations s'amplifient, mais il n'y a aucune excitation génitale ni aucune décharge. La charge est dans toute la partie inférieure du corps : le pelvis, les jambes et les pieds. Le résultat de cet exercice est un fort sentiment de possession de soi, mais aussi du droit de posséder un partenaire aimant. Comme nous l'avons vu dans le premier chapitre, le fait de s'appartenir, d'être soi-même, est à la fois le but de la thérapie et le chemin qui mène à la joie.

Mary est arrivée à la séance suivante en affirmant : « Je me sens vraiment très heureuse maintenant. J'éprouve de doux sentiments pour certains hommes, mais je ne suis plus accrochée à eux. J'apprécie ces sentiments. Je peux rester seule et me sentir bien au-dedans de moi. Ce qui est merveilleux, c'est que j'ai à la fois ces sentiments et la liberté. »

Puis elle a ajouté : « J'apprécie votre aide et le fait qu'il n'y ait pas de séduction entre vous et moi. Cela me permet de me sentir libre d'être moi-même. »

Tant qu'ils sont liés l'un à l'autre par le jeu de la séduction, les individus ne sont pas libres. Du fait de leur besoin l'un de l'autre, ils sont dépendants. Or, la dépendance dans une relation replonge la personne dans ses expériences d'enfant, lorsqu'elle était dépendante et vulnérable. Pour libérer ces individus de leur dépendance, pour les aider à devenir de vrais adultes, nous devons comprendre le rôle de la culpabilité sexuelle, qui les assujettit en les persuadant que leur devoir est de servir l'autre. L'idée selon laquelle on doit être là pour l'autre n'est qu'une sorte d'arrangement où aucun des deux partenaires n'est là pour lui-même. Or, comme nous le verrons dans le prochain chapitre, la culpabilité sexuelle peut aller jusqu'à créer des névroses.

CHAPITRE XI

Passion, sexe et joie

1. Peur de mourir et peur de vivre

Comme nous l'avons vu dans le chapitre précédent, la peur de mourir est à la base de l'ensemble des problèmes émotionnels dont souffrent les gens qui entreprennent une thérapie. Cette peur de mourir résulte d'une peur de vivre. Un individu qui a peur de mourir ne peut s'abandonner à la vie et à son corps, car cet abandon est à ses yeux une perte de contrôle de soi qui l'obligerait à affronter sa peur de mourir. Sa peur peut résulter d'une expérience de la prime enfance où il aurait effectivement frôlé la mort de près, ou bien seulement de l'éventualité de la mort, contre laquelle son organisme s'est armé pour ne plus jamais être vulnérable à une telle situation. Mais le fait même de vivre en se renfermant en soi-même ou en se blindant signifie que l'on a accepté la possibilité d'être à nouveau attaqué ou menacé et, partant, de perdre la vie. Telle est la condition psychologique et physique de la survie. L'énergie investie dans l'effort de survie n'est plus « disponible » pour apprécier la vie, et la peur de mourir empêche la personne de vivre pleinement, tout en la rapprochant de la mort.

La vie et la mort sont des états opposés. Si l'on est vivant, on ne peut être mort et *vice versa.* Nous avons vu cependant, dans le chapitre précédent, que l'on peut être à moitié mort et à moitié vivant. Une personne qui n'est pas pleinement vivante est partiellement morte, aussi a-t-elle peur de mourir. En revanche, une personne pleinement vivante n'a pas peur de mourir, car elle ne vit pas dans la peur. Elle ne souffre d'aucune contraction chronique, son corps est souple et détendu. Elle ne nie certes pas l'idée de mort mais, n'y étant pas confrontée directement, elle n'a pas de réalité physique à ses yeux. L'heure de la mort étant là, elle ne la craindra pas non plus, car la mort est dépourvue de sensations. La vie est l'antidote de la peur de mourir.

Un homme courageux n'a pas peur de mourir, c'est là l'essence même du courage. Patrick Henry était un homme courageux : quand les Anglais, qui venaient de le capturer pendant la guerre révolutionnaire, lui donnèrent le choix entre renoncer à la révolution et se ranger de leur côté, ou bien se faire tuer pour trahison, il eut ces paroles désormais célèbres : « Donnez-moi la liberté ou la mort. » Son sentiment de liberté et d'indépendance était si passionné qu'il pouvait affronter la mort sans aucune crainte. D'autres hommes se sont montrés tout aussi courageux, car il y avait en eux suffisamment de passion pour affronter la mort sans la redouter, qu'il s'agisse de tous ceux qui sont morts pour leurs convictions religieuses – en raison de leur passion pour des doctrines et des principes religieux – ou bien d'amants qui ont risqué et parfois même perdu leur vie pour avoir préféré vivre leur passion jusqu'au bout. C'est la passion qui pousse l'individu à agir, transcendant ainsi la pulsion de conservation de l'ego. Seule cette transcendance permet de ressentir la joie et l'extase que nous offre la vie.

Même lorsqu'elle se termine par la mort de l'individu, la véritable passion est par nature très positive, car son but est l'amélioration de la vie. Nous parlons d'une passion pour l'art, la musique ou la beauté quand l'émotion qu'ils suscitent est intense, mais on ne peut parler d'une passion pour l'alcool, le jeu ou tout acte destructeur de la vie. On peut être furieux en raison d'une injustice, mais la fureur n'est pas une émotion qui relève de la passion. La différence, à mes yeux, réside dans le fait que la passion provient d'un feu intense. La colère est passionnée, tandis que la fureur, même violente, est froide. Quant aux violents sentiments de haine que certains éprouvent parfois, ils ne constituent pas de la passion. Comme nous l'avons vu au chapitre V, les sentiments passionnés, telle la colère, sont liés à l'amour.

2. La passion embrase tout le corps

Nous savons tous que les sentiments sexuels peuvent atteindre la passion quand l'amour associé au désir sexuel est fort. Le désir sexuel résulte d'une excitation de l'appareil génital, tandis que la passion a son siège dans le ventre, où elle procure une sensation de chaleur et de fusion. Une excitation génitale très intense qui se limite aux organes génitaux ne saurait, à mes yeux, être qualifiée de passion. De même, la satisfaction d'un fort besoin d'uriner ou de déféquer peut générer du plaisir, mais cette sensation étant forcément limitée, elle ne peut constituer de la passion pour autant. A l'instar de l'amour, de la colère ou même de la tristesse, la passion est une émotion qui embrase la totalité du corps. Le désir sexuel est une expression de l'amour, car il vise à rassembler deux individus dans l'expérience mutuelle du plaisir. Mais quand il se limite au contact sexuel, cette expression de l'amour est trop faible et trop restreinte pour pouvoir former de la passion, si bien que l'acte sexuel ne peut donner lieu à des sentiments de joie et d'extase.

Le clivage entre la sexualité et l'amour – entre le désir sexuel et la passion sexuelle – est lié à un clivage entre l'ego et le corps. Si l'ego ne s'abandonne pas au corps dans le désir sexuel, l'acte sexuel n'est qu'une expression d'amour limitée, n'apportant aucune satisfaction profonde. Cette insatisfaction dans l'amour sexuel entretient le sentiment de désespoir qu'un individu a pu ressentir dans les premières relations de sa vie. Aussi devons-nous faire preuve d'esprit critique face à l'idée moderne selon laquelle l'acte sexuel procure un sentiment de plénitude, ou encore que le fait d'un bon fonctionnement sexuel est un critère valide de santé. Dans notre culture, nous sommes centrés sur les performances et négligeons la vie intérieure, pourtant si essentielle si nous voulons que nos actes constituent des preuves de santé.

Ce clivage n'existe pas pendant l'âge d'innocence – quand l'individu n'a pas encore appris à distinguer le vrai du faux et le bien du mal, qu'il n'a pas conscience de lui-même et ne se sent pas coupable de sa sexualité. La perte de l'innocence a généralement lieu entre trois et six ans, quand l'enfant prend conscience de sa sexualité. C'est aussi la période pendant laquelle l'ego atteint son plein développement, même s'il n'a pas encore toute sa maturité. On considère qu'à six ans les enfants sont assez grands pour quitter la maison et aller à l'école. Dans de nombreuses cultures, c'est à cet âge seulement que l'on commence à leur enseigner les diverses coutumes sociales et les règles de comportement – les codes de conduite qui régissent la vie des adultes dans une communauté. Cet apprentissage s'accompagne d'attitudes de forte désapprobation ou de reproches qui n'ont généralement pas cours avant, c'est-à-dire pendant les années d'innocence où l'enfant est au contraire libre d'être lui-même et d'obéir à ses émotions. L'éducation moderne fait exception à cette règle. De nos jours, les petits enfants ne sont plus considérés comme innocents, et sont souvent perçus comme de petits monstres par des parents accablés de soucis qui sont incapables d'accepter ou de gérer la liberté de l'enfant.

Dans la littérature analytique, cette période qui va de trois à six ans est connue sous le nom de phase œdipienne, car les sentiments sexuels de l'enfant, au fur et à mesure qu'ils se développent, se focalisent sur le parent de sexe opposé. Trop souvent, le parent répond à cet intérêt de l'enfant avec un intérêt et une excitation qui sont absents de sa relation avec son conjoint. L'enfant, excité sexuellement par l'intérêt que lui porte le parent de sexe opposé, se sent « supérieur », ce qui suscite l'hostilité du parent de même sexe, à laquelle l'enfant répond en souhaitant la mort ou la disparition du parent hostile. Dans ses fantasmes, il rêve de prendre la place du parent « indésirable » et de vivre heureux avec le parent qu'il aime. Du fait que cette dynamique ressemble à l'histoire d'Œdipe, la période du développement de l'ego chez l'enfant est connue sous le nom de phase œdipienne (1). Ce développement est très important ; s'il est mal vécu, il aboutit généralement chez l'enfant à la perte de son innocence avant l'âge de six ans, avec, pour conséquence, la répression de sa passion sexuelle et le développement d'une attitude caractérielle de soumission au pouvoir de ses parents.

3. Soumission et rébellion

La soumission a toujours pour corollaire un abandon de la passion sexuelle. L'enfant doit réprimer son désir intense du parent de sexe opposé pour apaiser le parent de même sexe, qui a bien souvent été lui-même forcé, dans son enfance, d'abandonner sa passion sexuelle. Le besoin de réprimer d'intenses sentiments sexuels tient également à ce que le parent aimé les rejette. Il craint en effet que l'attirance aille trop loin et se sent coupable d'avoir laissé les choses aller jusqu'à l'inceste, fantasmé ou réel. La profonde blessure que ce rejet a créée chez l'enfant fait naître en lui un désir de mourir, auquel il riposte avec une volonté de vivre (2). Ce processus provient évidemment d'un contrôle de l'ego, la menace de mort rendant tout abandon à la passion impossible.

La soumission est toujours associée à la rébellion, qu'elle soit dissimulée et refoulée ou bien consciente et exprimée. Lorsque la passion sexuelle est réprimée, rien ne peut empêcher

1. Pour plus de détails sur cette période du développement de l'enfant, voir mon livre : *La Peur de vivre* (Epi-Hommes et Groupes, 1983).
2. Pour une analyse approfondie de la volonté de vivre et du désir de mourir, voir mon livre : *Le Cœur passionnément (op. cit.).*

un individu d'avoir une vie sexuelle débridée, si ce n'est la peur – la peur du sida, la peur de l'humiliation.

Pour connaître la passion sexuelle, le patient a besoin de plus d'énergie et d'excitation dans son pelvis et il doit comprendre les peurs qui bloquent en lui le flux descendant. Dans le cas de Mary, étudié au chapitre X, l'analyse et le travail corporel l'avaient aidée à comprendre son problème, mais sa peur de la sexualité était toujours aussi intense. Lors d'une séance, elle a pris conscience de son blocage : « Au moment où vous avez appuyé sur mes muscles pelviens avec vos doigts pendant que je faisais descendre ma respiration en expirant, j'ai eu une sensation de paradis. Mais elle était trop forte et je n'ai pas pu la garder. C'est pour cela que je me suis sentie triste et que j'ai pleuré. »

Dans cet exercice, la personne fait descendre son énergie dans le pelvis pour diminuer le sentiment de pression, ce qui lui donne une sensation de vitalité et de plénitude dans cette zone. Mary n'avait pas pu garder en elle ces émotions positives, sa peur était beaucoup trop forte encore. Elle parvenait certes à les retrouver en mobilisant son corps – en effectuant les exercices de respiration profonde et en donnant des coups de pied – mais elle continuait à se plaindre de son incapacité de les garder en elle. Alors qu'elle commençait justement à se sentir beaucoup plus forte, sa tendance à s'effondrer la décourageait encore plus. Pourtant, et elle le savait, elle avait fait un progrès considérable. Elle avait beaucoup travaillé sur sa dépendance envers les hommes et n'était plus aussi séductrice avec eux. Pour comprendre sa tendance à s'effondrer face aux progrès réalisés, sachons que chaque pas ascendant qui vient renforcer le sentiment d'identité est associé à un mouvement descendant dans les émotions profondes. Plus l'énergie d'une personne augmente à travers le processus thérapeutique, plus l'activité pulsatoire de son corps s'intensifie. Les ondes respiratoires sont plus amples et atteignent les deux extrémités du corps : la tête et l'abdomen. Cette excursion vers le bas fait généralement ressurgir de profonds sentiments de tristesse et de honte.

Quand Mary est arrivée à la séance suivante, elle était très différente. D'emblée, elle a affirmé : « J'en ai assez d'être angoissée et d'avoir peur. Je ne veux plus vivre ainsi. Je suis fatiguée de me battre. Je vais prendre la vie comme elle vient et je suis sûre que je survivrai. » Ses paroles indiquaient qu'elle allait bientôt être prête à s'abandonner à son corps. Cette nouvelle attitude résultait d'une prise de conscience plus profonde et plus douloureuse qu'auparavant : « Je ne m'étais jamais rendue compte à quel point j'étais handicapée et dévastée. J'ai si honte de moi que je préfère ne pas me montrer. » Sa honte était de nature sexuelle. Elle a ajouté, à propos de son père : « J'ai toujours été sa petite fille-femme. D'un côté, cela me donnait l'impression d'être supérieure, mais, de l'autre, cela ne durait pas et je finissais par me dire que je n'avais aucune valeur. »

4. Evincer le sentiment de honte

Cette dernière remarque était liée au fait que, dans son enfance, son père l'emmenait avec lui quand il sortait dans les bars, l'exhibant à ses amis comme un objet sexuel attirant. Elle sentait les hommes la regarder avec des yeux lascifs. Certains lui demandaient de s'asseoir sur leurs genoux, ce qu'elle refusait. Mais elle ne pouvait pas s'échapper, étant prisonnière des sentiments sexuels qu'elle éprouvait à l'égard de son père. La seule chose qu'elle pouvait faire était de se dissocier de ces sentiments par la honte. Lorsqu'un patient prend conscience de la honte qu'il éprouve et qu'il réussit à l'exprimer, la honte le quitte et ses sentiments sexuels deviennent plus forts. Mary y est elle aussi arrivée, grâce à un travail considérable tout au long de la thérapie sur son sentiment de honte, lié à son besoin de cacher et de masquer ses émotions.

Voici ses propos : « Quand j'ai honte, j'ai l'impression que mes yeux se mettent à briller. C'est une sensation très agréable.

Je ressens quelque chose d'extrêmement doux, j'ai l'impression de fondre. Oh ! mon Dieu ! Je n'éprouve que douceur dans mon pelvis, mais ma tête est folle. » Il fallait donc poursuivre le travail afin que le flux d'excitation ascendant et descendant puisse rester ancré aussi bien dans sa tête que dans son pelvis. Mais, pour cela, Mary devait commencer par vaincre sa peur de s'abandonner.

Lors de la séance suivante, Mary a commencé par me dire qu'elle ne se sentait pas prête pour s'ouvrir à ses émotions. Lors du week-end précédent, à l'occasion d'un atelier thérapeutique, elle avait travaillé avec une thérapeute femme sur sa relation avec sa mère et avait beaucoup pleuré en pensant à elle avec nostalgie. Puis, sur le chemin du retour, elle avait chanté une comptine, comme si elle était redevenue une petite fille. Il ne faisait pour moi plus aucun doute qu'elle avait effectivement régressé, abandonnant ainsi la maturité qu'elle avait atteinte. Cette régression indiquait qu'elle venait de toucher une peur profonde, comme l'a confirmé le rêve qu'elle a fait la nuit suivante. Dans ce rêve, elle se débat contre une fille qui essaie de la tuer avec un couteau. A un moment donné, la fille s'apprête à lui poignarder le cœur et Mary croit pouvoir éviter son attaque, mais la fille s'en prend alors à son pelvis. Elle se sent désespérée, car la fille semble vouloir la tuer coûte que coûte. Quand j'ai demandé à Mary si elle savait qui était cette fille, elle m'a répondu immédiatement : « Ma mère. » Puis elle m'a dit qu'elle pensait que sa mère n'avait pas voulu d'elle parce qu'elle était une fille. Percevant l'hostilité de sa mère, elle s'était tournée vers son père. Mais cet amour, s'il lui apportait acceptation et soutien, était perverti par l'intérêt sexuel que lui portait son père. Dans son innocence de petite fille, elle avait accepté cet intérêt et cette affection de tout son cœur, ce qui l'avait sauvée, mais, en même temps, son père l'avait trahie. Elle n'avait toutefois pris conscience de cette trahison qu'à partir du moment où son illusion d'être belle et supérieure s'était effondrée face à l'humiliation d'être exposée aux compagnons de bouteille de son père. Par désespoir, elle avait abandonné sa sexualité et s'était tournée vers sa mère et vers l'Eglise. Elle était alors devenue une jeune fille catholique très pieuse, mais continuait de se sentir honteuse et laide.

Cette destruction n'aurait pas eu lieu si sa mère avait pris soin d'elle. Si Mary avait bénéficié de l'amour de sa mère, elle ne se serait pas perdue avec son père en devenant sa femme-enfant. Ses parents vivaient une relation assez perturbée. Sa mère était froide, sévère, très religieuse et antisexuelle, tandis que son père, un homme attirant qui recherchait le plaisir dans la vie, menait une vie dissolue. Les contraires s'attirent. Ces deux personnes se sentaient attirées l'une par l'autre parce qu'elles avaient toutes deux besoin de ce que l'autre avait. Mais comme elles ne pouvaient reconnaître pleinement leur besoin réciproque, elles attaquaient ce que l'autre représentait. Mary était devenue la victime – c'est elle qui prenait les coups quand ils se disputaient – surtout de sa mère qui la jalousait et lui en voulait terriblement d'exciter son père sexuellement. Mary se sentait coupable de sa relation sexuelle avec son père. Elle était perdue et désespérée. Quand je l'ai rencontrée pour la première fois, la peur de sa mère, qui avait détruit son intégrité, était toujours présente en elle. Aussi devait-elle, pour affirmer son développement et sa sexualité, affronter cette peur et s'en libérer en mobilisant sa colère. Elle a compris mon interprétation de la situation. Etendue sur le lit et tordant une serviette entre les mains, elle a ouvert les yeux pour regarder sa mère et a dit : « Je sais que tu me détestais. » A ce moment-là elle a vu le visage de sa mère et ses yeux, qui la terrifiaient. Elle a dit : « Quand je regarde quelqu'un dans les yeux, j'ai peur, surtout si c'est une femme. Pendant des années, je n'ai pas pu regarder ma mère dans les yeux. Ce n'est que bien plus tard que je me suis rappelé une photo d'elle que j'avais dû voir vers quatre ans. Je me souviens encore de la froideur de ses yeux. On aurait dit qu'elle voulait me tuer. Je me sentais paralysée, incapable de respirer. »

Pour aider Mary à dépasser sa peur, je lui ai fait faire l'exercice inverse. Elle devait tordre la serviette et crier à sa mère :

« Je te hais ! Je vais te tuer ! » Elle a fait alors remarquer : « Ils veulent me faire croire que je suis belle, mais moi, je me suis toujours sentie horriblement laide. » Puis elle a ajouté avec colère : « Ne me regardez pas comme ça. J'ai terriblement peur. » Mary n'avait jamais mobilisé sa fureur meurtrière contre sa mère parce qu'elle se sentait trop coupable de sa relation sexuelle avec son père, et trop terrifiée par sa mère. Il lui a fallu presque trois ans de thérapie pour réussir à se libérer un tant soit peu des sentiments de culpabilité et de honte qu'elle éprouvait et commencer à pouvoir s'affirmer. Mais si elle pouvait désormais vivre seule de manière plus autonome et qu'elle avait davantage confiance en elle, ce progrès ne signifiait pas la fin de sa thérapie. L'affirmation de soi et la confiance en soi sont très relatives. Mary avait encore un travail considérable à faire sur son corps pour augmenter son énergie et favoriser l'intégration. Face à un stress ou à une déception affective, elle avait toujours tendance à s'effondrer.

Nous ne surmontons jamais complètement les effets des traumatismes de la petite enfance mais, en cas de nouvelles blessures, nous pouvons plus rapidement mobiliser nos forces et rétablir l'état de bien-être et de plaisir dans le corps. Chaque crise rencontrée dans la vie devient ainsi une nouvelle occasion de croissance vers notre individualité. Le processus thérapeutique est sans fin : notre voyage d'autodécouverte se poursuit tant que nous sommes en vie, chaque nouvelle expérience venant s'ajouter à la richesse de notre être. Tel fut en tous cas mon propre voyage d'autodécouverte.

5. L'orgasme, libération de l'excitation

J'avais été très attiré par la thèse de Reich qui dit qu'on peut trouver l'accomplissement sexuel en s'abandonnant à ses sentiments sexuels. Il parlait à ce sujet de « puissance orgastique », pour montrer que l'intensité de la passion sexuelle n'est pas fonction de l'intensité sexuelle, mais de l'ampleur et de la plénitude de la décharge ou de la libération de l'excitation. Quand l'orgasme est complet, l'ensemble du corps, y compris la tête, participe à une réaction convulsive qui libère complètement l'excitation sexuelle. La réaction convulsive est déclenchée par des ondes d'excitation qui traversent le corps au fur et à mesure que le rythme de la respiration s'accélère. J'utilise comme Reich le terme de «convulsif» mais, en réalité, les mouvements ne sont ni chaotiques ni cloniques et ressemblent davantage à ceux d'un serpent. Le pelvis bascule vers l'avant avec l'expiration et vers l'arrière avec l'onde respiratoire. Ce mouvement a également lieu quand on respire pleinement et profondément, sans qu'il y ait forcément de charge sexuelle ou d'excitation génitale. Dans ce cas, ce mouvement – appelé «réflexe orgastique» – n'atteint jamais son point culminant, mais il est ressenti comme très relaxant et agréable.

Dans l'acte sexuel, quand la charge intense contenue dans l'appareil sexuel explose, les mouvements pelviens deviennent totalement involontaires et gagnent en rapidité et en puissance. On se sent transporté au-delà de soi, ce qui est la forme la plus élevée de l'abandon. La conscience de soi disparaît quand on a la sensation de fusionner avec le processus cosmique. Cette expérience d'extase, bien qu'assez rare, renforce néanmoins ma conviction que l'amour et la passion sexuelle sont des aspects de notre identité avec l'universel. Mais si cette identité fait partie de la nature de l'homme, pourquoi nous est-il si difficile de nous y abandonner? Nous avons vu plus haut quelles sont les peurs qui peuvent inhiber l'abandon. Ces peurs étant universelles dans notre culture, nous devons reconnaître qu'elles sont directement liées à cette culture. Ce qui se passe dans la famille est le reflet des attitudes et des valeurs culturelles. En conséquence, tant que nous n'aurons pas admis la nature perturbée de ces valeurs, nous serons incapables d'éviter cet effet destructeur sur nous-mêmes et nos enfants.

6. L'homme, malade de sa nature

La culture s'est développée à mesure que l'homme s'est séparé de son état purement animal pour devenir un individu conscient de lui-même. Ce mouvement ascendant – le fait que l'homme soit passé de la position à quatre pattes, commune à tous les autres mammifères, à la position verticale – a placé l'homme au-dessus des autres animaux et aussi, c'est en tout cas ce qu'il croit, de la nature. En observant la nature de façon objective et en découvrant les lois qui régissent son action, l'homme a appris à contrôler la nature et, par extension, sa propre nature. Le fait qu'il ait développé un ego – un agent doté d'une conscience et d'une volonté propre – n'a eu pour effet que d'accroître son emprise sur les autres créatures, en lui faisant croire qu'il était différent, ce qu'il est certainement, et supérieur, ce qu'il n'est pas.

Une étape évolutionnaire est à l'origine de ce développement : son corps étant plus chargé qu'avant, il a pu développer un plus large éventail de mouvements physiques, particulièrement dans les mains et le visage, et l'appareil vocal. L'homme peut faire plus de choses que l'animal et sa gamme d'expression est beaucoup plus étendue.

Mais si de ce point de vue il lui est effectivement supérieur, cela ne signifie pas qu'il le soit à tous les égards. Comme tous les autres animaux, il naît et meurt. Ses émotions sont peut-être plus subtiles que celles des animaux, mais ils sont eux aussi des êtres sensibles. L'homme a prospéré et réalise beaucoup de choses durant son cours séjour sur la terre, mais ce progrès, cette élévation, l'a aliéné à son assise dans la terre et dans la nature, tandis que ses activités sont devenues destructrices, pour lui-même et la nature. L'impact destructeur de notre culture sur la nature est aujourd'hui communément admis, mais nous ne sommes pas encore prêts à reconnaître son effet destructeur sur la personnalité humaine. Nous voyons les dommages causés par les abus sexuels, la violence, la dépression, la dépendance et la sexualité débridée, mais nous croyons qu'il suffit d'avoir la volonté de maîtriser les choses pour être réellement capables de le faire.

7. Le danger du pouvoir

Ma thèse est que la volonté est impuissante à changer les choses, parce qu'elle fait justement partie du problème. Nous avons acquis un certain pouvoir auquel nous nous accrochons. Notre culture est menée par le pouvoir, littéralement et psychologiquement. Sans pouvoir, notre civilisation prendrait fin, mais si, à l'inverse, le pouvoir ne fait qu'augmenter, il nous pousse à agir toujours plus, jusqu'à en perdre le contrôle de notre vie. Quand notre corps ne supporte plus le rythme d'activités que nous lui imposons, cela crée du stress. Et s'il nous arrive parfois de prendre le temps de souffler un peu, c'est souvent pour mieux courir l'instant suivant. Nous sommes poussés à continuer, à réussir, c'est-à-dire, en quelque sorte, à sortir de notre corps. Depuis plus de cinquante ans que j'étudie la condition humaine, j'ai constaté une dégradation au niveau du corps de mes patients : ils ont aujourd'hui moins d'énergie et sont moins intégrés et moins beaux que ceux de mes premiers patients. Les personnalités limites constituent le trouble prédominant, tandis que le patient hystérique décrit par Freud n'apparaît quasiment plus. Contrairement à la personne hystérique, incapable de gérer ses émotions, l'individu schizoïde a très peu d'émotions. Aujourd'hui, la plupart des gens sont dissociés de leur corps et vivent en grande partie dans leur tête ou dans leur ego. Nous vivons dans une civilisation égoïste ou narcissique, où le corps est considéré comme un objet et le mental comme une puissance supérieure qui commanderait le tout.

Dans le contexte du processus thérapeutique, le pouvoir et la volonté sont les forces négatives qui empêchent la guérison. Le pouvoir est dans l'esprit du thérapeute, qui se perçoit comme un agent capable de produire les changements désirés chez le patient. Il a beau savoir qu'il ne peut pas changer le patient, sa connaissance de la psychologie sous-tendant la détresse émotionnelle du patient lui donne un sentiment de pouvoir, notamment dans le cas d'individus narcissiques, obnubilés par leur besoin d'entretenir l'image qu'ils ont d'eux-mêmes. Ce pouvoir s'exerce par le truchement de son jugement et du contrôle qu'il exerce sur le matériel analytique. D'une façon ou d'une autre, il peut manifester son approbation ou sa désapprobation face aux paroles ou aux actes du patient. Et comme il est le guide chargé de conduire le patient dans son propre enfer, il dispose effectivement de ce pouvoir. C'est également le cas de tous les parents. Si un thérapeute dénie ce pouvoir, il n'est plus en phase avec les réalités de la vie. La question n'est donc pas de savoir s'il exerce ou non un pouvoir, mais s'il reconnaît et accepte ce pouvoir sans qu'il lui monte forcément à la tête.

Le pouvoir est sans doute ce que j'ai le plus combattu tout au long de ma pratique thérapeutique. Du fait de ma capacité à voir clairement le problème du patient en lisant le langage de son corps, je croyais pouvoir lui dire ce qu'il devait faire pour aller mieux. Quand il suivait mes consignes, il allait généralement mieux, mais l'effet n'était pas durable. J'avais beau avoir appris avec Reich que l'important n'est pas dans les actes mais dans ce que l'on ressent, ma personnalité était telle que je ne pouvais pas m'empêcher de toujours vouloir essayer. Je devais probablement croire que si j'y arrivais, je serais l'individu supérieur que j'étais censé être. Je suis persuadé que dans notre culture nous avons presque tous été endoctrinés dans l'idée que si l'on veut arriver à quelque chose, il faut le vouloir, qu'il s'agisse de santé, de pouvoir, de succès ou d'amour. Je savais que c'était vrai de mes patients, mais j'ignorais que c'était également mon cas ; je ne m'en suis rendu compte que bien plus tard. Si nous aspirons à la passion, à l'accomplissement sexuel et à la joie, ce n'est pas avec de la volonté et des efforts que nous y arriverons.

Quand je travaille avec des patients, je contrôle le processus thérapeutique parce que j'assure le rôle de guide. Je dois comprendre le patient et ses problèmes, et lui en parler afin qu'il puisse lui-même les voir et les comprendre. Sans ma compréhension, nous serions perdus tous les deux, et si le patient ne se comprend pas, c'est lui qui est perdu. Ma responsabilité est de le guider dans son voyage d'autodécouverte, mais la guérison est indépendante de ma volonté.

8. La guérison, fonction naturelle du corps

La guérison est une fonction naturelle du corps. Suite à une coupure, notre corps guérit spontanément. Les organismes vivants n'auraient pas survécu s'ils n'avaient pas eu la faculté innée de guérir leurs blessures et leurs maladies. En tant que médecins, nous pouvons aider le processus naturel de guérison, mais nous ne pouvons pas l'accomplir nous-mêmes. S'il en est ainsi, pourquoi sommes-nous incapables de nous guérir nous-mêmes des troubles psychiques causés par les blessures du corps et de l'esprit ? La réponse à cette question est que nous ne laissons pas la guérison avoir lieu. Comme nous l'avons vu dans les chapitres précédents, nous bloquons la guérison, consciemment et inconsciemment, par peur. Et comme la peur ne peut être supprimée par un acte délibéré de la volonté, nous n'avons pas d'autre choix que de la réprimer. Une fois notre peur réprimée, nous n'en avons peut-être plus peur, mais nous réprimons aussi les activités vitales du corps, notamment le processus naturel et spontané de guérison. Seul l'abandon du contrôle de l'ego permet au corps de retrouver toute sa vitalité et son énergie, sa santé naturelle et sa passion.

Pour l'ego qui cherche à dominer, l'abandon au corps peut sembler une défaite, ce qu'il est en effet. Mais c'est pour nous la seule façon de nous libérer de la course folle de la vie moderne et d'accéder à la passion et à la joie qu'offre la liberté. Ce but n'est toutefois pas facile à atteindre, car nous portons le fardeau de la connaissance du bien et du mal, cette conscience de nous-mêmes qui restreint notre spontanéité. Et comme je l'ai déjà dit plus haut, le voyage d'autodécouverte est sans fin, ce qui n'est pas le cas de la thérapie. On ne peut et ne devrait être en thérapie toute sa vie. Six ans est à mon sens un maximum : c'est le temps dont un enfant a besoin pour être suffisamment indépendant pour quitter la maison et aller à l'école.

9. La bioénergie au quotidien

Lorsqu'un patient met fin à une thérapie bioénergétique, il doit posséder la compréhension et les techniques qui lui permettront de poursuivre le processus de libération, d'expression et de possession de soi. Il doit aussi comprendre le lien entre le corps et l'esprit et savoir que ses tensions chroniques sont liées à des conflits émotionnels non résolus qui remontent à l'enfance. Ces conflits continuant d'opérer tant qu'il y aura des tensions dans le corps, il devra travailler sur son corps pour les réduire, voire les éliminer complètement, ce qui signifie qu'il fera les exercices de bioénergie régulièrement. Cela fera partie de son hygiène de vie. Voilà plus de trente ans maintenant que je fais ces exercices quasiment tous les jours, presque aussi souvent que je me brosse les dents. Ce sont des exercices très simples à exécuter, qui favorisent la respiration, la vibration et le lâcher-prise.

Pour la respiration, j'utilise le tabouret énergétique. Je reste allongé dessus entre trois et cinq minutes et je laisse ma respiration devenir plus profonde. J'utilise aussi ma voix, en produisant un son soutenu que je fais durer aussi longtemps que possible. Bien que fort, ce son est maintenu facilement, sans effort. Cet exercice a généralement pour effet d'induire des sanglots. Quand je pleure, ma respiration devient plus aisée et plus profonde. J'ai personnellement besoin de beaucoup pleurer, car j'ai toujours eu une résistance aux pleurs, pour les mêmes raisons que tous ceux qui résistent aux pleurs. J'ai été pendant très longtemps quelqu'un d'extrêmement déterminé qui cherchait toujours à s'élever au-dessus de ses problèmes. Cela ne marchait pas, mais je n'avais ni la capacité ni l'envie de céder. Pleurer est une façon de céder, ce qui, à mes yeux, signifiait l'échec. C'est pourtant bien là tout l'enjeu de la thérapie, et j'ai appris avec le temps que chaque fois que je renonce à quelque chose dans ma vie, je gagne en liberté. Mais mon caractère névrotique est si profondément inscrit dans ma personnalité qu'il est sans fin. Je ne cède qu'un petit peu à chaque fois.

Le fait de pleurer remplit une autre fonction dans ma vie, associée à la précédente. Pleurer me permet de rester en contact avec ma tristesse, la tristesse des années où je n'avais pas la liberté d'être vrai par rapport à moi-même, et celle de savoir que je ne retrouverai jamais l'état d'innocence : la joie pure, la félicité. Contrairement aux animaux, nous vivons avec la connaissance du combat, de la souffrance et de la mort. C'est l'aspect tragique de la condition humaine. Mais l'autre aspect est la faculté de ressentir la gloire de la vie comme aucun autre animal n'en est capable. Les religions parlent de la gloire de Dieu. Pour moi, les deux termes sont synonymes. On peut voir cette gloire dans la beauté d'une fleur, d'un enfant ou d'une femme tout comme dans la majesté d'une montagne, d'un arbre ou d'un homme. L'expérience de cette gloire est une exaltation qui trouve son expression dans les créations artistiques de l'homme, particulièrement la musique. Une des principales thèses de ma philosophie, c'est qu'on ne peut séparer les deux aspects sans détruire l'ensemble : on ne peut faire l'expérience de la gloire sans accepter le côté tragique de la vie. Il n'y a aucune gloire dans le déni ou la fuite de la réalité. J'ai besoin de pleurer pour garder mon humanité. Je pleure pour moi, mais aussi pour mes patients et pour l'ensemble de l'humanité. Le fait de voir la lutte et la douleur contenues dans mes patients me fait souvent venir des larmes dans les yeux. Puis, lorsqu'ils se libèrent, pleurant et abandonnant le combat, je vois leur regard et leur visage s'illuminer et mon cœur se réjouit pour eux. Mais je ne peux éprouver cette joie que si je suis moi-même prêt à abandonner le combat, et c'est pour cela que j'ai besoin de pleurer.

L'autre exercice que je pratique régulièrement depuis que j'ai commencé à développer l'approche énergétique est l'exercice d'enracinement. Après avoir travaillé sur le tabouret pour approfondir ma respiration, j'inverse la position en me penchant vers l'avant jusqu'à toucher le sol de mes doigts. Cet exercice est illustré et expliqué au chapitre II. Quand je garde la position, mes jambes se mettent généralement à vibrer au fur et à mesure qu'elles sont parcourues par les ondes d'excitation. La vibration rend ma respiration plus profonde et me relie davantage au sol, et, partant, à la réalité de mon corps. Nous sommes des créatures de la terre animées par l'esprit de l'univers. Notre humanité dépend de ce lien à la terre. Quand nous perdons ce lien, nous devenons destructeurs. Nous perdons de vue notre identité avec autrui et les autres créatures en niant notre origine commune. Nous nous réfugions dans notre tête, dans un monde que nous avons nous-mêmes créé, où nous nous voyons supérieurs, omnipotents et immortels. Plus nous nous écartons de la terre, plus l'image que nous avons de nous-mêmes grossit. Dans ce monde aérien, il n'y a aucun sentiment de tristesse ou de joie, de douleur ou de gloire. Il n'y a pas de sentiments, seulement du sentimentalisme.

Comme bien d'autres individus modernes, j'ai été trop égoïste, trop narcissique. J'ai eu besoin de descendre de ma position supérieure, celle que j'avais construite pour nier l'humiliation subie dans mon enfance. Perché sur ce piédestal, j'avais peur de tomber ou d'échouer tant je m'étais identifié à ma supériorité. Heureusement toutefois, j'étais suffisamment identifié à mon corps pour comprendre que j'allais pouvoir trouver la joie dans la sphère corporelle, avec la sexualité. Redescendre sur terre a été pour moi un processus long et difficile. Mais lorsque j'ai senti pour la première fois que mes pieds étaient reliés à la terre, ce fut une véritable expérience de joie.

Je n'ai jamais été aussi relié à mon corps que je le suis aujourd'hui, et je suis plus conscient que jamais de ses tensions et de ses faiblesses. Je perçois mes émotions plus facilement, et si ma colère monte plus rapidement lorsque je suis provoqué ou blessé, je peux l'exprimer d'une façon plus appropriée. Le résultat est que je n'ai jamais eu si peu de peurs ou d'angoisses dans ma vie qu'aujourd'hui. Une personne qui n'a pas peur peut accepter la vie comme elle vient. Cela me donne un sentiment de paix intérieure – la base de la joie. Et j'éprouve souvent de la joie en voyant la beauté naturelle des gens et des choses qui m'entourent.

10. Dignité, vérité et sensibilité

Une personne qui ne vit qu'en termes de survie est centrée sur les comportements et les objets qui assurent sa survie : être gentil, être fort, avoir du pouvoir, etc. L'esprit humain étant naturellement en quête de sens dans sa vie, les personnes qui sont orientées vers la joie trouvent du sens dans des attitudes et des comportements qui favorisent la joie. Les valeurs vers lesquelles je tends sont la dignité, la vérité et la sensibilité. Je veux pouvoir me sentir fier de moi et éviter tout acte dont je pourrais me sentir honteux ou coupable. La dignité, c'est le sentiment de pouvoir garder la tête droite en regardant quelqu'un dans les yeux. La vérité est une vertu, mais c'est aussi une façon de respecter sa propre intégrité. Quand une personne ment, sa personnalité est divisée. Le corps connaît la vérité que les mots dénient. Cette division est un état très douloureux qui ne se justifie que dans les cas où dire la vérité constitue une menace pour la vie ou l'intégrité. Et si de nombreuses personnes mentent sans pour autant en être affectées, cela dénote simplement qu'elles sont déconnectées de leur corps et insensibles à leurs émotions.

La sensibilité est l'attribut d'une personne pleinement vivante. Quand nous nous renfermons en nous-mêmes, nous perdons notre sensibilité. Les enfants sont ainsi les êtres humains les plus sensibles qui soient. Nous avons besoin d'être sensibles aux autres, mais aussi à nous-mêmes. Si nous ne sommes pas sensible avec nous-mêmes, comment pourrions-nous l'être avec autrui ? Le problème est qu'une personne insensible n'est pas consciente de son manque de sensibilité. Je ne parle pas ici d'état de vigilance, qui est un état élevé de tension. La sensibilité est la faculté d'apprécier les fines nuances d'expression associées à la vie humaine et non humaine, cette sensibilité étant fonction de la paix intérieure résultant de l'absence de lutte ou d'efforts. Ces valeurs sont pour moi celles qui donnent à la vie son véritable sens, car elles sont les qualités qui favorisent la joie.

CHAPITRE XII

L'abandon à Dieu, à la passion et à l'esprit

1. Valeurs de l'ego ou valeurs intérieures

« L'argent ne fait pas le bonheur. » Nous connaissons tous le dicton, mais notre culture, obnubilée par les choses matérielles, ne le prend pas au sérieux. Pour comprendre la fascination matérialiste, nous devons reconnaître qu'elle résulte d'une identification à l'ego et à ses valeurs. L'ego valorise les objets et les activités, car ils servent à donner aux autres une meilleure image de soi-même. L'accumulation de biens vise un tel but, tout comme l'argent, le pouvoir, le succès, la célébrité, la position sociale.

L'ego faisant partie intégrante de l'être humain, nous sommes tous plus ou moins préoccupés par notre image et notre statut dans la communauté. Mais à partir du moment où les valeurs de l'ego prédominent dans une culture, les problèmes sont plus sérieux car d'autres valeurs, plus importantes et plus profondes – que nous appelons spirituelles – sont alors ignorées ou dévalorisées du fait que nous ne voyons plus leur importance dans notre vie quotidienne. Quand on oppose le matérialisme au spiritualisme il n'y a pas de réconciliation possible ; ces concepts s'excluent alors mutuellement. Les valeurs de l'ego sont celles qui caractérisent la poursuite de valeurs matérielles, le développement de sentiments spirituels relevant, quant à lui, de la sphère des valeurs corporelles. L'antithèse entre l'ego et le corps ne fait que refléter deux facettes différentes de la personnalité humaine, toutes deux essentielles au bon fonctionnement de l'individu.

Tout objet ou activité favorisant des sentiments corporels positifs appartient à cette deuxième catégorie, les principales valeurs du corps étant l'amour, la beauté, la vérité, la liberté et la dignité. Ce sont des valeurs intérieures liées au sentiment d'identité de chacun, à l'opposé des valeurs de l'ego ou valeurs matérielles qui découlent de la relation de l'homme avec le monde extérieur, avec les aspects extérieurs de son être. Les valeurs intérieures sont de véritables valeurs spirituelles, car elles sont associées aux activités de l'esprit et peuvent induire des sentiments intenses pouvant aller jusqu'à la passion. A l'inverse, on ne peut avoir de réelle passion pour les valeurs de l'ego ou valeurs matérielles, même si un grand nombre de nos contemporains ont effectivement l'ambition de les atteindre. Le désir de devenir célèbre ou l'obsession d'être riche ne crée aucun sentiment agréable dans le corps. La personne dira qu'elle va bien parce qu'elle est riche, mais ce sentiment est lié à la perception de son ego, pour qui la richesse apporte sécurité et bonheur. Chez l'homme primitif, l'idée de richesse n'éveille rien de particulier, tandis que la dignité, l'honneur et le respect suscitent d'intenses sentiments positifs. Le manque d'identification à ces valeurs est à la base des troubles sociaux qui affligent nos sociétés modernes.

Mais il y a une autre valeur spirituelle, laquelle est largement absente de notre culture : le sentiment d'identification et d'harmonie avec la nature, notre environnement et les membres de notre communauté. Le primitif est très lié affectivement à son environnement, car sa survie en dépend. Quant à l'individu moderne dont la survie dépend pourtant tout autant de son environnement naturel, il s'en est éloigné et dissocié en s'identifiant à son ego. Il se croit plus en sécurité que l'homme primitif qui avait recours à la magie pour développer son sentiment de sécurité, et, pourtant, il manque profondément de sécurité corporelle en raison de la perte de son lien avec soi-même, la terre et l'univers. Toutes les pratiques religieuses favorisent l'éveil de ces valeurs intérieures, spirituelles ou corporelles. Elles reflètent les sentiments agréables résultant d'un sentiment d'harmonie et de lien avec les forces de la nature et de l'univers. Si nous remplaçons ces forces par le mot « Dieu », nous pouvons évaluer combien puissant est le sentiment religieux. Quand il est intense, il devient une passion qui excite l'esprit et le maintient dans un état de forte charge. A mon sens, on ne peut devenir déprimé, anxieux ou compulsif si cette passion sous l'un de ses aspects est présente en soi, par exemple la passion de la beauté. En notre période où les valeurs spirituelles – ou intérieures – se sont perdues, où la religion n'influe plus sur les sentiments et les comportements, la dépression et la détresse affective sont devenues endémiques. Cela dit, je ne pense pas qu'un système de croyances – qu'il soit religieux ou autre – puisse se substituer au sentiment de passion. La passion ne peut se développer que chez l'individu qui abandonne l'hégémonie de son ego, libérant ainsi le corps de son attachement à la volonté et aux valeurs de l'ego. Cet abandon est la base de la guérison spirituelle, laquelle demande l'abandon à Dieu.

2. La vraie guérison vient de soi

Certaines pratiques de guérison spirituelle posent néanmoins un problème dans le sens où, dans certains cas, la personne ne s'abandonne pas à Dieu mais à un représentant de Dieu, ou à un ordre doctrinaire exigeant sa soumission à une autorité. Ce phénomène est similaire dans les cultes, où l'ego se soumet aussi au leader du culte, ce qui donne à l'adepte un sentiment de liberté et de passion. Mais la soumission n'est pas un véritable abandon et l'esprit se rebellera tôt ou tard d'avoir perdu la liberté de vivre selon sa vérité intérieure. Je suis persuadé que la vraie guérison doit venir de l'individu et non d'une force extérieure. Dieu joue un rôle dans ce processus d'autoguérison, la force de guérison étant l'esprit de Dieu présent à l'intérieur du corps. Cet esprit, bien sûr, est l'esprit de l'individu, la force vitale qui le maintient en vie, anime son corps et crée en lui un sentiment de joie. Mais, comme nous l'avons vu dans les chapitres précédents, l'abandon au corps évoque aussi la peur de mourir – de ne pas survivre si l'on renonce à l'hégémonie de l'ego. Le patient a perdu la foi, car la foi qu'il avait, enfant, pour ses parents, a été trahie, ce qu'il a perçu comme une menace pour sa vie.

Mais en dépit des peurs qu'il suscite, l'abandon est la seule façon de guérir les blessures de l'enfance. Le patient doit avoir la foi pour lâcher prise, pour se laisser aller à son corps, à l'obscurité de l'inconscient, à l'enfer de son être. Dans ce voyage d'autodécouverte, il se fera accompagner par un guide en qui il aura confiance, parce que ce guide sera lui-même passé par l'inconnu de son propre processus de guérison et que sa quête de Dieu l'aura conduit au plus profond de son être. Lorsqu'on est relié au Dieu intérieur, on est aussi relié au Dieu extérieur et aux processus cosmiques qui ont donné naissance à la vie et dont notre vie dépend. Nos connaissances sont certes bien plus vastes que celles de l'homme primitif, mais nous éprouvons, comme lui, un besoin d'harmonie dans nos relations avec la nature et l'univers.

3. Dieu est là !

Le fait que nous devenons conscients de nous-mêmes montre qu'à un moment donné de notre vie nous percevons cette harmonie. Certains se souviennent peut-être du lien et de l'harmonie qu'ils ressentaient dans leur enfance lorsqu'ils éprouvaient de la joie. Quand mon fils a eu cinq ans, j'ai voulu le mettre à l'école du dimanche pour qu'il apprenne à connaître Dieu. Mais il a refusé, affirmant qu'il connaissait déjà Dieu. Quand je lui ai demandé ce qu'il savait de Dieu, il m'a montré du doigt des fleurs tout près de lui dans le jardin et m'a répondu : « Il est là ! » Comprenant que sa connaissance de Dieu était bien plus grande que ce qu'il pourrait apprendre à l'école du dimanche, j'ai finalement renoncé à l'idée de l'y envoyer. J'étais convaincu que s'il savait que Dieu était dans les fleurs, il savait aussi qu'il était dans son corps.

Cette croyance selon laquelle tous les êtres vivants ont en eux une qualité divine est l'un des principaux concepts de la religion hindouiste, pour qui l'essence de Brahma est en toute créature. L'homme primitif pensait qu'il y avait un esprit en toute chose, vivante ou non vivante, ce qu'il fallait respecter. Pour lui, les rivières, les lacs, les montagnes, les forêts et tout ce qui y vit sont animés d'un esprit, comme l'homme. L'animisme, tel est le nom donné à cette croyance, était le premier système religieux sur terre. Etant donné que les petits enfants pensent comme les hommes primitifs, il n'est pas surprenant que mon fils ait spontanément vu Dieu dans tous les êtres vivants.

4. L'âme perdue du monde moderne

L'homme préhistorique vivait dans la nature comme un animal parmi tous les autres. C'était un âge d'innocence et de liberté. En mythologie, c'était un âge paradisiaque car les yeux étaient brillants et les cœurs joyeux. Mais ces sentiments ne pouvant être dissociés du plaisir et de la joie, pas plus que la nuit ne peut être séparée du jour ou la mort de la vie, il y avait aussi du chagrin et de la peine en ces temps-là. Or, c'est justement parce qu'ils trouvaient de la joie et du plaisir que la douleur et le chagrin leur étaient supportables. Une telle vie contraste totalement avec l'existence moderne, où les plaisirs et la joie sont rares, voire totalement absents. Il faut être aveugle pour ne pas voir cette réalité dans le visage et le corps des gens que l'on croise dans la rue ou les lieux publics. La plupart du temps, ils ont le visage tendu et tiré, les mâchoires serrées et des yeux ternes, effrayés ou froids. C'est là une évidence, malgré les masques qu'ils portent pour cacher leur douleur et leur tristesse. Les corps sont glacés ou disjoints, trop gros ou trop maigres, rigides ou effondrés. Bien sûr, il y a de nombreuses exceptions à cette description, mais la réelle beauté est devenue rare et la vraie grâce quasiment inexistante. C'est là une situation tragique.

En revanche, je me souviendrai toujours d'un visage vu à la télévision d'une fille qui vivait dans l'une des tribus les plus pauvres au monde. C'était un reportage sur les nomades du désert du Sahara. Cette fille portait jusqu'au campement le fagot de bois qu'elle avait ramassé pour le feu du soir. Les nuits étant extrêmement froides dans le Sahara, c'était sa contribution envers les siens. A travers ce fagot de bois, elle exprimait son amour, et son corps reflétait la joie qu'elle ressentait. Ses yeux brillaient et son visage était radieux. Je n'oublierai jamais cette image.

Cela fait des années que je n'ai plus vu un tel visage à New York, mais je me souviens que dans mes jeunes années il m'arrivait parfois d'y voir des femmes tout aussi rayonnantes. C'était, il est vrai, une autre époque, et aussi un autre monde. Il n'y avait pas d'automobiles ni de réfrigérateurs. La glace était livrée par un glacier et le charbon dans une charrette tirée par des chevaux. C'était une époque plus lente et plus calme. Les gens avaient le temps de s'asseoir sur le perron de leur maison et de parler entre eux. C'était loin d'être le paradis et je n'étais certes pas un enfant heureux, mais je me souviens de la joie que j'éprouvais à jouer dans la rue avec mes petits camarades. Comparée à ce qu'elle était à cette époque, la ville de New York – où j'ai toujours mon cabinet – donne une impression d'irréel, à la limite du cauchemar.

Les personnes âgées parlent généralement du passé en de meilleurs termes que du présent. « C'était le bon vieux temps », disent-elles. On voit en effet le passé avec les yeux de l'enfance, avec plus d'excitation et plus d'espoir. Mais il est vrai aussi que la qualité de la vie s'est considérablement dégradée tout au long de mon existence. Si, pour ma part, je n'ai jamais autant ressenti de joie en moi qu'aujourd'hui, je constate qu'il y a eu dans toutes les grandes villes du monde une perte progressive des qualités qui favorisent la joie de vivre, et que cette perte est proportionnelle à l'augmentation de la richesse et du pouvoir. Notre culture est devenue narcissique. Elle est actuellement dominée par l'activité économique, dont le seul but est d'accroître le pouvoir et de produire des biens matériels. Cette valorisation du pouvoir et de la richesse par le monde extérieur mine les valeurs du monde intérieur : la dignité, la beauté, la grâce.

Je pense que la perte des valeurs morales et spirituelles est directement liée à l'accroissement de la richesse. Comme il est dit dans la Bible, il est plus facile à un chameau de passer par le chas d'une aiguille qu'à un homme riche d'entrer dans le royaume des cieux. Ce royaume est en fait le royaume de Dieu sur terre, et la joie y est possible. Malheureusement, l'homme a été chassé de ce royaume – le jardin d'Eden – parce qu'il a désobéi à l'ordre divin lui interdisant de manger du fruit défendu de l'arbre de la connaissance. Avec cette connaissance, il est devenu *Homo sapiens,* passant ainsi de son état purement animal à la condition humaine. Cette évolution, qui a duré très longtemps, a été le premier pas vers une créature humaine plus civilisée ; les étapes suivantes ont, elles, été plus rapides : de quatre à cinq mille ans entre l'âge de pierre et l'âge du bronze, et un peu moins de deux mille ans entre l'âge du bronze et l'âge du fer. Le rythme de civilisation s'est accéléré au fur et à mesure que la connaissance humaine s'est développée et, avec, sa conception de Dieu.

Cette idée d'un Dieu masculin tout-puissant, Dieu le père, relativement récente, n'affecte que les religions de la civilisation occidentale. Dans la religion primitive – l'animisme – tous les esprits de la nature étaient honorés. Le polythéisme est un culte de dieux et de déesses associés aux différents aspects de la vie humaine. Le dieu masculin unique, suprême, est né à l'avènement du pouvoir du dirigeant mâle, le roi tout-puissant considéré comme un descendant ou un représentant de Dieu. Le dieu ou les dieux ne demeuraient plus sur terre. D'abord, ils ont séjourné sur l'Olympe, dans la civilisation grecque, puis il y eut le Dieu suprême domicilié dans les cieux, un lieu lointain, inaccessible à l'homme mortel.

Ce processus de séparation entre le sacré et le profane a entraîné une démythification progressive de la nature et du corps. La terre était vue comme une masse de matière capable de faire pousser des plantes grâce à l'énergie du soleil. L'homme a alors appris à maîtriser ce phénomène naturel par l'agriculture, afin de trouver une source constante de nourriture. Puis, avec l'introduction des machines et des engrais chimiques, son pouvoir lui a paru sans limites. C'est une histoire que nous connaissons tous. Mais nous avons également pris conscience du danger inhérent à ce processus. Aujourd'hui, nous découvrons que nous avons agi à l'encontre de l'équilibre écologique de la nature, au péril de notre vie. Et nous avons fait de même avec notre corps. En le réduisant à des processus biochimiques, nous lui avons volé sa nature divine. Comme l'a fait remarquer Jung, l'homme moderne de nos sociétés occidentales a perdu son âme (1).

D'aucuns diront que le développement de la civilisation a été le plus grand accomplissement de l'homme, son plus grand triomphe. Je suis d'accord avec cette affirmation mais, en même temps, je la réfute. La civilisation s'est identifiée à la vie urbaine ; et s'il est vrai que les grandes villes d'aujourd'hui sont la gloire de l'homme, elles sont aussi sa honte. La plupart connaissent de graves problèmes de pollution atmosphérique, de circulation, de bruits, de violence et de saleté. Certes, on trouve encore ici et là de rares îlots de beauté et de tranquillité, mais la plupart des villes modernes sont enlaidies par la publicité, qui ne fait qu'exprimer l'obsession de l'homme pour les valeurs matérielles et la sexualité.

---

1. Carl Jung : *L'Homme à la découverte de son âme* (Albin Michel, 1987).

5. La danse sacrée de la vie

La démythification consiste à prendre un objet ou un processus du royaume du sacré pour l'utiliser dans le monde vulgaire. L'objet sacré devient alors une chose et le processus sacré une opération mécanique. Mais aujourd'hui, au XXe siècle, c'est aussi le sort du corps humain et de la sexualité. Pour beaucoup d'entre nous, l'acte sexuel – la communion de deux individus dans la danse sacrée de la vie – n'est plus qu'une performance ou une affaire d'ego. Or, si nous avons effectivement besoin, dans certaines circonstances, de considérer les fonctions corporelles comme des processus biochimiques ou mécaniques, cela ne doit pas nous faire oublier que tous les processus vivants relèvent d'une réalité bien plus profonde. On ne pourra jamais expliquer l'amour du seul point de vue biochimique ou mécanique, pas plus qu'on ne pourra expliquer la puissance émotionnelle des mots « Je t'aime » par référence aux seules ondes auditoires qui transportent le son. Savoir que l'amour est un état d'excitation positive intense dans le corps ne nous renseigne pas davantage, car la vie est déjà, en soi, un état d'excitation. Pour ma part, je définirais l'amour comme l'expression ultime de la vie. En tant que force agissante de la fonction reproductive, il est le créateur de la vie. Réduire la vie, l'amour et la sexualité à des processus physiologiques revient ainsi à ignorer l'aspect émotionnel du corps, qui se manifeste par l'expression de l'esprit du corps.

La philosophie et la religion orientales ne font pas de séparation entre Dieu et la nature ou entre l'esprit et le corps. Pour les Chinois, tous les processus de la nature et du cosmos sont régis par l'interaction de deux forces, yin et yang, l'équilibre de ces deux forces garantissant le bien-être de l'individu. La pensée hindouiste reconnaît une force énergétique appelée *prâna,* qui signifie respiration, souffle vital. L'analyse bioénergétique utilise également un principe énergétique pour comprendre les processus vivants, ainsi qu'un concept énergétique lié à la respiration pour libérer les tensions corporelles issues du passé. Dans la pensée orientale, l'homme n'est pas le maître de son existence : on le dit soumis à des forces sur lesquelles il n'a aucun contrôle – les forces du destin, ou karma. La pensée scientifique occidentale ne voit, quant à elle, aucune limite au pouvoir de l'homme sur la vie. Cette idée résulte de notre identification au mental et à ses processus imaginatifs, non limités en termes de temps, d'espace ou de possibilités d'action. A l'inverse, le fait de s'identifier à son corps oblige l'homme à prendre conscience de ses limites inhérentes ainsi que de la relative impuissance de ses actions.

6. Abandon de l'ego et pulsion de vie

On dit souvent des Orientaux qu'ils ont une attitude fataliste face à la vie. L'homme étant à leurs yeux impuissant à changer le cours des choses, le bon sens les pousse à accepter et à renoncer. Cette attitude est rejetée par la majorité des Occidentaux, qui y voient une forme de fatalisme. L'homme occidental est poussé à lutter et à combattre, persuadé, à force de l'avoir entendu dire, que « si on veut, on peut ». La volonté est une fonction très utile dans la vie, à condition d'être bien utilisée, mais elle devrait toutefois être réservée aux situations d'urgence qui exigent un effort supplémentaire pour assurer la survie. La faculté de rester maître de soi sans paniquer relève des fonctions de l'ego. Le fait de perdre le contrôle de soi dans une situation de danger met effectivement la personne en danger. De même, attaquer un ennemi menaçant exige de la volonté, car la tendance du corps est de fuir. Vue sous cet angle, la volonté est une force positive. Mais elle n'a pas sa place et devient une force négative dans une situation où il n'y a aucun danger et où l'activité est censée être agréable. Dans ce cas, la volonté n'a pas sa place. Comme je l'ai déjà dit plus haut, la joie découle d'un abandon de la volonté et de l'ego.

Cet abandon de l'ego permet à la personne de s'intérioriser, d'entendre la voix de Dieu en elle. Telle qu'elle est pratiquée dans les religions orientales, la méditation est un moyen pour faire taire en soi le bruit du monde extérieur afin d'entendre sa propre voix intérieure, la voix du Dieu en soi-même. Pour cela, il nous faut interrompre le flot incessant des pensées, ce qu'on appelle le courant de la conscience. Or, ce flot continuel, qui résulte d'une stimulation constante du cerveau antérieur due à des tensions musculaires subliminales, cesse quand le méditant entre dans un état de relaxation profonde, c'est-à-dire qu'il respire pleinement et profondément. A ce moment-là, quand les mécanismes inconscients liés à un état intérieur de vigilance ont été abandonnés, un sentiment de paix intérieure envahit le corps. La conscience n'est pas affaiblie. On est pleinement conscient, mais sans avoir l'esprit fixé sur une idée ou une pensée particulière. On ne s'attend pas inconsciemment à rencontrer le danger.

J'ai connu cet état et c'est une très belle expérience. C'est en fait très proche du sentiment de joie, juste un ton en dessous si l'on peut dire. J'ai vécu cette expérience après avoir été littéralement « envoyé au tapis » pendant une semaine par mon médecin, suite à une crise de sciatique. J'avais une douleur continue avec paresthésies du bas du dos, des fesses et de la jambe droite, ce qui semblait indiquer que le nerf était atteint. Je suivais pourtant un traitement depuis plusieurs mois mais, comme il n'y avait aucun mieux, j'ai décidé d'appeler un collègue orthopédiste qui connaissait bien l'analyse bioénergétique. Il me conseilla de rester allongé par terre sur le dos, les genoux pliés et les pieds posés sur une boîte de livres. Je devais manger par terre, dormir par terre et lire par terre. Pour aller aux toilettes, je devais me déplacer en nageant une sorte de crawl. En ôtant le poids qui pesait sur le bas de mon dos, cette position a permis à mes muscles contractés de se détendre. Elle a eu en outre un effet puissant sur ma personnalité auquel je ne m'attendais pas du tout. A force d'être allongé par terre, j'étais devenu de plus en plus calme. Le cinquième jour, j'étais assis dans un fauteuil au soleil, les mains posées sur les genoux. Je ne pensais pas. En respirant profondément sans effort conscient, je sentais la profonde pulsation intérieure de mon corps.

Je ne méditais pas. J'étais simplement assis, tel un chat regardant aux alentours. C'était divin.

Au bout d'une semaine passée par terre, ma sciatique avait beaucoup diminué mais n'avait pas complètement disparu. Peut-être aurais-je dû rester allongé plus longtemps ? J'avais, il est vrai, toutes sortes de choses à faire avant mon départ pour la Grèce prévu dix jours plus tard. En Grèce, je me suis fait faire un massage et plusieurs séances d'acupuncture qui m'ont quelque peu soulagé. J'allais mieux, mais la douleur était toujours là. Puis, j'ai réalisé un jour que je n'avais plus du tout mal, et cela depuis plusieurs jours. Quand j'ai essayé de me rappeler à quel moment la douleur avait disparu, seul un incident qui s'était produit ces jours-là m'est revenu à l'esprit. J'étais très en colère contre un collègue à qui j'attribuais le stress à l'origine de ma sciatique. Alors que je lui parlais, un sentiment de colère m'avait traversé le corps, dans une onde d'excitation qui libéra ma douleur en déchargeant toute la tension contenue dans mon dos. Grâce à cette expérience, j'ai compris que la colère, bien exprimée, est une force de guérison. Cette colère était la voix du Dieu en moi. Je n'avais pas décidé de manière consciente ou délibérée de me mettre en colère. C'était venu comme ça. Une force avait surgi de mon corps sous la forme d'un accès de colère.

J'ai vécu à une autre occasion une expérience de « montée d'amour » qui m'a réellement transformé. Toute émotion – peur, tristesse, colère, amour – est une pulsion de vie, un sentiment qui surgit du cœur même de notre être. Ce cœur bat continuellement, nous envoyant sans relâche les impulsions qui nourrissent le processus de vie. C'est le centre énergétique de notre organisme, tout comme le soleil est le centre énergétique du système solaire. C'est lui qui fait battre le cœur et induit le processus de respiration alternée (inspir-expir), l'activité péristaltique des intestins et des autres organes de structure similaire. La pensée hindouiste reconnaît différents centres énergétiques appelés chakras mais, à mon sens, il doit y avoir un centre principal pour maintenir l'intégrité d'un organisme aussi complexe que le nôtre. Les grands mystiques ont placé ce centre dans le cœur, qui serait ainsi la demeure de Dieu en l'homme. Le cœur est certainement le siège de l'impulsion de l'amour – la source de la vie et de la joie. Nous connaissons tous cette pulsation du cœur, mais c'est en fait chaque cellule, chaque tissu et tout le corps qui vibre, dans un mouvement continuel d'expansion et de contraction. Lorsqu'il bat, le cœur se dilate et se contracte, de même que les poumons pendant la respiration. Quand cette pulsation rythmique est libre et complète, nous éprouvons du plaisir et ressentons une excitation agréable. Quand l'excitation augmente, au fur et à mesure que la pulsation se fait plus intense nous éprouvons de la joie. Et quand l'intensité de l'excitation atteint son point culminant, c'est l'extase.

Un organisme dépourvu de toute excitation ou pulsation est mort. L'excitation est le résultat d'un processus énergétique corporel lié au métabolisme. La nourriture, en tant que source d'énergie, est métabolisée ou brûlée pour libérer l'énergie nécessaire au processus de vie. Pour reprendre une image bien connue, si la vie est un feu qui brûle dans un milieu d'eau, l'amour est sa flamme. Les poètes et les paroliers ont de tous temps utilisé cette métaphore. Une personne amoureuse rayonne littéralement : la flamme de l'amour brille dans ses yeux. Une telle intensité d'émotion ou d'excitation peut être décrite comme de la passion.

L'amour, la passion, la joie et l'extase sont aussi utilisés pour décrire la relation de l'homme à Dieu, le dieu intérieur et le dieu extérieur. Il y a un feu dans l'univers, ainsi qu'une pulsation énergétique liée à un processus d'expansion et de contraction. Dans la mesure où la vie résulte de ce processus et qu'elle en fait partie, nous pouvons nous identifier à elle. Certains mystiques peuvent sentir le lien entre le battement de leur cœur et la pulsation de l'univers. Il m'est arrivé, pour ma part, de sentir mon cœur battre au rythme de celui des oiseaux. Dans une ville, ce sont les seules créatures vraiment libres. Le phénomène d'empathie – ressentir ce que ressent l'autre – survient lorsque deux corps vibrent à la même longueur d'onde. L'empathie est l'outil de base du thérapeute. Elle est absente chez les individus dont le corps, rigide et glacé, a très peu d'activité pulsatoire. Quand le corps est plus vivant, la personne est plus sensible aux autres et à leurs sentiments. Bien évidemment, une personne plus vivante est davantage capable d'amour et de joie.

Si l'amour est la source de la vie, il n'en est toutefois pas le protecteur. Il serait naïf de croire que le simple fait de donner de l'amour garantit une absence de blessures dans la vie. Au début de leur existence, tous les individus sont désireux d'aimer et d'être aimés, ce qui ne les met pas à l'abri des attaques et des traumatismes, qu'ils sont nombreux à avoir subis dans leur enfance. Les pages de ce livre sont là pour témoigner de leur souffrance. Un organisme vivant ne survivrait pas longtemps s'il n'avait pas les moyens de se défendre. Chez la plupart des organismes, ce mécanisme de défense prend la forme de la colère. Nous répondons normalement avec colère quand notre intégrité et notre liberté sont menacées. La colère est un aspect de la passion pour la vie. Un individu passionné défendra avec passion le droit de tout individu à la vie, à la liberté et à la quête du bonheur. Un dieu juste ne ferait pas autrement.

7. L'esprit dansant – L'abandon à Dieu

La joie est un sentiment extraordinaire pour les adultes dont la vie est centrée sur des activités et des choses ordinaires. Ces choses et ces activités nous donnent parfois du plaisir, mais l'excitation qui leur est associée atteint rarement le niveau de la joie. La principale raison à ce manque de joie dans les activités ordinaires tient à ce qu'elles sont dominées par l'ego. Les petits enfants éprouvent facilement de la joie dans les activités ordinaires, aucune de leurs actions n'étant contrôlée par leur ego. Un enfant agit spontanément, sans réfléchir ni calculer, en réponse aux impulsions naturelles de son corps.

Contrairement aux adultes, dont les mouvements sont en grande partie dirigés et contrôlés par l'ego, l'enfant est mû par des sentiments ou des forces qui ne relèvent pas de son esprit conscient. La différence entre une attitude dictée par un ego – ou un centre conscient – et une attitude mue par une force profondément ancrée dans le corps, c'est ce qui distingue l'extraordinaire de l'ordinaire, le sacré du profane, la joie du plaisir. En voyant mon fils sauter de joie, j'ai compris qu'il ne sautait pas de façon consciente ou délibérée, mais qu'il était comme propulsé du sol par une montée d'excitation positive. Il avait vécu une expérience émouvante, au sens propre du terme. Toutes les expériences extraordinaires ont cette qualité. C'est aussi vrai de toutes les expériences religieuses profondes, que certains perçoivent comme une manifestation de la présence ou de la grâce de Dieu. Cette interprétation est à mon sens tout à fait valide, car la force qui émeut la personne est nécessairement plus grande que son moi conscient.

Les expériences émouvantes se produisent également dans des situations qui ne sont pas liées à la religion ou au concept de Dieu, la plus fréquente d'entre elles étant certainement celle qui consiste à tomber amoureux. Et quelle expérience que la joie d'être amoureux ! Elle survient quand notre cœur est touché ou ému par un autre individu. L'amour sincère pour toute créature ou un individu peut aussi être considéré comme une manifestation de la grâce de Dieu. En nous abandonnant à l'amour, nous nous abandonnons au Dieu en nous. L'amour pousse la personne à se rapprocher de l'objet de son amour en vue d'un contact physique ; en sexualité, cela se traduit par une fusion énergétique de deux organismes. Le sentiment qui réunit deux êtres dans l'amour est la passion, ce terme désignant aussi le désir de se rapprocher de Dieu. La passion dénote une intensité émotionnelle qui émeut l'individu jusqu'à transcender les barrières du moi ou de l'ego. Quand l'orgasme sexuel embrase tout le corps dans ses mouvements convulsifs, c'est alors l'expérience de la transcendance par excellence. Cette expérience est toutefois très rare dans notre culture : la sexualité ayant été détournée du monde du sacré pour celui du profane et de l'ordinaire, les gens font l'amour pour apaiser ou relâcher une tension, non pour exprimer de la passion.

Et dans une moindre mesure, danser est aussi une expérience émouvante. La musique nous pousse généralement à danser, comme si nos pieds et nos jambes ne pouvaient plus rester calmes et immobiles. Et pour peu que le rythme soit intense et répété, nous pouvons nous sentir transportés par la musique. Danser ainsi est une expérience émouvante qui peut conduire à un état de transe. Il y a longtemps de cela, j'ai assisté à une cérémonie vaudou en Haïti. Le danseur se laissait envahir par le rythme continuel des tambours jusqu'à tourner sur lui-même comme une toupie. Chez la plupart des primitifs, la danse fait partie des cérémonies religieuses. Mais qu'elle soit associée à la religion ou à la romance, la danse mène toujours à la joie et aussi, bien souvent, à l'amour. La clé de la transcendance du moi est l'abandon de l'ego.

Toutes les religions nous disent que l'abandon à Dieu est le chemin qui mène à la joie. Selon Sri Daya Mata, chef spirituel de la *Self-Realization Fellowship,* l'organisation fondée par le célèbre gourou indien Paramahansa Yogananda : « Aucune expérience humaine ne peut atteindre le parfait amour et la parfaite félicité qui inondent la conscience lorsqu'on s'abandonne véritablement à Dieu. » Cette pensée, bien qu'issue de la philosophie hindouiste, apparaît dans toutes les religions. C'est aussi ma vision des choses. Mais les gens ont perdu le chemin qui les mène à Dieu, sans quoi ils n'auraient pas besoin d'être guidés ou conseillés. Les petits enfants connaissent l'expérience de la joie sans avoir besoin d'être guidés ou conseillés, ce qui signifie qu'ils sont en contact avec le Dieu en eux. Renouer ce contact ne sera jamais une tâche facile pour les adultes qui l'ont perdu. Sri Daya Mata nous donne de bons conseils pour y parvenir, mais le meilleur conseil est rarement efficace, cela en raison des peurs inconscientes qui, comme nous l'avons vu tout au long de ce livre, empêchent l'individu de s'abandonner en lui faisant percevoir cet abandon comme une perspective menaçante.

La religion orientale offre de nombreuses pratiques favorisant l'abandon à Dieu, la méditation étant certainement la plus connue d'entre elles. Cette pratique permet à l'individu de s'intérioriser et d'accéder au Dieu en lui. Le fait de chanter un mantra ou de produire un son contribue parfois à faire taire le bruit du monde extérieur et à calmer l'activité mentale. La méditation est aujourd'hui largement utilisée en Occident comme technique de relaxation, elle aide de nombreuses personnes à réduire le stress considérable auquel elles sont soumises dans notre monde industrialisé. La méditation doit toutefois être pratiquée suffisamment longtemps si l'on veut s'abandonner à son Dieu intérieur. Les moines assoiffés de ce contact profond se retirent du monde pendant de longues périodes, délaissant tous les plaisirs mondains. Ce retrait du monde extérieur est également présent dans la religion chrétienne, ce qui laisse à ceux et celles qui le souhaitent la possibilité de vivre une vie religieuse plus profonde sans être dérangés par les préoccupations du monde extérieur. La prière, le chant et la contemplation sont pour les chrétiens autant d'activités qui favorisent le contact avec le Dieu en soi-même. En Occident, de nombreuses personnes ont intégré ces pratiques dans leur vie quotidienne, dans un but similaire à celui que poursuivent les Orientaux à travers la méditation. Mais plus la pression et le rythme de vie s'intensifient avec le commerce et la technologie, plus la vie religieuse semble disparaître, que ce soit en Orient ou en Occident, ce phénomène coïncidant avec la perte du lien avec la nature, le corps et l'aspect spirituel de la vie.

Mais faut-il nécessairement se retirer du monde pour être spirituel et se relier à Dieu ? Pour la plupart des gens, occupés à des activités ordinaires telles que gagner leur vie ou élever leurs enfants, ce mode de vie n'est pas réalisable ni même réaliste. Mais quand ces activités ordinaires et quotidiennes sont faites dans un esprit de révérence aux forces de la nature et de l'univers dont notre vie dépend, elles revêtent aussi une qualité spirituelle. La spiritualité n'est pas seulement une façon d'agir ou de penser.

8. Laisser s'exprimer l'esprit divin en nous

La spiritualité c'est la vie de l'esprit qui s'exprime dans les mouvements spontanés et involontaires du corps, dans des actions qui ne sont ni dirigées, ni contrôlées par l'ego. Ces mouvements sont pulsatoires et rythmiques comme le battement du cœur, l'action péristaltique des intestins et le mouvement ascendant et descendant des ondes respiratoires dans le corps. L'activité vibratoire naturelle du corps qui sous-tend ces fonctions représente à mes yeux la manifestation première de l'esprit vivant. Quand cette activité vibratoire cesse, on peut observer que le corps est mort, l'esprit éteint, et que l'âme a quitté le corps. Un regard brillant dénote une activité vibratoire très intense dans les yeux ; la personne rayonne littéralement. Mais la vibration est également manifeste dans la voix. Ici, à nouveau, une voix morte dénote une perte ou une diminution de la vitalité du corps ou de l'esprit. L'activité involontaire du corps correspond à nos perceptions sur le plan psychique. Seules les créatures vivantes ont des émotions, qui varient selon leurs perceptions propres. Quand l'esprit est faible, l'émotion est faible. De même, un esprit fort se reflète dans des émotions intenses. C'est l'esprit en nous qui nous pousse à aimer, à pleurer, à danser et à chanter. C'est l'esprit en l'homme qui revendique la justice, lutte pour la liberté et se réjouit de la beauté partout dans la nature. C'est aussi l'esprit qui nous incite à la colère. La force d'esprit d'un individu se reflète dans l'intensité de ses émotions. Quand l'esprit est fort, la personne est passionnée. La flamme de la vie brille de tous ses feux dans ses yeux, et son esprit reflète l'amour de Dieu.

L'esprit n'est pas un concept mystérieux. L'esprit d'une personne se manifeste dans sa vitalité physique, dans l'éclat de ses yeux, dans la résonance de sa voix et dans l'aisance et la grâce de ses mouvements. Ces qualités proviennent d'un niveau élevé d'énergie dans le corps. Cette notion est toutefois difficile à comprendre dans une société mécaniste telle que la nôtre, pour qui l'énergie n'est qu'instinct ou pouvoir. L'énergie de la vie est pourtant tout autre, sa fonction étant de protéger et de favoriser le bien-être de l'organisme et de perpétuer les espèces. Le bien-être de l'organisme résulte des sentiments qui vont du plaisir à la joie jusqu'aux sommets de l'extase. Ces sentiments reflètent le degré d'excitation positive dans le corps et se manifestent dans l'activité pulsatoire du corps. Quand la pulsation est forte et profonde, elle est généralement calme et contenue : le cœur bat calmement et la respiration est aisée et profonde. Cette activité rythmique continuelle est très agréable à ressentir. Mais dès lors qu'on s'efforce d'atteindre un but, le corps est sous pression, ce qui casse le rythme régulier du mouvement agréable.

On ressent l'urgence de faire quelque chose lorsqu'on se sent obligé de mobiliser toute son énergie pour accomplir une tâche. Or, cette mobilisation, qui fait appel à la volonté, crée du stress dans l'organisme. Ceux qui ont beaucoup d'énergie sont rarement stressés dans leurs activités normales. Ils sont plutôt calmes, leur corps est détendu et leurs mouvements sont gracieux. Telle une grosse cylindrée, ils peuvent gravir les routes de montagne sans effort. A l'inverse, les individus qui manquent d'énergie doivent sans cesse puiser dans leurs réserves, jusqu'au jour où, complètement vidés de leur énergie, ils finissent par s'effondrer. Ils sont en outre persuadés qu'ils n'arriveront jamais à s'en sortir à moins de donner encore un peu plus d'eux-mêmes. De même, ils ont souvent peur de ralentir ou de s'arrêter, par crainte d'échouer ou de ne pas être capables de repartir. Nombreux sont ceux qui évitent même de se laisser aller à la déprime. Dans notre monde industrialisé, la fatigue et la dépression sont certainement les maux dont les gens se plaignent le plus.

Le rythme d'activité s'est considérablement accéléré au cours de ce siècle, à la même vitesse que les voyages et la communication. Comment pourrait-on s'abandonner encore quand on est si pressé qu'on ne peut jamais s'arrêter ? Comment sentir le Dieu en soi quand on roule à 130 km/h sur l'autoroute ? Dans ce monde frénétique devenu une véritable course folle, certains avouent même leur fierté d'être sur la voie rapide. Plus ils vont vite et plus ils en font, moins ils ont le temps de comprendre ce qui les pousse justement à courir sans arrêt.

L'activité pulsatoire de la vie apparaît clairement chez la méduse. La pulsation crée en elle des ondes internes grâce auxquelles elle peut se déplacer dans l'eau. On observe également cette activité pulsatoire chez les vers de terre et les serpents, sous la forme d'ondes qui leur permettent de se mouvoir dans l'espace. Chez les animaux supérieurs, l'activité pulsatoire est plus interne, dans les ondes péristaltiques qui font avancer la nourriture dans les intestins. Le cœur, l'organe du corps qui bat le plus fort, est considéré par de nombreux mystiques comme la demeure de Dieu. Reste à savoir si Dieu est la force qui crée la pulsion, ou s'il est la pulsion lui-même. Quand on sent cette activité pulsatoire spontanée dans son corps, on peut y voir la manifestation directe de l'esprit en soi-même. Il y a aussi une activité pulsatoire dans les cieux, dans le tournoiement des corps célestes et dans l'émission périodique des ondes sonores et lumineuses. Si l'on perçoit l'harmonie entre la pulsation interne de son corps et celle de l'univers, on se sent un avec l'universel, avec Dieu, tels deux diapasons vibrant à l'unisson.

Etant donné que la pulsation est un aspect du monde naturel, l'homme peut en conclure qu'il y a un esprit sacré en toute chose. Cette croyance est le fondement de la religion animiste. Mais du fait de la connaissance, de l'objectivité et du pouvoir que l'homme a acquis, son ego nie l'esprit divin de la nature et des autres créatures, se considérant comme le seul être d'essence divine. Ceux qui ont perdu tout contact avec l'activité pulsatoire de leur corps en arrivent parfois même à nier tout lien avec le divin ou le Dieu en eux. Pour eux, si le cœur bat c'est uniquement parce qu'il reçoit des signaux du cerveau, qui, à son tour, a été programmé génétiquement pour les lui envoyer, de la même façon qu'un ordinateur exécute les instructions contenues dans un programme. Le fait de savoir que nos cerveaux sont programmés par l'hérédité et par l'expérience pour coordonner les fonctionnements complexes du corps ne nous dit pas qui a programmé l'homme. La réponse religieuse est que Dieu a créé l'homme, ce qui implique l'existence d'une force agissante de Dieu pour expliquer l'évolution. Une vision mécaniste de la vie ne laisse en revanche aucune place à l'esprit divin, ce qui diminue la possibilité d'expériences véritablement émouvantes, de celles capables de donner un sens à la vie. Reconnaître que l'esprit vivant contenu dans l'organisme est de nature divine peut nous éviter le conflit entre d'un côté une vision mystique et religieuse de la vie et, de l'autre, une vision mécaniste.

Le déni de l'esprit caractérise l'individu narcissique de notre temps (2). Le narcissique voit le monde et la vie en termes narcissiques : stimulus et réponse, action et réaction, cause et effet. Cette structure de caractère ne laisse aucune place aux émotions, qui sont perçues comme imprécises, impossibles à mesurer, souvent imprévisibles et en aucun cas rationnelles. Chez le narcissique, la vie de l'esprit est ignorée et niée : il est dissocié de son corps et vit consciemment dans sa tête, à travers son mental. Les enfants ne connaissent pas le narcissisme car leur vie est centrée sur la satisfaction du désir, la joie de la liberté et les plaisirs de l'expression de soi. Les enfants aiment être admirés, comme tout le monde, mais ils ne sont pas prêts à sacrifier leurs émotions pour devenir des êtres spéciaux ou supérieurs. Ils aiment aussi rivaliser et gagner, car ils sont très egocentrés. Créatures passionnées, ils veulent tout pour eux mais ne sont cependant pas égoïstes. Ils aiment et veulent aimer

---

2. Lowen, A. : *Gagner à en mourir : une civilisation narcissique* (Epi, 1987).

car ils ont le cœur ouvert. Comme deux parents me le faisaient remarquer à propos de leur fille, âgée de neuf mois : « Elle déborde littéralement de joie. » Quand ils sont aimés, les enfants sont joyeux et propagent cette joie autour d'eux. Mais du fait de leur innocence et de leur impuissance, ils sont également vulnérables à la négativité et à l'hostilité des adultes, notamment de leurs parents. Ceux qui ont perdu la joie de vivre supportent difficilement la joie des autres.

9. Retrouver la liberté perdue

Nous avons vu dans ce livre comment l'innocence des enfants peut être brisée et leur liberté perdue. Un parent excédé ne supporte plus les pleurs d'un bébé et le menace. De même, un parent frustré punit son enfant d'exprimer la joie qu'il est lui-même incapable d'éprouver, ou encore un parent rigide ne tolère pas l'exubérance et la spontanéité de la jeune vie et la détruit. Il y a des enfants qui ne survivent pas à l'insensibilité et à la cruauté de leurs parents, certains succombent aux mauvais traitements auxquels ils sont soumis. La plupart des parents sont ambivalents. Ils aiment leur enfant mais, en même temps, le haïssent. J'ai vu un jour dans mon cabinet une mère regarder sa fille avec tant de haine dans les yeux que j'en ai été horrifié. Mais, en général, il y a aussi de l'amour. Les enfants ne comprennent pas l'ambivalence, c'est un concept dont la subtilité dépasse leur compréhension. Quand ils perçoivent la haine, il ne peuvent pas sentir ou croire à l'amour mais, à l'inverse, quand ils sentent l'amour ils oublient la haine. Aussi apprendront-ils l'ambivalence, devenant eux-mêmes ambivalents à l'égard de leurs propres enfants.

Quand un petit enfant perçoit la haine et la violence chez un parent, il ne peut s'empêcher de sentir sa vie menacée. L'expérience de cette menace est un choc pour l'organisme dont il ne se remettra peut-être jamais complètement. L'enfant est effectivement menacé de deux manières. D'un côté, il redoute une violence dont l'issue pourrait lui être fatale, ce qui envoie dans son corps une onde de terreur qui ne disparaîtra jamais. De l'autre, il craint d'être rejeté et abandonné, ce qui lui donne le sentiment que sa vie est menacée. Ces menaces ne sont pas mises à exécution, mais un tout petit enfant n'est pas capable de penser qu'elles visent simplement à l'effrayer. Il doit se soumettre, refréner son agression, contenir son excitation et, partant, restreindre sa respiration.

L'analyse bioénergétique aide les patients à respirer plus profondément, ce qui leur donne suffisamment d'énergie pour ressentir de la passion pour la vie. Cette tâche n'est toutefois pas facile à réaliser. Respirer est une action agressive qui consiste à faire entrer l'air dans les poumons et à l'en faire sortir. Malheureusement, on empêche la plupart des nourrissons d'être agressifs. Un grand nombre d'entre eux sont handicapés dès la naissance en se voyant refuser l'expérience de complétude émotionnelle qu'est l'allaitement. Leur donner un biberon les place dans une position passive ; ils n'ont plus besoin d'aspirer aussi fort pour faire venir le lait. Les bébés nourris au sein aspirent le lait avec énergie, ce qui fortifie leur respiration. En revanche, ces mêmes bébés risquent d'être davantage traumatisés s'ils sont sevrés trop tôt. Je pense pour ma part que l'allaitement devrait durer trois ans, comme dans les sociétés primitives, ce qui n'est évidemment guère possible dans notre propre société, les femmes pouvant rarement se permettre de consacrer tout ce temps à leurs enfants. Nombreuses sont celles qui sont obligées de reprendre leur travail juste après la naissance d'un enfant pour subvenir aux besoins de la famille. On peut observer ce manque de complétude chez les patients qui respirent superficiellement et qui se plaignent de se sentir vides, anxieux et déprimés.

Mais le fait de ne pas avoir été nourris au sein suffisamment longtemps n'est pas la seule cause de la tristesse et de la détresse qui habitent tant de nos contemporains. Le besoin qu'éprouve l'enfant d'avoir un contact d'amour avec sa mère ne peut être comblé par une maman qui a elle-même souffert d'un manque d'amour dans son enfance, et dont le corps n'exprime pas une excitation positive suffisamment forte pour stimuler et exciter le corps de l'enfant. La mère est stressée parce que son bébé demande plus de contrôle et d'attention, et le bébé est stressé parce que sa mère ne répond pas à ses demandes. Dans ce conflit entre la mère et l'enfant, le bébé se sent menacé. Pour survivre, l'enfant doit s'adapter ; aussi apprend-il à fonctionner avec peu d'énergie et une respiration réduite.

Le fait de respirer en profondeur réveille une peur de mourir chez quasiment tous les patients. Certains m'ont dit qu'en respirant ainsi ils avaient eu la sensation que cela devenait tout noir dans leur tête et qu'ils allaient s'évanouir. Cette impression que l'on va mourir, bien qu'irrationnelle, est réellement terrifiante. Mais si on peut effectivement s'évanouir en respirant profondément – ce qui n'est pas dangereux en soi – on ne peut pas en mourir. Et si l'on continue de respirer dans la peur, on peut même ne pas s'évanouir. C'est le fait d'arrêter de respirer qui empêche le sang d'irriguer le cerveau, créant ainsi une sensation de trou noir qui aboutit à la syncope. Pour éviter cela, j'encourage mes patients à rester centrés sur leur respiration. Une patiente, qui était terrifiée mais qui avait trouvé le courage de rester dans sa respiration, avait constaté à sa grande surprise qu'il n'y avait pas eu de trou noir dans sa tête et qu'elle ne s'était pas évanouie. Ce résultat provoqua en elle une telle excitation qu'elle s'était exclamée à plusieurs reprises : « J'y suis arrivée, j'y suis arrivée ! » Quand elle quitta la séance, elle était dans un état d'euphorie.

10. Accéder au paradis en nous

Si nous voulons accéder au royaume des cieux qui est en nous, il nous faudra affronter notre peur de mourir. L'ange au glaive flamboyant qui garde l'entrée du jardin d'Eden, le paradis originel, est aussi en nous. C'est le parent aux yeux froids et remplis de haine qui aurait pu nous détruire pour lui avoir désobéi. C'est la culpabilité qui dit : « Tu as péché. Tu n'as pas droit au bonheur. » Et c'est aussi la colère retournée en soi-même et contre soi-même à cause de la culpabilité, de la honte et de la peur qu'on ressent. L'expérience d'euphorie de ma patiente, loin de signifier qu'elle était libérée de sa peur de mourir, indiquait simplement qu'elle venait de faire un premier pas dans la vallée de la mort, sans paniquer. Elle avait ensuite passé bien d'autres séances à affronter sa peur de mourir, notamment en affirmant son droit d'être elle-même. Chaque affirmation, chaque respiration profonde renforçait la force de vie en elle, soutenant son désir profond d'aller plus loin.

Etant donné que la vie et la mort sont des états d'être opposés, une personne pleinement vivante ne redoutera pas la mort. Notre propre mort n'existant que dans la perspective du futur, c'est là une pensée logique et non une émotion. La moindre peur en nous peut être mise en relation avec ce moment futur. En revanche, s'il n'y a aucune peur dans la personnalité, la mort n'est pas perçue comme une perspective effrayante. Les hommes courageux meurent sans crainte. Comme dit le dicton : « Un homme courageux ne mourra qu'une seule fois, tandis qu'un poltron mourra cent fois. » Quand la vie circule librement dans le corps, il n'y a aucune peur, la peur étant un état de contraction dans le corps.

L'abandon à Dieu fait disparaître la peur de mourir : en activant le courant de vie affaibli par l'ego dans sa tentative de maîtriser la peur et d'autres émotions, l'abandon favorise la vie et la guérison. Deux de mes patients ont été aux portes de la mort, l'un en raison d'une septicémie et l'autre pendant une opération à cœur ouvert. Quand ils ont senti la mort venir, m'ont-ils confié, ils ont remis leur sort entre les mains de Dieu. Tous deux ont guéri, persuadés que cet acte avait été décisif et qu'il avait infléchi le cours de leur maladie. Ce phénomène n'a rien de mystérieux. L'abandon de l'ego supprime les défenses qui bloquent le courant de la vie, ce qui sera forcément bénéfique pour le corps. Mais il faut, pour cela, abandonner la volonté, notamment la volonté de vivre. La vie n'est pas au service de la volonté. La volonté de vivre n'est qu'une défense contre un désir latent de mourir (3). Mais si cette volonté représente la tentative de surmonter la peur de mourir, elle ne la supprime pas. Ce n'est pas la volonté qui fait vivre, mais un état continuel d'excitation positive dans le corps qui s'exprime en tant que désir de vivre. Cette excitation est générée par l'activité pulsatoire du corps, un don de Dieu.

Un matin, je me suis réveillé avec une sensation d'extrême douceur dans mon corps, comme s'il était en sucre ou en miel. Je me suis dit : « Quand on est vraiment avec soi-même, on n'a pas peur de la mort. » Cette expérience était si belle et si inhabituelle que je me suis demandé ce qui avait bien pu en être à l'origine. Je ne me souvenais d'aucun rêve particulier cette nuit-là qui aurait pu provoquer cette sensation. Puis, en repensant à la soirée de la veille, je me suis rappelé avoir regardé le film *Platoon* en vidéo, qui raconte l'histoire d'un groupe de soldats américains pendant la guerre du Viêt-nam. Dans ce film, certains soldats tuent des civils vietnamiens sans aucune pitié, ce que d'autres refusent totalement. Un conflit se développe entre eux et, à la fin, deux hommes sont tués par des hommes de leur propre camp. En repensant à ce film, je me suis dit que la violence stupide des soldats était due à la peur, et plus exactement au déni de la peur. Ces soldats étaient morts de peur, mais, au lieu de reconnaître leur peur, ils l'avaient niée et massacraient les autres.

La peur est une émotion naturelle commune à toutes les créatures. Le fait de nier sa peur revient à nier son humanité. Avoir peur ne veut pas dire que l'on est un poltron. En agissant courageusement face à la peur, on réalise un véritable acte de courage, alors qu'en niant la peur on s'élève au-dessus du monde naturel. Mais pour réprimer ses émotions, on endort son corps, si bien qu'en réprimant la peur on réprime aussi la colère, la tristesse et même l'amour. On perd alors la grâce

---

3. Lowen A. : *Le Cœur passionnément (op. cit.).*

de Dieu, devenant des monstres, des êtres irréels. Si quelqu'un me menace d'un pistolet, j'ai peur qu'il me tue. La peur d'être tué diffère toutefois de la peur de mourir. La mort ne pouvant être séparée de la vie, elle fait partie de l'ordre naturel des choses, de sorte que nous pouvons l'accepter avec équanimité lorsqu'elle survient de façon naturelle. Si quelqu'un a peur de la mort, c'est parce qu'il est mort de peur. Une personne qui est dans sa vérité intérieure n'a aucune peur en elle, pas même la peur de mourir. Mais l'inverse est vrai aussi : si elle a peur de la mort, elle ne pourra être vraie avec elle-même.

11. Libérer nos émotions

Etre vrai avec soi-même, c'est avoir la liberté intérieure de sentir ses émotions, de les accepter et de les exprimer, ce qui implique de ne plus avoir aucune culpabilité vis-à-vis d'elles. Un individu qui éprouve de la culpabilité ne peut exprimer ses sentiments ouvertement et directement. Il a un censeur dans son esprit qui le surveille constamment. Cela ne veut toutefois pas dire que l'on doit donner libre cours à toutes ses émotions. Nous ne sommes pas des nourrissons sans ego : nous savons quand un comportement est jugé acceptable en société et quand il ne l'est pas. Nous avons ou devrions avoir un sentiment de possession de nous-mêmes nous permettant d'exprimer nos émotions de façon appropriée et efficace pour nos besoins. Ce contrôle conscient n'est pas fondé sur la peur. En revanche, la peur nous paralyse et rend nos actes maladroits ou inefficaces. Nous perdons alors la spontanéité qui donne à nos mouvements toute leur grâce et leur élégance. La possession de soi est la marque d'un individu dont les paroles et les actes résultent d'une sensibilité aiguë à la vie et aux autres.

La joie est l'expérience de la spontanéité qui caractérise le comportement des enfants qui ont pu préserver leur innocence et leur liberté. Comme nous l'avons vu dans ce livre, les enfants perdent leur innocence et leur liberté sous la pression des dures réalités de la vie de famille moderne. La survie, et non la joie, devient alors le thème central de leur vie. La survie, causée par la peur, exige d'eux sophistication, trahison, manipulation et vigilance constante. Mais la survie est une trahison de soi-même qui empêche la conscience, l'expression et la possession de soi. La vie devient alors un combat et même lorsque sa situation n'est plus menacée, l'individu moyen continue de lutter comme si c'était toujours le cas.

Les patients disent tous : « Je ne peux pas vous dire ce que je pense ou ce que je ressens. J'ai peur de votre réaction. » Un jour, un patient m'a dit : « Je ne peux pas vous dire que je vous aime. Sinon, vous allez me rejeter. » Un autre encore : « Si je vous montre ma colère, vous allez me dire de partir. » Mais le simple fait de dire ce que l'on ressent est déjà un pas vers la liberté. Pouvoir se montrer ouvert à un thérapeute qui favorise la liberté d'expression demande un grand courage. A travers le processus bioénergétique, ce courage augmente progressivement chez le patient : au fil des séances son énergie s'accroît, il arrive mieux à exprimer ses sentiments et comprend mieux son problème.

La thérapie ne vise pas à faire du patient un être sûr de soi au point d'en devenir péremptoire, ce serait encourager une pseudo-agression, c'est-à-dire une action volontaire et non spontanée. Des patients me disent parfois : « Savez-vous ce qui m'est arrivé hier ? Mon patron m'a parlé d'une manière hautaine et, du tac au tac, je lui ai répondu : "Ne me parlez pas comme ça !" et il s'est excusé. » Ils parlent de « ce qui leur est arrivé », et disent rarement : « Savez-vous ce que j'ai fait ? » Cette patiente avait été encore plus surprise de son franc-parler que son patron ne l'avait lui-même été. Quand la barrière de la peur a été brisée une première fois, il est plus facile ensuite d'ouvrir la porte de la liberté. Cette percée initiale est une expérience de joie découlant de la pulsion de vie qui circule dans le corps. On peut également vivre cette expérience sans suivre une thérapie. Une personne qui vient de faire une biopsie pour savoir si une grosseur ou une lésion est cancéreuse éprouvera la même joie, le même sentiment d'être libérée de sa peur quand elle apprendra que la biopsie est négative. Dans ce cas également, la joie est le fruit de la pulsion de vie. La différence entre ces deux situations réside dans le fait que l'expérience thérapeutique ne procède pas du hasard. C'est le résultat logique d'un processus d'autodécouverte ; plus on se découvre soi-même, plus on éprouve de la joie.

Il n'y a pas très longtemps, j'animais un atelier lorsqu'un participant s'est exclamé, tout excité : « C'est la première fois que je ressens cela dans mon corps ! » Il voulait parler de la pulsation de vie. Son corps, revivifié, était devenu une force indépendante, suffisamment puissante pour surmonter son sentiment d'être un objet contrôlé par son mental. Pour arriver à ressentir cette pulsation, il avait réalisé un travail considérable, à la fois pour rendre sa respiration plus profonde, se servir de sa voix et éprouver des émotions. Ces exercices amorcent la pompe pour qu'elle puisse ensuite fonctionner de manière autonome.

Quand le corps est complètement libre de se mouvoir lui-même, la personne est littéralement émue. C'est ce qui se produit quand le corps saute de joie : on ne saurait séparer le moment où l'enfant éprouve de la joie de celui où il saute, ou l'inverse. Une pulsion d'excitation agréable traverse le corps de l'enfant, le poussant à sauter. On ne saute pas de manière consciente. Le corps est propulsé du sol et l'expérience est perçue comme agréable. Il y a quelques années de cela, je marchais tranquillement sur un chemin de campagne, quand, soudain, l'un de mes pas a produit en moi une sensation tout à fait inattendue. Au moment où mon pied a touché le sol, j'ai senti un courant me traverser le corps, comme si je venais de grandir d'environ cinq centimètres. Mon corps était plus droit et ma tête s'était redressée. Cette sensation était merveilleuse. Je ne saurais dire ce qui l'avait causée, mais elle était sûrement liée à une pulsion de liberté et de joie.

12. La liberté, fondement de la joie

La liberté est la base de la joie. Mais cette liberté ne s'applique pas seulement aux contraintes extérieures, bien que cela soit essentiel, mais aussi aux contraintes intérieures. Ces contraintes résultent d'une peur et se traduisent par des tensions musculaires chroniques qui inhibent la personnalité, restreignent la respiration et bloquent l'expression de soi. Nous sommes littéralement liés par ces contraintes, si bien que chaque fois qu'une émotion intense surgit chez un patient il se libère. Cela se produit à certains moments de la thérapie, quand la charge est suffisamment forte pour faire naître l'impulsion de s'ouvrir et d'exprimer une émotion.

Je me souviendrai toujours de l'une de mes séances avec Reich, qui fut particulièrement libératrice. Le lecteur se souviendra peut-être que dans la thérapie de Reich le patient se laisse aller à sa respiration afin de la rendre plus profonde, plus libre et plus pleine. J'étais allongé sur le divan, m'abandonnant à mon corps, quand je me suis soudain senti me mettre en position assise. La force à l'origine de cette action en moi m'a ensuite redressé et mis debout. Sans savoir ce que j'allais faire, je me suis tourné face au lit et me suis mis à le frapper de toutes mes forces avec mes poings. A ce moment-là, j'ai vu le visage de mon père sur les draps et je me suis souvenu d'une fessée qu'il m'avait donnée lorsque j'avais neuf ou dix ans. Il m'a alors expliqué que pendant que je jouais dehors avec mes camarades, ma mère, ne me voyant pas rentrer, s'était inquiétée. J'avais complètement oublié l'incident jusqu'à ce qu'il surgisse dans mon esprit, alors que je frappais le lit. Ce n'était pas la première fois, au cours de ma thérapie avec Reich, que je vivais une expérience forte, mais celle-ci m'avait particulièrement impressionné et stimulé. C'est comme si un recoin caché de ma personnalité s'était ouvert, me donnant accès à une plus vaste dimension d'être.

S'abandonner à Dieu, c'est s'abandonner au processus de vie dans le corps, dans les émotions et la sexualité. Le courant d'excitation dans le corps crée les sentiments sexuels dans son mouvement descendant et les sentiments spirituels dans son mouvement ascendant. L'action, de nature pulsatoire, ne peut être plus forte dans un sens que dans l'autre. J'ai déjà fait remarquer dans d'autres livres qu'une personne ne peut être plus sexuelle qu'elle n'est spirituelle, tout comme elle ne peut être plus spirituelle qu'elle n'est sexuelle. La sexualité ne se limite pas aux rapports sexuels, pas plus que la spiritualité ne se limite au fait d'aller à la messe ou d'appartenir à un ordre religieux. La sexualité se réfère à des sentiments d'excitation vis-à-vis d'une personne de sexe opposé, tandis que la spiritualité se réfère à des sentiments ou une excitation vis-à-vis de la nature, la vie et l'univers. Le plus grand abandon à Dieu peut ainsi se produire dans l'acte sexuel, quand l'orgasme est suffisamment intense pour envoyer la personne au septième ciel. Quand l'orgasme est total, l'esprit transcende le moi et ne fait plus qu'un avec l'univers en pulsation.

L'une de mes anciennes patientes m'a un jour écrit pour me raconter une expérience d'abandon qui illustre bien la nature du processus d'excitation. Elle était venue passer la soirée chez un ami qu'elle n'avait pas vu depuis longtemps. Pendant tout le dîner, il lui a parlé de ses problèmes, notamment de la période très difficile qu'il venait de vivre et dont il ne s'était visiblement pas encore remis. « On aurait dit un zombi. Il avait le regard triste et ses mouvements étaient très lents. Il n'avait pas l'air en bonne santé et paraissait complètement éteint. Ce n'était plus la personne que j'avais connue. Puis, après le dîner, il m'a dit bonne nuit avant d'aller se coucher dans sa chambre. Le lendemain matin, il est entré dans ma chambre, ce qui ne lui ressemblait pas du tout, et m'a demandé s'il pouvait venir se blottir contre moi. La maison était si froide que nous avions revêtu six couches de vêtements et j'ai dit : "D'accord." Il s'est allongé contre moi et je l'ai pris dans mes bras. Puis il m'a dit : "Si tu avais un ami qui était mort, que lui dirais-tu ?" Je lui ai répondu : "S'il était vraiment mort, je ne pourrais rien lui dire, mais s'il a seulement l'impression d'être mort, alors je lui dirais de faire ce qu'il a à faire, de se faire aider et de prendre soin de lui, comme je te le dis à toi." Il m'a dit qu'il savait qu'il avait des problèmes parce que ses mains et ses pieds étaient gelés. L'expérience qu'il venait de vivre l'avait anéanti. Il se sentait victime d'une situation injuste qu'il supportait très mal en raison de son conflit intérieur. Dans son enfance, le fait de se plaindre lui avait valu bien des abus. Il m'a dit : "Si seulement je n'avais pas été abusé", puis il a éclaté en sanglots. Je lui ai pris la main et lui ai dit qu'il avait besoin d'aide. Il m'a dit qu'il était allé voir plusieurs thérapeutes, mais qu'ils avaient tous eu peur de ses sentiments de fureur. Puis, après m'avoir raconté d'autres choses encore, il s'est tourné vers moi, m'a regardée et m'a prise dans ses bras. La charge a alors commencé à monter et nous l'avons tous deux ressentie. Nos corps ont décollé d'eux-mêmes, comme propulsés par un élan vibratoire et pulsatoire. A un moment donné, je me suis dit : "Ce n'est pas moi qui fais cela, cela m'arrive." C'est alors que nous avons eu cet incroyable orgasme sexuel, tous les deux habillés. J'étais totalement présente à ce qui se passait et n'essayais pas de fuir. C'était totalement inattendu. Jamais je n'oublierai cette expérience. Maintenant je comprends ce que vous vouliez dire quand vous parliez d'abandon au corps. C'est quelque chose de vraiment très fort. Pour le moment, je ne sais pas encore très bien ce que cela peut donner à long terme. J'essaie de vivre ma vie du mieux que je le peux et d'apprécier ce qui vient. C'est certainement un des week-ends les plus intéressants que j'aie jamais vécus. »

Cette patiente avait travaillé sur elle pendant des années en thérapie et chez elle. Etant de plus conseillère psychologique, elle avait la formation nécessaire pour comprendre ce qui lui arrivait et le vivre. Elle avait développé une foi dans la vie et une confiance en son corps et en Dieu.

L'excitation sexuelle prend le corps dans un mouvement en spirale. C'est dans les mouvements convulsifs de l'orgasme que cette sensation est la plus sensible, quand elle produit un sentiment d'extase. Mais une excitation sexuelle intense peut aussi imprimer ce même mouvement à notre tête, ce qui est vécu dans la joie quand cette sensation n'est pas perçue comme effrayante. Un sentiment d'amour peut lui aussi produire un tel mouvement en nous face à l'être aimé.

13. L'abandon dans la passion totale

Reich avait vu très juste en affirmant que le processus énergétique d'un rapport sexuel ressemble au processus cosmique, qu'il appelle *surimpression.* Selon sa théorie, lorsque deux systèmes d'énergie sont attirés l'un par l'autre, ils se mettent à tourner l'un autour de l'autre de façon de plus en plus rapprochée. Ce processus de surimpression est visible dans les photographies de galaxies, montrant des étoiles se déplaçant dans l'espace dans un mouvement de spirale. Ce mouvement apparaît dans la photographie d'une nébuleuse spirale, connue sous le nom de G 10, laquelle figure dans le livre de Reich (4).

Dans les deux bras de la nébuleuse, Reich voyait des ondes ou courants énergétiques rapprochant entre elles les étoiles de la nébuleuse tandis qu'elles tournent les unes autour des autres. La force active qui attire ces étoiles entre elles est la puissance de gravitation, à savoir que lorsque deux objets dans l'espace sont suffisamment proches l'un de l'autre, ils s'attirent mutuellement. Dans le monde animal, nous appelons cette force d'attraction, amour ou sexualité. Chez les mammifères, quand le mâle monte la femelle dans l'étreinte sexuelle, leur posture et leur activité ressemblent au phénomène de surimpression. Le mouvement des ondes d'excitation ressemble ainsi au processus cosmique décrit plus haut, comme nous le montre la figure de la page suivante.

Je fais mienne l'idée selon laquelle le processus de vie dérive des processus cosmiques. Toute autre pensée reviendrait à

4. *Surimpression cosmique* (p. 62).

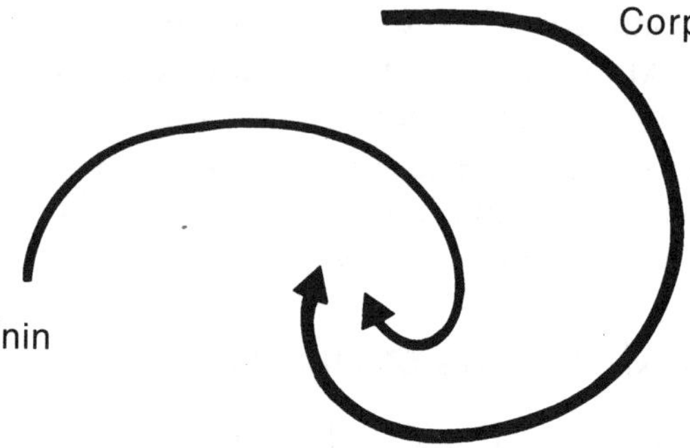

dénier notre identité avec l'univers. La vie sur terre est un événement cosmique qui ne diffère en rien de la naissance et de la mort des étoiles, sinon par ses proportions infinitésimales. Si nous pouvons nous réjouir avec Dieu dans les sphères célestes tournoyantes, nous pouvons aussi nous réjouir avec lui dans le tournoiement de nos corps dans la passion sexuelle. Ce qui n'est toutefois possible que si l'excitation dans le corps est totale, c'est-à-dire qu'elle n'est pas limitée à l'appareil génital. En nous abandonnant à cette passion, nous nous abandonnons au Dieu en nous et autour de nous. La sexualité est agréable pour tous, mais la vraie joie de la sexualité n'est accessible qu'à ceux qui savent s'abandonner, sortir de leur ego.

Table des matières

Édition exclusivement réservée aux adhérents du Club
LE GRAND LIVRE DU MOIS
15, rue des Sablons
75116 PARIS
Imprimé par CLERC S.A.
18200 SAINT-AMAND-MONTROND
(France)
Dépôt légal Imprimeur n° 7230
Achevé d'imprimer en février 2000